U1012167

数字贸易概论

任同莲 陈晓燕 马凌远◎主编

中国财经出版传媒集团
中国财政经济出版社
·北 京·

图书在版编目（CIP）数据

数字贸易概论／任同莲，陈晓燕，马凌远主编．北京：中国财政经济出版社，2025.7．-- ISBN 978-7-5223-4029-6

Ⅰ．F724.6

中国国家版本馆 CIP 数据核字第 2025SX9108 号

责任编辑：闫　娟　　　　责任校对：胡永立
封面设计：陈宇琰　　　　责任印制：史大鹏

数字贸易概论
SHUZI MAOYI GAILUN

中国财政经济出版社 出版

URL：http：//www.cfeph.cn
E-mail：cfeph@cfeph.cn
（版权所有　翻印必究）
社址：北京市海淀区阜成路甲 28 号　邮政编码：100142
营销中心电话：010-88191522
天猫网店：中国财政经济出版社旗舰店
网址：https：//zgczjjcbs.tmall.com
涿州汇美亿浓印刷有限公司印刷　各地新华书店经销
成品尺寸：185mm×260mm　16 开　19 印张　331 000 字
2025 年 7 月第 1 版　2025 年 7 月河北第 1 次印刷
定价：68.00 元
ISBN 978-7-5223-4029-6
（图书出现印装问题，本社负责调换，电话：010-88190548）
本社图书质量投诉电话：010-88190744
打击盗版举报热线：010-88191661　QQ：2242791300

前　言

随着新一代信息通信技术的不断革新及全面应用，数字贸易迅猛发展，已成为全球贸易发展的新趋势、各国推动经济增长的新动能。根据世界贸易组织（WTO）统计，2023年全球数字化交付服务出口额4.25万亿美元，同比增长9%，占全球服务出口的54.2%，发展势头强劲。商务部发布的《中国数字贸易发展报告2024》显示，中国数字贸易迅速发展，2023年中国可数字化交付的服务进出口额3 859亿美元，同比增长3.5%，跨境电商进出口总额2.37万亿元，增长15.3%，展现出对贸易高质量发展的强劲支撑力。

数字贸易是数字经济的重要组成部分，是数字经济与国际贸易深度融合的产物。数字贸易的发展推动着传统生产和贸易的数字化转型，催生出数字产品、数字服务、数据贸易等数字化的贸易对象，新业态、新模式不断涌现，重塑着全球分工和贸易格局。数字贸易的内涵特征、发展趋势、规则构建、溢出效应等成为全球研究机构及社会各界关注的热点问题。美国、日本、欧盟、新加坡、中国等纷纷推出数字化相关政策以推动数字贸易发展、构建国际数字贸易规则。未来，全球数字贸易规模将持续扩大，国际产业分工面临重塑，数字贸易相关产业快速发展，亟须培养一批具备数字技术基础、贸易实践能力、全球视野的复合型人才。本书结合全球最新发展实践，应用经济学、统计学、管理学、法学、计算机科学等相关学科的理论与方法，系统梳理数字贸易发展历程、内涵特征、理论基础、政策体系、实践发展、规则治理等诸多内容，进一步丰富和完善数字贸易教材体系及学科建设，培养数字贸易人才，为数字贸易高质量发展提供支撑。

本书以“概念、理论、实践、政策”为主线，系统梳理全球数字贸易发展，每章开头从案例或新闻导入，展示数字贸易发展中的诸多现象，并引出本章主要内容；内容结合数字贸易最新发展实践，力争做到客观、准确、系统、全面；章后会有思考题和参考文献，便于学生学习并进行进一步的探索。本书共计十二章，主要章节内容如下：第一章数字贸易的产生与发展，主要包括数字贸易产生的技术背景、经济背景和制度背景，以及其历史沿革；第二章数字贸易的内涵与特征，主要包括数字贸易宽口径和窄口径定义，特征及统计；第三章数字贸易的基本理论，主要包括传统贸易理论、新贸易理论和新新贸易理论在数字贸易领域的发展；

第四章数字服务贸易，主要包括数字服务的概念、特征、产生与发展，并重点介绍云服务的全球发展；第五章跨境电子商务，主要包括跨境电子商务的内涵、特征、分类及全球发展，并结合案例进行探讨；第六章数字物流，主要包括数字物流的概念和特征，业务流程和管理、全球发展等；第七章数字营销，主要包括数字营销的概念、特征、类型、策略及作用；第八章国外主要经济体数字贸易发展，主要包括美国、欧洲、日本的数字贸易政策及发展情况；第九章中国数字贸易发展，主要包括中国数字贸易发展政策体系、发展现状及分地区发展水平；第十章全球数字贸易格局及发展趋势，主要包括全球数字贸易发展格局、发展机遇及挑战、发展趋势；第十一章数字贸易壁垒，主要包括数字流动限制、内容审查措施、知识产权保护、职场准入限制等新型贸易壁垒的介绍，数字贸易壁垒的测度及治理等；第十二章数字贸易规则，主要包括数字贸易规则的美式模板、欧式模板、中式模板，全球数字贸易规则发展及中国应对等。

在内容编写安排上，本书第一章、第二章、第四章由任同莲编写，第三章、第七章由马凌远编写，第五章由郭惠君编写，第六章由谢伟丽编写，第八章、第九章由陈晓燕编写，第十章、第十一章由刘慧岭编写，第十二章由唐丹丹编写。

本书的目的是帮学生构建数字贸易相关知识框架，培养兼具技术认知、政策洞察与实践能力的复合型人才，可作为经管类专业教材，也可供其他专业师生和社会读者参考。

目　录

第一章 数字贸易的产生与发展

学习目标

1. 了解数字贸易的产生背景。
2. 清楚数字贸易的发展脉络及各阶段主要特征。

◎ 引导案例

数字贸易是数字经济的重要组成部分，已成为国际贸易发展的新趋势和经济的新增长点，对建设更高水平开放型经济新体制具有重要意义。党的二十大报告提出，推动货物贸易优化升级，创新服务贸易发展机制，发展数字贸易，加快建设贸易强国。党的二十届三中全会提出，创新发展数字贸易。党中央、国务院站在统筹国内国际两个大局的高度，深刻洞察世界科技革命和产业变革大势，为数字贸易创新发展提供了根本遵循和行动指南。

当前，大数据、云计算、人工智能、区块链等数字技术加速创新，日益融入经济社会发展各领域全过程，数字贸易蓬勃兴起，展现出强劲的发展韧性，对全球贸易的模式、结构、规则产生深刻影响，已成为全球贸易增长中最具活力的组成部分。中国秉持开放合作共赢的全球化发展理念，强化数字贸易顶层设计，扩大数字领域对外开放，大力发展数字贸易新业态、新模式，加快对接高标准数字贸易规则，打造建设贸易强国的“新引擎”。

资料来源：中华人民共和国商务部．中国数字贸易发展报告（2024 年）[R]. 2024.

数字化技术的不断革新及全面应用，使得数字经济迅猛发展，并成为各国推动经济增长的新动能。伴随着数字经济的发展及全球化分工的深入，数字贸易应运而生，为全球经济增长注入了新的动力。当前，数字贸易已经成为全球贸易发展的重要趋势，带动全球创新链、产业链和价值链加速整合优化，对新一轮经济全球化产生深远影响。本章重点介绍数字贸易产生和发展的技术背景、经济背景及制度背景，并基于“传统商务—电子商务—跨境电子商务—数字贸易”的发展脉络探究数字贸易的历史沿革。对于数字贸易的背景、历史沿革的介绍有助于更加全面地了解数字贸易的来龙去脉，为后续相关研究打下基础。

第一节 数字贸易的产生背景

一、数字贸易的技术背景

（一）技术创新驱动国际贸易发展

21 世纪以来，以数字技术为主导的新一轮技术革命在世界范围内酝酿生产、流通和消费方式的重要变革。在技术产业发展的驱动下，全球贸易不断发展演进，由传统贸易、价值链贸易发展至如今的数字贸易，全球贸易的模式、结构、格局持续变化调整。

表 1－1 国家贸易的主要特征、驱动因素和政策议题

类型	特征	驱动因素	贸易政策议题
传统贸易	•跨国界的生产和消费分离 •最终品贸易	•运输成本下降	•市场准入
全球价值链贸易	•跨国工厂的联通 •中间产品和服务贸易 •服务外包兴起	•运输成本、协调成本持续减少	•贸易—投资—服务—知识联系 •贸易便利化、国内市场、边境后非关税措施
数字贸易	•生产、物流和消费的联通，更多的传统和价值链贸易：超链接时代 •低值高频的货物贸易 •数字服务贸易 •改变服务的可贸易性 •商品和服务捆绑	•运输和协调成本进一步减低 •信息共享成本下降 •数字化转型	•数据流动 •数字连接 •互操作性

资料来源：中国信息通信研究院．全球数字经贸规则年度观察报告（2022 年）[R]．2022；鼎韬产业研究院．数字贸易的定义、分类及统计研究报告（2021）[R]．2021.

传统贸易时期，国际贸易相对集中于最终产品的贸易。随着人类社会生产力水平的提升，生产和消费开始分离，人们通过销售手中多余的产品获得货币收益，再进一步地购买所需的其他产品，从而实现福利水平的提升，并导致交易乃至贸易活动开始出现和发展。特别是航海能力的提升，贸易的运输成本极大减少，地理范围极大扩张，使得传统贸易活动逐渐由区域拓展至全球，开启了全球贸易时代。在这一阶段，由于生产、运输和协调水平处于相对较低水平，全球分工较为简单，贸易的标的大多是最终产品，如原材料、茶叶、工艺品等，表现为“一国生产、全球销售”。

价值链贸易时期，中间产品贸易在国际贸易中的占比大幅增加。随着技术产业的进一步发展，出现了飞机、汽车、计算机、手机等更复杂的产品，由单一国家独立完成复杂产品生产的难度越来越大，从原材料获取、技术开发应用、规模化生产等角度看都变得不再经济。此外，运输和通信的成本不断降低，企业间协同变得更加容易。在此背景下，“一国生产”转变为“多国生产”，跨国企业开始对全球进行更广泛的布局，将原本由自身独立完成的研发、生产和管理等环节进行更细化的切分，通过对外投资、中间品贸易、离岸服务外包等方式与海外企业进行合作。根据世界贸易组织（WTO）统计，2009 年全球中间产品的出口首次超过了制成品和资本产品的出口总值，占非燃料商品出口的 51%。2020 年，经济合作与发展组织（OECD）报告显示，70% 的国际贸易涉及原材料、零部件、企业服务以及企业用于生产和服务客户的资本货物的交换。

数字贸易时期，国际贸易的方式和对象都呈现“数字化”特征。以 5G 通信技术、物联网、大数据、云计算和人工智能等为代表的数字技术的创新发展及其与各产业各领域的深度融合，促进了数字贸易的产生和发展，对全球经济贸易发展和产业变革带来了深远的影响。

（二）数字贸易的核心技术

1. 5G 通信技术

5G 通信技术，即第五代移动通信技术（5th Generation Mobile Communication Technology，5G），是具有高速率、低时延和大连接特点的新一代宽带移动通信技术，5G 通信设施是实现人机物互联的网络基础设施。作为基础通信技术，5G 通信技术具有广泛的应用场景，且对其他数字技术的发展具有推动作用。人工智能、物联网、云计算和大数据技术均在 5G 通信技术的加持下实现快速迭代升级。美国、中国、俄罗斯和日本等国家都将 5G 通信技术作为优先发展领域，以塑造新的竞争优势。

国际电信联盟（ITU）定义了 5G 的三大类应用场景，即增强移动宽带（eMBB）、超高可靠低时延通信（uRLLC）和海量机器类通信（mMTC）。增强移动宽带（eMBB）主要面向移动互联网流量爆炸式增长，为移动互联网用户提供更加极致的应用体验；超高可靠低时延通信（uRLLC）主要面向工业控制、远程医疗、自动驾驶等对时延和可靠性具有极高要求的垂直行业应用需求；海量机器类通信

（mMTC）主要面向智慧城市、智能家居、环境监测等以传感和数据采集为目标的应用需求。为满足5G多样化的应用场景需求，5G的关键性能指标更加多元化，ITU定义了5G八大关键性能指标，其中高速率、低时延、大连接成为5G最突出的特征，用户体验速率达1Gbps，时延低至1ms，用户连接能力达100万连接/平方公里。基于此，5G通信技术凭借其高速率、低时延和大连接特点，加速推动数字化平台建设，并大幅提升了贸易的效率，助推数字贸易时代的到来。

2. 物联网

物联网（Internet of Things，IoT）是指实现任何时间、任何地点、任何物体之间互联的技术。互联网技术以万物互联为愿景，通过各种信息传感器、射频识别技术、全球定位系统、红外感应器、激光扫描器等各种装置与技术，实时采集任何需要监控、连接、互动的物体或过程，采集其声、光、热、电、力学、化学、生物、位置等各种需要的信息，通过各类可能的网络接入，实现物与物、物与人的泛在连接，实现对物品和过程的智能化感知、识别和管理。物联网是一个基于互联网、传统电信网等的信息承载体，它让所有能够被独立寻址的普通物理对象形成互联互通的网络，实现物体的自动运作、自动感知和信息传递的功能，在交通监控、智能家居、公共安全等领域具有广泛应用。

物联网技术具有以下特点：第一，自动性。物联网技术赋予了物体"智慧"，能根据外界的变化如温度、湿度和亮度等实现在无人干预的情况下自动运作和调节。如链物流行业普遍采用温度传感器进行运输全程的温度监控，当温度出现变化时会自动扣警并触发温度调节装置。第二，感知性。凭借无线射频识别、传感器、定位器和二维码等手段随时随地对物体进行信息采集和处理。如部分高端牛奶在包装上嵌入了物联网感应器，消费者用手机扫描后能获取牛奶的生产、分销、物流、零售等全链路的信息。第三，传递性。获取的信息可以进行实时远程传送，实现信息的交互和共享。如商品的电子身份证，通过扫描电子身份证即可将商品数据通过互联网传到后台进行真伪识别。在5G通信技术的加持下，物联网技术的应用愈加丰富，凭借"万物互联"理念在制造业中的应用，不断推动消费互联网向产业互联网转型，促进数字贸易的产生。

3. 大数据

大数据（Big Data）是指在一定时间内难以用常规软件工具对其内容进行抓取、处理、分析和管理的数据集合，大数据技术则是能够快速有效处理这些数据的技术集合，大数据技术以数据抓取和预处理为基础，以数据存储和分析为手段，以数据可视化为展现形式，广泛应用于营销、物流、生产等领域，并衍生出策略制定、趋势预测、风险管理等多元化的应用场景。

大数据技术具有以下特点：第一，复杂性。大数据技术不仅能处理以数字、字母等简单形式呈现的数据，还能够处理更加复杂的数据，如文本数据、声音数据和图像数据等。在贸易过程中产生的各种复杂数据通过大数据技术能够得到有效处理并为贸易趋势判断、贸易风险识别提供数据支撑。第二，高价值。随着数字技术和贸易的深度融合，由此产生的海量数据常常能够反映贸易双方的交易特征和偏好等信息，大数据技术能够从繁杂的数据中深度挖掘有用信息，充分开发数据的价值。如电子商务平台的推荐系统利用大数据技术分析消费者的性别、性格、学历、爱好等数据并实现精准广告推送和商品推荐，从而提高交易量实现利润最大化。第三，高速率。大数据技术受到政府和企业高度重视的原因之一就是能够快速处理海量数据，凭借大数据技术高速率的优势，在各领域应用广泛。如电子商务平台借助大数据技术能够实现交易数据的实时分析和展示，在为企业的决策提供及时的参考。大数据技术强调了数据作为关键生产要素的高价值特征。通过深度挖掘数据背后的价值，加速数据在贸易中的流通效率，大数据技术已然成为推动电子商务向数字贸易转型升级的重要力量之一。

4. 云计算

云计算（Cloud Computing）是一种新兴的共享基础架构的方法，可以将巨大的系统池连接在一起以提供各种 IT 服务。云计算显著的优势是在极短的时间内处理海量数据，从而为各行业各领域提供基础计算服务。伴随着数据的价值性日益凸显，云计算借其在数据挖掘和分析领域出色的表现迎来了黄金发展期，IBM、谷歌、阿里巴巴等科技公司相继布局云计算领域，2020 年，阿里巴巴宣布将投入 2 000亿元以发展云计算技术。

云计算技术具有以下特点：第一，规模大。云计算技术需要大量的服务器支撑，才能实现短时间内的海量数据处理。一般而言，企业需要至少具备上百乃至上千台服务器才能提供云计算服务，如知名电子商务平台、云计算供应商亚马逊就拥有超过 10 万台服务器。第二，通用性强。云计算技术服务并不会仅针对某一个应用或者领域，而是提供基础的计算服务能力。云计算为营销领域的广告推荐和消费者分析、物流领域的车辆调度和线路规划以及金融领域的投资决策等提供基础的计算服务支持。第三，可靠性高。云计算服务虽依赖于服务器但并不依赖于单个或少部分服务器，不会因为少部分服务器的故障而影响其计算能力，因此，在实际应用中，云计算可靠性高、故障率低。如从云计算衍生而来的云存储为用户提供稳定、安全和长期的存储服务，解决了传统硬盘存储容量有限、安全性差和储存时间短的问题。云计算技术作为应用型的数字技术之一，为数字化平台提供基础的计算服务支撑，推动以数字化平台为载体的新型贸易活动——数字贸易的产生。

5. 人工智能

人工智能（Artificial Intelligence）是指和人类行为类似的计算机程序。人工智能自1956年首次提出以来，经过几十年的发展，已经从最初的概念蜕变至落地应用阶段，并与各类活动深度融合，衍生出智能分析、智能决策和智能模拟等领域，成为推动贸易“智能化”和“智慧化”的重要力量。

人工智能具有以下特点：第一，智能分析。人工智能能够实现从海量数据中快速抓取有效的信息，分析数据并通过可视化的图表进行展示，在贸易数据处理、消费者偏好分析、市场趋势判断等领域具有广泛的应用。第二，智能决策。人工智能能够通过对现有资料的学习实现智能决策，在物流领域的应用尤其丰富。智能分仓技术帮助商家合理分配库存商品，实现成本最小化；智能调度技术基于企业自身的运输网络和运力资源进行车辆和线路安排，实现利用率最大化。第三，智能模拟。人工智能可以实现视觉、听觉、触觉及思维方式的模拟，在此基础上发展而来的人脸识别、虹膜识别等技术逐渐成为贸易安全的重要保障技术。基于人脸识别技术发展而成的“刷脸支付”已经成为数字支付的方式之一，既提高了支付的便捷性也巩固了安全性。人工智能技术作为具备极强实践意义的数字技术，广泛应用于贸易磋商、贸易谈判、贸易数据分析、贸易运作流程优化等环节，促使贸易“智能化”和“智慧化”的实现，有利于实现实体货物、数字产品和服务、数字化知识和信息的精准交换，催生数字贸易。

（三）数字技术与数字贸易

数字技术促进数字贸易的产生和发展，对数字贸易的交易成本、交易标的和交易方式产生了深刻的影响。

1. 数字技术降低数字贸易交易成本

数字贸易的交易成本包括搜索成本、信息成本、合同成本、监督成本和数据存储成本，而随着数字技术的发展，这五类成本将进一步降低。第一，降低搜索成本。消费者可通过平台实时查询商品的静态数据如价格、型号和生产日期等，以及动态数据如物流进度、交易状态等；企业可获取目标消费者的历史交易信息。第二，降低信息成本。基于数字技术搭建的信息平台实现了贸易信息的汇总和共享，有效地降低了贸易双方的信息成本。第三，降低监督成本。传统贸易监管需要耗费人力、物力和财力，且往往效果不佳。基于数字技术搭建的监督平台能够实现对贸易交易过程跟踪、监控和反馈，提高监督的高效性和透明性。第四，降低合同成本。传统的合同签署需采用纸质合同且线下完成，而借助区块链技术能够在线上完成合同签署，不仅快捷便利而且安全性高。第五，数据存储成本。数字技术能够实现对数据的云存储，即通过整合存储资源集中存储，实现数据存储成本的降低。

2. 数字技术改变数字贸易交易标的

第一，数字技术实现了部分贸易标的的数字化。如书籍、录像带和杂志等商品在数字技术飞速发展的背景下衍生出电子书、网络视频和电子杂志等产品，实现了实体货物的数字化，并成为可线上交易的贸易标的。第二，数字技术催生了新型的数字化产品和服务。企业借助自身先进的数字技术，提供数字化平台、数字化工具、数字化标准和数字化方案，这些数字化产品和服务逐渐成为企业间或企业和消费者间交易的重要标的。同时也衍生出新的行业和领域，如云计算服务企业通过为客户提供个性化的云计算平台，输出数字化解决方案获取收益。

3. 数字技术重塑数字贸易交易方式

第一，数字技术改变数字贸易的交易场景。随着网络平台技术趋于成熟，企业间或企业和消费者间对交易时效性、便利性和安全性等方面的要求得以满足，部分线下交易转移到线上平台进行，从而改变了交易场景。第二，数字技术改变数字贸易的支付方式。数字支付技术和贸易的深度融合，提高了交易的效率、保障了交易的安全。尤其在B2C领域，消费者通过数字支付打破了交易的时间和空间的限制，实现随时随地安全高效的交易。

二、数字贸易的经济背景

（一）数字经济的产生

数字贸易是在数字经济背景下应运而生的，是数字经济的重要组成部分。21世纪以来，以大数据、人工智能和物联网为代表的新一代数字技术加速了商业化应用，推动世界新一轮科技革命和产业革命不断演进。数字技术和传统经济深度融合催生了新的经济形态——数字经济。国际上对数字经济的研究经历了信息经济、互联网经济以及数字经济的探索过程。

20世纪40年代以来，伴随信息通信技术（Information Communication Technology，ICT）产业的快速发展及其与经济运行方式的不断融合，ICT向社会、经济、生活等领域的渗透作用逐渐增强，由此产生了信息经济模式。进入21世纪以来，伴随着互联网的迅速发展及其与经济运行的深度融合，互联网对经济发展的影响不断增强，逐渐成为支持国民经济各领域快速发展不可替代的要素。世界上越来越多的国家认为互联网已经成为保障经济运行的重要基础设施，它对经济发展的保障作用与电力、水利、交通网络等基础设施相似。在这样的背景下，“互联网经济”这一名词逐渐兴起并广泛传播。OECD 指出，互联网经济是快速演变的，且其发展方式在不同国家存在一定差别。相较于信息经济，互联网经济的发展体现在信息通信技术的跃迁及其与经济运行的更充分融合。在互联网经济的背景下，产品的范围进一步拓宽，衍生出以互联网为媒介进行传播的电影、音乐、新闻、游戏、广告等无形数字内容产品。

Tapscott 在 1996 年出版的《数字经济：网络智能时代的机遇和挑战》中首次提出“数字经济”的概念，认为数字经济描述的是一个广泛运用 ICT 技术的经济系统，包含基础设施（高速的互联网接入、计算能力与安全服务）、电子商务（在前端与后端大幅利用 ICT 的商业模式）以及运用 ICT 的 B2B、B2C 和 C2C 交易模式。此后，关于数字经济的研究逐渐增多。Mesenbourg 在 2001 年《测度数字经济》的文章中将数字经济划分为三个部分：数字化的软硬件基础设施，数字化的商务网络与组织，以及电子商务中交易的产品。在数字化概念广泛传播的同时，各国政府也把发展数字经济作为推动经济增长的重要手段。欧盟和美国分别于 2010 年和 2015 年公布了数字经济议程，英国、德国、法国等国均发布了数字化战略，以推动本国、本区域的数字化转型。2016 年 G20 杭州峰会上，多国领导人共同签署通过了《二十国集团数字经济发展与合作倡议》，对数字经济做了较为全面的定义，认为数字经济是以使用数字化的知识和信息作为关键生产要素、以现代信息网络作为重要载体、以信息通信技术的有效使用作为效率提升和经济结构优化的重要推动力的一系列经济活动。此后，“数字经济”这一提法被中国各类官方文件与重大会议所采用。中国信息通信研究院发布的《中国数字经济发展白皮书(2017 年)》归纳了数字经济的七个特征：第一，数据成为新的关键生产要素；第二，数字技术创新提供源源不断的动力；第三，信息产业的基础性先导作用突出；第四，产业融合是推动数字经济的主引擎；第五，平台化、生态化成为产业组织的显著特征；第六，线上线下一体化成为产业发展的新方向；第七，多元共治成为数字经济的核心治理方式。

（二）数字经济的特征

1. 数据化

数字经济时代，数字技术和传统经济活动的融合产生了丰富的数据，数据能够反映经济活动的趋势、经济主体的特点等具有高价值的信息，因而受到广泛关注。数据凭借其易存储、可重复使用的特点，有效地减少了传统生产要素供给有限的弊端。同时，数据作为新的生产要素参与生产和分配环节，可以大幅提升生产效率和改善分配结构。新的生产要素为传统产业提供了新的发展方向，极大地提高了生产的效率。

2. 产业化

数字经济正在加快向其他产业融合渗透，提升经济发展空间。一方面，数字经济促进传统企业数字化转型升级。数字经济和传统企业的融合带来业务工具、业务流程、业务模式甚至商业模式的创新和升级，助力传统企业在数字经济时代迸发出新的活力。另一方面，数字经济和传统产业的融合催生新的模式，如数字经济和传统电子商务的深度融合，相继涌现了 O2O（线上到线下）模式、内容电商、社区电商等新兴的电子商务模式。

3. 平台化

数字经济时代，传统企业加快平台化生态化转型。一类是业务平台，指的是企业借助自身资源和技术优势搭建促成供需双方交易的平台。如传统餐饮行业衍生出的外卖平台，传统出租车行业衍生出的网约车平台等，都是传统企业在数字经济时代平台化生态化转型的典型代表。另一类是组织平台，传统企业在发展的过程中随着经营范围的扩大，交易规模的提升以及聘用员工的增加，企业通常会走向集团化。庞大的组织体系让企业不得不考虑组织内部资源如何高效配置的问题，传统企业借助组织平台的建设能够实现人才资源和公共资源的优化，提升组织运行效率。

4. 普惠化

数字经济时代，经济发展的福利惠及每一个人。一方面，资源共建共享。数字经济的发展加速了资源的所有权和使用权的分离，并催生了共享单车、共享充电宝等新型共享经济。共享经济颠覆了传统的经济形态，依托数字技术的有效使用，广泛地为用户提供随时随地且多人共享的产品和服务。共享经济是数字经济时代的典型产物，加速了资源普惠化进程。另一方面，成果共建共享。数字经济时代，数字技术的广泛使用加速了成果的流动。典型代表之一就是知识成果，传统的知识成果依托书籍、报纸等为载体，通常只在指定的某一空间范围内流动。而数字经济时代这一空间限制被打破，在保护知识产权的前提下，知识成果借助开放的网络平台高效便捷地流动，助推全民阅读时代的到来。

（三）数字经济和数字贸易

数字贸易源于数字经济，是传统贸易在数字经济时代的延伸，数字经济是数字贸易产生和发展的基石，具体体现在以下两个方面。

1. 数字经济促进数字贸易的产生

第一，数据作为数字经济时代的关键生产要素参与流通环节，提升贸易效率和降低贸易成本。传统贸易的流通环节涉及采购、批发、存储、运输、分销、零售等，冗长的流通环节导致流通效率低、流通成本高等问题，而凭借数据可存储、易传输的特点可大幅缩短流通时间，降低流通成本，提高流通环节的效率。第二，平台化生态化为数字贸易的产生奠定了基础。数字经济背景下，企业朝着平台化生态化的方向发展，贸易双方借助数字技术可以在平台上实现精准匹配需求，并提供数字化金融、物流、营销等一揽子数字贸易解决方案。

2. 数字经济推动数字贸易的发展

第一，数字经济促进数字贸易基础设施建设。数字贸易基础设施作为贸易数据的载体，发挥着支撑数字贸易平稳运行的基础作用。随着数字经济的发展，各行业各领域对数字贸易基础设施的需求愈发旺盛。全球主要国家相继加大基础设施建设投入力度。如中国政府提出了“加快新型基础设施建设”重大部署，数字贸易基础设施开始纳入各省新型基础设施建设范畴。第二，数字经济提升数字贸易规模。全球主要国家相继将数字经济作为战略高地，更多地关注数字贸易的高质量发展，美国、英国和中国等世界主要经济体先后发布了数字经济时代下推动数字贸易发展的政策。此外，数字经济带动数字贸易参与者数量增加。数字经济时代，数字技术、数字产品、数字平台迎来了发展的高峰期，贸易活动更加自由化、便利化，从而促使全球范围内更多中小企业深入参与数字贸易。

三、数字贸易的制度背景

（一）数字贸易发展战略出台

市场制度是影响贸易模式的重要因素。为充分释放数字技术驱动经济增长的潜能，在新一轮国内外竞争中占据优势地位，法国、日本、欧盟、英国、澳大利亚等国家或地区陆续出台相关数字战略，尽管目前世界各国对于数字贸易还未形成统一的认识，也鲜有专门针对数字贸易发展的战略发布，但在已发布的数字战略中几乎都关注了数字技术对于传统贸易转型与发展的关键作用，将贸易纳入数字经济整体战略规划的国家也越来越多。近年来，中国数字经济全面发展、数字贸易快速增长，这与各级政府部门颁布相关战略规划与政策措施密不可分。2016年以来，党中央、国务院相继出台《国家信息化发展战略纲要》《“十三五”国家信息化规划》等重大战略规划，开启中国信息化发展新征程；2019年11月，《中共中央 国务院关于推进贸易高质量发展的指导意见》正式提出要“加快数字贸易发展”，此后，《国务院办公厅关于推进对外贸易创新发展的实施意见》中进一步提出要“大力发展数字贸易”，2021年3月，《中华人民共和国国民经济和社会发展第十四个五年规划和2035年远景目标纲要》强调，要“提升贸易数字化水平”；同时，《二十国集团数字经济发展与合作倡议》《关于利用电子商务平台开展对外贸易的若干意见》《关于积极推进“互联网+”行动的指导意见》《关于深化“互联网+先进制造业”发展工业互联网的指导意见》《关于支持国家数字服务出口基地创新发展若干措施的通知》等相关政策措施的陆续出台为我国数字贸易的发展提供了政策指导。跨境电商和数字贸易发展已经成为中国对外贸易的重要组成部分，相关政策文件的出台形成了对数字贸易的有效支撑，有利于推动中国数字贸易的健康、全面发展及其与各产业的深度融合。

（二）全球数字贸易规则涌现

从数字贸易规则角度看，当前，全球主要经济体正通过区域贸易协定、国际多边框架积极推动数字贸易规则新体系的制定和完善。数字贸易作为一种新型贸易方式，其表现出的互动性和开放性对传统贸易规则带来了新的挑战，传统货物贸易与服务贸易规则已不再适用，需要构建数字贸易规则框架。在此背景下，全球数字贸易规则制定和谈判也在不断推进，各国陆续向WTO提交数字贸易相关议案，但是当前WTO框架下的数字贸易规则还存在诸多问题，例如尚未达成电子传输关税协议、尚未对电子数字产品贸易形态定性、尚未明晰数字贸易服务模式及分类等，主要原因在于以下两个方面：一方面是电子商务、数字贸易本身的贸易规则与WTO现有规则有冲突；另一方面是发达国家与发展中国家对待数字贸易的立场不一，主要国家间的利益诉求存在严重分歧，例如美国出于其数字产业无可匹敌的竞争优势和自由主义的传统，主张跨境数据自由流动、反对数据存储本地化以及实行行业自律式的个人信息保护，欧盟则担忧自身数字经济受到冲击以及受欧洲相对保守的民族心理和文化传统影响，更加关注个人隐私的保护。WTO框架下的数字贸易规则长期悬而未决，对全球数字贸易的发展带来了一定的阻碍，也在一定程度上推动了区域贸易协定（Regional Trade Agreement，RTA）中数字贸易规则的制定和发展。

表1-2 主要经济体关于数字贸易发展的政策文件与国际协定

国家	发展态势	政策重点	政策	参与的国际协定
美国	数字贸易发展较为成熟，更加注重于开拓海外市场	强调信息和数据的自由化	《促进数字贸易的基本要素》 《数字十二条》	《美墨加协定》 《美日数字贸易协定》
欧盟	在计算机、信息、保险、文化娱乐等子项中占据发展优势，试图打造数字单一市场	强调数据有效保护和数字服务提供商有效监管下的数字贸易自由化	《通用数据保护协定》 《非个人数据自由流动条例》 《开放数据指令》	《欧盟—日本经济伙伴关系协定》 《欧盟—英国贸易与合作协定》 《欧盟—墨西哥贸易协定》
日本	强调数字技术创新和数字基础设施建设，其数字技术和数字贸易发展成熟度不及美国	注重数字知识产权保护和数据隐私保护，营造公平开放的数字贸易环境	《官民数据活用推进基本计划》 《数字手续法》 《数字政府实行计划》 《数字社会形成基本法案》	《日美数字贸易协定》 《全面与进步跨太平洋伙伴关系协定》 《区域全面经济伙伴关系协定》 《日本—英国全面经济伙伴关系协定》
新加坡	自由贸易港，东南亚跨境电商平台的总部中心	在数据流动、数字贸易领域践行自由开放的政策，推动建立灵活高效的自贸协定磋商机制	《电商促进计划》 《数字经济行动框架》 《智慧国家2025》 《支付服务法案》	《数字经济伙伴关系协定》 《新加坡—澳大利亚数字经济协定》 《全面与进步跨太平洋伙伴关系协定》 《区域全面经济伙伴关系协定》
中国	中国尽管起步较晚，但数字贸易发展势头非常快	强调数字主权的治理模式	《全面深化服务贸易创新发展试点总体方案》 《"十四五"服务贸易发展规划》	《区域全面经济伙伴关系协定》 申请加入《数字经济伙伴关系协定》

资料来源：前瞻产业研究院，2022年数字贸易发展研究报告。

截至2017年5月，已经在实施且向WTO报告的275个RTA中，有75个含数字贸易相关条款，占比27.27%。《美日数字贸易协定》《欧盟—英国贸易与合作协定》《区域全面经济伙伴关系协定》《全面与进步跨太平洋伙伴关系协定》《数字经济伙伴关系协定》等数字贸易规则相关协定逐步丰富。目前，数字贸易国际规则中最具影响力的当属跨太平洋伙伴关系协定（Trans - Pacific Partnership Agreement，TPP），已达成文本的TPP为电子商务条款设置了专门的章，详尽地规定了与数字贸易相关的各个方面的规则，成为新一轮数字贸易国际规则的引领者。TPP

制定的数字贸易规则主要是提出了数字产品和贸易自由与开放的核心理念，具体包括对数字贸易持鼓励态度、加强对消费者隐私保护、加强对数字贸易及数据领域保护主义限制以及对外开放互联网的支持等。总体上说，TPP 有关数字贸易的规则是目前最为齐全、规范的，内容与措施都比较具体。虽然美国政府宣布退出 TPP，其规则依然表现出较为明显的美国特色，如对数字贸易自由化及数字跨境自由流动的大力推崇，中国和欧盟都对这点提出了异议，后续双边、区域额、多边层面数字贸易规则的构建仍在不断推进中。

第二节　数字贸易的历史沿革

数字贸易是传统贸易在数字经济时代的拓展和延伸，是商贸活动发展的一个新阶段，其概念的产生并非一蹴而就。从传统商务到电子商务，到跨境电子商务，再到现在的数字贸易，随着信息技术在商贸活动中应用的日渐深入，涌现出许多新的名词、新的概念，所描述事物的内涵特征不断演进升级（见图 1－1），数字贸易是在数字化技术不断革新的背景下逐步发展起来的，经历了从传统商务与贸易、电子商务、跨境电子商务到数字贸易的发展与转变。

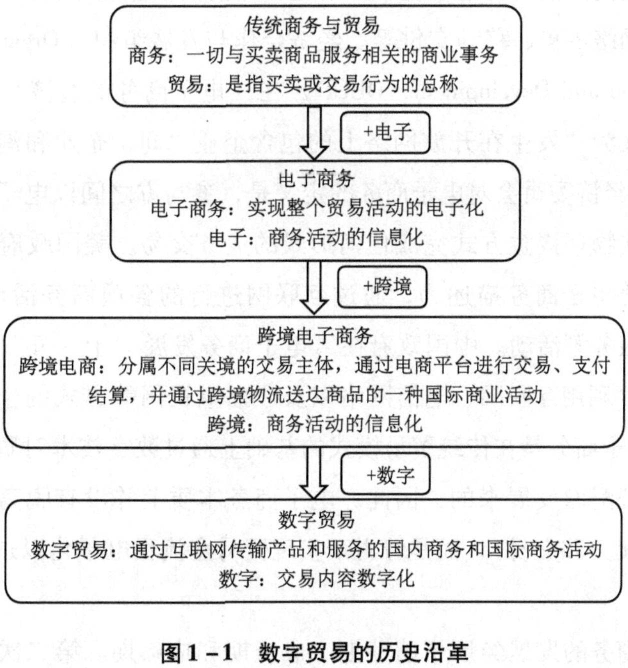

图 1－1　数字贸易的历史沿革

资料来源：中国信息通信研究院．数字贸易发展与影响白皮书（2019 年）［R］．2019.

一、传统商务和贸易阶段

传统商务和贸易主要是指以货币为媒介的一切交换活动或行为，用户可以利用电话、传真、信函和传统媒体来实现商务交易和管理过程，能够通过传统手段进行市场营销、广告宣传、获得营销信息、接收订货信息、作出购买决策、支付款项、客户服务支持等。传统商务和贸易的活动范围，不仅包括商业所从事的商品交换活动，还包括商品生产者或他人所组织的商品买卖活动；不仅包括国内贸易，还包括国与国之间的国际贸易。商务贸易是四个术语中范围最大的，从人们日常生活中的消费交易到企业间的跨境贸易均归属其中。

二、电子商务发展阶段

电子商务的产生最早可以追溯到20世纪60年代末期，当时的人们开始利用电报开展商务活动。发展至20世纪90年代经历了第三次技术革命之后，全球主要国家的经济蓬勃发展，贸易活动日趋频繁，亟须寻找一种快速便捷且安全的贸易模式以满足日渐复杂的商务活动。电子商务凭借低成本、便捷性和灵活性受到了企业的青睐。

电子商务指商务活动的电子化、网络化，即借助信息技术开展商务贸易活动，如线上推广、网络零售、移动支付等。经济合作与发展组织（Organization for Economic Cooperation and Development，OECD）在《电子商务的经济与社会影响》中将电子商务定义为“发生在开放网络上的包含企业之间、企业和消费者之间的商业交易”。欧洲经济委员会对电子商务的定义是，参与方之间以电子方式而不是以物理交换或直接物理接触方式完成任何形式的业务交易。美国政府在《全球电子商务纲要》中将电子商务描述为，通过互联网进行的各项商务活动，包括广告、交易、支付、服务等活动。中国政府在《电子商务发展“十一五”规划》中将电子商务界定为“利用互联网、电信网络以及广播电视网等方式的生产、流通和消费等活动”。电子商务是在传统贸易模式的基础上通过数字技术对贸易全流程中各要素的重组和分配而发展来的，因此，电子商务本质上并没有脱离传统贸易的三要素（买方、卖方和交易），而是着力于实现贸易全流程电子化以达到降本增效的目标。

当前电子商务的发展经历了萌芽期、成长期和成熟期。第二次世界大战结束后，全球经济开始复苏，以美国为代表的战胜国进入了经济发展的快车道。发展至20世纪60年代，企业间贸易活动日趋频繁，造成了以纸张为载体的合同、证明和票据等商务文件数量激增，而传统的人工处理方式需要耗费大量的人力、物力和财力，已无法满足此时的贸易需求。此外传统的贸易模式交易流程复杂、交易手续烦琐、交易时间地点受限，严重限制了贸易规模的进一步增长。1968年，EDI（electronic data interchange，电子数据交换）技术首次应用成功，美国的部分大型企业开始尝试使用EDI实现“无纸贸易”，电子商务应运而生。此后，因其便捷、高效的特点，加之互联网的迅速发展及普及，越来越多的企业运用电子商务的方式开展实体货物交易，全球电子商务快速发展，并逐渐成为贸易的重要方式。随着数字技术和贸易发展的深度融合，电子商务的业务模式、业务对象和业务需求也愈发复杂，B2B、B2C、C2C和B2B2C等多元化的电子商务模式逐步丰富，市场不断整合，进入平稳发展的成熟期，并表现出以下特征：

第一，提质增效优化体验。B2C电子商务模式得到了长足的发展，个人消费者对于质量、效率和体验提出了更高的要求。一方面，平台间同质化竞争严重，越来越多的企业开始关注客户黏性，培养忠实用户。由于消费者可选择的电子商务平台增多，转换成本降低，企业必须改变传统的以贸易本身为核心的陈旧思维，转向以客户为重心。如电子商务平台京东制定了“体验为本、技术驱动、效率制胜”的核心经营战略，并推出了“211限时达”服务，大幅提升质量、效率和体验。另一方面，电子商务相关法规的完善，倒逼平台关注质量、效率和体验。电子商务成熟期，行业规模不断扩大，全球主要国家相继颁布了电子商务相关的法律法规，完善市场监管。消费者权益得到进一步明确，当消费者对于电子商务平台提供的服务不满意时可通过退款退货甚至投诉的方式维护自身合法权益，消费者维权意识的增强倒逼企业愈发关注质量效率和体验以提升客户满意度。

第二，市场集中度提高。电子商务行业的供给能力过剩，产品的利润率呈下降趋势，行业内竞争激烈，两极分化趋势凸显。具备规模经济效应的大企业具有资源、产量、人才、品牌等多方面的优势，根据马太效应，即使在投资回报率相同的情况下，大企业仍然能更轻易地获得比中小企业更多的收益，因而部分中小企业逐渐走向衰败或被吞并，市场集中度进一步提高。作为全球最大的电子商务市场，中国2019年电子商务企业因经营不佳破产倒闭的占全部的11.4%，市场的CR4达到54%，集中度较高。

第三，多元化发展。电子商务成熟期后期增长逐步放缓，电子商务平台开始探索经营多元化业务，以寻找未来新的利润增长点。具体有两大发展方向：一方面，开辟新业务，电子商务企业在经营稳定传统电子商务业务的同时，积极探索社交电商、社区团购、直播带货、短视频营销、内容平台等新业态。另一方面，线上线下相结合发展传统业务。在线上红利逐渐减少的背景下，电子商务平台开始探索线上线下相结合的消费场景，如利用线下引流线上消费的新零售模式。

三、跨境电子商务发展阶段

跨境电子商务指跨越国境开展的电子商务活动，是由于电子商务活动范围扩大而衍生出的概念，随着经济全球化的推进，正逐渐成为全球商品的重要流通方式。中国电子商务研究中心（2015）认为，跨境电子商务是指分属于不同国家的交易主体，通过电子商务手段将传统进出口贸易中的展示、洽谈和交易环节电子化，并通过跨境物流及异地仓储送达商品，完成交易的一种国际商业活动。阿里研究院发布的《2016 中国跨境电子商务发展报告》认为，广义的跨境电子商务是指分属不同关境的交易主体通过电子商务手段达成交易的跨境进出口贸易活动；狭义的跨境电子商务概念特指跨境网络零售，指分属不同关境的交易主体通过电子商务平台达成交易，进行跨境支付结算，通过跨境物流送达商品，完成交易的一种国际贸易新业态。跨境电子商务和传统电子商务相互联系，又存在着区别，主要表现以下三个方面：第一，交易主体不同，传统电子商务的交易主体一般是国内的企业和个人，而跨境电子商务的交易主体则是境内外企业和个人。第二，业务环节不同。跨境电子商务本质上属于国际贸易，相较于传统电子商务业务环节，增加了海关申报、进出口税务、外汇结算等具有国际元素的业务环节。第三，适用规则不同。传统电子商务一般遵循所在国家的法律和规则，而跨境电子商务由于涉及两个甚至多个国家或地区，需要遵守国际上通用的或交易所在国家间约定的贸易规则如双边贸易协定等。跨境电子商务发展日益成熟，在持续量变积累下实现质变，迭代成为全球数字贸易。

20 世纪 90 年代末期，国际贸易活动趋于频繁，外贸电子商务的局限性日益凸显，主要体现在：第一，侧重于广告宣传的外贸电子商务面临流量瓶颈，企业需要花费越来越多的时间和金钱推广商品，造成了较大的负担。第二，外贸电子商务涉及的贸易环节较多，从境内生产、境内贸易、境外分销、境外零售到最后抵达境外消费者，冗长的环节造成的低流通效率和高流通成本成为困扰企业的难题。跨境电子商务作为新型国际贸易模式，通过跨境电子商务平台将商品直接售卖给境外的消费者，大幅缩短了流通环节，提高了流通效率的同时也降低了流通成本，逐渐替代外贸电子商务成为国际贸易的主流模式之一。跨境电子商务在诞生之初，跨境交易双方借助跨境电子商务平台提供的网页信息展示服务实现信息撮合，并在线下完成跨境贸易的其他环节，这是传统国际贸易结合互联网技术首次拓展的结果，也是跨境电子商务的雏形。随着互联网及信息通信技术的快速变革，全球跨境电子商务不断发展、成长，跨境电子商务规则逐渐完善。

进入21世纪，为适应当前消费者个性化、碎片化、一体化需求，全球跨境电子商务不断调整发展。一方面，移动终端设备的普及和移动通信技术的发展，使得个人消费者在贸易活动中逐渐占据重要地位，在跨境电子商务成长期已经有不少企业开始尝试扩展针对个人消费者的跨境电子商务业务。在模式沉淀和发展的过程中，如何更好地满足个人消费者多频次、少批量、个性化的需求成为企业关注的焦点，而习惯于B2B模式少频次、大批量、标准化交易的跨境电子商务平台已难以满足该需求。另一方面，经过跨境电子商务成长期的发展，大型企业、中小企业、个体工商户和个人消费者广泛参与跨境电子商务业务，随着业务范围的扩大和业务规模的提升，平台在跨境电子商务活动中扮演的角色愈发重要。平台不再满足于提供交易撮合的服务，而是开始介入跨境电子商务的全流程如采购、物流等，显著提升平台的主导作用。当前，全球跨境电子商务朝着模式多样化的方向发展，业务模式和业务流程不断转型升级，跨境电子商务进入成熟期，并表现出以下特征：

第一，模式趋于多样化。在萌芽期和成长期，跨境电子商务主要以B2B模式为主进入跨境电子商务成熟期，更多创新的电子商务模式涌现。一方面，B2C模式得到长足发展。伴随全球个人用户网络消费的崛起，对跨境网络购物的需求日益增长，推动了B2C模式的发展。以速卖通、亚马逊、eBay、Wish等为代表的多家跨境电子商务平台相继开展B2C业务。另一方面，B2B2C模式成为跨境电子商务新模式。随着消费者碎片化订单需求的增加，跨境电子商务B2B2C模式开始出现，个体工商户、小作坊等小包裹业务汇集到跨境电子商务B2B2C平台上，再批量运输到境内保税仓，缴纳行邮税出仓，最后完成境内配送，满足了消费者碎片化订单需求。跨境电子商务B2B2C模式的重要产物之一是海外仓，相较于传统海外仓储，跨境电子商务海外仓提供境外清关、存储、转运、分拣、包装、贴换标、配送及售后等一体化服务。

第二，平台企业成为主导。一方面，跨境电子商务平台企业的全球影响力大幅提升。伴随着跨境电子商务企业的转型升级，以亚马逊、阿里巴巴等为代表的电子商务龙头企业持续加强跨境电子商务平台的主导作用，其角色从单一的交易平台转变为提供供应链一站式服务的合作伙伴。经过20余年的发展，阿里巴巴国际站已经从提供黄页的信息展示平台逐渐成长为集采购、分销和零售为一体的跨境电子商务供应链服务平台。另一方面，跨境电子商务平台为产业数字化发展持续赋能。在需求端，跨境电子商务平台积极推动商业模式创新、业务创新和品牌创新等，并在提升消费数字化水平上发挥重要作用。在供给端，跨境电子商务平台赋能供应商、中间商等企业，驱动商品供给优化，提升供应链一体化和数字化水平，为供给端企业降本增效提供强有力的支撑。

第三，交易数据得到沉淀。在人工智能等数字技术飞速发展和消费者需求日趋个性化的背景下，从事跨境贸易的交易双方开始利用平台上沉淀的海量交易数据，实现供需的精准匹配，并借助平台上的低成本、专业、完善的生态化供应链服务完成线上交易和履约。如阿里巴巴国际站信保业务的全面上线使得交易全链路数据基本实现沉淀，同时平台汇聚的两千多种数字化工具，为中小企业提供全方位供应链服务。

四、数字贸易的全球发展

数字贸易是由于信息技术对贸易影响的进一步深化所产生的概念，数字贸易更突出数字化的产品和服务贸易，目前，国际上对数字贸易的讨论和谈判大多仍在电子商务框架基础上展开，随着跨境电子商务发展的逐步深入，面临的瓶颈和障碍也逐渐涌现：一方面，跨境电商增长趋势放缓。由于各大跨境电子商务平台的流量格局已定，线上红利逐渐减少，新客获取成为困扰各大跨境电子商务平台的难题之一。此外，全球的跨境电子商务产业经过多年的发展，其自身运营模式已相对成型，市场格局也基本确定。在跨境电子商务发展相对成熟的国家出现了行业的龙头企业，市场份额相对稳定，增长趋缓。如较早开始探索跨境电子商务模式的美国企业亚马逊在2016年收入规模首次突破1 000亿美元后，增速已经连续4年放缓。另一方面，跨境电商生态化程度不足，贸易双方及其所处的贸易环境所构成的生态系统对于实现价值创造具有重要影响，跨境电子商务更多关注平台自身的建设和发展，而忽视了互利共赢的生态系统搭建。

伴随着数字技术和贸易的深度融合，跨境电子商务将在持续量变积累下实现质变，蜕变为“全球数字贸易”。总体看来，现阶段的跨境电子商务处于数字贸易的初级阶段，数字贸易是跨境电子商务未来发展的高级形态。数字贸易强调新一代宽带移动通信网络、大数据、云计算、人工智能、区块链为代表的数字技术与传统货物和服务贸易的数字化融合，不断拓展跨境电子商务的业务内涵，提高跨境电子商务的运营能力和运营效率，已经成为经济增长的新引擎，正在以更加全新与基础性的方式重塑世界经济。

当前，全球数字贸易发展主要呈现出以下特征：

第一，全球化贸易趋势明显。全球化和数字化是数字贸易产生和发展的主要动因，推动数字贸易规模持续扩大。随着创新数字技术的出现和互联网基础设施建设的逐步完善，新型数字技术在数字贸易中的广泛应用推动数字贸易发展边界向外延伸，将进一步拓展数字贸易发展市场。全球数字贸易供应链服务跨国化逐渐成为常态，平台国别属性被进一步削弱，实现平台全球化。一方面，面向世界各国的买家和卖家，平台以“全球买、全球卖”为主要愿景，有利于整合和开发全球数字贸易资源；另一方面，作为多边贸易平台，全球数字贸易平台能够提供广阔的全球市场和便利的贸易服务，吸引来自世界各国的卖家入驻，有助于“全球买、全球卖”愿景早日实现。国际电信联盟（ITU）数据显示，2017 年全球网民总数达 35.78 亿人，世界范围内的网民渗透率达到 48.0%，发达国家网民人数占总人口的 81.0%，发展中国家网民人数占总人口的 41.3%。联合国贸易和发展会议（UNCTAD）相关数据显示，2005 年全球数字服务贸易规模为 1.20 万亿美元，2020 年达到 3.17 万亿美元，较 2015 年增长 164.15%。与此同时，2020 年全球跨境电商交易规模突破 1 万亿美元，年平均增长速度高达 30%。总体而言，全球数字贸易规模持续扩大，未来数字贸易将成为各国贸易增长的新引擎，在驱动经济持续增长方面将发挥重要作用。

第二，国际贸易弱势群体广泛参与。国际贸易弱势群体指的是相对于规模庞大的企业而言，在传统国际贸易中容易被忽视的贸易群体，如中小企业。尽管部分贸易弱势群体的产品和服务质量很高，但其却因信息不对称、贸易成本过高等问题难以进入国际市场。数字贸易的发展则为贸易弱势群体进入国际市场开辟了新渠道。数字贸易能有效弱化信息不对称，降低贸易弱势群体进入国际市场的门槛，进而使得各国贸易弱势群体能够广泛地参与国际贸易并从中获利。

第三，贸易模式复合化、扁平化。一方面，贸易模式复合化。伴随全球数字贸易的发展，为了充分反映消费者的个性化需求和制造业的智能化转型需要，B2B2C 模式日益凸显，成为一种重要的线上复合贸易形态，其既能匹配贸易成本降低的诉求，又能契合碎片化订单集聚的趋势。另一方面，贸易模式扁平化。全球数字贸易使国际贸易各环节之间信息流动频率加快，在很多情况下中间环节丧失存在必要性，呈现高度扁平化趋势。

第四，服务贸易在数字贸易时代的重要性显著提高。根据 WTO 的研究显示，服务贸易占国际贸易的比重从1995年的18%提高为目前的23%，以增加值计算的服务贸易占增加值贸易的比重更高达50%左右。UNCTAD数据显示，全球数字服务贸易占服务贸易的比重由2005年的44.73%增长至2020年的63.55%，预计到2030年占比将达到75%。数字贸易成为带动服务贸易增长的重要驱动力，一方面，数字技术的发展提高了数字网络的效率，形成了快速发展的数字基础设施，电信服务、计算机和信息服务、其他商业服务和金融服务等“可数字化服务”获得巨大发展，其增长速度远超旅游、运输等传统服务。另一方面，数字技术的发展大大降低了通信和交易成本，减少了空间距离对国际贸易的制约作用，将部分传统线下服务转变为线上服务，创造了提供服务贸易的新方式，扩大了跨境交易的服务范围种类。以音乐市场为例，数字技术可以通过视频、音频等方式，为全球消费者提供线上音乐，2017年6月底，我国网络音乐用户规模达5.24亿，而2016年全年走进音乐厅的音乐会现场观众仅为627.73万人次。2016年全年，中国专业剧场演出总场次达8.79万场，观众总人数为1 879万人次，而国内某视频网站直播的演唱会场次虽然只有400场，却能覆盖全球389个城市，累计播放量20亿次，覆盖受众超过6亿人次。

第五，数字贸易全球化与数字贸易壁垒共存。数字贸易已经成为各国经济增长的新引擎，世界主要经济体纷纷加快国内相关立法并积极推进多边数字贸易规则谈判，数字贸易的全球化是长期发展趋势。数据是数字贸易的核心要素，数据跨境自由流动是全球数字贸易得以顺利开展的前提保障，然而，出于社会稳定、数据隐私、消费者保护、互联网协议保护要求、网络安全及国家安全的需要，数据跨境自由流动在各国受到不同程度的限制。例如，美国着力推动跨境数据自由流动，但欧盟、中国等对此持谨慎态度。此外，数字贸易作为新型贸易模式，各国基于自身发展对本国数字贸易全球化加以诸多限制，数据本地化、内容审查、网络安全、知识产权保护等新型数字贸易壁垒逐步涌现。随着双边、多边数字贸易规则谈判的推进，全球数字贸易规则体系将不断完善，有助于推动全球数字贸易发展，但鉴于数字贸易的数据跨境流动特性，数字贸易全球化与数字贸易壁垒共存的格局将长期存在。

思考题

1. 数字贸易产生的技术背景有哪些？

2. 当前全球数字贸易政策和规则有什么表现？

3. 简述数字贸易发展的历史沿革。

4. 简述全球数字贸易的发展特征。

5. 网购、外卖、直播、打车、线上支付……数字技术对我们日常生活和消费方式带来了巨大的变化，结合日常生活谈谈数字技术对我们日常消费的影响。

6. 数字贸易蓬勃发展背景下，传统外贸企业应如何发展？

7. 2019 年 11 月，中共中央、国务院《关于推进贸易高质量发展的指导意见》正式提出“要加快数字贸易发展，提升贸易数字化水平”，中国应该怎样推动数字贸易的发展，谈谈你的认识。

第二章　数字贸易的内涵与特征

学习目标

1. 掌握数字贸易的内涵。

2. 了解数字服务贸易的特征，及其与传统贸易、跨境电商、数字贸易的区别及联系。

3. 清楚数字贸易的统计及测算方法。

◎ 引导案例

商务部发布的《中国数字贸易发展报告2020》显示，“十三五”时期我国数字贸易规模快速扩大，数字贸易法律政策体系初步形成。数据显示，“十三五”时期我国数字贸易额由2015年的2 000亿美元增长到2020年的2 947.6亿美元，增长47.4%，占服务贸易的比重从30.6%增长至44.5%。预计“十四五”时期，我国数字贸易规模将持续扩大，到2025年，可数字化的服务贸易进出口总额超过4 000亿美元，占服务贸易比重达到50%左右。报告指出，我国已经出台了《网络安全法》《数据安全法》《国务院关于同意深化服务贸易创新发展试点的批复》等一系列重要法规、政策文件和工作举措，初步形成了支持和推动数字贸易发展的法律政策体系框架。“十四五”时期数字贸易规则制度逐步健全，建立健全数据资源确权、分级分类保护、跨境传输、安全评估等相关法规，统筹数字开发利用、隐私保护和公共安全，加快建立数字资源产权、交易流通、跨境传输和安全保护等基础制度和标准规范。积极参与数据安全、数字货币、数字税等国际规则和技术标准制定，积极推进网络空间国际交流合作。

资料来源：2020年我国数字贸易额为2 947.6亿美元 数字贸易法律政策体系初步形成［EB/OL］.（2021－09－03）［2022－04－25］. http：//m. news. cctv. com/2021/09/03/ARTINIPTtvQ6QGCJFMZWF7xU210903. shtml，有删改。

随着大数据、云计算、3D打印等新一代信息技术的不断革新及全面应用，全球数字贸易蓬勃发展，成为各国各地区推动经济增长的新动能，在新一轮国际全球分工中获得新型竞争优势的重要抓手。但是，与其大规模发展不相称的是，全球范围内还未形成对数字贸易内涵的统一认识，数字贸易的新特征新表现又使得之前的研究框架不再适用，亟待构建新型数字贸易研究框架，这是开展数字贸易相关研究的重要基础。基于此，本章重点介绍数字贸易的内涵界定、特征分类、统计方法。

第一节　数字贸易的概念

数字贸易已经成为全球贸易重要发展趋势，但是当下国际上尚未形成统一的标准或概念界定，不同组织、机构、国家、学者在不同时期对数字贸易的界定存在一定差异。

一、数字贸易的概念框架

基于涵盖范围的差异，数字贸易的内涵界定分为窄口径和宽口径两个视角，其中，窄口径的数字贸易指"通过数字化交付的服务贸易"，其交易标的以无形的服务、信息、数据为主，不包括在线订购的货物和有数字对应物的实体货物，美国国际贸易委员会（USITC）和欧盟（EU）等主张窄口径。宽口径的数字贸易指"通过互联网和互联网技术进行订购、生产或交付的产品和服务"，主要包括数字订购贸易（电子商务）、数字交付服务（数字服务贸易）、数字中介平台赋能等三个部分，国际经合组织（OECD）、世界贸易组织（WTO）和中国等主张宽口径（见图2-1）。

图2-1　当前国际上对数字贸易概念认识的分歧

资料来源：工信安全智库.2020年我国数字贸易发展报告［R］.2020.

二、数字贸易的窄口径定义

美国是最早正式界定数字贸易的国家。2013 年 7 月，USITC 在《美国和全球经济中的数字贸易》（Digital Trade in the U. S. and Global Economies）中首次提出了“数字贸易”定义，即“通过互联网传输而实现的产品和服务的商业活动”，具体包括四方面内容：一是数字交付内容，如数字化的音乐、游戏、视频和书籍等；二是社交媒体，如社交网站、用户评价网站等；三是搜索引擎，包括普通搜索引擎和专业搜索引擎；四是其他数字化产品和服务，如应用软件、通过云计算提供的数据和计算服务以及通过互联网传递的通信服务等。该定义主要强调数字贸易产品和服务必须通过互联网实现交付，排除了大部分借助互联网实现交易的实物产品。同时，指出数字贸易作为极具挑战的新议题，其内涵与外延仍处于演变之中。

2017 年 8 月，USITC 发布《全球数字贸易 1：市场机遇与主要贸易限制》（Global Digital Trade 1：Market Opportunities and Key Foreign Trade Restrictions），对“数字贸易”的内涵进行更新，指出数字贸易是“通过互联网及智能手机、网络连接传感器等相关设备交付的产品和服务”，涉及互联网基础设施及网络、云计算服务、数字内容、电子商务、工业应用和通信服务共六种类型的数字产品和服务。与 2013 年版的定义相比，新定义回应了数字技术的最新发展，不仅明确地指出互联网上销售的产品属于数字贸易，而且还将实现全球价值链的数据流、实现智能制造的服务以及无数其他相关的平台和应用纳入数字贸易范围中，印证了数字贸易边界的动态变化。这主要是基于经济社会中数字技术与传统产业融合发展的现实，越来越多的商业活动采取了数字化的形式，企业普遍运用数字技术参与国际竞争与合作。

特别值得注意的是，该定义属于窄口径数字贸易定义，强调贸易的交付模式应为“数字交付”，因此剔除了大多数实物商品贸易，如在线订购的实物商品以及通过 CD 或 DVD 出售的书籍、软件、音乐、电影等数字化的实体商品。

三、数字贸易的宽口径定义

（一）基于 OECD 的数字贸易内涵

OECD 从贸易的属性（“如何”）、交易的对象（“什么”）和涉及的参与者（“谁”）三个维度对数字贸易进行拆解，得到宽口径的数字贸易内涵。如图 2－2

所示，根据交易方式的差异，宽口径的数字贸易可分为数字订购型（digitally ordered）、平台支持型（platform enabled）、数字交付型（digitally delivered）；数字贸易的交易对象包括货物、服务和信息；数字贸易的行为主体包括企业、消费者和政府。

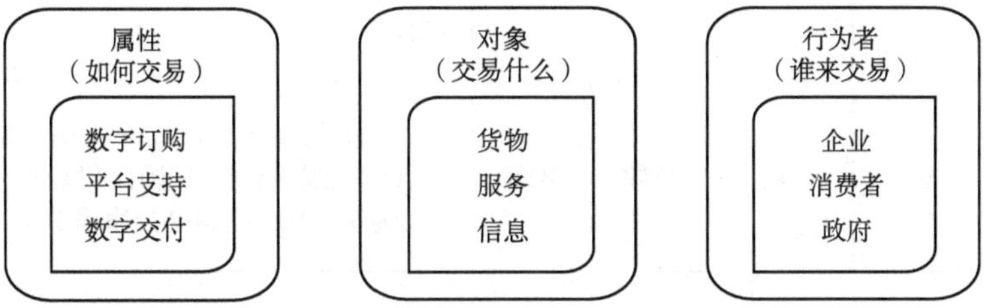

图 2－2　数字贸易的三个维度

资料来源：① OECD，Measuring Digital Trade：Towards a Conceptual Framework，STD/CSSP/WPTGS（2017）3，March 2017。②盛斌，高疆．超越传统贸易：数字贸易的内涵、特征与影响［J］．国外社会科学，2020（04）：18－32.

根据订购方式、平台支持方式和交付方式的差异，以及交易对象和参与者的不同，数字贸易的提供方式存在显著不同。OECD 和 IMF 根据订购方式、平台支持方式和交付方式的差异以及交易对象和参与者的不同，列举了 16 种不同的“宽口径”数字贸易的类型。其中，通过数字交付的 6 种跨境服务贸易属于“窄口径”数字贸易范畴。

从数字贸易的属性来看，大部分数字贸易为通过互联网中介平台（9 种）以数字方式订购（14 种）发生的国际贸易；从数字贸易的标的来看，以服务为载体（11 种）发生的数字贸易多于以货物为载体（5 种）发生的数字贸易，尽管信息流未作为数字贸易发生的直接标的物，但却是支撑并贯穿 16 种数字贸易发生的重要元素。从数字贸易的参与者来看，企业之间发生的 B2B 贸易和企业与消费者之间发生的 B2C 贸易（均为 7 种）为数字贸易的主要商业模式。除此以外，消费者之间直接进行的 C2C 贸易（2 种）成为国际贸易的新型商业模式（见表 2－1）。

表 2－1　数字贸易（货物与服务）的类型

属性			对象	参与者	描述
数字订购	平台支持	数字交付			
√	×	×	货物	B2B	A 国的企业直接从 B 国的供应商处在通过供应商的网店或“电子数据交换”（EDI）购买在线货物，例如产品上使用的组件。

续表

属性			对象	参与者	描述
数字订购	平台支持	数字交付			
√	×	×	货物	B2C	A 国的消费者直接从 B 国的供应商处通过供应商的网店在线购买货物，例如衣服。
√	√	×	货物	B2B	A 国的企业通过位于 A 国、B 国或任何地点的在线平台向 B 国的供应商购买货物，例如通过 eBay 订购办公室家具。
√	√	×	货物	B2C	A 国的消费者通过 A 国、B 国或任何地点的在线平台向 B 国的供应商购买货物，例如在亚马逊订购一本书。
√	×	×	服务	B2B	A 国的企业向供应商直接在线购买服务，但该服务需要以现实方式交付，例如运输服务。
√	√	×	服务	B2C	A 国的消费者直接向 B 国的供应商订购服务，该服务以现实方式交付，例如通过宾馆自身的线上预订系统在线预订宾馆客房。
√	√	×	服务	B2B	A 国的企业通过 A 国、B 国或任何地点的在线平台向 B 国的供应商购买服务，该服务随后以现实方式交付，例如标准化的维护与修理服务。
√	√	×	服务	B2C	A 国消费者通过在线平台向 B 国的供应商购买服务，该服务随后以现实方式交付，例如旅游者预订的分时驾驶服务（Uber）。
√	×	√	服务	B2B	A 国企业直接向 B 国供应商在线购买服务，该服务随后以数字方式交付，例如标准化的维护与修理服务。
√	×	√	服务	B2C	A 国消费者直接向 B 国供应商购买服务，该服务随后以数字方式交付，例如一份保险。
√	√	√	服务	B2B	A 国企业通过 A 国、B 国或任何地点的在线平台向 B 国的供应商购买服务，该服务以数字方式交付。例如一家公司通过平台订购的图形设计服务。

续表

属性			对象	参与者	描述
数字订购	平台支持	数字交付			
√	√	√	服务	B2C	A国消费者通过A国、B国或任何地点的在线平台向B国供应商购买服务，该服务以数字方式交付，例如购买音乐流媒体。
×	×	√	服务	B2B	A国企业向B国的供应商做出在线订购，所购买的服务以数字方式交付，例如定制咨询服务、业务流程外包（BPO）服务。
×	×	√	服务	B2C	A国消费者向B国供应商在线购买服务，但服务以数字方式交付，例如带有在线讲座的教育服务。
√	√	×	服务	C2C	A国消费者通过A国、B国或任何地点的在线平台向B国的另一个消费者购买服务，该服务以现实方式交付，例如AirBnB。
√	√	×	货物	C2C	A国消费者通过A国、B国或任何地点的在线平台向B国消费者购买货物，该货物以现实方式交付，例如通过线上市场进行的二手货物交易。

资料来源：①OECD，Measuring Digital Trade：Towards a Conceptual Framework，OECD Working Party on International Trade in Goods and Trade in Services Statistics，STD/CSSP/WPTGD（2017）3，2017. ②盛斌，高疆. 数字贸易：一个分析框架［J］. 国际贸易问题，2021（08）.

（二）OECD、WTO、IMF的数字贸易定义

2019年3月，OECD、WTO、IMF发布《数字贸易测度手册》（Handbook on Measuring Digital Trade），将数字贸易定义为“所有通过数字订购和数字交付的贸易”。即全部采用数字化技术支持或利用数字化技术本身所产生的贸易都属于数字贸易范畴，按照交易性质，OECD－WTO框架将数字贸易分割成三个组成部分：

（1）数字订购的贸易，指的是“通过专门用于接收或下达订单的方法在计算机网络上进行的买卖”，涵盖了所有通过万维网、外部网或通过无纸交易进行的订单与电子商务概念具有较强的可替代性。具体而言，数字订购的商品或服务的付款和最终交付无须在线上进行，主要指传统货物贸易方式的数字化，例如线上订购食物，订购酒店等。

（2）数字交付的贸易，指的是“通过信息技术通信网络以电子可下载格式远

程交付的所有跨境交易。”OECD、WTO 引用联合国贸发会议（UNCTAD）工作组提出的“可数字化服务”概念，涵盖了保险和养老金服务、金融服务、知识产权使用费、ICT 服务、研发服务、专业和管理咨询服务等所有可通过线上传输的服务，主要指传统服务贸易的数字化，例如电子书、视频类课程等。

（3）数字中介平台赋能贸易，指的是“为买卖双方提供交易平台和中介服务的行为”。这类平台可被视为“数据和广告驱动的数字平台（Data and Advertising Driven Digital Platforms）”的子集，有两个判定标准：第一，有多个买家和多个卖家直接互动。第二，平台对交易的货物或服务不具有经济所有权。主要指以电商平台和跨境电商为代表的新型贸易方式，例如阿里巴巴、京东等在线平台上进行的交易。

（三）中国的数字贸易定义

《世界与中国数字贸易发展蓝皮书（2018）》在梳理国内外发展实践的基础上，对数字贸易进行了定义，认为数字贸易是以现代信息网络为载体，通过信息通信技术的有效使用实现传统实体货物、数字产品与服务、数字化知识与信息的高效交换，进而推动消费互联网向产业互联网转型并最终实现制造业智能化的新型贸易活动，是传统贸易在数字经济时代的拓展与延伸。中国信息通信研究院在 2019 年的《数字贸易发展与影响白皮书》中，对数字贸易做了较为全面的定义，认为数字贸易是指信息通信技术发挥重要作用的贸易形式，其不仅包括基于信息通信技术开展的线上宣传、交易、结算等促成的实物商品贸易，还包括通过信息通信网络（语音和数据网络等）传输的数字服务贸易，如数据、数字产品、数字化服务等贸易。中国版本主要从宽口径视角对数字贸易进行内涵界定，强调贸易方式的数字化和贸易对象的数字化，突出数字贸易的新特征新表现，明确了数字贸易在经济转型及高质量发展中的引擎作用。

第二节 数字贸易的特征

数字贸易内涵丰富，为更加全面地了解数字贸易，需提炼出数字贸易的基本特征，并进一步分析数字贸易与传统贸易的差别，数字贸易与跨境电子商务、数字服务贸易的关系。

一、数字贸易的基本特征

数字贸易内涵丰富，主要表现出平台化、数字化、智能化和普惠化等特征。

（一）平台化

数字贸易的平台化特征主要表现为数字化平台的构建，数字化平台成为协调和配置资源的基本经济组织，不仅是汇聚各方数据信息的中枢，更是实现价值创造的核心。平台化运营已经成为数字贸易背景下企业生产经营的主要模式，阿里巴巴、亚马逊、敦煌网等电子商务平台就是消费互联网平台典型代表，能够有效降低搜寻成本和交易成本，有助于协调和优化全球资源。此外，也有联通生产环节的工业互联网平台，如三一重工打造的根云，能够接入能源设备、纺织设备、专用车辆、港口机械、农业机械及工程机械等各类高价值设备近 30 万台，实时采集近万个参数，服务工业领域的各个行业，为制造企业提供了低门槛、即插即用的工业互联网，有助于推动传统企业的数字化转型。

（二）数字化

数字贸易的数字化特征主要表现为贸易方式的数字化和贸易对象的数字化：贸易方式的数字化是指信息技术与传统贸易开展过程中各个环节深入融合渗透，如电子商务、线上广告、数字海关、智慧物流等新模式和新业态对贸易的赋能，将生产者、消费者、监管部门、相关物流和支付服务等联系起来，能够有效降低贸易成本、提升贸易效率，表现为传统贸易方式的数字化升级；贸易对象的数字化是指数据、数字产品和数字服务贸易，具体涵盖研发、生产、消费、物流等基础数据，电子书、影音、游戏、软件等数字产品，基于互联网提供的教育、医疗、社交媒体、搜索引擎、云计算、人工智能等数字服务，表现为贸易内容的数字化拓展。

（三）智能化

数字贸易的智能化特征是数字化技术不断更新和广泛应用的体现，数字贸易能够依托数字技术实现劳动力、资本、技术、管理等生产要素的有效投入，促进研发设计、材料采购、产品生产、市场营销、物流运输等产业链各环节的集约化管理。如美邦服饰、七匹狼、九牧王等服装企业纷纷建立“互联网＋”平台，以准确反映市场需求变化、避免高库存的形成、有效降低成本，不断推动生产过程的柔性化改造，从而提升生产、贸易和匹配效率。此外，5G 通信、虚拟现实、云计算、大数据、人工智能、3D 打印等新技术的发展，有助于优化供应链管理、仓储物流管理和需求管理，最终实现智能化的升级。

（四）普惠化

数字贸易的普惠化主要表现为贸易门槛的大幅度降低，使得中小微企业、个体商户和个人生产者都可以通过互联网平台将产品展示给全球消费者，有效地参与国际贸易并从中获利。2013—2016 年，在阿里零售平台上，国家级贫困县的网络销售额在2014 年突破100 亿元，2016 年接近300 亿元，是2013 年的3.4 倍。贫困县的创业者、小企业，通过电子商务将特色产品销往全国各地甚至海外，比如贵州湄潭的茶叶、江西寻乌的脐橙、新疆和田的玉器、河南光山的羽绒服、吉林靖宇的人参等。

二、数字贸易与传统贸易的差别

与传统贸易、价值链贸易相比，数字贸易的突出变化体现在贸易方式的数字化和贸易对象的数字化两个方面。

贸易方式的数字化，即面向贸易全流程、全产业链的数字化转型。一方面是推动传统贸易大部分流程的数字化、网络化和智能化发展，实现贸易成本更低、效率更优、主体更多元。如电子商务、线上广告、数字海关、智慧物流等新模式和新业态对贸易的赋能，中小企业可以通过数字平台获取海外市场信息、推广商品服务、达成交易，以及获取通关、物流、金融等外贸服务。另一方面是促进各类服务贸易跨境交付方式的数字化变革，丰富了贸易的形式。如传统上以商品交易、面对面互动实现交付的文化、娱乐内容、教育、研发等跨境贸易领域，可以通过广泛丰富的、基于在线途径交付和互动的跨境服务贸易方式来实现。

贸易对象的数字化，即以数字形式存在的要素和服务成为国际贸易中的重要交易对象，可以大体分为三类：①信息通信（ICT）服务的贸易，包括电信服务、计算机服务、软件复制和分发等，可以为经济社会各领域的数字化发展提供强有力的支撑。②信息通信（ICT）赋能的其他服务贸易，即信息通信（ICT）服务以外的传统服务通过数字化转型，嵌入不同的数字化载体，从而实现交付内容的数字化，包括数字金融、数字教育、数字医疗、工业互联网等的数字化服务贸易。③具有商业价值的数据要素的跨境流动，如研发、生产和消费等基础数据跨境流动有助于企业进行全球生产和贸易布局，降本增效，提升企业竞争力。数字经济时代，数据成为一种关键生产要素，广泛融入价值创造过程，推动商业模式创新发展。随着数据交易相关技术、产业和制度的完善，其贸易价值有望得到进一步发掘。

三、数字贸易与跨境电商的关系

（一）跨境电子商务是数字贸易的有机组成部分

跨境电子商务会助推数字贸易时代的早日到来。电子商务特别是跨境电子商务作为数字贸易的重要组成部分，已经逐渐展现其旺盛的生命力与广阔的发展前景。未来，随着云计算、大数据、人工智能等新型数字技术的广泛应用，跨境电子商务的分析、预测、运营管理能力将得到大幅提升。原来以货物交易活动为主的跨境电子商务，将不断拓展其商务活动半径，整合传统产业链，推动生产、贸易活动的数字化、智能化转型。

（二）数字贸易是跨境电子商务未来发展的高级形态

现阶段的跨境电子商务仍然处于数字贸易的初级阶段，产业的垂直整合力度不够，对传统产业的影响十分有限。而数字贸易并非只是简单的货物交易活动，它突出强调数字技术与传统产业的融合发展，以推动消费互联网向产业互联网转变，并将实现制造业的智能化升级作为最终目标。因而，数字贸易是跨境电子商务未来发展的更高目标。

四、数字贸易与数字服务贸易的关系

（一）数字服务贸易是数字贸易重要的组成部分

数字服务贸易是数字贸易的核心，是狭义的数字贸易。数字技术的发展正改变服务业不可贸易、难贸易的局面，数字服务应运而生，成为贸易对象数字化的重要表现形式。美国、欧盟等研究机构都曾指出数字贸易就是可数字化的服务贸易，各国也都用数字服务贸易数据透视全球数字贸易发展，UNCTAD 报告显示，2020 年全球数字服务贸易规模达 3.17 万亿美元，占服务贸易的 64%。随着数字技术的不断迭代更新及全面应用，数字服务的发展前景广阔。

（二）数字贸易推动全球贸易向数字服务化方向发展

数字贸易的本质是服务的交换及其价值的实现，这不仅体现在直接的数字贸易产品中，而且蕴含在电子商务和平台企业的服务中，从而决定了其将成为服务贸易发展的新动力。数字技术的发展显著促进了服务效率的提升和成本的降低，带动数字化服务发展及服务的数字化转型，有效增强服务的可贸易性，推进全球服务贸易的发展。数据显示，在全球范围内超过 50% 的服务贸易已实现数字化，超过 12% 的商品贸易通过互联网企业所提供的数字平台进行。未来，数字技术不仅将与金融、教育、医疗、设计、咨询等各类专业服务更加深入融合，而且将催生更多新的数字消费产品，共同推动数字全球价值链的形成。

第三节 数字贸易的统计

数字贸易统计一直是国际贸易研究中具有一定挑战性的领域，特别是在数字贸易概念尚未达成共识的情况下，对其展开测度研究更具有明显的难度，目前尚未出现精确衡量数字贸易规模的官方数据或权威有效的方法，但该问题的解决对推进数字贸易研究与实践具有非常重要且迫切的意义。

一、数字贸易统计的基本原则

数字贸易是构建“以国内大循环为主体、国内国际双循环相互促进”的新发展格局的新模式和新业态，也是各国参与国际竞争与合作的重要领域。然而，当前数字贸易测度方法和统计监测制度尚未建立，直接影响着数字贸易市场拓展和规则制定，数字贸易统计也成为国际贸易统计领域具有挑战性的课题。数字贸易的测度，应当遵循如下四条基本原则：

第一，接轨国际标准。为了提升指标的国际可比性，在对我国数字贸易进行测度时，应当综合考虑各国和国际组织现有的测度方案，例如经济合作和发展组织（OECD）、世界贸易组织（WTO）和国际货币基金组织（IFM）联合发布的《数字贸易测度手册（第一版）》。

第二，供给中国方案。我国数字贸易的发展在世界范围内具有领先优势，在数字经济分类、电子商务统计、跨境电商进出口统计、大数据交易统计等方面有很多成熟的经验，在确定数字贸易测度的细则时应当进行充分借鉴，为其他国家测度数字贸易提供可供参考的中式模板。

第三，采用多源数据。由于数字贸易标的多样、内容庞杂，在测度时应当综合使用多种不同的技术手段，包括直接对企业和家庭进行调查，从海关、税务等政府部门获取数据，通过数字化平台采集数据，通过大数据交易所获取数据等。

第四，做到分类明确。为了提高统计数据的可比性，在对采集到的数据进行分类汇总时，应当尽可能采取已有的各类分类标准，比如《数字经济及其核心产业统计分类（2021）》、2017 版《国民经济行业分类》、2017 版《商品名称及编码协调制度》以及 2010 版《国际收支服务扩展分类》等。

二、数字贸易统计的发展

数字贸易测度受到数字贸易概念的影响，同时，数字贸易测度的结果有助于增进对数字贸易概念的认识。然而，国内外各界较集中地关注数字贸易业务拓展和国际谈判，因而其研究围绕概念和规则展开，对数字贸易测度和统计的研究较少，世界贸易组织（WTO）在《世界贸易统计评论 2017》中指出，国际贸易领域面临数字贸易测度新挑战。随着全球数字贸易的发展，数字贸易统计也从无到有，并不断完善。从现有文献来看，数字贸易测度架构大体遵循从“单一维度或单一指标”、“多维评价或指标体系法”到“基于概念框架的测度法”的发展阶段。

（一）基于“单一维度或单一指标法”的数字贸易统计

这类测度思路主要专注于窄口径下的数字贸易，其中以联合国贸易和发展会议（UNCTAD）和美国商务部（USDOC）为代表，这种数字贸易测度架构实质是数字技术赋能于传统服务贸易使之能够在线上交付，即数字贸易由 EBOPS 服务子项中可以使用数字手段交付部分构成。进一步，窄口径测度数字贸易可以区分为数字可交付服务（digitally deliverable services）和数字实际交付服务（digitally delivered services）。国内学者贾怀勤等（2021）开发了以“实际数字交付比率”为关键指标或维度的测度方法，从非交易数字服务、核心数字服务、潜在和非潜在数字技术赋能服务等方面对我国 2018 年和 2019 年的数字贸易进出口总额进行尝试性测量。也有方法基于跨学科视角，将地理空间分析引入到国际贸易研究中，通过构建一种新的数字贸易特征地图，从空间视角对双边贸易特征进行可视化分析（Ye et al.，2020）。客观来说，该方法并未提出数字贸易的直接测度方式，但为后续开发和完善数字贸易测量方式提供了跨学科的可行思路。

（二）基于“多维评价或指标体系法”的数字贸易统计

这是目前较为常见的测量数字贸易的方式。因为数字贸易涉及经济、技术、社会乃至文化等多个方面，很难仅通过一个指标或维度进行精确测量，所以从不同层面选取多个指标形成评价体系，再进行综合评估，便成了一种可行的测量方式。例如，浙江大学（2018）从互联网发展水平、贸易潜力、法律监管等方面选取了相关指标，建立了一个数字贸易评价指标体系，并对全球主要国家进行评估。结果发现，中国的数字贸易表现较为突出，处于全球第一梯队，但在数字贸易发展环境等方面仍需完善，如进一步推动互联网普及进程、强化数字贸易法律监管建设等。

（三）基于“概念框架”的数字贸易统计

OECD（2017）提出”数字贸易测度框架”，该框架具有3个维度：一是贸易标的，分为货物、服务和数据（指非营利的数据提供）；二是贸易特征，分为数字订购、数字交付和第三方平台服务；三是贸易主体，分为企业、住户和政府。OECD和IMF（2018）又对贸易标的进行调整，将信息并进服务。OECD、WTO和IMF于2019年联合发布了《数字贸易测度手册》，并依据其提出的数字贸易概念框架，构建了一个基于宽口径的测度框架。该框架主要按交易性质，从数字订购的贸易、数字交付的贸易、数字中介平台赋能贸易三个方面进行测量，并参考了OECD发布的ICT商品最新分类、EBOPS分类以及ISIC分类等，是目前具有一定权威性与科学性的数字贸易测量依据。但考虑到数据获取、连续性、丰富性等制约，该方法仅对数字贸易的测度进行了框架性概述，还需要进一步完善。总之，目前关于数字贸易测度方面的研究和实践仍然不足，未来需要加大测度体系的开发力度。

三、数字贸易的统计方法

（一）数字贸易评价指标体系

数字贸易在世界范围内的发展方兴未艾，为全面评估与详细比较世界各国的数字贸易发展情况，相关学者和组织机构开始构建指标体系来评估数字贸易发展水平。马述忠领衔的浙江大学“大数据+跨境电子商务”创新团队在2018年发布的《世界与中国数字贸易发展蓝皮书（2018）》中就采取了构建评价指标体系的方法来评估各个国家（地区）及中国省级层面的数字贸易发展水平。具体而言，从互联网水平、支付方式、物流绩效、电子商务、法律监管、贸易潜力六个方面选取了共计13个指标构建了国家层面的数字贸易评价指标体系（指标具体含义与数据来源见表2-2），并利用因子分析和聚类分析的方法对世界各国数字贸易发展水平进行多维度的评估和比较。

表2-2 各国数字贸易发展水平测度指标体系

指标分类	指标含义	数据来源
互联网水平	每百位居民拥有手机数	国际电信联盟（ITU）
	每百位居民订购固定宽带数	国际电信联盟（ITU）

续表

指标分类	指标含义	数据来源
支付方式	每百人拥有信用卡数	世界银行（WB）
	过去一年里每百人使用数字支付数	世界银行（WB）
物流绩效	物流服务质量得分（最低分 =1，最高分 =5）	世界银行（WB）
	物流相关基础设施建设得分（最低分 =1，最高分 =5）	世界银行（WB）
电子商务	采用 B2B 交易（完全没有 =1，很大程度 =7）	世界经济论坛（WEF）
	采用 B2C 交易（完全没有 =1，很大程度 =7）	世界经济论坛（WEF）
法律监管	是否出台有关线上消费保护的法律（没有 =0，草案 =1，有 =2）	联合国贸易和发展会议（UNCTAD）
	是否出台有关数据与隐私保护的法律（没有 =0，草案 =1，有 =2）	联合国贸易和发展会议（UNCTAD）
贸易潜力	国内生产总值（亿美元）	世界银行（WB）
	进出口贸易总额（亿美元）	世界银行（WB）
	国内最终消费支出（亿美元）	世界银行（WB）

资料来源：浙江大学．世界与中国数字贸易发展蓝皮书（2018）[R]．2018.

注：支付方式指标中的“数字支付”意指通过信用卡、借记卡、手机或者互联网进行支付。

（二）OECD - WTO - IFM 的数字贸易统计框架

如前所述，OECD - WTO - IFM 将数字贸易定义为“所有通过数字订购和数字交付的贸易”，具体可分为三个部分：数字订购的贸易、数字交付的贸易、数字中介平台赋能贸易。其中，每一部分需要不同的测度方法。

1. 数字订购贸易的测度方法

（1）对企业发放问卷调查。例如，欧共体、OECD 关于信息通信技术使用情况和电子商务的调查。

（2）对家庭发放问卷调查。例如，欧洲关于家庭和个人 ICT 使用情况调查。

（3）调查信用卡数据。例如，以色列对跨境线上购买商品交易额的统计。

（4）调查第三方支付企业的数据。例如，俄罗斯要求 PayPal 等第三方支付企业提供电子资金转移信息。

（5）调查最低限度的贸易数据作为补充。例如，俄罗斯通过邮政局的来往包裹数量估算小额商品的交易额。

（6）将跨境线上购买商品纳入海关贸易统计中。例如，世界关税组织

（WCO）协助开发的“跨境电商标准框架”。

（7）大数据分析技术整合商品贸易统计数据与电子商务企业调查数据。例如，德国、荷兰、卢森堡、斯洛文尼亚正在尝试开放相关的数据整合系统。

2. 数字交付贸易的测度方法

（1）国际服务贸易调查（ITSS）。联合国贸发会议（UNCTAD）对可数字化服务贸易的测量、美国经济分析局（USBEA）、英国国家统计局（ONS）对数字服务贸易规模的测量。

（2）国际交易报告系统（ITRS）。巴西中央银行通过汇编外部部门统计数据和对外汇市场的评估和监督重组 ITRS，追踪服务流的国际贸易。

（3）利用行政管理税数据来汇编线上交付的交易额。阿根廷收集非本地数字服务提供商有关线上交付服务的数据。

（4）家庭调查。加拿大对居民线上交付的商品开展调查。

（5）捕捉非银行实体提供的数字金融服务。国际货币基金组织（IMF）通过金融准入调查（FAS）捕捉金融科技公司的资金流动数据。

3. 数字中介平台的识别手段（见图 2－3）

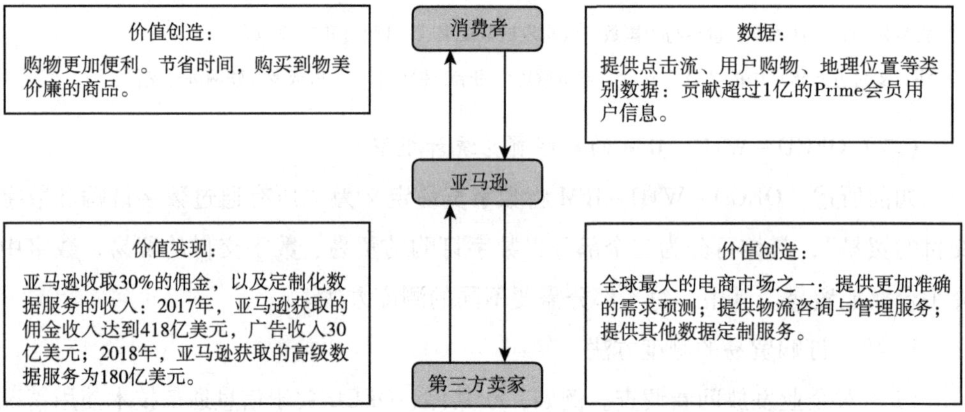

图 2－3　数字中介平台的识别手段——以亚马逊为例

资料来源：工信安全智库. 2020 年我国数字贸易发展报告［R］. 2020.

思考题

1. 简述数字贸易的窄口径定义。

2. 简述宽口径数字贸易的基本分类，并阐述对于中国参与全球数字贸易规则构建有什么影响。

3. 相较于传统贸易，数字贸易有哪些突出特征？

4. 简述数字贸易与跨境电商的关系。

5. 简述数字贸易统计的基本原则及当前数字贸易的主要统计方法。

6. 结合国内外发展实践，谈一谈当前全球数字贸易发展的主要趋势。

第三章　数字贸易的基本理论

学习目标

1. 掌握比较优势理论、H－O 理论在数字贸易领域的运用。
2. 熟悉新新贸易理论在数字贸易领域的发展和运用。
3. 了解新贸易理论下的数字贸易发展。

◎ 引导案例

马克·梅里茨是当代著名经济学家，哈佛大学教授，新新贸易理论，即异质性企业贸易理论的奠基人。马克·梅里茨于 1968 年 1 月 1 日出生在美国。他分别于 1989 年、1992 年获哈弗福德学院数学学士学位和马里兰大学工商管理硕士学位；并分别于 1997 年和 2000 年获密歇根大学经济学硕士和博士学位。随后就职于美国国家经济研究局、伦敦经济政策研究中心、慕尼黑经济研究中心和基尔世界经济研究所。2007—2009 年任普林斯顿大学教授，从 2009 年起任哈佛大学经济系教授。由于对“企业异质性及其国际贸易的开创性描述”，梅里茨被汤森路透评选为 2016 年度“引文桂冠奖”得主。他对国际贸易和投资有广泛的研究兴趣。更具体地说，他研究了生产者对全球化的反应及其对贸易和投资模式的影响。

梅里茨的学术贡献主要集中于对“异质性企业贸易理论”（Trade Theory of Heterogeneous Firms）的构建和发展。他在所发表的《贸易对行业内资源再配置与行业整体生产率的影响》一文中，分析了企业生产率异质性对企业生产决策、进出口决策和社会总福利的影响，引起国际贸易研究领域的高度关注。梅里茨所构建的异质性企业贸易理论模型开创了国际贸易研究领域的新篇章，将国际贸易学的研究视角从中观行业层面引至微观企业层面，继续完善和发展了国际贸易理论，对国际贸易理论研究作出了开创性的贡献。

资料来源：方虹，王旭．马克·梅里茨对异质性企业贸易理论的贡献［J］．经济学动态，2018（04）：148－158.

随着数字技术的飞速发展，数字贸易已成为全球经济的重要组成部分，深刻改变了国际贸易的格局与模式。数字贸易不仅涵盖了传统贸易的数字化转型，还催生了全新的贸易形式，如数字产品与服务的跨境交易、数字化知识与信息的传递等。这些变化不仅提升了贸易效率，拓展了市场边界，还对传统国际贸易理论提出了新的挑战与机遇。

在数字经济时代，传统国际贸易理论需要重新审视和调整，以适应数字贸易带来的新变化。本章将从数字贸易的传统国际贸易基础出发，探讨比较优势理论、H－O 理论、新贸易理论和新新贸易理论在数字贸易背景下的适用性与局限性。通过分析数字贸易对传统理论的挑战，本章旨在为构建适应数字贸易发展的新理论框架提供理论基础，为国际贸易实践提供新的指导和方向。

第一节　数字贸易的传统国际贸易基础

一、比较优势理论

根据绝对优势理论，如果一个国家在两种产品的生产上均处于绝对优势地位，另一个国家均处于绝对劣势地位，则这两个国家之间不会进行贸易。根据这一理论，国际贸易可能只会发生在发达国家之间，经济发展水平差距较大的发达国家与发展中国家之间就不会发生任何贸易。这显然与国际贸易的现实不符。1817 年，大卫·李嘉图（DavidRicardo，1772—1823 年）发表了《政治经济学及赋税原理》一书，在其中提出了比较优势理论（Comparative Advantage）。

（一）比较优势理论的基本内容

根据大卫·李嘉图的观点，即使一国在所有产品的生产上较之另一国均处于绝对优势，但只要优势的程度不同，仍有可能发生互利贸易。这意味着，各国应专注于生产并出口其具有比较优势的产品，同时进口那些自己生产处于比较劣势的产品。通过国际分工和贸易，双方仍然可以从贸易中获利。这种思想可以用“两利相权取其重，两弊相权取其轻”集中概括。

李嘉图用实例说明了这一道理，他说：“如果两个人都能制造鞋和帽，其中一个人在两种职业上都比另一个人强些。不过制帽时只强 1/5 或 20%，而制鞋时则强 1/3 或 33%。那么这个较强的人就专门制鞋，那个较差的人就专门制帽，岂不是双方都能获利。”

下面我们举例说明比较优势理论。法国和越南的劳动投入和生产情况如表 3－1 所示。

表3-1　封闭条件下法国和越南的小麦、布的投入、产出情况

国家	小麦			布		
	劳动投入量	产出量	劳动生产率	劳动投入量	产出量	劳动生产率
法国	10	120	120/10 = 12	10	100	100/10 = 10
越南	40	120	120/40 = 3	20	100	100/20 = 5

从表3-1可以看出，越南在小麦和布上的劳动生产率与法国相比均处于绝对劣势地位，但越南在小麦上的劳动生产率是法国的1/4，而布的劳动生产率是法国的1/2，相比之下，越南布的绝对劣势要小一些，即具有比较优势。另一方面，法国在小麦和布的生产上都具有绝对优势，但由于小麦的绝对优势比布的绝对优势要大，因此，法国在小麦的生产上具有比较优势。在这种情况下，国际分工和国际贸易的模式就是越南专门生产布，法国专门生产小麦。这样按照比较优势进行分工之后，两国的总产出都会有所增加。增加情况如表3-2所示。进行国际分工后，世界布的产量由200增加到300，增加了100单位。如果假定美国以120单位小麦与中国150单位布进行交换，交换后两国布的消费水平比国际分工前都增加了50单位，小麦的产出水平和消费水平没有变化（见表3-3）。

表3-2　国际分工后越南和法国的小麦、布的投入、产出情况

国家	小麦		布	
	劳动投入量	产出量	劳动投入量	产出量
法国	10 + 10 = 20	20 × 12 = 240	0	0
越南	0	0	40 + 20 = 60	60 × 5 = 300

表3-3　贸易后两国的小麦、布的消费量

国家	小麦消费量	布消费量
法国	120	150
越南	120	150

由此可见，即使在没有绝对优势的情况下，双方仍然可以通过开展国际贸易获得利益一因此，不仅美、英等发达国家之间可以开展自由贸易，美国和中国等发达国家和发展中国家之间也可以开展自由贸易。

（二）比较优势理论与数字贸易

作为新型贸易模式，数字贸易极大减少了贸易成本和时间，不仅使新的贸易产品不断涌现，而且正在改变几乎所有行业的贸易方式和贸易规模，成为国际贸易发展的新动力。那么，传统的比较优势理论能够解释数字贸易吗？为了回答这个问题，Deardorff（2017）列举了一些常见的数字贸易，然后根据比较优势适用于解释它们的程度来分别进行讨论。

1. 实物产品

当实物产品以数字方式进行广告、订购或支付时，它们就成为数字贸易的一部分，即使它们必须通过非数字方式从生产商运送到买家。它们的生产地点选择与任何实物商品一样，都要考虑相同的经济因素，包括生产要素、技术和中间投入的成本和可用性。因此，在数字贸易中，比较优势在确定生产方的作用上应该与其他贸易相同。数字经济在这种商业形式中的作用是提供完成贸易所需的部分或全部服务，除了运输。因此，它就像 Deardorff（1985）考虑的“贸易服务”，即使它们可能来自最终买方或卖方不同的国家，也将反映比较优势。例如，零售商亚马逊可能是中国生产商和加拿大买家之间的中介，从互联网技术和熟练劳动力最为丰富的美国提供服务。

2. 以电子方式交付的数字产品

数字产品可以记录在物理磁盘上，但更多地存在于计算机内存中，并通过互联网从卖方传输到买方。因此，可能很容易将它们视为与实物商品本质上不同的东西，并且在某种意义上是正确的，即它们可以在基本上为零成本的情况下被复制。但是，这并不能使它们免受比较优势的影响，因为即使额外复制的边际成本为零，原件的成本却不是。而这个成本取决于通常的决定因素：生产要素和技术的价格。因此，经济力量应该使这种数字产品在成本相对较低的地方生产，就像实物产品一样。然而，复制它们的零边际成本使得它们不太适合简单的李嘉图模型，即边际成本为正且恒定，而固定成本为零的假设。规模报酬递增的存在也干扰了李嘉图的完全竞争假设。然而，完全竞争的缺乏并不一定会使比较优势法则失效。例如，尽管 Krugman（1981）提供了一个简单的两国贸易垄断竞争模型，该模型中的贸易模式很好地符合了比较优势。也就是说，每个国家对使用其相对丰富的要素的行业的相对自给价格较低，那么，在自由贸易的情况下，尽管该行业既有出口也有进口，但其净出口为正。

3. 远程提供的服务

随着使用计算机以数字方式提供越来越多的服务，这些服务通常由偏远地区的工人提供，这些工人的优势可能是工资低或专业知识更强。随着互联网的兴起，这些工人不再需要通过邮件进行交流，而是可以通过电子邮件或其他纯数字方式向他们分配任务并返回工作结果。互联网通信也几乎是即时的，这意味着一些远程提供的服务可以实时发生，例如计算机技术人员远程控制客户的计算机，可以即时对其进行远程诊断和修复。两种形式的远程服务都可以在服务公司和单独的客户之间进行公平交易，或者它们可以在内部提供。其中也包括具有内置数字功能的设备制造商，以便制造商能够监控性能、诊断故障，并可能通过数字传输的信号来修复它们。此类服务能够以接近于零的成本远距离提供，这一事实意味着它们的成本几乎仅包括服务起源地的劳动力和资本成本。因此，一个国家只有拥有熟练的劳动力和适当的资本，才会成为这种服务的出口国。因此，比较优势应该可以解释这种数字贸易，就像解释李嘉图时代的实物贸易一样。

4. 云服务

云存储是一种网上在线存储（Cloud storage）的模式，即把数据存放在通常由第三方托管的多台虚拟服务器，而非专属的服务器上。世界各地的企业和个人都可以购买云存储中的空间并使用存储在云中的软件来满足他们的需求，亚马逊等大公司在国内和国际上都销售这项服务。因此，它是另一种形式的数字贸易。销售此类云服务的业务需要大量的人力和物质资本，而这些资本不必位于同一个地方或同一个国家。事实上，以巨型“服务器农场”的形式存在的物质资本也需要大量能源来运行和保持凉爽，这一事实可能会支持将它们放置在能源充足的地方，例如冰岛，而运营系统和与客户互动的人力资本则位于其他地方，例如美国。如果是这样，那么比较优势可能就无法解释该种数字贸易。也就是说，如果一个国家拥有丰富的管理云所需的人力资本但能源稀缺，而另一个国家拥有廉价能源但人力资本很少，那么这两个国家的云服务相对价格都可能较低。

5. 广告支持的国际网络平台

在数字媒体时代，平台通过提供内容来吸引用户的注意力，这种注意力随后被转化为广告主支付的费用。正如《计算传播学导论》中所述，媒体平台通过出售用户的注意力（即流量变现）来实现盈利，而用户则通过观看广告获得收益，这体现了用户注意力在广告经济中的核心价值。由于这些平台通常位于一个国家但服务于许多国家，因此它们与其他国家的广告商的交易属于国际贸易。比较优势在多大程度上可以解释这种贸易？运营这些平台的公司无疑会大量投入人力和物质资本，因此，选择在人力和物质资本均充裕的国家设立，将更有助于发挥比较优势。然而，这些平台之所以成功，一个显著的特征在于其网络效应。这种效应更多地依赖于公司进入市场的时机及其初期所能覆盖的服务规模，而非单纯的生产要素，乃至技术本身。

可见，比较优势并非可以很好地解释所有的数字贸易，正如 Deardorff（1985）发现一种形式的服务贸易，即跨境服务不太适合李嘉图框架的情况类似，云服务也不太符合比较优势理论。在这两种情况下，我们可以想象一个国家在这种贸易上有较高的相对自给自足的价格，但仍然能够成功地出口。在这两种情况下，关键是贸易利用了来自两个不同国家的因素，利用两者的丰富性形成一种双方都无法单独有效开展的贸易形式。因此，在对数字贸易的解释上，比较优势仍然是一个非常有用的工具，但它的应用并不是普遍有效的。

二、H－O 理论

20 世纪 30 年代，瑞典经济学家伯尔蒂尔·俄林出版了《地区间贸易和国际贸易》一书，提出了生产要素禀赋理论，用在相互依赖的生产结构中的多种生产要素理论，代替了李嘉图的单一生产要素理论。由于俄林在其著作中采用了他的老师埃利·赫克歇尔的主要论点，因此，生产要素禀赋理论也被称为赫克歇尔—俄林模型（H－O 理论）。

赫克歇尔和俄林理论的产生源于对斯密和李嘉图理论的质疑。在斯密和李嘉图的模型中，技术差异是各国生产成本差异的主要原因。可是，到了 20 世纪初，技术传播非常迅速，尤其在欧美，国家之间的生产技术非常接近，可是产品成本差异仍然很大，国际贸易也以更快的速度发展。赫克歇尔认为，除了技术差异外，一定还有其他原因决定各国在不同产品上的比较优势，而其中最重要的是各国生产要素的禀赋（生产要素拥有状况）不同，以及在产品生产中使用的要素比例（产品的要素密集度）不同。

（一）H－O 理论的基本内容

1. 基本假设

（1）2×2×2 模型。即两个国家（A、B），两种产品（X、Y），两种生产要素（K、L）；

（2）在两个国家中，均生产 X 和 Y，商品 X 是劳动密集型产品，商品 Y 是资本密集型产品，且产品的密集型不会发生逆转；

（3）两国的要素丰裕度不同，资本和劳动的数量均不会发生变化，这意味着两国的生产可能性曲线形状不同；

（4）两国生产技术相同，且给定不变，意味着同种产品在不同国家的生产函数相同，即投入同样数量的生产要素，生产同等数量的同种商品；

（5）在两个国家中，两种商品的生产都是规模报酬不变的；

（6）生产要素在国内可以自由流动，但不能跨国流动；

（7）两国消费者具有相同的需求偏好，这意味着两国的社会无差异曲线完全相同；

（8）两国的产品市场和要素市场都是完全竞争的；

（9）自由贸易，不存在运输成本，没有关税及其他贸易壁垒，无政府干预；

（10）贸易平衡，即每一国的总进口量等于其总出口量；

（11）资源充分利用，即两国在贸易前后其生产均衡点总是落在其生产可能性边界上。

这些假设基本是我们在古典分析那里所熟知的，所不同的是前面四个假定。前四个假定是 H－O 定理的关键性假定，突破了古典分析的局限，考虑了各国的要素禀赋和产品的要素密集度差异。这正是区别于古典贸易理论的关键，也是解释贸易成因和贸易结构的基础。

2. 基本内容

赫克歇尔和俄林认为，两国同种产品的相对价格差异主要取决于两国要素禀赋的不同（要素丰裕度不同）。其推理的逻辑思路如下：商品的相对价格差异是产生国际贸易的直接原因，而商品相对价格差异是由生产成本的相对差异造成的；生产成本之所以存在差异是因为生产要素的相对价格不同；而生产要素的相对价格差异则是由于其要素禀赋不同造成的。这种逻辑思路倒过来推理如图 3－1 所示。

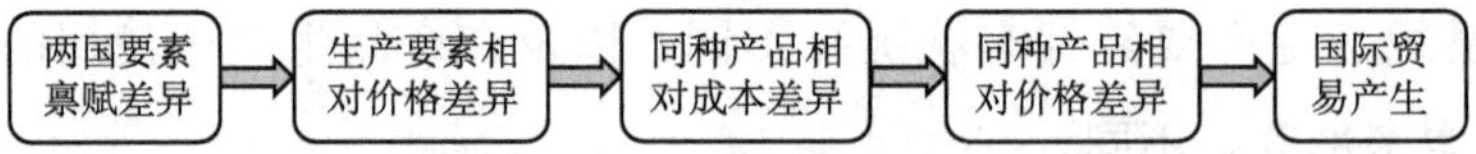

图 3－1 H－O 定理逻辑思路

可见，按照 H－O 定理的逻辑推理，两国要素禀赋的不同是国际贸易产生的重要基础。一国的比较优势产品是使用本国相对丰裕要素生产的产品，因此，一国应依据自身的要素禀赋优势，专注于生产并出口那些依赖本国相对丰裕要素的产品，同时进口那些依赖本国相对稀缺要素的产品。

具体来讲，H－O 理论基本观点和主要内容可表述如下：

劳动丰裕国拥有生产劳动密集型产品的比较优势，应该生产并出口劳动密集型产品；资本丰裕国拥有生产资本密集型产品的比较优势，应该生产并出口资本密集型产品；两国分工生产和贸易，均可获得比封闭条件下更多的收益。

（二）H－O 理论与数字贸易

1. 数字贸易对 H－O 理论的挑战

数字贸易会形成新的国家贸易行为异质，从而影响不同国家的贸易比较优势。

在 H－O 理论中，影响国际贸易流向和流量的主要因素是劳动力和资本的要素禀赋等方面的相对差异。在数字贸易时代，人工智能、机器人和 3D 制造等可能使劳动力禀赋被排除在比较优势的主要决定因素之外，导致全球劳动力禀赋的均等化，其结果是由劳动力禀赋差异驱动的贸易流可能枯竭。而数字技术，国家市场规模，云计算需要的能源基础设施，隐私、个人数据保护和网络内容限制等都将成为影响数字贸易的要素禀赋基础，影响贸易模式、贸易结构和贸易流向。

除新的要素禀赋的引入外，数字贸易对经典贸易理论的冲击还源于数字要素本身的内生化特性，即数据要素禀赋将不再作为一成不变的外部条件存在，而是会随着生产和贸易规模的扩张不断自我强化，从而使比较优势呈现出内生性和动态发展的特性，相关国家的进出口结构乃至全球的贸易格局也会在这种具有内生性特征的比较优势作用下呈现出“强者恒强”的特征。此外，在完全竞争市场与要素可自由流动的假设下，H－O 理论认为，国际贸易会引发各国要素报酬和收益率的均等化。然而在数字贸易中，一方面，数据要素在使用过程中的零边际成本特性，使得要素报酬均等化机制近乎失灵；另一方面，数据要素本身的内生性导致一国一旦形成微小的竞争优势，就可以借助规模经济效应使这种优势不断强化，因此，长期来看，各国之间的贸易规模乃至收入水平不仅不会收敛，反而存在着不断扩大的可能。

如果数字贸易最终会造成各国贸易规模与收入差距的不断加大，那么“第一步”的选择，即在数字贸易领域率先建立优势就变得异常重要，这无疑会使人们更加质疑古典以及新古典贸易理论“放弃政府干预，完全借助市场本身的力量实现‘公平’贸易格局”的观点，并动摇“自由贸易”的理论基础。事实上，早在 20 世纪 80 年代前后，以 Krugman（1979）、Helpman（1981）为代表的新贸易理论就在不完全竞争和规模经济的理论框架下探讨了以政府先期干预为特征的战略性贸易政策的合理性。在数字贸易条件下，由要素内生性导致的贸易规模自我强化无疑会使上述战略性贸易政策的重要性进一步凸显，借助战略性贸易政策和产业政策的力量，通过大量前期投入抢占产业发展先机将成为数字贸易条件下各国的现实政策选择。

2. 基于数字贸易的 H－O 理论实证检验

瓜拉西奥和斯托林格（2022）提出了要素禀赋是否还在“数字时代”发挥作用的问题。他们利用非常详细的职业任务内容的独特数据集，将劳动力服务划分为数字任务和非数字任务，并识别各国的数字劳动力禀赋。基于 25 个欧盟国家的样本数据，他们发现在 83% 的案例中，一国是它们拥有丰富的要素的净出口国。

但是，欧盟的创新领导者不一定是数字任务和信息与通信技术（ICT）资本净出口为正的国家。事实上，只有荷兰成为两者的净出口国，而其他国家都是数字任务密集型商品的净进口国，并且该情况（瑞典除外）也存在于ICT资本贸易中。

然而，对于成员国之间数字比较优势相当不系统的分布，还有另一种经济解释，即欧盟内部缺乏明确的数字领导力（Adarov 等，2021）。这种对数字领导力的担忧，可以看作是欧盟对失去与美国（作为永久经济对手）和其他新兴经济超级大国的技术竞赛的永恒担忧的最新版本。如果人们接受欧盟成员国难以跟上“数字前沿”的普遍观念，那么数字任务和ICT资本的比较优势的混合模式可以归因于这一点。

这一发现说明H－O理论在有效解释专业化和竞争力方面的能力很差。另一方面，这一证据也可能反映了一种差异化模式。例如，德国和意大利在其总资本中的ICT资本份额相对较低，它们是ICT资本的净进口国，但却是数字任务的净出口国。而法国的情况则恰恰相反，尽管它和德国一样属于强大的创新群体。相比之下，捷克共和国和罗马尼亚成为数字任务的净出口国。不能排除这在一定程度上反映了特雷弗勒（1995）的“禀赋悖论”。这个悖论指的是“富国”往往缺乏大部分要素，而“穷国”却被发现大多数要素都较为丰富，因此后者往往具有积极的贸易要素含量。

在创新方面表现最好的企业不一定是那些拥有丰富数字任务和ICT资本的企业。相反，出现的情况喜忧参半，既有创新领导者，也有谦虚的创新者在数字任务或ICT资本方面拥有比较优势。他们认为这是一个非常重要的发现，一个可行的假设可能是这种混合模式是由于任何欧盟成员国（以及整个欧盟）都缺乏数字领导力，并指出缺乏数字领导力显然会对欧盟未来的国际竞争力产生重大影响，因为它将在加速引入数字技术的行业中不仅失去比较优势，而且将失去绝对优势。

具体而言，他们发现数字和非数字以及ICT和非ICT禀赋的H－O模型的拟合度很好，但并不突出。与文献中分析的传统禀赋因素相比，H－O定理对于预期数字贸易的表现既不好也不差。

三、里昂惕夫之谜

（一）里昂惕夫之谜的基本内容

H－O模型提出后，逐渐成为国际贸易的主流理论。第二次世界大战后，一些学者用经验数据对该模型进行检验，却发现了与模型相反的结论。以美国经济学家里昂惕夫名字命名的“里昂惕夫之谜”（Leontif's Paradox）就是在这样的情况下提出的。

1953 年里昂惕夫用投入—产出模型对美国 20 世纪 40 年代和 50 年代的对外贸易情况进行分析，考察了美国出口产品的资本—劳动比和美国进口替代产品（既进口又自己生产的产品）中的资本—劳动比，发现美国参加国际分工是建立在劳动密集型专业分工基础上的（即出口产品的资本—劳动比低于进口替代产品），而不是建立在资本密集型专业分工基础上的，即美国通过对外贸易安排剩余劳动力和节约资本。这一结论与 H－O 模型相悖，被称为里昂惕夫之谜。

里昂惕夫之谜的提出，引起了学术界的争论，学者们纷纷探讨里昂惕夫之谜揭示的现象存在的原因。相关见解主要有：

（1）里昂惕夫的解释。里昂惕夫认为，美国工人具有其他国家工人 3 倍的劳动生产率，因此，比较美国与其他国家的劳动密集度时，美国的工人数应当乘以 3，这样看，美国应当属于劳动相对丰裕的国家。

（2）要素密集度逆转说。持要素密集度逆转说的学者认为，某种商品在资本相对丰裕的国家属于资本密集型产品，而在劳动力相对丰裕的国家则属于劳动密集型产品。在美国就发生了要素密集度逆转情况，如小麦，在美国是资本密集型产品，而在非洲就属于劳动密集型产品。

（3）资本密集型产品需求偏好论。持这种见解的学者认为，美国对资本密集型产品有需求偏好。

（4）关税结构说。认为美国的关税结构导致了美国对劳动密集型产品进口的限制，以保护国内同类产品的生产者。

（5）自然资源稀缺论。该观点认为美国严重依赖基于几种自然资源的进口商品，而这些进口商品又是资本密集型商品。

当然，上述见解并没有完全解释里昂惕夫之谜，充其量只是一定程度上解释了里昂惕夫之谜。

（二）数字贸易会存在里昂惕夫之谜吗？

作为里昂惕夫之谜的一种解释，要素密集度逆转由此第一次作为一类重要的经济现象进入人们的视野。要素密集度逆转假说可以在一定层面解释国际贸易活动中的“反理论”事实，但在以传统制造业为主的生产体系中，生产技术的国别差异不会十分显著，要素密集度逆转是否会真实发生一直存在争议。在数字经济背景下，产品的生产方式正在经历巨大的变革，由此带来的更为显著的要素密集度逆转可能导致“里昂惕夫之谜”越来越多地出现。数字经济条件下要素密集度逆转的一个重要诱因是数字技术普及带来的生产自动化和人工智能制造技术的应用。受其影响，越是在传统的劳动密集型产业或生产环节（如标准化的简单制成品以及加工组装环节），人工智能对劳动的取代会越深入，相应的产品越有可能直接从劳动密集型产品逆转为资本密集型产品。这种要素密集度的逆转会使国际贸易中出现更多的“里昂惕夫之谜”。在传统的贸易格局中，发展中国家即便不具有技术方面的优势，仍可借助相对丰裕的劳动力资源参与国际分工并开展国际贸易，但在人工智能和自动化技术的冲击下，发达国家将会在高端制成品之外进一步获得传统意义上的低端劳动密集型产品的比较优势，形成对发展中国家技术和成本的双重挤压。在这样的背景下，传统贸易理论的贸易“普适性”与“普惠性”特征在数字经济条件下是否依然存在也是贸易理论面临的新的挑战。

第二节　数字贸易的新贸易理论基础

一、新贸易理论的基本内容

（一）新贸易理论的产生与假设前提

新贸易理论主要是指二战结束后，特别是20世纪80年代以来，为解释新的贸易现象而产生的一系列国际贸易理论学说。其主要代表人物包括迪可西特、克鲁格曼、赫尔普曼、斯宾塞和布兰德等，其中最主要代表人物是克鲁格曼。

传统贸易理论是古典经济学的产物，是以一些严密的理论假设为基础的，主要包括：市场都是完全竞争的、规模报酬不变或递减、各国的需求偏好相似且不变、模型分析的是两个国家、两种商品、两种要素，即2×2×2模型。但新贸易理论认为正是这些前提不符合当今社会经济生活，使传统贸易理论无法解释现实。应当放宽并建立更符合现实的前提假设：

（1）引入产业组织理论，市场结构假设转变为更符合现实的不完全竞争。

（2）规模报酬不再是不变的，而是递增的。

（3）传统的2×2×2贸易模型过于简单化，新贸易理论改为J×N×M模型。

（4）放弃赫克歇尔－俄林关于贸易国在获得生产技术方面具有相同可能性的假定，研究不同国家获得技术的可能性对国际贸易的影响。

在建立了更符合实际的前提假设后，打破传统贸易理论中“完全竞争”和“规模报酬不变”这两个关键假设后，为解释贸易动因与贸易基础开辟了新的源泉，新贸易理论得以发展壮大。

（二）新贸易理论对贸易动因与贸易基础的解释

产业内贸易、发达国家之间的水平分工与长期贸易的迅速增长成为当今国际贸易的主要现象，新贸易理论认为这是因为产生国际贸易的动因与基础发生了变化，不再仅仅是因为技术和要素禀赋的差异带来了贸易。新贸易理论从供给、需求、技术差距论等不同角度分析了国际贸易的动因与基础。

（1）从供给角度揭示了规模经济性和不完全竞争市场结构下的企业的垄断竞争行为成为贸易产生的重要动因与基础。1977 年，迪克希特和斯蒂格利茨建立的 D－S 模型，阐述了在不完全竞争市场结构下消费者需求多样化和企业生产规模经济的两难冲突问题。在具有规模经济的条件下，企业倾向于扩大生产规模，对生产者来说，产品差别越小越好；而消费者则要求产品要具有多样性，即产品差异。国际贸易可以解决这一矛盾：各国专业化大规模生产具有某一方面差异的同种产品并进行贸易，既利用了规模经济性获得比较优势，又满足了消费者对差异产品的需求。

克鲁格曼看到了 D－S 模型解释贸易问题的潜力，首先将它应用到国际贸易分析中，建立了规模经济理论，即一个由规模经济引致贸易的模型。通过采用张伯伦垄断竞争分析方法，得出结论为：贸易并不需要是技术或要素禀赋差异的结果，而可能仅仅是扩大市场和获取规模经济的一种途径。国际贸易的意义就在于能够形成一个一体化的世界市场，厂商可以打破单一狭小的国内市场限制，在世界范围内扩大产品销售市场，并从别国进口其他差异性产品，以满足消费者需求。

综上所述，关于贸易发生的原因，新贸易理论从供给角度分析，认为在不完全竞争市场结构下，规模经济就成了引起专业化与国际贸易的重要原因。即使各国的偏好、技术和要素禀赋都一致的情况下，也会产生差异产品之间的产业内贸易，并且国家间的差异越大，产业间的贸易量就越大，而国家间越相似，产业内的贸易量就越大。

（2）新贸易理论还强调需求因素对贸易产生和贸易结构的影响。从需求角度进行探索，填补了贸易动因研究视角上的一大空白。瑞典经济学家林德提出的代表性需求理论，将需求与产品差异结合起来解释了产业内贸易产生的原因。他指出，一国平均的收入水平或者大多数人的收入水平就是一国的代表性需求。生产者只有专门生产代表此水平的商品才有可能达到规模经济，因此，一国应集中生产本国代表性需求的产品，出口该产品，并从与本国收入水平相似的其他国家进口相似产品，以满足本国其他收入水平消费者的消费需求。该贸易理论表明，规模经济容易在各国代表性需求的产品上产生，因此收入水平越相似，国家之间的产业内贸易越多。

(3) 技术差距论以不同国家之间的技术差距为分析前提，认为技术差距和模仿时滞决定了现实的贸易格局。1959 年，美国经济学家波斯纳运用技术创新理论修正了赫克歇尔—俄林模型，提出了技术差距理论。该理论在解释发达国家与发展中国家贸易时，即是著名的生命周期理论。同时也可解释发达国家之间贸易：即使两个发达国家在技术开发方面具有相同的能力，所开发出的技术与产品仍会有差异，从而促成国际贸易的产生。因此，技术水平接近的国家会因为追求产品的差异性而产生贸易，从而解释了发达国家之间的产业内贸易。

二、新贸易理论与数字贸易

(一) 规模经济、范围经济与数字贸易比较优势

数字贸易中，由于数据要素的内生性，不仅企业的生产会呈现出更明显的规模经济特性，数字要素的低成本跨部门共享也会带来显著的范围经济，由此对现有国际贸易理论形成冲击。

首先，规模经济和范围经济不仅会进一步强化贸易活动中比较优势的内生性，而且会使相关领域的比较优势呈现簇生特征，即在某一具体领域所拥有的比较优势会凭借要素的通用性和共享性迅速扩散到其他领域，从而使企业在一系列相关产品与服务市场中建立比较优势，形成围绕同一类数据要素和技术特质的产业聚合体。这种簇生比较优势将使企业的贸易形态同时兼具产业间和产业内的特点，任何一种专注于产业间和产业内贸易的理论在描述其贸易特征时都会失之片面。

其次，范围经济使同一生产者不同产品之间的关系从传统的替代关系转变为互补关系，由此将颠覆多产品生产中的技术设定，并引发企业生产和贸易决策的一系列变化。数据要素的低成本跨部门共享特性使产品之间不存在共同要素的争夺问题，甚至当数据要素可以通过某种产品内生获得时，一种产品的产出增加还能够提高其他产品产出，传统的产品转换曲线设定由此将面临彻底的颠覆并动摇经典的最优化分析的前提。此时各国由禀赋条件所导致的产品间分工将不复存在，在相同的产品结构下进行复杂的产业内交换，甚至在规模经济的驱使下由一国完全垄断所有相关产品的生产可能成为数字贸易的典型形态。

最后，范围经济还会进一步引发国际贸易活动中定价策略的复杂化。由于数据要素的共享性，一种产品的生产可以通过积累数据的方式为另一种产品提供支

持，即便不考虑价格补偿，单纯的产品生产本身也会为生产者带来一定的正向收益。落实到实践层面，这一情形可能会衍生出更为复杂的定价机制，如对于某类以数据挖掘和信息获取为主要目的的市场，企业可以以极低的定价甚至免费的方式吸引消费者，由此获得可观的数据要素积累，并将这些数据信息应用于另一市场以实现企业整体盈利。

（二）产品生命周期理论与数字贸易

产品生命周期模型的产生主要是为了解释当时货物贸易产品的国际贸易现象和规律，强调不同国家的技术、人力资本实力对于产品生命周期的影响。产品最先在创新国进行生产并出口，其他国家进口。随着技术差距的动态变化以及产品的标准化，产品由技术密集型产品转变为资本密集型产品并最终成为劳动密集型产品，产品的比较优势也在创新国—其他发达国家—发展中国家之间动态变化。最终，创新国开发出新产品，退出该产品的生产，成为该产品的进口国，而发展中国家成为该产品的出口国。随着服务贸易量的增大，国际贸易结构发生了很大变化，服务贸易产品具备了技术含量高、附加值大、人力资本投入大等特点，而这正符合产品生命周期理论中对贸易产品生产国际承续以及国家内部由兴到衰的原因的阐释，即不同国家初始的技术、人力资本等禀赋的不同，使有较高技术含量及需要较高人力资本投入的产品，往往在发达国家最先被生产和需求。

数字经济时代，产品生命周期理论能对数字贸易做出有效解释和预测吗？数字产品和数字服务也具有高附加值、高技术含量的特征，因此往往其也会最先由创新国进行生产并出口，而后其他发达国家开始模仿生产。然而，数字经济时代，产品的生产从“标准+产品”走向“定制+服务”，因此，可以说数字产品和数字服务不存在标准化，未来发展趋势是定制化。那么，创新国由于技术、人力资本的初始优势，因此可能一直在数字产品和数字服务上具有比较优势。此外，由于数字经济依托于高度复杂的电子信息技术，无论是硬件还是软件产品，都具有远高于传统制造业的技术门槛，同时数字经济下的强竞争压力也会使相关产业有更高的研发密集度和技术更迭频率，而且数字产业具有高固定成本与低边际成本并存的特征，这进一步加大了企业参与生产与贸易活动的资金和技术壁垒。与此同时，许多发达国家的数字企业通过先行者优势主导了产业技术革新的路径，并通过在可能实现技术突破的节点预先申请专利的方式制造知识产权壁垒，对后进国家实行技术封锁，加大了企业突破技术壁垒的难度。此外，国家之间在数字基础设施以及人力资本方面的差异也将成为数字鸿沟无法弥合甚至逐渐扩大的重要原因。因此，数字经济时代，产品生命周期理论可能无法对国际贸易模式进行有效解释和预测。

第三节 数字贸易的新新贸易理论基础

一、新新贸易理论的基本内容

新新贸易理论是指有关异质企业模型和企业内生边界模型的理论，这两个理论将国际贸易的研究范畴从传统贸易的理论研究的产业间贸易转变为研究同一产业内部有差异的企业在国际贸易中所作的选择。新新贸易理论更多是从企业的层面来解释国际贸易和国际投资现象。

在以日本为主的世界各国，出口额在国内生产总值中占有很大比例。但是，近年来发现，从事出口的企业只有极少数。根据伯纳德（Bernardetal，2007）的研究，2000 年在美国开工的 550 万家企业中，出口企业只占 4%，而且在这些出口企业中，排名前 10% 的少数企业却占有美国出口总额的 96%。进而又发现，出口企业的生产率高于非出口企业。

但是，新旧贸易理论都没有能够对“出口企业是少数高生产率的企业”这一事实做出解释。传统的贸易理论和新贸易理论都没有设想，在某个产业，当企业 A 从事出口的时候，同一产业的企业 B 不从事出口这一情况。这是因为，李嘉图的传统贸易理论和赫克歇尔－俄林的新贸易理论都假定（至少在各个产业内）的是生产率相等的具有代表性的企业（即企业的同质性）。

对此，梅里兹（Melitz，2003）根据存在不同生产率的企业这一实际情况，设计了只有少数高生产率企业从事出口的模型。梅里兹（2003）理论的基本构思是，只有高生产率的企业能够得到足够利润，用来负担出口所需要的高额固定成本。进而赫尔普曼（Helpman，2004）扩展了梅里兹模型，提出了生产率依出口企业、海外现地生产（FDI）企业的顺序逐级升高这一模型。赫尔普曼的理论也是基于这一构思，即能够担负在海外实地生产所需要的高额固定成本（工厂建设等）的，只有生产率高的企业。这些“梅里兹式模型”已成为根据企业层面数据进行实证研究的理论基础。

从研究的范围来看，传统贸易理论主要研究产业间贸易，新贸易理论主要是研究在规模递增和不完全竞争条件下的产业内贸易，而新新贸易理论则是从企业的异质性层面来解释国际贸易和投资现象。新新国际贸易理论更多的是对跨国公司的国际化路径选择做出解释，究竟是选择出口还是对外直接投资进行全球扩张战略。新新国际贸易理论从更加微观的层面——企业的角度来分析企业的异质性与出口和FDI决策的关系，关注企业国家化路径方式的选择问题。新新国际贸易理论主要有两个模型，一个是以Melitz为代表的学者提出的异质企业贸易模型，另一个是以Antras为代表的学者提出的企业内生边界模型。前者说明同产业的不同企业在是否出口问题上的选择，后者说明一个企业在资源配置的方式上的选择。

二、新新贸易理论与数字贸易

（一）数字贸易对新新贸易理论的挑战

新新贸易理论因其前提假设和分析框架最接近现实基础，而被认为是目前最贴近现实贸易的理论。然而，随着数字贸易的日渐兴起，新新贸易理论前提假设的现实基础逐渐发生改变，数字贸易将对新新贸易理论带来重大挑战。

第一，挑战了“国际贸易的固定成本显著高于国内贸易”这一命题。异质性企业贸易理论认为，由于企业进入国际市场比国内市场的难度要大，当企业选择出口时，就要付出更大的进入成本，因此，该理论包含一个重要假设即国际贸易的固定成本显著高于国内贸易。而在数字贸易中，企业利用互联网和数字技术就能快速完成原先很难完成的甚至无法完成的贸易环节。也正因为如此，越来越多的中小企业将加入国际贸易并从中获利。显然，在数字贸易背景下，上述命题将难以成立，企业进入国际市场所需的固定成本会越来越低，不断趋近于国内贸易的固定成本。

第二，挑战了“异质性主要体现为生产率差异”这一命题。异质性企业贸易理论认为，企业生产率高低决定了企业是否有能力出口。而在数字贸易中，企业生产率的差异变得不再重要，企业智能化水平才是异质性的主要来源。企业的关键性生产资料是数据，通过分析贸易流量和信息，企业判断并规划自身行为以实现智能制造的目标。此外，制造业也不再只是单纯的第二产业，而将成为融合第二产业与第三产业于一体的新型智能化制造业。企业在实现智能制造的过程中，不断推动消费互联网向产业互联网转型，进而通过重新分配社会资源提高社会福利。

第三，挑战了“只有生产率高的企业才能从事出口活动”这一命题。异质性企业贸易理论认为，只有生产率高的企业才能从事出口活动，而在数字贸易中，生产率低的企业也能够从事出口贸易。数字贸易中，企业能够通过互联网平台直接面对海外消费者，进入国际市场的门槛大幅降低。此外，借助数据分析，低生产率企业通过“自我选择效应”“学习效应”“再分配效应”，可以寻找从事出口活动的新驱动因素。

第四，挑战了“跨国公司最基本的生产要素是资本和劳动”这一命题。跨国公司内生边界理论假定，只有资本和劳动两种基本生产要素。而在数字贸易中，数据是相对于资本和劳动而言更重要的生产要素。企业通过搜集数据、分析数据和应用数据，最大限度地降低生产成本和交易成本，满足消费者日益增长的个性化需求，不断增强企业的核心竞争力。在数字贸易中，数据正逐渐成为一种稀有的生产要素。为了获取数据、信息等稀缺的无形资产，数字贸易时代的企业会更多地选择内部化以增强企业核心竞争力。

第五，挑战了“跨国公司基本生产要素可以在部门间自由流动”这一命题。跨国公司内生边界理论假定，生产要素可以在部门间自由流动。而在数字贸易中，企业掌握数据就掌握了主动权。为了建立和维持竞争优势，核心数据成为企业的商业机密，不能为公众和其他商业组织所知悉。除此之外，数字贸易下跨国公司强调的是母公司而并非子公司对核心数据的控制、整合和配置能力。因此，部分数据要素无法实现在各部门间甚至是部门内的自由流动，这与跨国公司内生边界理论的假设前提不符。

第六，挑战了“跨国公司只有垂直一体化和外包两种生产组织形式”这一命题。跨国公司内生边界理论假定，跨国公司只有垂直一体化和外包两种生产组织形式。在数字贸易中，竞争不再是企业与企业、供应链与供应链的竞争，而是生态圈与生态圈的竞争。数字贸易平台作为整个贸易生态系统的核心，正重塑着全球价值链中的商业模式和合作方式。显然，数字贸易背景下，企业不再简单地选择垂直一体化战略或外包业务方式，更多的企业会选择平台战略，利用数字贸易平台的资源整合能力，不断提升其核心竞争力。

（二）数字化贸易标的对新新贸易理论的挑战

数字贸易下的数字产品与服务、数字化知识与信息这些特殊贸易标的的大量涌现，也改变了模型前提假设的现实基础，挑战了新新贸易理论。

第一，挑战了“国际贸易存在冰山运输成本”这一命题。异质性企业贸易理论假定国际贸易均存在冰山运输成本，显然这一假定不符合现实情况。首先，在服务贸易中，冰山运输成本就不存在。此外，数字贸易中的数字产品与服务等也不会因为在区域间进行运输而“融化”掉，因而这些产品的贸易也不存在冰山运输成本。由于冰山运输成本的存在，传统贸易中，商品在越接近目标市场的地方进行生产就越能节约成本。而在数字贸易中，由于数字产品的交易不存在冰山运输成本，从事数字贸易的异质性企业不会出于运输成本考虑而围绕目标市场做高度空间集聚。

第二，挑战了“企业边际成本服从帕累托分布”这一命题。在异质性企业贸易理论中，一个重要假设是企业边际成本服从帕累托分布。然而，数字贸易下的许多产品，如数字产品与服务以及数字化知识与信息等，由于其具有虚拟性、可复制性和无排他性等特点，边际成本几乎为零。显然，企业边际成本服从帕累托分布这一假定不符合数字贸易下的经济事实。因此，由该假设推导出的结论很有可能是错误的。

思考题

1. 简述比较优势理论的基本内容及其在数字贸易中的适用性。
2. H－O 理论对数字贸易的解释存在哪些局限性？
3. 数字贸易对新新贸易理论提出了哪些挑战？
4. 新贸易理论如何解释数字贸易中的规模经济和范围经济现象？
5. 为什么说数字贸易中的产品生命周期理论可能无法有效解释和预测国际贸易模式？

第四章　数字服务贸易

学习目标

1. 掌握数字服务的内涵和特征。
2. 熟悉云计算、大数据等典型数字服务贸易的内涵及运用。
3. 了解数字服务贸易的产生与发展。

◎ 引导案例

当前，数字技术与国际贸易融合渗透不断深化，“数字贸易”发展与规则构建引发各界广泛关注。数字贸易时代，数据流牵引和驱动物资流、服务流、技术流、资金流和人才流，平台集聚资源、推动协同、提升效率、构筑生态，国际经贸活动从物理世界延伸至数字世界，深刻影响国际经贸发展走势。

数字贸易推动全球贸易向数字服务化方向发展。2019 年全球数字服务贸易（出口）规模达 31 925.9 亿美元，逆势增长 3.75%，增速超过同期服务贸易和货物贸易，占服务贸易比重上升至 52.0%，占全部贸易比重上升至 12.9%。此外，由于 2020 年全球性新冠疫情暴发，这一发展进程将进一步加快。数字贸易发展存在严重数字鸿沟。相比服务贸易、货物贸易，发达经济体在数字服务贸易领域具备更明显优势。2019 年，发达经济体数字服务出口规模达 24 310.0 亿美元，在全球数字服务出口中的占比达 76.1%，超过其在服务贸易和货物贸易中的占比。美欧主导全球数字贸易市场。2019 年，美国、英国、爱尔兰、德国、荷兰等 5 国在全球数字服务出口中的占比近五成，其中仅美国占比就达到了 16.7%。

资料来源：中国信息通信研究院. 数字贸易发展与影响白皮书（2020 年）——驱动变革的数字服务贸易［R]. 2020，http：//www. caict. ac. cn/kxyj/qwfb/bps/202012/P020201216506475945126. pdf.

数字化技术的到来给世界各国的经济和贸易发展带来了广泛而深刻的影响。随着对数字贸易研究的深入，数字服务贸易概念逐渐从其中剥离，成为数字贸易领域的重要研究分支，国际贸易领域最具潜力的新兴贸易形式，为世界各国带来了不同的机遇和挑战。

第一节　数字服务的基本概念

国际数字服务贸易的迅猛发展是数字技术与服务贸易深度融合的结果。因此，全面理解数字服务贸易的内涵需从服务、数字服务等基本概念入手。

一、服务的概念与特征

（一）服务的概念

随着各国逐步进入服务经济时代，服务一词越来越多地被提及，人们对服务的认识也逐渐发展变化。

英国经济学家亚当·斯密1776年在《国民财富的性质和原因的研究》一书中指出，“服务是非生产性的，只有工业和商业才是生产性的，家仆的劳动……不能使价值有所增加……某些社会上层阶级人士的劳动与家仆的劳动一样，不生产价值，既不固定或实现在耐久物品或可卖商品上，也不能储存起来供日后雇佣等量劳动之用”。斯密认为服务产出非实物，随生随用随灭，不能积累财富，因此将服务定义为非生产性的活动。

针对斯密对服务的非生产性定义，法国古典经济学家萨伊于1803年在《政治经济学概论》一书中指出，无形产品（服务）同样是人类劳动的果实，是资本的产物。“医生、公教人员、律师、法官的劳动（这些劳动属于同一种类）所满足的需要是那么重要，以至于这些职业如果不存在，社会便不能存在”，“大部分无形产品都是这种或那种技能的产物，获得一种技能，总须先作一番钻研，而从事钻研就非预付资本不可”。

法国古典经济学家巴斯夏在《和谐经济论》中指出：“这（劳务）是一种努力，对于甲来说，劳务是他付出的努力；对于乙来说，劳务则是需要和满足。”“劳务必须含有转让的意思，因为劳务不被人接受也就不可能提供，而且劳务同样包含努力的意思，但不去判断价值同努力是否成比例。”巴斯夏的服务价值论借用了萨伊理论中的“服务”概念，认为服务也是资本、是物，劳动可以归纳为人们彼此提供服务，因此劳动交换就是服务的交换。按照萨伊的观点，服务是指对效用的创造，而按照巴斯夏的观点，服务是指为服务接受者所节约的努力，巴斯夏比萨伊更进一步地强调了服务的“商品性”。

约翰·斯图亚特·穆勒于1848年在《政治经济学原理》中也对服务作了界定。他指出，劳动可以直接产生一种效用，而不是通过提供某种别的东西来给予效用。例如，给予一种快乐，消除不便或痛苦，时间可长可短，但不会使人或物的性质得到永久性改善。劳动生产的不是物品而是效用，此效用分为三种情况：其一，固定和体现在外界物体中的效用，即运用劳动使外物具有能使它们对人有用的性质；其二，固定和体现在人身上的效用，即劳动用于使人具备能使他们对自己和别人有用的品质，所有与教育有关的人的劳动均属此类；其三，就是这里界定的服务。

马克思认为，服务有使用价值，是劳动产品也是社会财富，可以投入市场进行交换，服务同其他商品的差别只是形式上的，商品具有实物的形式，而服务则体现为一种活的劳动。

富克斯于1968年在《服务经济》中对第二次世界大战之后的美国服务经济进行研究，认为服务在生产的一刹那间消失，它是在消费者在场参与的情况下提供的，它不能运输、积累和储存，缺少实质性。

现在被经济学家广泛采用的定义出自希尔发表于1977年的论著。他指出："一项服务生产活动是这样一种活动，即生产者的活动会改善其他一些经济单位的状况。这种改善可以采取消费单位所拥有的一种商品或一些商品的物质变化形式，另外，改善也可以关系到某个人或一批人的肉体或精神状态。无论在哪一种情形下，服务生产的显著特点都是，生产者不是对其商品或本人增加价值，而是对其他某一经济单位的商品或个人增加价值。"可见，希尔是从服务生产人手来解释什么是服务的，"服务应向某一经济单位提供，这一点是服务观念所固有的。它和商品生产形成鲜明的对照，在商品生产中，生产者也许没有谁将获得他正在制造的商品的想法。农民可以在同其最后的雇主完全隔绝的情形下种庄稼，教师却不能没有学生而从事教学。就服务来说，实际生产过程一定要直接触及某一进行消费的经济单位，以便提供一项服务。"希尔进一步解释道："不论提供的服务性质如何，贯穿一切种类服务生产的一个共同要素是，服务在其生产时一定要交付。这就成为它同商品生产的根本区别，在商品生产中没有这样的生产限制。另外，服务在其生产时一定要由消费者获得，这个事实意味着，服务是不能由生产者堆到存货中的。"

综合以往研究及发展实践，可以将服务定义为：服务是对其他经济单位的个人、商品或服务增加价值，并主要以活动形式表现的使用价值或效用。例如，邮电通信、文化教育和商务会展等以活动形式表现的服务可以直接为政府部门、企事业单位和个人增加价值与效用，而保险、再保险服务则可以为金融服务、运输服务和保险服务增加价值与效用。

（二）服务的基本特征

服务作为无形商品，与一般的实物型商品相比，具有无形性、不可分离性、不可储存性和异质性等特征。

1. 服务的无形性

无形性是服务最主要的特征。服务是无形的，其使用价值不能脱离生产者和消费者，不能独立地固定在某种具体的实物形态上。服务的无形性是指顾客与服务提供者之间抽象化的、个体化的互动关系。同有形商品不同，服务在很大程度上是不可感知的，这包括两层含义：一方面，服务提供者通常无法向顾客介绍空间形态确定的服务样品；另一方面，服务消费者在购买服务之前，往往不能感知服务，在购买之后也只能觉察到服务的结果而不是服务产品本身。

服务的无形性是相对的，它和有形商品紧密联系，但是无形性是主要的，它是服务的核心和本质。随着科学技术的发展，有些无形的服务逐渐变得“有形化”。1989 年，加拿大经济学家格鲁伯和沃克提出物化服务（embodied service）的概念。例如，唱片和光盘作为服务的载体，本身的价值相对其提供的整个价值来说可以忽略不计，其价值主体是服务，这就是无形服务的“有形化”和服务的物化。

2. 服务的不可分离性

服务的不可分离性是指服务的生产与消费同时进行。如果服务是由人提供的，那么这个人就是服务的一部分，因为当服务正在生产时顾客也在场，顾客与生产者的直接接触构成了产品的一部分。例如，在中医院问诊时，医生为病人把脉并作出诊断，进而对症下药。商品一旦进入市场体系或流通过程便成为独立的交易对象，而服务或者同其提供来源不可分，或者同其消费者不可分。这种不可分离性要求服务提供者或（和）服务消费者不能与服务在时间或（和）空间上分开。例如，理发师不可能远离他的顾客，而买了电影票又想看电影的消费者不会不到电影院。

有时在物化服务的情况下，服务的生产和消费可以不同时发生。远程教育行业中，教师在录影教室中制作好视频课程后上传至网络服务端，然后由学员们缴费注册下载学习。

3. 服务的不可储存性

服务的不可存储性是由其不可感知性和其生产与消费不可分离性决定的，即服务是一个过程，“随生随用随灭”，生产和消费不能错期。不可存储性表明服务无须存储费用和运输费用，但随之产生一个问题：服务企业必须应对缺乏库存引致的产品供求不平衡。服务的不可存储性也为加速服务产品的生产、扩大服务的规模制造了障碍。服务业只有在加大服务营销力度、推广优质服务示范上积极开发服务资源，才能转化被动的服务需求状态。

不可存储性是服务区别于商品的重要特征，商品可以在被生产之后和进入消费之前这段时间处于库存状态而不一定会给商品所有者造成损失，但服务一般不能像商品那样在时间上储存或者在空间上转移。服务如果不被使用，既不会给购买者带来效用，也不会给提供者带来收益，服务的不及时消费就会造成服务的损失。例如，餐馆、商店等如果没有顾客光顾就会亏损，火车、飞机、电影院里的空位也不会产生服务收入。

4. 服务的异质性

服务的异质性是指同种类型的服务提供者在不同时空条件下所提供的服务不同，使服务消费者的效用或满足程度不同。即使是同一服务提供者，在不同条件下因客观因素或其主观因素的影响也会造成服务产品的差异。而一般有形产品在社会化大生产的条件下，产品质量基本上是稳定的，消费者在不同地点、不同市场购买的同类型产品，其质量基本上是相同的。服务的主体和对象是人，人是服务的中心，而人又具有个性，涉及服务提供方和接受服务的顾客两个方面：第一，服务提供者的技术水平和服务态度往往因人、因时、因地而异，他们提供的服务随之发生变化，如两位老师教授同一门课程，同一个学生会有不同的评价；第二，服务消费者时常会有特殊的服务要求，所以服务会受到顾客本身个性特点的影响，如同一位老师向同一个班级教授同一门课程，不同的学生也会有不同的评价。

由于服务产品具有很强的异质性，统一的服务质量标准只能规定一般要求，难以满足特殊的、个别的需要。因此，服务质量及其管理就带有很大的弹性和随意性，这既可以为服务行业创造优质服务开辟广阔的空间，也可能给劣质服务留下活动的余地。所以，与能够执行统一标准的商品质量管理相比，服务产品的质量管理要困难得多。同一企业的若干分店，如果是销售商品，易于统一企业形象；如果是销售服务，则易出现各分店服务质量优劣不等的局面。

二、数字服务的内涵

近年来，全球经济呈现出从“工业型经济”向“服务型经济”转型的新趋势，服务业在全球经济中的地位越来越重要。数字技术的不断变革及其与服务业的融合发展，一方面催生出新型数字服务产业，另一方面推动传统服务业逐步向数字化转型，促使全球服务业产生重大变化，数字服务成为全球服务业发展的重要趋势。目前，国内外学术界还未形成对数字服务的统一定义，数字服务的统计口径也存在差异。

欧盟2014年发布的《什么是数字服务》报告认为，数字服务包括电子化网络实现的服务；文字、信号、图像等信息的传输服务；视听内容的广播服务。联合国贸易与发展会议（UNCTAD）是持续关注全球数字经济与贸易的国际权威组织，其在2015年的一份技术说明和提交2016年联合国统计委员会第47届会议的一份报告中提出“数字化交付服务”（digitally - deliverable services），是被当前学者广泛接受的对数字服务的定义及核算框架。UNCTAD的数字化交付服务指基于潜在的信息和通信技术赋能的服务，包括保险和养老金服务、金融服务、知识产权使用费、电信、计算机和信息服务、其他商业服务、视听和相关服务。经济合作与发展组织（OECD）在《数字服务贸易限制指数报告》中则将数字服务定义为“数字实现的服务”（digitally enabled service），是指可通过电子网络提供的服务。

中国信息通信研究院发布的《数字贸易发展与影响白皮书（2019年）》指出，数字服务是指可通过互联网进行远程交付的产品和服务，不仅包括ICT服务业、数字媒体业等几乎全部通过数字化手段进行交付的服务，而且还包括养老、金融、知识产权等可数字交付程度较高的服务。商务部、中央网信办、工业和信息化部在《关于组织申报国家数字服务出口基地的通知》将数字服务界定为，“采用数字化技术进行研发、设计、生产，并通过互联网和现代信息技术手段为用户交付的产品和服务。”从具体领域来看，包括以下三大类：①信息技术服务，包括软件、社交媒体、搜索引擎、通信、云计算、卫星定位等；②数字内容服务，包括数字传媒、数字娱乐、数字学习、数字出版等；③其他通过互联网交付的离岸服务外包。

综合各方观点及当前全球发展实践，可以认为数字服务是通过数字化技术进行交付的产品和服务。

三、数字服务贸易的内涵与特征

（一）数字服务贸易的内涵

当前，国际上普遍认为数字服务贸易是指通过网络传输交付的数字产品和服务的贸易，但对具体服务类别和范围的认识尚不统一。美国经济分析局（USBEA）在《数字服务贸易发展趋势报告》中首次将数字服务贸易概念界定为“可潜在地被信息通信技术化的服务贸易”。联合国贸易和发展会议（UNCTAD）和经济合作与发展组织（OECD）等同样将其定义为“通过信息通信网络跨境交付的服务贸易”，包括通信服务、软件服务、金融服务、数据服务、知识产权、视听传媒以及其他商业服务。

中国信息通信研究院认为，数字服务贸易是指通过信息通信网络（语音和数据网络等）跨境传输交付的贸易，除数字化产品和服务贸易外，还包括数据的贸易。中华人民共和国商务部在发布的《中国数字服务贸易发展报告2018》中，明确将数字服务贸易界定为“采用数字技术研发、设计和生产，通过现代信息技术手段为消费者交付的服务贸易”，主要涵盖信息技术服务贸易、数字内容服务贸易以及通过互联网交付的离岸服务外包三大类。此外，报告指出，数字服务贸易的概念包含于数字贸易中，是剔除了货物贸易数字化的数字贸易，也可认为是狭义的数字贸易，其开展依赖于数字化载体，包括传统服务产业的数字化，以及技术迭代后所催生的全新经济模式或业态。

综合以上相关观点及国内外发展实践，可以认为数字服务贸易是指通过数字化方式实现跨境交付的服务贸易，是一种建立在现代通信与信息技术基础上，借由互联网完成跨国服务交付的贸易形式，其既包含于数字贸易，又包含于服务贸易。

（二）数字服务贸易的主要特征

数字服务贸易与服务贸易最大的区别在于数字化赋能，一方面为传统服务贸易的数字化转型，另一方面是新型数字服务业态和产业。其中，传统服务贸易的数字化转型，主要指云计算、大数据、物联网、人工智能等新兴技术的运用改变了空间和时间对传统服务的限制，通过大大提高了服务的可贸易性，一些原本必须依靠实物传播媒介的服务，现在能够通过数字化的形式在网上直接进行交易，例如，旅游、教育、医疗等传统服务贸易的数字化转型，数字电影、数字音乐、数字动漫和软件贸易等。新型数字服务业态和产业，主要是指在新一代信息技术的不断变革和全面应用，不断催生出新型服务贸易业态和模式，能够让更多的中小微企业及个人成为服务贸易的参与者，例如搜索引擎、社会传播媒体、云计算和数据跨境流动带来的服务等。

第二节　数字服务贸易的产生与发展

数字化日益成为新时代服务贸易的重要特征，近年来，各经济体不断加强数字服务贸易政策供给，大幅优化数字服务贸易营商环境，数字服务贸易保持高速增长，规模逐渐扩大，数字服务贸易在服务贸易中的主导地位逐步显现。

一、数字服务贸易的产生

人类文明史上的科学技术革命，每一次都彻底地颠覆了原有的社会经济生产和生活方式，广泛而深刻地影响着我们社会经济各个领域。数字技术的加持促进了跨境数据的流动，贸易方式也随着信息共享成本的降低出现了很大的改变，连接了服务价值链上不同参与者的同时，也极大地改变了服务的商品生产方式和交互方式，从而推动了服务贸易“数字化”的发展。美国和欧盟已经在经济统计框架、管理措施、限制性政策等多个方面走在了数字服务贸易规则和管理体系探索的前沿，也为世界进入数字经济时代发展数字服务贸易奠定了基础。

数字技术通过赋能传统服务贸易的数字化转型和催生新型服务业态，降低了服务贸易的成本，增加了服务的效率和可贸易性，驱动着全球服务贸易的创新发展。在数字技术高速发展的加持下，数字服务贸易总量在全球各地区保持了迅猛增长，甚至改变了全球产业结构。数字服务贸易所带来的新业态的机遇也正在进一步加速世界经济格局重构。

二、国际数字服务贸易的发展

（一）全球数字服务贸易规模持续扩大

全球数字服务贸易稳步增长，在全球服务贸易中主导地位逐步显现。图 4 - 1 显示了 2010—2023 年全球数字服务贸易出口规模及占服务贸易比重情况，2010 年全球数字服务出口为 18 357. 32 亿美元，2023 年增长至 44 624. 57 亿美元，增长率达 143. 09%。2010—2023 年数字服务贸易在服务贸易出口中的占比从 45. 92% 上升至 56. 39%，数字服务贸易在服务贸易中的核心地位得到确立和巩固。

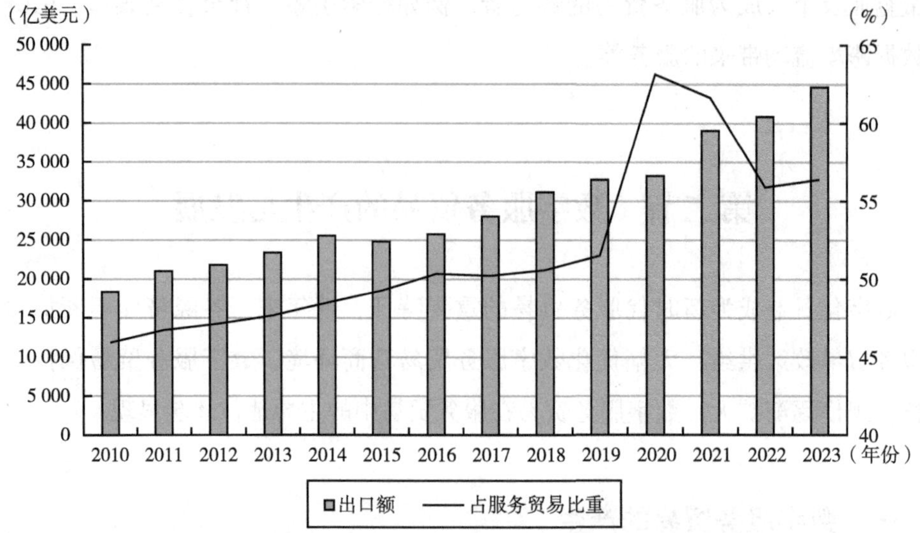

图 4－1 2010—2023 年全球数字服务贸易出口规模及占比

资料来源：根据 UNCTAD STAT 数据计算绘制而得。

（二）欧洲主导全球数字服务贸易市场

表 4－1 显示了 2010—2023 年全球主要地区数字服务贸易出口占比情况，2010 年欧洲数字服务贸易出口占全球出口的 54.99%，随着全球服务贸易的创新发展，2023 年欧洲占比下滑至 52.04%，但是仍旧占据全球服务贸易的主导优势。亚洲数字服务贸易出口占比从 2010 年的 20.75% 上升至 2023 年的 27.33%，表现出巨大的增长潜力。观察期内，非洲数字服务贸易出口占比有轻微上升，而美洲、大洋洲的占比略有下滑。

表 4－1 2010—2023 年世界主要地区数字服务出口占比 单位:%

年份	非洲	美洲	亚洲	欧洲	大洋洲
2010	0.88	22.59	20.75	54.99	0.79
2011	0.87	22.24	21.29	54.77	0.83
2012	0.94	22.84	21.83	53.53	0.85
2013	0.84	22.15	22.26	53.94	0.81
2014	0.81	21.52	22.85	54.09	0.74
2015	0.95	21.96	23.74	52.66	0.70
2016	0.90	21.81	24.03	52.57	0.70
2017	0.89	21.90	23.79	52.71	0.70
2018	0.93	20.39	24.46	53.58	0.64
2019	0.93	20.48	25.13	52.80	0.67

续表

年份	非洲	美洲	亚洲	欧洲	大洋洲
2020	0. 87	20. 46	25. 84	52. 19	0. 65
2021	0. 85	19. 72	26. 00	52. 75	0. 67
2022	0. 89	20. 19	27. 57	50. 73	0. 62
2023	0. 89	19. 15	27. 33	52. 04	0. 60

资料来源：根据 UNCTAD STAT 数据计算绘制而得。

（三）发达经济体具有突出优势

图 4 –2 显示了 2023 年全球数字服务出口排名前 20 的国家（地区）。整体来看，发达经济体在全球数字服务出口市场占据主导地位，2023 年数字服务出口前 20 的国家中发达国家占 18 个，发展中国家只有中国和印度。从单个经济体看，2023 年美国数字服务出口仍稳居全球第一，且明显领先第二名的英国，其后的爱尔兰、印度、德国、中国、荷兰的数字服务出口也都超过了 2 000 亿美元。2023 年美国数字服务出口高达 6 804. 57 亿美元，占全球 15. 25%，这得益于美国的数字技术与服务产业在全球占据绝对优势，同时拥有苹果、谷歌、微软、亚马逊、YouTube、Facebook 等大型数字型企业。2023 年英国数字服务出口排名全球第二，达

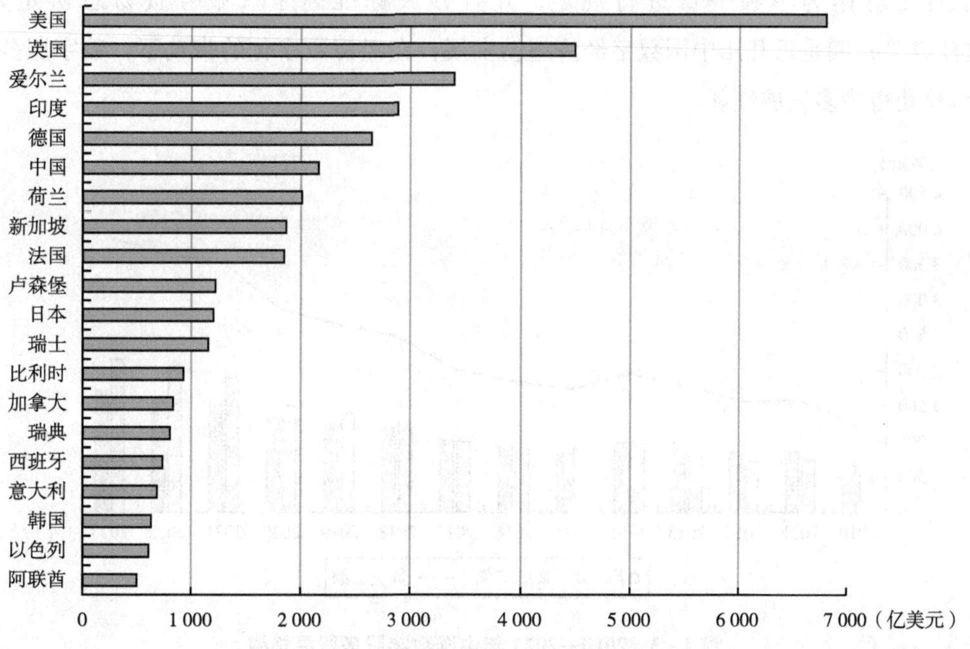

图 4 –2　2023 年全球数字服务出口排名前 20 的国家

资料来源：根据 UNCTAD STAT 数据计算绘制而得。

到 4 491.55 亿美元，这与英国发达的金融和保险服务业密切相关。中国的数字服务出口排名全球第六，达到 2 162.65 亿美元，但与美国、英国等发达国家还存在较大差距。

（四）中国数字服务贸易发展

1. 中国数字服务贸易规模不断扩大

随着数字技术加快融入服务贸易领域，中国数字服务贸易呈高速发展态势，如图 4－3 所示，2010—2023 年中国数字服务贸易规模不断扩大。具体而言，中国数字服务贸易总额由 2010 年的 1 223.09 亿美元增长至 2023 年的 3 875.83 亿美元，增长率为 216.89%。其中，数字服务出口由 2010 年的 560.2 亿美元增长至 2023 年的 2 162.65 亿美元，增长率为 286.05%；数字服务进口由 2010 年的 662.89 亿美元增长至 2023 年的 1 713.18 亿美元，增长率为 158.44%。整体上说明服务贸易的数字化程度不断提高。究其原因：一是数字技术与服务贸易不断融合，推动服务"可贸易革命"，使原先不可贸易的服务变得可以跨境提供，使原先可贸易的服务跨境提供更加便利化；二是随着全球经济服务化趋势的加强，服务在价值链增值过程中的作用凸显，使得服务的跨国供需对接日益活跃；三是区域贸易协定或安排（RTAS）的盛行，加快推动服务贸易自由化，当前高标准自由贸易协定中均将服务贸易作为单独一章进行规定，并且开放标准高于《服务贸易总协定》（GATS）；四是近几年中国数字经济蓬勃发展，在经济数字化的带动下，数字服务贸易获得诸多发展红利。

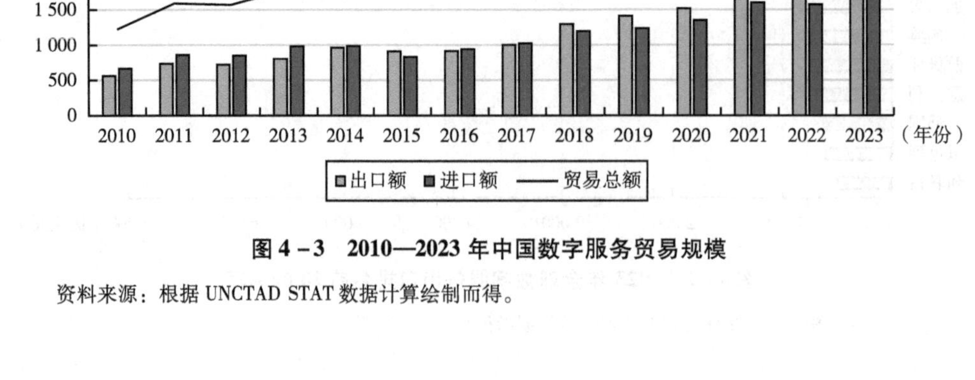

图 4－3 2010—2023 年中国数字服务贸易规模

资料来源：根据 UNCTAD STAT 数据计算绘制而得。

2. 数字服务出口占比呈上升趋势

中国数字服务出口占服务出口总额的比重呈现上升趋势（见图4－4），2010年占比仅有31.41%，之后总体呈稳步上升趋势，2023年达到56.74%，比2010年提高了25.33个百分点。2010—2023年中国数字服务进口占比呈波动趋势，2010年数字服务进口占服务进口的比重为34.28%，之后呈现出先增再降再增再降的波动态势，2023年占比较2010年有所下降，在31.04%左右。总体来看，中国数字服务出口占比波动中呈上升状态，进口占比波动中呈下降状态。2010年及之前几年数字服务进口比重高于数字服务出口比重，2010年中国数字服务进口比重比服务出口高出2.86个百分点，说明当时服务出口的数字化程度远低于服务进口的数字化程度。2011年，中国数字服务出口占比为36.25%，进口占比为34.66%，数字服务出口比重首次超越数字服务进口比重。2011—2023年，中国数字服务出口比重整体高于数字服务进口比重，2023年高出25.71个百分点。可能的原因在于：一是在出口方面，中国数字服务企业发展迅猛（如字节跳动、华为等），且相对宽松的国际环境为中国数字服务企业“走出去”提供了便利条件；二是在进口方面，国外数字服务在进入中国时面临诸多非关税壁垒，从而大大限制了中国数字服务进口规模，影响其在服务进口总额中的占比。

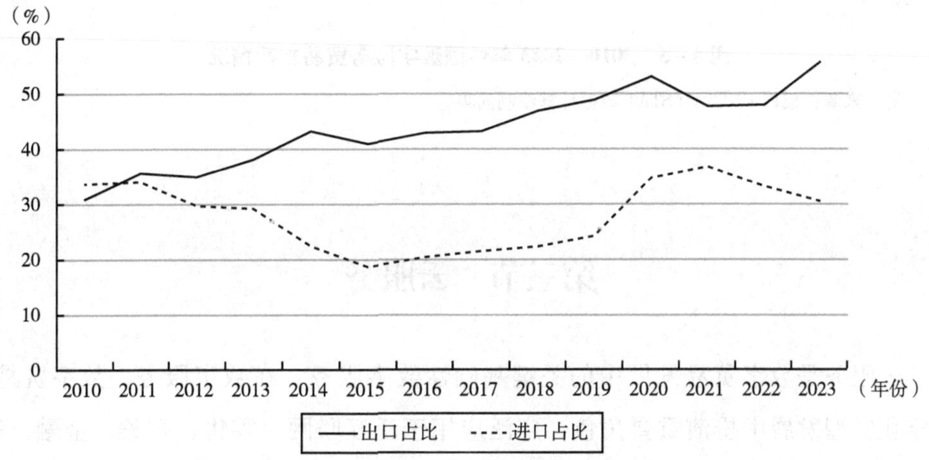

图4－4　2010—2023年中国数字服务进出口占比情况

资料来源：根据UNCTAD STAT数据计算绘制而得。

3. 数字服务贸易差额由负转正

总体来看，2010—2023年中国数字服务贸易差额呈现先负后正的态势（见图4－5）。2010—2017年，中国数字服务贸易以逆差状态为主，2013年逆差额高达178.75亿美元。2013年之后，中国数字服务贸易逆差开始进入缩窄期，2014

年逆差额为23.78亿美元，2015年首次出现顺差，顺差额为81.19亿美元，2016—2017年又返回到逆差，2018年再度出现顺差，顺差额为99.64亿美元，此后顺差额度不断扩大，2023年顺差额达449.47亿美元。虽然中国数字服务贸易进出口差额由负转正，但必须指出的是，中国数字服务进口仍存在严重的非关税壁垒，导致中国对国外数字服务进口的真实需求受到很大抑制，如果消除壁垒，国外数字服务进口规模很有可能会大增，因此在充分开放的条件下，逆差仍应为中国数字服务贸易比较优势的真实反映。

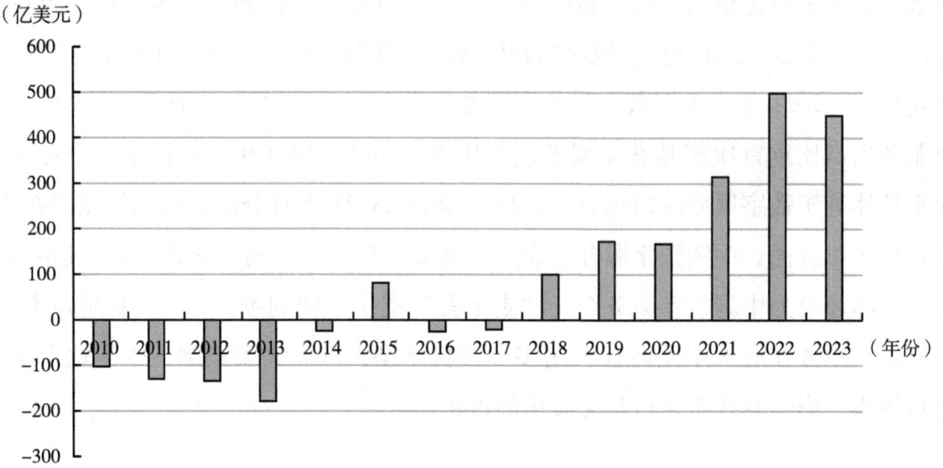

图4-5 2010—2023年中国数字服务贸易差额情况

资料来源：根据UNCTAD STAT数据计算绘制而得。

第三节 云服务

云服务是数字贸易发展中的关键基础性数字服务，在数字服务、数字贸易、数字化转型发展中扮演重要角色，广泛应用于泛互联网、零售、政务、金融、汽车、医疗、教育等行业，为相关地区、行业、企业的转型发展及结构调整提供有力支持。

一、云服务的内涵

“云”概念在20世纪60—90年代基于“共享”“虚拟技术”等关键理念而成型，90年代晚期Salesforce等厂商率先开始“云服务”实践，伴随着云计算技术的不断发展，云服务逐步走入大众视野。云服务是基于互联网的相关服务的增加、使用和交互模式，通常涉及通过互联网来提供动态易扩展且经常是虚拟化的资源，例如可以将企业所需的软硬件、资料都放到网络上，在任何时间、地点，使用不同的 IT 设备互相连接，实现数据存取、运算等目的。当前，Google、微软、IBM、阿里云、华为云、浪潮云等都是规模较大的综合云厂商，云服务行业随着技术栈不断升级、云架构走向多云的趋势，持续迸发新活力。在厂商服务理念与使用者认知升级的背景下，向定制化、行业标准化专业服务进阶。

云服务按类型主要分为三类，分别为基础设施即服务（Infrastructure - as - a - Service，IaaS）、平台即服务（Platform - as - a - Service，PaaS）、软件即服务（Software - as - a - Service，SaaS）。其中，基础层 IaaS 提供了云端的存储和计算服务，通过网络对外提供 IT 基础设施服务，如存储、网络和操作系统；中间层 PaaS 进一步提供软件开发平台服务，为开发人员提供通过全球互联网构建应用程序和服务的平台，是把服务器平台作为一种服务提供的商业模式；最高层 SaaS 则将软件部署在服务器上，并通过网络提供软件服务，云计算提供商托管和管理软件应用程序，允许其用户连接到应用程序并通过全球互联网访问应用程序。IaaS 在其中起到基础性作用，为其他数字服务的研发、设计和生产创造了有利条件。随着服务的可编程化和软件的云端化，“云端经济”生态逐步形成，催生出众包、云外包、平台分包等新模式，带动数字服务贸易的发展。

按部署可将云服务分为公有云和非公有云（私有云）：公共云是最基础的服务，通常指第三方提供商为用户提供的云环境，可通过互联网使用，成本较低，一般而言，多个客户可共享一个服务提供商的系统资源，客户无须架设相关设备及配备管理人员，便可享有专业的 IT 服务，有效推动了中小微企业的发展；私有云是为一个客户单独使用而构建的，可部署在企业数据中心的防火墙内，也可以将它们部署在一个安全的主机托管场所，私有云的核心属性是专有资源，提供对数据、安全性和服务质量的最有效控制。

二、中国云服务的发展

（一）中国整体云服务市场规模及市场结构

艾瑞咨询统计显示，2016 年中国云服务市场规模达到 521 亿元，增速为 32.1%，2021 年市场规模达到 3 280 亿元，增速为 45.4%，预计到 2025 年市场规模将达到 12 683 亿元。虽然疫情期积压及延后的项目加速交付，云服务在除政务、金融等典型传统行业外的其他传统行业中加速渗透带动了中国云服务市场增速反弹，但内外部宏观环境的不确定性影响了云服务市场的进一步回暖。云服务目前在供给端已形成较为稳固的市场格局，上云、用云亦成为需求侧的广泛共识。中国云服务市场增长平缓，由高速增长期逐步进入稳步发展期，需要不断推动技术能力升级、生态能力构建，以获取更广阔的市场空间。

2021 年中国整体 IaaS 市场规模达到 2 201.4 亿元，增速 34.3%，PaaS 市场规模达到 420.7 亿元，增速约为 55%。在基础云领域，IaaS 资源已从云市场的增长动力转变为市场稳定的坚实支撑，成为产业互联网时期的“数字日用品”，IaaS 的产品结构从 CDN（内容分发网络）向算力倾斜，以匹配未来数字经济建设更庞大的基础诉求。此外，PaaS 市场已逐步成为基础云市场的增长动力。从产品结构看，短期内数据库、大数据仍是 PaaS 市场增长主导，人工智能贡献较弱。但伴随人工智能与数据能力的更多融合，人工智能产品应用场景的逐步拓展，长期看 AI 有望成为支持 PaaS 市场进一步发展的增量因素。

（二）中国公有云服务市场规模及用户结构

公有云服务市场规模在 2016 年为 242 亿元，2021 年达到 2 290.5 亿元，预计 2025 年将达到 9 632 亿元。2021 年，中国公有云服务市场虽在后疫情阶段迎来回暖，但宏观发展环境的快速变革亦对公有云服务市场发展造成潜移默化的影响。在基础云领域（IaaS 和 PaaS），一方面，音视频和文娱内容的行业热度相较于复工复产前略有衰退；另一方面，泛互联网行业的游戏和在线教育产业面临发展转型。受以上因素叠加影响，占据公有云服务市场主体的泛互联网行业在 2021 年对市场增长贡献有限。在云应用领域（SaaS），存在“叫好不叫座”的局面，复工复产后，由于云应用厂商数量远高于能力，市场焦点转向买方市场，多数云应用厂商亦面临潜在生存压力。因此，处在发展“十字路口”的公有云服务行业需积极探寻多条增长路径以实现行业整体稳定高速增长。

由于云服务的互联网属性与泛互联网行业特征天然的匹配性，互联网用户一直是公有云服务市场的主导行业客户，2021 年泛互联网行业占中国公有云市场营收的 53.9%，其次是政务（9.9%）、金融（6.9%）、工业（5.5%）、教育（4.3%）。从泛互联网行业看，目前，行业内头部企业租用云服务后云厂商更新频率较低，腰部及长尾客户虽然流动性大，但也在固定云厂商间流转。其他中小企业虽数量庞大，但从营收角度对云厂商收入表现贡献有限。因此，泛互联网行业在公有云领域更多是存量空间的维护，公有云厂商依托技术能力的加速迭代和生态能力的持续完善，以巩固泛互联网行业客户的订阅率/续费率。中国互联网行业正经历行业结构调整期，客户的用云贡献率略有下降，公有云市场未来增量空间将更多集中于传统行业。由于传统行业的用云规范更清晰明确，公有云厂商想提高增量空间，首先，在服务模式上，需要由互联网思维转为更切合传统行业习惯的服务模式；其次，要以业务场景为切入点，以业务目标为出发点构建完整解决方案；最后，在渠道触达上更多发挥合作伙伴、生态伙伴的力量，实现对传统行业用户的直接渗透与间接影响。

（三）中国非公有云服务市场规模及用户结构

2016 年中国非公有云市场规模 279 亿元，2021 年中国非公有云市场规模达 990 亿元，增速为 30.9%。从需求侧看，市场增长主要受益于传统行业在数字经济建设及产业数字化提速的背景下开始加速上云，且传统行业业务的复杂性，行业监管的严格性，单一公有云的形式并不能满足其业务特性，导致多云共存、跨云管理等将长期成为传统行业上云及用云特征。因此，非公有云中的专属云、混合云、私有云等将成为传统行业上云的长期需求。从供给侧看，提供非公有云服务的厂商也逐步转变发展策略：综合云厂商持续增强其非公有云解决方案在技术能力上与公有云的连通性，专业非公有云厂商则将非公有云与更多具体业务场景融合提升其服务的针对性，同时积极提高生态能力强化其方案的适用性。

在非公有云领域，政务和金融依旧占据主导地位，分别为 34.3% 和 23.9%，两者占比相较往年，政务占比略有下滑，金融占比小幅提升。在 2021 年政务行业用云规范以及用云模式均有一定调整，导致政务云厂商在提供相关云服务时根据新规则做出必要调整，延缓了部分项目建设，而金融云则较为有效地延续了往年的成熟模式并伴随金融创新的发展而进一步提升市场占比。2021 年，工业制造在云领域的支出有所增加，达到 12.6%。工业制造，更多是围绕业务需要主动上云，云厂商亦根据其业务场景提供了切实的配套解决方案。目前，工业中的头部企业，更偏向于混合云模式，以实现在公有云能力与私有云管理和安全间的平衡，而行业的中小企业则更多偏向于应用公有云。2021 年，医疗在云领域的支出达到 9.5%，地方医联体、医共体加速建设，推进整体医疗行业上云进程，但医疗行业上云更多集中在中小规模医院和区县医院，更多以满足政策要求的被动上云，大型综合医院上云场景仍然有限。因此，非公有云市场未来的发展，一方面需要具备更好的随机应变的能力，另一方面也需要思考传统行业用户上云痛点，以实现“化被动为主动”。

三、云服务的典型应用场景

（一）基础云服务行业典型案例——亚马逊云科技

构建安全可靠云底座，持续推进数智融合，拓展云服务边界。亚马逊云科技（Amazon Web Services）在中国区域（光环新网运营北京区域，西云数据运营宁夏区域）继续坚持“三驾马车，齐头并进”的业务策略，构建安全合规云底座，为国内与国际客户提供全面的工具和资源。亚马逊云科技不断完善云基础设施，致力于为客户提供“随时随地，即需即用”的优质云服务，以“亚马逊云科技下一代基础架构”为导向，打通云端、本地、边缘，将应用和云服务推送到客户需要的地方，并为客户的应用提供最佳匹配的云服务，助力客户从基础设施中获得更多价值。此外，为应对数字时代的挑战，亚马逊云科技为企业提供“亚马逊云科技云原生数据战略”，帮助企业或组织处理数据的快速增长，并满足当下和未来的使用需求，为企业提供管理、访问、分析和处理数据的全面规划，帮助企业构建一个完整的端到端数据解决方案。亚马逊云科技专门构建的全面、敏捷、可靠以及高性价比的云原生数据服务、基础设施和工具，及其专业服务和合作伙伴提供的实施支持，是企业释放数据价值，构建数据驱动型企业的绝佳选择，已帮助150万客户成为数据驱动型企业。

加速行业云落地，推动云与传统产业融合，助力数字经济建设。亚马逊云科技深刻洞察中国“产业数字化”特征及“数字产业化”发展方向，依托领先的数智能力构建全面的行业解决方案，赋能百业千行。在制造业领域，亚马逊云科技利用数据湖，高性能计算，完善的IT和OT基础设施推动制造业向“智造”业转型。在医疗及生命科学领域，亚马逊云科技在满足严格的安全及隐私标准的前提下，融合合作伙伴网络能力，加速数据分析和机器学习的渗透。在汽车行业“新四化”背景下，亚马逊云科技围绕软件定义汽车，为行业客户提供从自动驾驶到车联网领域的一系列解决方案。在能源领域，亚马逊云科技利用HPC + EMR，提升仿真平台效率，利用数字化驱动发展的可持续化。

（二）金融云典型案例：平安金融云

中国金融云在加速基础设施建设的同时，头部金融机构不断加大和云厂商的合作，采用自研外采双模式推进业务上云，银行核心业务系统对安全合规诉求较高，多采用私有云部署，保险与互联网金融公司则对使用公有云态度相对开放，加快完善基于公有云的渠道管理和营销获客等系统，推动金融云市场稳步增长。

2021 年中国金融云市场规模 394 亿元，增长速度为 34. 1%。未来，核心业务系统从集中式架构向分布式架构改造将成为头部金融机构的重要 IT 战略规划，存量系统上云率将逐步提升，预计到 2025 年金融云市场规模将达到 1 077 亿元，未来四年复合增长率 28. 6%，金融云的价值将持续扩大。

平安金融云是平安集团旗下专注于为金融行业提供云计算服务的平台。平安金融云始于 2013 年，历经平安综合金融数字化转型，截至 2021 年，已经涵盖平安超过 90% 的业务系统投产。金融业务数字化转型经验丰富。平安金融云借鉴平安集团的科技研发、运维管理经验，构建符合金融机构需求的专业云服务能力，作为金融科技底座，集中向金融行业客户提供金融云服务和技术，为银行、保险、投资等多个金融垂直领域提供云上解决方案，赋能金融业务创新，助力数字经济发展。在竞争激烈的金融云市场，平安金融云凭借雄厚的技术实力、丰富的数字化转型经验、成熟的场景化解决方案、安全合规的金融原生产品、对金融业务场景的深刻理解，打造平安金融云的差异化竞争力，致力于成为更懂金融的云。

针对中小金融机构面临的 IT 投资不足，研发力量薄弱，缺少云计算方面的专业人才，云的价值不能充分发挥的现状，平安金融云结合平安多年综合金融数字化转型经验，在国内首先提出“建上管用一体化”服务理念，不仅帮助金融机构建设好一个符合监管规范的云平台，同时提供丰富的工具与技术解决方案，量身定制一整套迁移方案，帮助金融机构实现业务无感迁移上云；还提供面向业务应用全生命周期的一站式管理中心，帮助金融机构管理好云，也提供面向不同角色的开发、架构、部署、监控全栈方案，全力支撑金融机构敏捷用云。平安金融云建上管用一体化服务已经帮助多家金融机构金融云快速完成开发及上线，完成数字化转型。

（三）工业云典型案例：树根互联

树根互联作为国家级的工业互联网赋能平台，已经覆盖了 48 个细分工业行业，其产品服务涉及多个工业生产销售场景，致力于通过数字化赋能企业生产创收全流程。从研发到生产，从生产到销售，从供应链到产业链，树根互联不断引入前沿技术，如 AR、IoT、AI 等，打造智能的工业互联网平台。同时，树根互联持续开拓全球服务能力，不仅帮助中国企业走出去，也吸引众多国外企业入驻平台，开发多个服务企业全球管理的产品，推动制造业实现提质增效（见图 4 -6）。

作为工业互联网行业的“独角兽”企业，树根互联以其自主可控、合规认证、全方位的安全保障体系为企业的生产销售保驾护航，助力工业企业数字化转型。同时，树根互联通过“通用平台 + 产业生态”的 P2P2B 生态模式，与行业龙头企

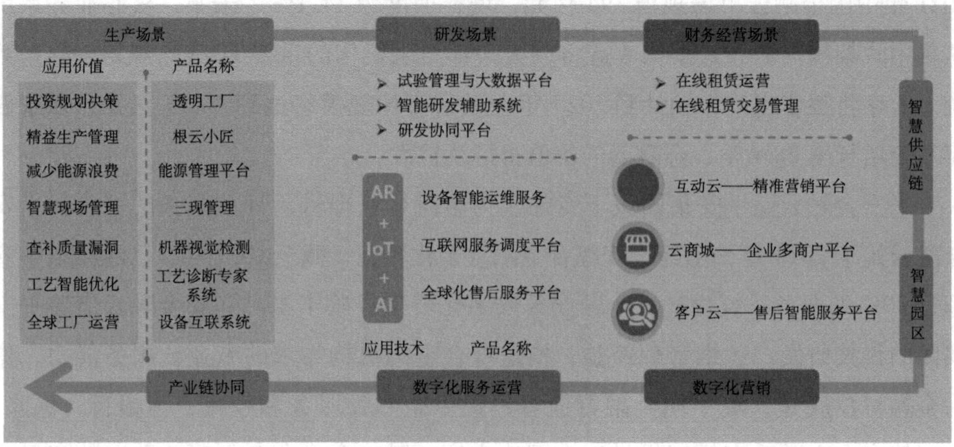

图4-6　工业全场景产品布局

资料来源：艾瑞咨询研究院自主研究及绘制。

业、产业链创新企业等生态伙伴的行业经验与应用场景相结合，打造产业链平台，实现工业互联网平台更广泛、更深度地赋能，提升产业链供应链现代化水平。

思考题

1. 简要介绍数字服务贸易的内涵。
2. 简要分析数字技术对服务贸易的影响。
3. 当前全球各国有哪些数字服务贸易相关政策和规则？
4. 简述数字服务贸易发展给中国带来的机遇与挑战。

第五章　跨境电子商务

学习目标

1. 掌握跨境电子商务的基本概念、特征及分类。

2. 熟悉跨境电子商务的发展历程、驱动因素及全球趋势，洞悉其在不同阶段的演变规律和未来走向。

3. 了解跨境电子商务的商业模式、技术支撑与政策环境。

◎ 引导案例

Shein 的跨境电商业务崛起

Shein 是一家中国知名的快时尚品牌，成立于 2008 年，最初以传统外贸模式运营。2012 年开始转型跨境电商，通过自建网站和入驻国际电商平台，将业务拓展至全球市场，其目标客户主要是年轻女性消费者，产品以时尚、低价、快速更新为特点。主要发展历程如下：

初创阶段（2008—2012 年）：2008 年，Shein 的前身南京点唯信息技术有限公司成立，最初以婚纱礼服起家，主要面向欧美和中东市场。2011 年，Shein 开始利用社交媒体平台（如 Facebook、Twitter、Instagram）进行宣传推广，通过网红营销迅速提升品牌知名度，投资回报率高达 300%。2012 年，Shein 正式转型跨境女装业务，将总部迁至广州，利用当地的服装产业资源。

品牌化阶段（2013—2015 年）：2014 年，Shein 开启品牌化经营模式，布局供应链，组建团队研发自主品牌 APP，并收购时尚女装品牌 Romwe。2015 年，Shein 总部迁至广州番禺，并获得 IDG 资本和景林资本的 3 亿元人民币 B 轮融资。这一阶段，Shein 通过社交媒体和网红营销积累了大量用户基础，并逐步拓展品类。

全球化与平台化阶段（2016—2023 年）：2016 年，Shein 全面进军全球市场，服务范围覆盖美国、欧洲、中东、印度和东南亚等地区。2018 年，Shein 成为美国“购物类 APP 前十”的大型网站。2020 年，Shein 与 TikTok 合作，享受平台流量扶持，营收较 2019 年翻三倍。2021 年，Shein 实现 1 000 亿元人民币（约合 157 亿美元）的收入，取代亚马逊成为美国 iOS 和 Android 平台下载量最多的购物应用。2023 年，Shein 的 GMV（交易总额）超过 300 亿美元，市值超过 660 亿美元。其营收达到 240 亿美元，占美国 40% 的快时尚市场份额。

最新发展（2024—2025 年）：2024 年，Shein 持续推进全球化布局，其平台模式开放至欧洲五国站点，覆盖德国、英国、法国、意大利和西班牙。2024 年 6 月，Shein 在欧洲上线二手交易平台 Shein Exchange，用于消费者交易二手商品。2024 年 9 月，Shein 成为全球访问量最大的服装与时尚品牌，流量份额占比达到 2.68%。

Shein 的跨境电商业务崛起是数字贸易时代的一个典型案例，其成功经验为跨境电商企业提供了诸多启示。首先，Shein 通过精准的市场定位和品牌建设，快速切入目标市场，并利用社交媒体和网红营销扩大品牌影响力。其次，Shein 利用数字化技术优化供应链管理，实现了快速响应市场变化的能力，这体现了数字技术在跨境电商中的重要应用。此外，Shein 在跨境物流和售后服务方面的创新，解决了消费者在跨境购物中的痛点，提升了用户体验。最后，Shein 的全球化布局与本地化运营策略，使其能够更好地适应不同市场的文化差异和消费习惯。

然而，Shein 的成功也并非一帆风顺。它在文化适应性、物流成本和品牌信任等方面面临了诸多挑战，但通过灵活的策略调整和持续的创新，成功克服了这些困难。这一案例表明，跨境电商企业需要具备敏锐的市场洞察力、强大的数字化运营能力和灵活的本地化策略，才能在全球市场中脱颖而出。

在数字化浪潮的推动下，跨境电子商务已成为国际贸易领域中最为活跃的力量之一。它不仅改变了传统的贸易模式，还为全球经济的发展注入了新的活力。本章将深入探讨跨境电子商务的各个关键方面，带领大家了解这一新兴领域。

第一节 跨境电子商务概述

在当今数字化时代，跨境电子商务作为数字贸易的重要组成部分，打破了传统贸易的地域限制，让世界各地的交易主体能够更加便捷地进行商品和服务的交换。为了深入了解跨境电子商务，首先需要明确其内涵、特征以及分类。

一、跨境电子商务的内涵

跨境电子商务指的是分属不同关境的交易主体，通过互联网这一媒介进行的商品或服务交易活动，涵盖了 B2B（企业对企业）、B2C（企业对消费者）、C2C（消费者对消费者）等多种交易模式。在这种模式下，不同国家和地区的企业、商家和消费者能够突破地域限制，实现全球范围内的贸易往来。

跨境电子商务的内涵涉及多个方面，包括交易主体的跨国合作、交易对象的多样化、交易平台的搭建、物流体系的跨国运输以及支付体系的跨国结算等，是对这些要素的跨国整合。交易主体来自不同国家和地区，具有不同的文化背景、商业习惯和法律法规要求；交易对象既可以是实物商品，也可以是数字产品和服务；交易平台作为连接各方的桥梁，提供了展示商品、交流沟通和完成交易的场所；物流体系负责将商品从卖家所在地运输到买家所在地，跨越不同的国家和地区；支付体系则保障了交易资金的安全、便捷流转。

二、跨境电子商务的特征

跨境电子商务在全球贸易格局中异军突起，飞速发展，背后离不开其独特且鲜明的特征。这些特征不仅是其发展的强劲动力，也为其带来了诸多机遇与挑战，全方位地塑造了跨境电商的行业生态。

（一）全球性

跨境电子商务借助互联网这一强大的纽带，彻底打破了传统贸易的地域枷锁，让交易得以在全球范围内自由展开。联合国贸易和发展会议（UNCTAD）发布的数据显示，2024 年全球跨境电商销售额达到了 4.5 万亿美元，较上一年大幅增长 12%，其业务范围覆盖全球 200 多个国家和地区，这一数据直观地展现出跨境电商的全球性特征。以中国的速卖通平台为例，它宛如一座连接全球的贸易桥梁，商品畅销至全球 220 多个国家和地区。无论是非洲消费者对中国时尚服装的青睐，还是南美洲消费者对中国先进电子产品的追捧，都能通过速卖通平台轻松达成交易，真正实现了全球商品的互联互通。

（二）便捷性

互联网与生俱来的便捷属性，赋予了跨境电商交易不受时间和空间限制的独特优势。消费者和商家随时随地开展交易已成为现实。相关调查表明，超过 70% 的跨境电商消费者表示，他们更倾向于在晚上或周末这些闲暇时间进行购物，而跨境电商平台全年无休、24 小时营业的模式，恰好精准满足了这一消费习惯。以东南亚广受欢迎的 Shopee 平台为例，消费者只需动动手指，通过手机 APP，就能轻松浏览来自全球各地琳琅满目的商品。下单后，高效的物流配送体系能确保商品在短时间内送达，让消费者体验到前所未有的购物便捷。

（三）低成本

相较于传统贸易复杂烦琐的流程，跨境电子商务大刀阔斧地减少了中间环节，从而显著降低了交易成本。据行业统计，一般情况下，跨境电商企业的运营成本相较于传统贸易企业要低 20%—30%。例如，一家中国的服装企业，以往采用传统贸易方式出口服装时，需要历经多级经销商的层层转手，利润被大幅压缩。而如今通过跨境电商平台直接面向国外消费者销售，成功省去了中间环节。这不仅为企业拓展了利润空间，还能让消费者享受到更为优惠的价格，实现了企业与消费者的双赢。

（四）个性化

大数据和人工智能技术的深度应用，让跨境电商平台如虎添翼，能够精准洞察消费者的偏好和需求，进而为消费者提供极具针对性的个性化商品推荐和服务。以亚马逊平台为例，平台上高达 35% 的销售额来源于个性化推荐。当消费者在亚马逊上搜索某类电子产品后，下次登录时，平台基于大数据分析和人工智能算法，会自动推荐相关的电子产品配件、新款产品等，精准满足消费者的潜在需求，极大地提升了消费者的购物体验和购买转化率。

以跨境快时尚品牌 Shein 为例，其通过跨境社交电商实现全球快时尚市场的快速扩张，堪称个性化营销的典范。Shein 深入挖掘社交媒体平台上的用户数据，分析不同地区、不同年龄层消费者的时尚偏好和流行趋势。基于这些分析结果，Shein 不仅快速推出符合当地消费者口味的服装款式，还利用社交媒体精准投放广告，将合适的产品推送给目标客户。例如，针对欧美地区热衷健身的年轻群体，Shein 通过 Instagram、TikTok 等社交平台，展示运动健身系列服装，并邀请当地网红进行穿搭示范，吸引了大量年轻消费者关注与购买。同时，Shein 还通过社交平台与消费者保持密切互动，根据消费者的反馈及时调整产品设计和款式，真正做到了满足消费者个性化需求，从而在全球快时尚市场迅速站稳脚跟，成为跨境电商个性化发展的成功案例。

（五）风险性

跨境电子商务在蓬勃发展的同时，也面临着诸多不容忽视的风险，主要集中在物流、支付和政策这三个关键领域。在物流方面，国际物流的复杂性和不确定性犹如高悬的达摩克利斯之剑，极易导致货物运输延迟、损坏等问题。例如在疫情期间，国际航班锐减，海运拥堵不堪，许多跨境电商货物的运输时间大幅延长，有的甚至延长了1—2个月，给企业和消费者都带来了极大的困扰。

支付风险方面，由于不同国家的支付体系和金融监管政策千差万别，支付欺诈、汇率波动等问题时有发生。政策风险则体现在各国贸易政策的频繁变化上，如关税调整、贸易壁垒增加等，这些变动都可能对跨境电商企业的经营产生重大影响，甚至关乎企业的生死存亡。

三、跨境电子商务的分类

（一）按交易对象分类

跨境电商交易对象丰富多样，是构成跨境电商市场的基础元素。依据交易对象的不同特性，我们可以将其分为实物商品、数字产品以及服务贸易这三大类，下面我们将逐一进行详细阐述。

1. 实物商品

实物商品是跨境电商交易的重要组成部分，涵盖了各类日常消费品和工业用品。以电子产品为例，中国作为全球电子产品的制造和出口大国，借助跨境电商平台，大量优质的电子产品如智能手机、平板电脑、智能穿戴设备等源源不断地销往全球各地。据相关数据统计，2024年中国出口的跨境电商电子产品销售额达到3 500亿元，同比增长18%。在服装领域，中国的时尚服装也深受全球消费者喜爱，通过跨境电商，中国风的汉服、现代时尚的潮流服饰等走向世界，满足了不同国家和地区消费者的时尚需求。此外，食品、日用品等生活必需品也在跨境电商实物商品交易中占据一定份额，像中国的特色茶叶、传统滋补品等，通过跨境电商渠道让海外消费者也能品尝到来自东方的独特风味。

2. 数字产品

随着数字化技术的飞速发展，数字产品在跨境电商中的角色愈发重要。这类产品以数字化形式存在，通过网络传输实现交易，包括软件、电子书籍、音乐、影视等多种类型。下面我们将深入探讨数字产品在跨境电商中的发展现状和具体表现。

随着数字化技术的飞速发展，数字产品在跨境电商中的占比不断攀升。软件类产品，无论是办公软件、设计软件还是游戏软件，都能通过跨境电商平台实现全球销售。例如，一些知名的图形设计软件，全球的设计师们都可以通过在线平台购买和下载使用。电子书籍、音乐、影视等数字内容产品同样发展迅猛，亚马逊的Kindle电子书商店汇聚来自全球各地的海量电子书籍，读者可以随时随地购买并阅读。音乐平台如Spotify、影视平台如Netflix，通过跨境电商模式，让全球用户都能畅享丰富的音乐和影视资源，打破了地域对数字内容传播的限制。

3. 服务贸易

在跨境电商蓬勃发展的浪潮中，服务贸易作为其中的新兴力量，正逐渐崭露头角。它涵盖了在线教育、远程办公、数字营销等多个领域，为全球经济合作提供了新的模式和机遇。下面我们将详细了解跨境电商中服务贸易的具体内容。

跨境电商中的服务贸易涵盖了多个领域，在线教育便是其中之一。像VIPKID这样的在线教育平台，利用互联网技术，为全球不同国家和地区的学生提供优质的英语教育课程。通过线上实时互动教学，让学生足不出户就能享受到国际化的教育资源。远程办公服务也随着跨境电商的发展而兴起，一些企业通过跨境电商平台，为海外客户提供专业的远程办公支持，如数据处理、客服外包等服务。数字营销服务领域，专业的跨境电商数字营销机构，帮助企业在全球范围内进行品牌推广、市场分析等，助力企业拓展国际市场。

（二）按交易模式分类

除了交易对象，跨境电商的交易模式也呈现出多样化的特点。不同的交易模式在运营方式、盈利途径以及服务重点等方面各有差异，深刻影响着跨境电商的市场格局。

1. 平台型

平台型跨境电商是连接买卖双方的重要桥梁，如eBay、阿里巴巴国际站等。以阿里巴巴国际站为例，截至2024年底，其拥有超过2 000万的注册会员，业务覆盖全球200多个国家和地区。平台上汇聚了来自不同行业的卖家，提供从原材料、工业品到消费品等丰富多样的商品选择。平台通过收取佣金和服务费盈利，同时为买卖双方提供交易保障、信用评级等服务，确保交易的安全和顺畅。这种模式的优势在于整合了大量的资源，为买卖双方提供了广阔的交易空间和丰富的选择。

2. 自营型

自营型跨境电商采取企业自主采购、自主运营的模式，在商品品质把控和物流配送方面具有独特的优势。以京东全球购为典型代表，这类平台通过建立全球采购网络和高效物流体系，为消费者提供高品质、标准化的购物体验。接下来，我们将深入了解自营型跨境电商的运营细节。

自营型跨境电商如京东全球购，企业自主采购商品，对商品的品质和物流配送进行全链路控制。京东全球购在全球多个国家设立了采购中心，直接与品牌商合作，严格把控商品质量。在物流方面，通过建设保税仓和海外仓，打造高效的物流配送体系，实现商品的快速配送。例如，消费者在京东全球购买到的海外商品，能在较短时间内收到，且商品品质有保障。这种模式能够为消费者提供高品质、标准化的购物体验，但对企业的资金实力和运营能力要求较高。

3. 社交电商型

社交电商型跨境电商借助社交媒体的强大传播力和社交属性，开创了一种全新的电商营销模式。以 TikTok Shop 为代表，这类平台通过短视频和直播带货等形式，激发消费者的购买欲望，实现商品的快速销售和品牌的广泛传播。下面我们将详细探讨社交电商型跨境电商的运营特点和成功之道。

社交电商型跨境电商借助社交媒体的力量实现商品销售，TikTok Shop 是典型代表。TikTok 在全球拥有庞大的用户群体，其 Shop 功能通过短视频和直播带货的形式，吸引消费者购买商品。主播通过生动的展示和详细的介绍，将商品的特点和优势直观地呈现给消费者。例如，一些美妆品牌通过 TikTok Shop 的直播带货，销售额在短时间内实现数倍增长。这种模式利用了社交媒体的社交属性和传播优势，能够快速引发消费者的购买兴趣，实现商品的快速销售和品牌的广泛传播。

第二节 跨境电子商务的核心要素

跨境电子商务的蓬勃发展离不开背后一系列核心要素和支撑体系的助力。从技术支撑、物流与供应链管理、跨境支付与金融以及政策法律环境等多个维度，剖析跨境电子商务的核心要素与支撑体系，揭示其背后的运行逻辑。

一、技术支撑体系

在数字化浪潮的席卷下，技术已成为跨境电子商务发展进程中不可或缺的核心驱动力。技术不仅全方位提升了跨境电商的运营效率，让企业在全球市场竞争中脱颖而出，还为消费者带来了前所未有的优质购物体验，深刻改变了传统的购物模式。

（一）大数据与人工智能

大数据与人工智能技术在跨境电商领域的应用深度和广度持续拓展，成为推动行业发展的关键技术力量。

在精准营销层面，亚马逊堪称行业典范，其强大的算法推荐系统犹如一位洞悉消费者内心的购物顾问，基于消费者的浏览历史、购买行为、搜索关键词，甚至是停留时间、页面跳转路径等多维度海量数据，运用深度学习算法和机器学习模型，为每位用户精准推送契合其兴趣和需求的商品。这种个性化推荐服务成效显著，权威统计数据显示，通过个性化推荐促成的销售额占亚马逊总销售额的35%以上，部分品类甚至高达50%。例如，当一位消费者在亚马逊上搜索过某品牌的智能手表，后续登录时平台不仅会推荐该品牌不同款式的智能手表，还会推荐与之匹配的表带、充电器等配件，以及其他同类型的智能穿戴设备。

从供应链优化角度来看，大数据同样发挥着不可替代的作用。以主营电子产品的 Anker 为例，该跨境电商企业借助大数据分析工具，对过往销售数据进行深度挖掘，同时结合市场趋势、季节变化、地区差异等因素，构建销售预测模型。通过这一模型，Anker 能够精准预测不同地区、不同时间段的市场需求，提前储备热门产品库存，如在开学季前加大对平板电脑、耳机等学习类电子产品的库存储备，在节假日期间增加智能音箱、运动相机等休闲娱乐类电子产品的库存。这一举措有效避免了缺货现象，客户满意度提升了25%，同时滞销库存减少了30%，库存周转率提高了20%，极大地降低了运营成本，提高了资金使用效率。

（二）区块链技术

区块链技术凭借其独特的去中心化、不可篡改、可追溯等特性，为跨境电商的跨境支付和商品溯源两大关键环节提供了强有力的支持。

在跨境支付领域，Ripple 基于区块链技术构建的跨境支付解决方案，堪称一场支付革命。传统跨境支付需借助多个中间银行进行资金清算和结算，这一过程犹如一场漫长的接力赛，手续费高昂且交易时间漫长，一般需要3—5个工作日。而 Ripple 利用区块链的分布式账本和加密算法，实现了跨境支付的快速结算和低成本交易。交易时间可缩短至几分钟，手续费降低80%以上，极大地提高了跨境支付的效率，降低了交易成本。例如，一家中国的跨境电商企业向美国供应商支付货款，使用 Ripple 的跨境支付方案，资金能够在短时间内到账，且手续费大幅降低，有效缓解了企业的资金周转压力。

在商品溯源方面，蚂蚁链为众多跨境电商商品搭建了完善的溯源体系。每件商品在生产、加工、仓储、运输等各个环节的数据，都被加密记录在区块链上，形成不可篡改的“数字身份证”。消费者只需通过扫描商品二维码，即可获取商品从原材料采购、生产加工、仓储运输到销售终端的全流程信息。以进口奶粉为例，消费者可以清晰了解奶源地、生产批次、质检报告、运输轨迹等信息，有效保障了消费者的知情权，增强了消费者对商品的信任度。数据显示，应用蚂蚁链溯源体系后，相关商品的消费者投诉率降低了 35%，复购率提升了 20%。

（三）云计算与 5G

云计算和 5G 技术的迅猛发展，为跨境电商带来了实时交易处理能力和卓越的用户体验，成为推动跨境电商发展的重要技术支撑。

云计算拥有强大的计算和存储能力，宛如一座无形的超级数据中心，为跨境电商平台提供了坚实的技术后盾。在购物高峰期，如“黑色星期五”“双十一”等，大量用户同时涌入平台，产生海量的访问请求和交易数据。云计算通过动态调配资源，如弹性计算、分布式存储等技术，能够轻松应对高并发场景，保障平台不出现卡顿、崩溃等问题。以阿里巴巴国际站为例，在“双十一”大促期间，云计算平台能够根据实时流量动态调整服务器资源，确保平台的稳定运行，每秒能够处理数百万笔交易请求，为全球消费者提供流畅的购物体验。

5G 技术以其高速率、低延迟、大容量的特性，为跨境电商开启了全新的发展篇章。在商品展示环节，5G 技术使得消费者能够流畅地浏览高清商品图片、观看沉浸式商品展示视频，尤其是在 3D、AR/VR 商品展示场景中，5G 技术的优势更加凸显。消费者可以通过手机或其他智能设备，360 度全方位查看商品细节，甚至可以虚拟试穿、试用商品，极大地提升了购物的趣味性和沉浸感。在直播带货场景中，5G 技术使得直播画面更加清晰、流畅，互动更加及时。主播与消费者之间的实时互动延迟可控制在毫秒级，消费者能够第一时间提问、下单，有效提升了消费者的购物体验，促进了商品销售。据统计，5G 技术应用后，直播带货的转化率提升了 30% 以上。

二、物流与供应链管理

物流与供应链管理是跨境电子商务运营的关键环节，直接关系到商品能否按时、按质、按量地送达消费者手中，对用户体验和企业运营成本有着深远影响。随着跨境电商市场的不断扩大，高效的物流与供应链体系成为企业在激烈竞争中脱颖而出的重要保障。

（一）国际物流模式

跨境电商的国际物流模式丰富多样，每种模式都有其独特的优势和适用场景。众多成功企业的实践，更是生动展现了不同物流模式的价值。

直邮模式是较为基础的一种方式，它直接将商品从卖家所在地发往消费者手中，中间环节少，能最大程度保证商品的原汁原味，适合小批量、高价值的商品。例如，丹麦的潘多拉珠宝（PANDORA）在向全球销售其限量版、定制款珠宝时，就大量采用直邮模式。通过与 DHL 等国际知名快递公司合作，潘多拉确保这些珍贵的珠宝能够安全、快速地送到全球消费者手中。在运输过程中，快递公司采用专门的安全包装和运输监控技术，保证珠宝在长途运输中不受损坏，满足了消费者对商品品质和时效性的高要求。

保税仓模式近年来发展迅速，其运作方式是将商品提前存储在国内的保税仓库。当消费者下单后，商品可直接从保税仓发货，大大缩短了配送时间。以日本的花王集团为例，其在中国市场销售的纸尿裤、卫生巾等母婴和个护产品，通过在国内多个保税仓布局，实现了快速配送。花王与国内电商平台合作，根据大数据分析消费者购买习惯和区域需求，提前将热门产品存储在保税仓。消费者下单后，平均 1—2 天即可收到商品，与传统的国际运输方式相比，配送时间大幅缩短，满足了消费者对这些日常用品及时性的需求，也提升了花王在中国市场的销售业绩。

海外仓模式则是卖家将商品提前存储在目标市场国家的海外仓库。这种模式实现了本地配送，能极大提升配送效率。除了菜鸟网络，美国的 3PL Central 也是海外仓运营的成功典范。3PL Central 为众多跨境电商卖家提供一站式海外仓服务，在美国本土拥有多个大型仓库。它不仅配备了先进的仓储管理系统，还拥有专业的运营团队。以一家中国的 3C 产品跨境电商企业为例，该企业与 3PL Central 合作，将手机配件、蓝牙耳机等产品提前存储在其位于洛杉矶的海外仓。当美国当地消费者下单后，3PL Central 的工作人员能够在 1—2 小时内完成订单处理，通过与当地物流商的紧密合作，商品在 24 小时内即可送达消费者手中。这使得该中国跨境电商企业在美国市场的客户满意度大幅提升，订单量增长了 40%。

海外仓模式的运营流程较为复杂，首先卖家需要在目标市场国家租赁或建设仓库，配备专业的仓储管理系统（WMS），用于货物的入库、存储、分拣、包装和出库管理。货物通过海运、空运等方式批量运输至海外仓，提前储备库存。当有订单产生时，海外仓的工作人员依据订单信息，快速完成货物分拣和包装，再通过当地的物流配送公司将商品送到消费者手中。

不过，海外仓模式也面临一些挑战。一方面，前期建设和运营海外仓需要投入大量资金，包括仓库租赁、设备购置、人员招聘与培训等成本。另一方面，库存管理难度较大，如果对市场需求预测不准确，容易造成库存积压或缺货现象。

为应对这些挑战，许多企业采用智能化的库存管理系统，结合大数据分析市场趋势和销售数据，精准预测商品需求，合理控制库存水平。同时，与当地优质的物流配送商建立长期稳定的合作关系，优化配送路线，降低物流成本。

（二）供应链协同

跨境电商与制造业的C2M（Customer - to - Manufacturer）模式，实现了供应链的高效协同，为跨境电商发展注入了新的活力。除了Shein，还有许多企业在这方面取得了显著成果。

小米生态链企业中的一些跨境电商企业，也成功运用了C2M模式。以某生产智能空气净化器的小米生态链企业为例，该企业通过小米有品等跨境电商平台收集全球消费者对空气净化器的需求数据，包括对净化效果、噪音控制、外观设计、智能化功能等方面的要求。基于这些数据，企业与合作的制造工厂紧密协作，从产品研发阶段就进行针对性设计。制造工厂采用先进的生产工艺和设备，实现了快速生产和灵活调整生产计划。产品从研发到上市时间缩短了近一半，仅需6—8个月。同时，由于精准把握市场需求，产品上市后销量迅速增长，库存周转率比传统模式提高了40%，在国际市场上获得了良好的口碑和市场份额。

以跨境快时尚品牌Shein为例，它通过与众多服装制造工厂紧密合作，构建了柔性供应链。Shein借助大数据分析消费者的时尚偏好、流行趋势以及购买行为等信息，并将这些数据实时反馈给合作工厂。工厂根据这些精准的市场需求信息，进行小批量、多款式的生产。从设计构思到成品上架销售，整个流程可以缩短至7—10天，而传统供应链模式下这一周期通常需要数月。这种快速响应市场需求的能力，使Shein能够迅速推出符合潮流的服装款式，满足消费者对时尚的追求。同时，小批量生产模式有效减少了库存积压，降低了库存成本，提高了企业的资金周转率和市场竞争力。据统计，Shein的库存周转率比同行业平均水平高出30%，缺货率降低了25%，在全球快时尚市场中占据了重要地位。

三、跨境支付与金融

跨境支付与金融体系是跨境电子商务得以顺畅运行的关键环节，其重要性不言而喻。它不仅关乎交易的便捷性与时效性，更直接影响着企业的资金流转和运营成本，在跨境电商蓬勃发展的浪潮中扮演着核心角色。

（一）支付工具

在跨境电商领域，丰富多样的支付工具为买卖双方搭建起了便捷的交易桥梁，满足了不同市场和用户的多样化需求。

以全球知名的在线支付平台 PayPal 为例，当一位中国的跨境电商卖家通过 eBay 平台向美国买家出售电子产品时，支付流程如下：买家在 eBay 平台上选中心仪的电子产品后，点击付款，选择 PayPal 作为支付方式。此时，买家会被跳转至 PayPal 页面，买家可以选择使用 PayPal 账户余额、绑定的信用卡或借记卡进行支付。若使用信用卡支付，PayPal 会对信用卡信息进行加密处理，确保支付安全。支付完成后，PayPal 会立即向 eBay 平台和卖家发送支付成功通知，卖家确认收到通知后，即可安排发货。整个支付过程简便快捷，一般几分钟内即可完成，交易资金也能在短时间内到账，极大地提高了交易效率。

支付宝国际版在东南亚地区的跨境电商支付流程也颇具代表性。以泰国消费者在 Lazada 平台购买中国的美妆产品为例，消费者在 Lazada 平台下单后，选择支付宝国际版支付。随后，页面跳转至支付宝国际版支付界面，消费者可以选择多种支付方式，如余额支付、银行卡支付或当地的电子钱包支付（如 TrueMoney 等，这是支付宝国际版与当地合作推出的支付方式）。支付成功后，支付宝国际版会将支付结果反馈给 Lazada 平台，卖家收到通知后安排发货。支付宝国际版还会针对不同的支付方式和活动，提供相应的优惠和返现，进一步吸引消费者使用。

在加密货币支付方面，以一家主打数字产品的跨境电商平台为例。当一位欧洲消费者购买美国卖家的软件产品并选择比特币支付时，买家首先需要在自己的比特币钱包中发起支付指令，输入卖家的比特币收款地址和支付金额。比特币网络会对这笔交易进行验证，通过复杂的加密算法和分布式账本技术，确保交易的真实性和不可篡改。一旦交易被确认，卖家的比特币钱包会收到相应的比特币，卖家确认收款后，将数字产品的下载链接或授权码提供给买家。整个过程无须传统金融机构介入，交易速度相对较快，且具有一定的匿名性，保护了用户隐私。

（二）汇率风险管理

在跨境电商交易过程中，汇率波动犹如隐藏在暗处的“风险炸弹”，时刻威胁着企业的利润空间。因此，有效的汇率风险管理成为跨境电商企业必须掌握的关键技能。众多企业通过运用合理的风险管理策略，成功应对汇率波动，保障了自身的稳定发展。

作为大型跨境电商企业的代表，Anker 在全球市场布局广泛，涉及多种货币结算。2023 年，美元兑人民币汇率波动剧烈，Anker 通过运用远期外汇合约进行套期保值。他们提前与银行签订远期合约，锁定未来美元收款的人民币兑换汇率。例如，在一笔预计 3 个月后到账的 100 万美元货款交易中，当时即期汇率为 1 美元兑换7.0元人民币，Anker与银行约定3个月后的远期汇率为1美元兑换6.95元人民币。3个月后，若美元贬值，即期汇率变为1美元兑换6.8元人民币，Anker依然能按照约定的6.95元人民币的汇率兑换美元，成功避免了因汇率波动导致的约15万元人民币的损失，有效保障了利润空间。

动态对冲工具是企业应对汇率波动风险的有力武器。企业可以通过金融衍生品，如远期外汇合约、外汇期权等，锁定未来的汇率。例如，一家中国的跨境电商企业预计在三个月后将收到一笔以美元结算的货款，为了避免美元贬值带来的损失，该企业与银行签订了一份远期外汇合约，约定三个月后按照固定汇率将美元兑换成人民币。这样，无论未来汇率如何波动，企业都能按照事先约定的汇率进行结算，有效规避了汇率风险。

跨境结算平台的不断发展也为企业管理汇率风险提供了便利。SWIFT GPI（环球银行金融电信协会全球支付创新服务）通过优化跨境支付流程，提高了跨境结算的效率和透明度。企业可以实时跟踪支付进度和汇率变化情况，根据市场动态及时调整结算策略。一些跨境电商企业还采用多币种账户，根据不同市场的需求，灵活选择结算货币。比如，在欧洲市场，企业可以选择欧元作为结算货币，减少因美元汇率波动对欧洲业务的影响，降低汇率波动带来的风险。

四、政策与法律环境

政策与法律环境作为跨境电子商务发展的重要外部条件，犹如土壤之于树木，深刻影响着跨境电商企业的运营和发展。从关税与税收政策的调整，到数据安全与隐私保护法规的实施，再到贸易便利化措施的推行，每一项政策与法律的变动都在重塑跨境电商的行业格局。

（一）关税与税收

关税与税收政策是跨境电商企业运营成本和利润的直接影响因素。在全球范围内，各国的关税与税收政策差异显著，这要求跨境电商企业精准把握政策动态，合理规划业务。

世界贸易组织（WTO）致力于推动全球贸易自由化，其《电子商务协定》旨在协调各国在电子商务领域的关税和税收政策，为跨境电商发展营造公平、开放的环境。然而，目前各国在增值税（VAT）政策上存在较大差异。以欧盟国家为例，德国的VAT税率为19%，法国为20%，意大利则高达22%，且不同国家的税率计算方式和申报要求也各不相同。对于跨境电商企业而言，在欧盟市场开展业务时，需深入了解各国政策，准确计算 VAT 成本，避免因税务问题导致运营风险。

以某主营时尚服装的中国跨境电商企业为例，在拓展欧盟市场初期，对各国 VAT 政策了解不足，没有准确计算 VAT 成本，导致商品定价过低，在缴纳 VAT 后利润微薄，甚至出现亏损。后来，企业组建了专业的税务团队，深入研究欧盟各国的 VAT 政策，根据不同国家的税率和申报要求，调整了商品定价策略，并优化了供应链流程，通过与当地供应商合作，合理降低了成本，成功扭转了亏损局面，在欧盟市场的销售额逐步增长。

中国在跨境电商关税与税收政策方面不断优化调整。自 2019 年起，中国对跨境电商零售进口商品实行新的税收政策，单次交易限值由 2 000 元提高至 5 000 元，年度交易限值由每人每年 2 万元提高至 2.6 万元。同时，对符合条件的进口商品免征关税，进口环节增值税、消费税按法定应纳税额的 70% 征收。这一政策调整，降低了消费者的购物成本，刺激了跨境电商进口业务的增长。据统计，政策实施后，中国跨境电商进口额同比增长了 15%，众多跨境电商企业迎来了新的发展机遇。

国内一家专注于母婴产品进口的跨境电商平台，在政策调整后，及时调整了商品种类和营销策略。他们加大了对高端奶粉、婴儿车等单价较高商品的引进力度，这些商品在新政策下，消费者购买时享受了更多的税收优惠。平台还针对新政策推出了一系列促销活动，吸引了大量消费者。数据显示，该平台在政策调整后的半年内，销售额同比增长了 30%，新用户注册量增长了 25%，充分受益于税收政策的优化。

（二）数据安全与隐私

随着跨境电商的迅猛发展，数据安全与隐私保护成为备受关注的焦点。在数字化时代，消费者的个人数据是企业的重要资产，同时也是消费者的重要权益。

欧盟出台的《通用数据保护条例》（GDPR）堪称全球数据保护的典范。该条例对企业在数据收集、存储、使用和共享等方面提出了极为严格的要求。企业必须获得用户的明确同意才能收集和使用其个人数据，并且要采取严格的安全措施保护数据安全，如加密存储、访问控制等。一旦发生数据泄露事件，企业将面临高额罚款，最高可达上一年度全球营业额的 4% 或 2 000 万欧元（以较高者为准）。例如，2021 年一家跨境电商企业因未妥善保护用户数据，导致数百万用户信息泄露，被欧盟监管机构处以高达 1.5 亿欧元的罚款，这一事件给整个跨境电商行业敲响了警钟。

中国也高度重视数据安全与隐私保护，相继出台了《中华人民共和国网络安全法》《中华人民共和国数据安全法》《中华人民共和国个人信息保护法》等法律法规。这些法律法规明确了数据处理者的义务和责任，规范了数据处理活动，保障了个人信息权益。跨境电商企业在中国运营时，需建立完善的数据安全管理体系，加强数据分类分级管理，定期开展数据安全评估，确保消费者数据的安全，维护企业的信誉和形象。

（三）贸易便利化

贸易便利化措施是提高跨境电商运营效率的关键。通过简化贸易流程、优化监管模式，贸易便利化能够降低企业运营成本，促进跨境电商的快速发展。

单一窗口模式是贸易便利化的重要举措。在这一模式下，企业通过一个平台即可完成报关、报检、运输等多个环节的手续办理，实现“一次申报、一次查验、一次放行”。例如，中国国际贸易“单一窗口”整合了海关、税务、外汇等多个部门的业务系统，企业只需在平台上提交一次信息，即可完成所有进出口手续，货物通关时间缩短了40%以上，大大节省了企业的时间和成本。

中国海关推行的“两步申报”制度，也是贸易便利化的创新实践。企业可以先申报主要信息，快速提货，后补充申报其他信息。这一制度改变了传统的“一次申报、一次办结”模式，提高了货物通关效率，缓解了企业的资金压力。据统计，“两步申报”制度实施后，企业的通关成本降低了约20%，有效提升了企业的国际竞争力。

此外，各国之间加强海关合作，通过信息共享、联合监管等方式，也在不断推动跨境电商贸易便利化。例如，中国与东盟国家在海关领域的合作不断深化，双方建立了跨境电商海关监管互认机制，简化了跨境电商货物的通关流程，促进了区域内跨境电商的繁荣发展。

第三节 跨境电子商务的全球发展

跨境电子商务是如何一步步发展到如今的规模和影响力的？在不同的时代背景下，又有哪些因素推动着它不断向前发展？未来它又将呈现出怎样的发展趋势？这一节，我们将一起回顾跨境电子商务的发展历程，分析其背后的驱动因素，并展望全球跨境电子商务的未来走向。

一、全球跨境电子商务的演进

跨境电子商务的发展并非一蹴而就，而是在时代浪潮的推动下，历经多个重要阶段逐步发展壮大。每个阶段都伴随着技术革新、市场需求变化以及商业模式的创新，共同塑造了如今繁荣的跨境电商市场。

（一）萌芽阶段（1990s）

20 世纪 90 年代，互联网开始在全球范围内普及，为跨境电子商务的诞生奠定了基础。当时，互联网技术的兴起使得信息能够在全球范围内快速传播，打破了传统贸易中信息不对称的壁垒。早期的跨境电商平台亚马逊和 eBay 应运而生，它们率先尝试通过互联网连接全球的卖家和买家。亚马逊最初以在线销售书籍起家，凭借互联网的便捷性，迅速将业务拓展到全球，让世界各地的读者都能便捷地购买到心仪的书籍。eBay 则搭建起了一个全球的线上跳蚤市场，消费者可以在平台上买卖各种二手物品和特色商品，开启了 C2C 跨境电商的先河。虽然这一时期的跨境电商交易规模相对较小，物流和支付体系也不够完善，但为后续的发展提供了宝贵的经验和模式探索。

（二）发展阶段（2000s）

进入 21 世纪，跨境电子商务迎来了快速发展期。随着全球化进程的加速，企业对拓展国际市场的需求日益强烈，跨境电商成了重要的突破口。这一时期，跨境电商平台开始向全球扩张，不断丰富商品种类和服务内容。同时，支付和物流体系也得到了极大的完善。PayPal 作为全球知名的在线支付平台，解决了跨境交易中的支付难题，它提供了安全、便捷的支付方式，支持多种货币结算，大大提升了跨境交易的效率和安全性。国际快递行业也迅速发展，DHL、FedEx 等国际快递巨头不断优化服务网络，缩短了跨境物流的时间，使得商品能够更快速地送达全球各地的消费者手中。这些基础设施的完善，为跨境电商的大规模发展提供了有力保障，跨境电商的交易规模和用户数量都实现了大幅增长。

（三）成熟阶段（2010s 至今）

2010 年代以来，随着移动互联网的普及、大数据技术的应用以及社交电商的崛起，跨境电子商务进入了成熟发展阶段。移动互联网让消费者能够随时随地进行购物，极大地拓展了消费场景。跨境电商平台纷纷推出移动端应用，优化用户体验，提升购物的便捷性。大数据技术的应用则让跨境电商企业能够更精准地了解消费者需求，实现精准营销和个性化推荐。通过分析消费者的浏览历史、购买记录等数据，企业可以为消费者提供符合其偏好的商品推荐，提高用户的购买转化率。社交电商的兴起更是为跨境电商注入了新的活力，像 Facebook、抖音等社交平台与电商的融合，让消费者可以通过社交关系发现和购买商品，实现了社交与购物的无缝衔接。这一时期，跨境电商市场规模持续扩大，商业模式不断创新，成了全球经济发展的重要驱动力之一。

二、全球跨境电子商务的发展趋势

随着技术的持续进步和市场环境的动态变化，跨境电子商务正展现出一系列新的发展趋势，这些趋势不仅关乎行业的未来走向，也将深刻影响全球贸易格局。

（一）市场规模持续增长

据 Statista 数据预测，到 2025 年，全球跨境电商市场规模预计将达 6 万亿美元，这一数据直观地反映出跨境电商市场的强劲增长势头。从消费需求层面来看，随着全球中产阶级规模的不断扩大，人们对于高品质、多样化商品的需求日益旺盛，跨境电商正好满足了这一需求，使得越来越多的消费者通过跨境电商平台购买来自世界各地的特色商品。同时，新兴市场的消费潜力不断释放，以东南亚、拉丁美洲等地区为代表，这些地区的互联网普及率逐年提升，电商基础设施逐步完善，为跨境电商的发展提供了广阔的市场空间。例如，东南亚地区的互联网用户数量已超过 4 亿，其中大部分用户都有过跨境电商购物经历，这为跨境电商企业在该地区的业务拓展提供了坚实的用户基础。

（二）区域化与本地化

为了更好地适应不同地区的市场特点和消费者需求，跨境电商的区域化与本地化发展趋势愈发明显。以东南亚的 Lazada 和拉丁美洲的 Mercado Libre 为例，Lazada 深入了解东南亚地区的文化习俗、消费习惯和市场需求，在商品选品上，除了引入国际知名品牌，还特别注重挑选符合当地消费者偏好的本土特色商品。在物流配送方面，Lazada 建立了本地化的物流网络，优化配送路线，提高配送效率，确保商品能够快速送达消费者手中。Mercado Libre 则针对拉丁美洲地区复杂的地理环境和多样化的市场需求，推出了本地化的支付方式，支持多种当地货币结算，解决了消费者在支付环节的痛点。同时，Mercado Libre 还积极与当地的供应商合作，打造具有区域特色的商品供应链，提升了平台在当地市场的竞争力。

（三）绿色电商与可持续发展

在全球对环境保护和可持续发展日益重视的大背景下，绿色电商与可持续发展成为跨境电商行业的重要发展方向。许多跨境电商企业开始践行碳中和物流理念，DHL在其跨境物流业务中，积极采用新能源运输工具，如电动货车、混合动力飞机等，减少运输过程中的碳排放。同时，DHL还优化物流路线规划，提高运输效率，降低能源消耗。在包装方面，越来越多的跨境电商企业采用可回收包装材料，减少包装废弃物对环境的污染。例如，一些企业使用纸质填充物代替传统的塑料泡沫，采用可降解的包装胶带，这些举措不仅符合环保要求，也提升了企业的社会形象，赢得了消费者的认可和青睐。

三、主要经济体的跨境电子商务发展

在经济全球化与数字化深度融合的大背景下，跨境电子商务在全球范围内呈现出蓬勃发展的态势。不同经济体凭借自身独特的资源禀赋、市场环境以及政策导向，在跨境电商领域开辟出了各具特色的发展道路，取得了丰硕的成果。深入了解主要经济体的跨境电商发展状况，对于精准把握全球跨境电商的整体格局以及未来走向具有重要意义。

（一）中国

中国在跨境电子商务领域成绩斐然，已成为全球跨境电商发展的重要引领者。从政策驱动层面来看，自2015年起，中国政府高瞻远瞩，陆续设立了多批跨境电商综合试验区。截至2024年，跨境电商综试区已如雨后春笋般覆盖全国超百个城市。这些综试区宛如政策创新的试验田，在通关便利化、税收优惠、金融支持等多个关键领域先行先试。在税收政策上，对跨境电商出口企业实施“无票免税”政策，据相关统计，该政策实施后，超80%的跨境电商出口企业税务负担得到显著减轻，有效释放了企业活力；在通关流程优化上，大力推行“单一窗口”模式，实现企业一次申报、一次查验、一次放行，使得货物通关时间平均缩短了30%—50%，极大提高了贸易效率。

在平台优势方面，天猫国际依托阿里巴巴强大的品牌号召力和完善的电商生态系统，吸引了全球超过5 000个知名品牌入驻。通过大数据分析，天猫国际精准洞察国内消费者需求，引入海量高品质进口商品，涵盖母婴、美妆、食品、家居等多个品类。以美妆品类为例，每年新引入的国际小众美妆品牌超200个，满足了消费者对于个性化、多样化美妆产品的追求。Temu作为拼多多推出的海外版，凭借创新的低价策略和全托管模式，在欧美市场迅速打开局面。Temu直接与超10万家工厂合作，省去中间环节，成本降低幅度达30%—50%，为消费者提供了极具性价比的商品。在全托管模式下，平台承担运营、物流、售后等全流程服务，消费者满意度高达90%以上。

（二）美国

美国作为全球科技与经济强国，在跨境电子商务领域展现出鲜明的技术创新与成熟市场特征。在技术创新层面，亚马逊运用先进的AI技术，在商品推荐、供应链管理等方面始终保持行业领先。其AI推荐算法能够根据消费者的浏览历史、购买记录以及行为偏好，精准推送契合需求的商品，数据显示，这使得用户购买转化率提高了25%—35%。在供应链管理中，AI技术用于预测商品需求、优化库存管理，亚马逊库存周转率相较于传统模式提升了30%，有效确保商品及时供应，降低运营成本。

美国拥有庞大且成熟的消费市场，消费者对跨境商品接受度高，消费能力强劲。美国电商市场规模持续增长，2024年达到了1.2万亿美元，其中跨境电商占比约20%。成熟的物流和支付体系为跨境电商发展提供了坚实支撑。FedEx、UPS等物流巨头构建了高效的全球物流网络，能够在3—5个工作日内将跨境商品送达美国境内大部分地区。在支付方面，PayPal等支付工具被广泛应用，覆盖美国超80%的电商交易，保障了跨境支付的安全与便捷。此外，美国电商市场竞争激烈，促使企业不断创新和优化服务，如沃尔玛电商不断拓展线上商品品类，推出两日达服务，以满足消费者日益多样化的需求。

（三）欧盟

欧盟在跨境电子商务发展进程中，高度重视数据合规和跨境支付一体化。2018年欧盟正式实施《通用数据保护条例》（GDPR），对企业在数据收集、存储、使用和共享等环节提出了极为严格的要求，旨在全方位保护欧盟公民的个人数据隐私。据欧盟数据保护委员会统计，GDPR实施后，跨境电商企业的数据泄露事件减少了40%，企业纷纷加强数据安全管理，提升数据保护水平，确保消费者数据合法使用。

在跨境支付一体化方面，欧盟推出的单一欧元支付区（SEPA）系统成效显著。该系统实现了欧盟成员国之间银行账户的互联互通，消费者和企业可以在SEPA区域内以欧元进行即时、低成本的支付。欧洲央行数据显示，SEPA实施后，欧盟内部跨境支付成本降低了约50%，支付时间从原来的平均3—5天缩短至即时到账，极大地促进了欧盟内部跨境电商的发展。同时，欧盟积极与其他国家和地区开展贸易合作，截至2024年，已与超50个国家和地区签署自贸协定，为跨境电商拓展国际市场创造了有利条件。

(四) 新兴市场

新兴市场在跨境电子商务领域蕴藏着巨大的发展潜力，以东南亚和非洲为典型代表。在东南亚，Shopee凭借对当地市场的深刻理解和精准定位，迅速崛起成为区域领先的跨境电商平台。东南亚地区移动互联网普及率高达80%，年轻消费群体占比超60%，Shopee针对这一特点，重点发力移动端业务。通过推出丰富多样的营销活动，如“闪购”活动，限时提供优惠商品，活动期间商品销售额平均增长5倍；社交互动功能让用户分享购物心得、邀请好友获得优惠，用户月活跃量增长了30%以上，有效增强了用户黏性。

非洲的Jumia致力于攻克当地电商发展的基础设施难题。在物流方面，Jumia建立了自己的配送网络，覆盖非洲15个国家的50多个城市，成功解决了物流配送慢、覆盖范围有限的问题，配送时间从原来的平均15—20天缩短至7—10天。在支付方面，针对非洲地区移动支付普及但支付方式繁杂的特点，Jumia整合了包括M-Pesa、Orange Money等在内的10余种移动支付方式，为消费者提供便捷的支付选择。随着非洲互联网普及率以每年10%—15%的速度增长，以及消费市场的逐步成熟，Jumia等跨境电商平台未来发展空间广阔。

四、跨境电子商务的挑战与未来展望

在全球化浪潮的推动下，跨境电子商务蓬勃发展，深刻改变了国际贸易格局。然而，在其发展进程中，既面临着诸多现实挑战，也蕴含着广阔的未来发展机遇。

(一) 主要挑战

1. 物流成本高企与时效不稳定

在疫情期间，国际物流行业遭受重创，航班大幅减少、海运航线调整，国际运力严重短缺。这直接导致物流成本大幅攀升，许多跨境电商企业的物流费用相比疫情前增长了数倍。以从中国发往美国的跨境包裹为例，原本每公斤的物流成本在40元左右，疫情期间飙升至140元以上。物流时效也变得极不稳定，原本7—15天可送达的包裹，常常需要30天甚至更久。

物流成本的增加严重压缩了企业的利润空间，使得一些小型跨境电商企业甚至面临亏损的困境。而漫长且不稳定的物流时效，极大地降低了消费者的购物体验，导致用户投诉增加、复购率下降。为解决这一问题，跨境电商企业需要探索多元化的物流解决方案，比如与多个物流供应商合作，优化物流线路，根据商品的紧急程度和重量体积等因素，灵活选择航空、海运或陆运等运输方式；同时，加大对海外仓的建设和投入，提前将商品存储在海外仓，实现快速配送，提高物流效率。

2. 跨境支付壁垒

外汇管制、反洗钱监管等政策在全球范围内愈发严格，给跨境支付带来了诸多障碍。不同国家和地区对外汇的管控政策差异较大，资金的跨境流动受到限制，这使得跨境电商企业在收款和付款时面临诸多不便，甚至可能出现资金被冻结的情况。同时，反洗钱监管要求跨境电商企业对交易进行严格的身份验证和资金来源审查，增加了支付流程的复杂性和运营成本。

跨境电商企业需要加强与金融机构的深度合作，借助金融机构的专业能力和资源，确保跨境支付的安全和顺畅。例如，与银行合作开发符合监管要求的支付系统，利用第三方支付平台的跨境支付服务，简化支付流程。企业自身也需建立完善的风险防控体系，加强对交易的监测和管理，严格遵守相关政策法规，避免因违规操作而受到处罚。

3. 贸易保护主义与地缘政治风险

近年来，中美贸易摩擦等贸易保护主义措施不断涌现，地缘政治风险也日益加剧，对跨境电商的发展产生了不利影响。贸易保护主义下，各国纷纷提高关税、设置贸易壁垒，增加了跨境电商企业的运营成本，降低了商品的价格竞争力。地缘政治风险则导致国际局势不稳定，影响物流运输、供应链稳定性以及市场需求。

跨境电商企业需要密切关注国际形势的变化，及时调整市场策略。一方面，积极拓展新兴市场，降低对单一市场的依赖；另一方面，加强与供应商的合作，优化供应链布局，确保供应链的稳定性。企业还可以通过加强品牌建设、提高产品附加值等方式，增强自身在贸易风险下的抗风险能力。

（二）未来发展方向

1. 技术驱动

元宇宙购物、AI 客服、无人配送等新技术的应用，为跨境电商带来了全新的发展机遇。元宇宙购物通过虚拟现实技术，为消费者打造沉浸式购物体验，让消费者仿佛置身于真实的购物场景中，与商品和其他消费者进行互动，增加购物的趣味性和社交性。AI 客服能够快速准确地回答消费者的问题，提供 24 小时不间断服务，极大地提高了客户服务效率和质量。无人配送则利用无人机、自动驾驶车辆等技术，实现商品的高效配送，减少人力成本和配送时间。

跨境电商企业需要加大技术研发投入，积极探索新技术的应用场景。与科技企业合作，共同开发适合跨境电商业务的技术解决方案；建立内部的技术研发团队，培养专业技术人才，不断优化和创新技术应用，提升企业的核心竞争力。

2. 合规化发展

将 ESG（环境、社会、治理）标准融入跨境供应链，不仅符合可持续发展的要求，也能够提升企业的社会形象和竞争力。在环境方面，企业应减少物流运输中的碳排放，采用环保包装材料，推动绿色供应链建设；在社会方面，关注员工权益、消费者权益保护，积极参与公益活动；在治理方面，建立健全的企业治理结构，加强内部管理和监督，确保企业运营的透明度和合规性。

跨境电商企业需要加强对 ESG 标准的学习和应用，制定符合自身发展的 ESG 战略。通过与供应商共同推进 ESG 标准的实施，打造可持续发展的跨境供应链；定期发布 ESG 报告，向社会展示企业在可持续发展方面的努力和成果，赢得消费者和投资者的信任。

3. 新兴市场机遇

RCEP（区域全面经济伙伴关系协定）的签署为亚太地区的跨境电商发展带来了新的机遇。RCEP 的实施降低了区域内的贸易壁垒，简化了贸易手续，促进了区域内的贸易自由化和便利化。跨境电商企业可以利用这一契机，拓展亚太市场，加强与区域内其他国家和地区的合作。

企业可以深入研究亚太地区不同国家和地区的市场需求和消费习惯，针对性地开发产品和制定营销策略。加强与当地的供应商、物流企业、电商平台等合作，建立本地化的运营体系，提高市场响应速度和服务质量。借助 RCEP 的政策优势，优化供应链布局，降低运营成本，提升企业在亚太地区的市场竞争力。

第四节 跨境电子商务的商业模式与案例分析

本节将从典型商业模式和成功案例分析两个方面，深入探究跨境电商的商业逻辑。

一、跨境电商典型商业模式

（一）平台型跨境电商

平台型跨境电商是搭建起连接全球卖家与买家的在线交易平台，它整合了多方资源，提供商品展示、交易撮合、支付结算等基础服务，并围绕交易过程衍生出一系列增值服务，以此推动跨境电商交易的高效开展。其核心运营逻辑在于打造一个开放、包容的商业生态系统，吸引全球范围内的商家入驻，汇聚海量商品资源，满足全球消费者多样化的购物需求。

核心特点：平台型跨境电商最突出的特点是强大的汇聚能力，能够吸引来自不同国家和地区的各类卖家，形成庞大的商品资源库。以阿里巴巴国际站为例，截至2024年底，它拥有超2 000万注册会员，业务覆盖全球200多个国家和地区，商品品类几乎涵盖了所有领域，从日常消费品到高端电子产品，从时尚服装到工业原材料，应有尽有。这种丰富的商品选择，让消费者能够在一个平台上满足多种购物需求，大大节省了购物时间和成本。

运营模式：平台运营方主要通过收取卖家交易佣金、店铺入驻费以及提供增值服务费用来实现盈利。当卖家在平台上完成一笔交易后，平台会按照一定比例收取交易佣金，这是平台的主要收入来源之一。同时，为了提升店铺的曝光度和销售额，卖家可以选择购买平台提供的广告推广服务，如关键词广告、展示广告等，平台也会收取相应费用。此外，平台还为卖家提供数据分析服务，帮助卖家了解市场趋势、消费者需求和店铺运营状况，从而优化商品策略和营销方案，这同样会产生服务费用。

平台规则与保障机制：为了维护平台的良好秩序和用户权益，平台型跨境电商建立了完善的规则体系和保障机制。①信用评级：平台会综合评估卖家的商品质量、服务水平、交易记录等多方面因素，为卖家评定信用等级。信用等级高的卖家在搜索排名中会更靠前，能够获得更多的流量和订单，这激励卖家不断提升自身的经营水平。②知识产权保护机制：平台设有严格的知识产权保护机制，坚决打击侵权行为，一旦发现卖家存在侵权问题，平台会采取警告、罚款、下架商品甚至封店等严厉措施，以维护平台的健康生态和消费者的合法权益。

优势与挑战：①优势：平台型跨境电商的优势明显，它打破了地域限制，让全球的卖家和买家能够便捷地进行交易，促进了全球贸易的发展；平台的规模效应使得交易成本降低，无论是卖家的营销成本还是买家的采购成本都得到了有效控制。②挑战：这种模式也面临一些挑战，例如平台上卖家数量众多，商品质量参差不齐，如何有效监管商品质量是一大难题；不同国家和地区的法律法规、文化习俗存在差异，平台在处理跨境交易纠纷时需要兼顾各方利益，协调难度较大。

（二）自营型跨境电商

自营型跨境电商是指电商企业自身主导商品从采购、仓储、物流配送直至销售的全流程环节，通过对各个环节的严格把控，确保商品品质和服务质量达到较高标准，为消费者提供可靠、优质的购物体验。其运营理念是凭借企业自身强大的资源整合能力和供应链管理能力，塑造差异化的品牌形象，在竞争激烈的跨境电商市场中占据一席之地。

核心特点：①全流程掌控：企业对商品的来源、质量、库存以及配送等环节拥有绝对控制权。以京东全球购采购海外母婴产品为例，采购团队会深入产地，从奶源地考察、生产工艺监督到包装环节严格筛选，确保产品质量安全可靠。②品牌与服务标准化：注重打造统一的品牌形象和服务标准，无论是商品品质还是售后服务，都力求达到较高水平，以提升消费者的信任度和忠诚度。

运营模式：①采购与供应链管理：在全球多个国家设立采购中心，直接与品牌商建立合作关系，获取优质的商品资源。通过优化供应链流程，降低采购成本，确保商品的稳定供应。②仓储与物流：建设保税仓和海外仓，构建高效的物流配送体系。消费者下单后，多数商品能够在1—3天内送达，大大提高了物流效率，提升消费者购物体验。③盈利模式：主要依靠商品的进销差价获取利润，同时通过提供增值服务，如售后服务、商品保险等增加收入来源。

商品管理与保障机制：①选品标准：建立严格的选品标准，从产品质量、品牌知名度、市场需求等多方面进行评估筛选，确保上架商品符合消费者需求和企业的品牌定位。②质量监控：定期对商品进行抽检，从原材料、生产过程到成品检验，全方位监控商品质量，一旦发现质量问题，立即采取召回、下架等措施。③售后服务：构建完善的售后服务体系，为消费者提供退换货、质量保证等服务，及时解决消费者的问题和投诉，维护消费者权益。

优势与挑战：①优势：商品质量有保障，消费者对品牌的信任度高；物流配送速度快，能够提供良好的购物体验；企业对供应链的掌控力强，便于应对市场变化和风险。②挑战：前期资金投入大，需要建设仓储设施、构建物流体系等；运营成本高，包括采购成本、人力成本等；商品品类相对受限，难以像平台型电商那样提供极其丰富的商品选择。

（三）社交电商型跨境电商

社交电商型跨境电商是以社交媒体为依托，充分借助用户之间的社交关系和互动行为，实现商品信息的快速传播与销售转化的商业模式。其运营核心在于利用社交媒体的强大传播力和用户黏性，将社交元素融入购物过程，创造出一种全新的购物体验。

核心特点：①社交互动性强：用户通过分享、点赞、评论等社交行为，实现商品信息的传播和推广。例如，TikTok Shop 的主播通过生动展示商品特点、使用方法，与观众互动解答疑问，激发消费者的购买欲望。②内容驱动销售：以优质的内容为核心，吸引用户关注，建立信任关系。内容形式包括短视频、直播、图文等，多样化的内容能够满足不同用户的喜好和需求。

运营模式：①内容营销：打造专业的内容创作团队，制作吸引人的商品展示内容。通过与社交媒体平台合作，精准推送内容，吸引目标用户。②社交裂变营销：推出分享奖励、邀请好友奖励等激励机制，鼓励用户分享商品链接和购物心得，实现用户数量和订单量的快速增长。③盈利模式：主要通过收取商家交易佣金、广告投放费用以及与品牌合作的推广费用来实现盈利。

用户管理与保障机制：①用户关系维护：建立用户社区，鼓励用户之间的交流和互动，增强用户黏性。通过用户反馈，不断优化商品和服务。②商品审核：对入驻商家的商品进行严格审核，确保商品质量和合法性，维护用户权益。③纠纷处理：建立完善的纠纷处理机制，及时解决用户与商家之间的矛盾和问题，保障交易的顺利进行。

优势与挑战：①优势：用户获取成本低，通过社交裂变能够快速扩大用户群体；营销效果好，基于用户信任的口碑传播，转化率较高；购物体验社交化，满足用户的社交需求。②挑战：商品质量难以完全把控，部分商家可能存在质量问题；社交平台政策变化快，需要及时调整运营策略；用户忠诚度相对较低，容易受到其他社交电商平台的影响。

（四）三种商业模式对比

为了更直观地对比平台型、自营型和社交电商型跨境电商这三种商业模式，以下通过表格形式呈现它们在关键维度上的差异（见表5-1）。

表5-1　平台型、自营型和社交电商型跨境电商的比较

对比维度	平台型跨境电商	自营型跨境电商	社交电商型跨境电商
运营主体	平台运营方	电商企业自身	依托社交媒体平台，借助用户社交关系网络开展运营
商品来源	全球各地卖家	企业自主采购	品牌商、供应商和个人卖家等
品类丰富度	极为丰富，几乎涵盖所有品类	相对平台型较窄，受采购策略和资源限制	与社交媒体用户兴趣和流行趋势紧密相关，时尚、美妆等品类突出
盈利方式	交易佣金、店铺入驻费、增值服务费用	商品进销差价、增值服务	商家交易佣金、广告投放费用、品牌合作推广费用
用户体验	广泛商品选择、便捷交易平台，信用评级和售后服务保障	注重商品品质和物流速度，提供标准化、可靠体验	社交化购物体验，分享、互动获取优惠和参与感

续表

对比维度	平台型跨境电商	自营型跨境电商	社交电商型跨境电商
营销重点	提升平台知名度和流量，吸引卖家和买家	品牌建设和产品推广，强调质量和服务优势	内容营销和社交裂变，靠优质内容和口碑传播
典型案例	阿里巴巴国际站	京东全球购	TikTok Shop

二、成功案例分析

（一）速卖通——全球布局与本地化运营的典范

速卖通作为阿里巴巴旗下的跨境电商平台，秉持“全球买，全球卖”的理念，致力于搭建全球商品流通的桥梁。在市场定位上，速卖通面向全球市场，尤其在新兴市场取得了显著成就。根据权威市场调研机构的数据，截至 2024 年，速卖通在俄罗斯跨境电商市场的份额达到 35%，成为当地最受欢迎的跨境电商平台之一。在巴西市场，速卖通的用户数量在过去两年内增长了 120%，订单量同比增长 150%。

从运营策略来看，速卖通十分注重本地化服务。针对不同国家和地区的消费者特点，平台提供多语言客服支持，确保消费者在购物过程中沟通顺畅。同时，速卖通与当地支付机构合作，引入多种本地支付方式，解决消费者支付难题。在物流配送方面，速卖通积极与当地物流商合作，建立海外仓，优化物流配送路径，缩短商品配送时间，提高消费者购物体验。在俄罗斯市场，速卖通通过与当地知名物流企业合作，实现了部分地区的次日达服务。平台还根据俄罗斯消费者的购物习惯，在促销活动时间安排、商品推荐等方面进行优化，成功占据了俄罗斯跨境电商市场的较大份额。此外，速卖通不断完善平台规则，加强对卖家的管理和培训，保障商品质量和服务水平，维护平台的良好声誉。凭借全球布局和本地化运营策略，速卖通在全球跨境电商领域站稳脚跟，成为众多卖家和消费者信赖的平台。

（二）Anker（安克创新）——通过亚马逊实现品牌出海

Anker 专注于消费电子产品的研发和销售，将亚马逊平台作为品牌出海的主要渠道。在产品研发上，Anker 投入大量资源，不断推出创新产品，如具有快充技术的移动电源、智能充电插座等，满足全球消费者对便捷、高效充电设备的需求。注重产品质量，从原材料采购到生产工艺都严格把关，确保产品性能稳定，这为其赢得了消费者的信任和好评。

在营销推广方面，Anker 充分利用亚马逊的广告投放工具，精准定位目标客户群体。通过关键词广告、展示广告等形式，提高产品在亚马逊平台上的曝光率。同时，积极参与亚马逊的品牌推广计划，打造品牌形象，增强品牌辨识度。数据显示，Anker在亚马逊平台上的销售额在过去五年内保持了年均30%的增长率，2024年在亚马逊平台的营收达到15亿美元。其产品在欧美市场的占有率逐年提升，在北美市场的移动电源品类中，Anker的市场份额达到25%，成为全球知名的消费电子品牌，产品畅销欧美、日本等多个国家和地区。

（三）Temu（拼多多海外版）——低价策略与全托管模式冲击欧美市场

Temu以独特的低价策略和全托管模式在欧美跨境电商市场迅速崛起。低价策略是Temu吸引消费者的重要手段，通过与大量供应商直接合作，去除中间环节，实现大规模采购，从而降低采购成本，以极具竞争力的价格将商品销售给消费者。

全托管模式则是Temu整合供应链资源的关键举措。在该模式下，Temu负责从商品选品、采购、仓储、物流到售后的全流程管理。平台利用大数据分析消费者需求，精准选品，涵盖服装、家居用品、电子产品等多个领域，满足消费者多样化需求。同时，优化物流配送体系，与国际物流商合作，实现快速配送，提升消费者购物体验。自上线以来，Temu在欧美市场的用户数量和订单量呈现爆发式增长。据统计，Temu上线后的前六个月，在美国市场的下载量突破1 000万次，订单量达到500万单。在欧洲市场，Temu的用户数量在三个月内增长了800万，对传统跨境电商平台造成了一定冲击。

（四）Zalando（欧洲时尚电商）——本地化运营与低碳物流实践

Zalando作为欧洲领先的时尚电商平台，其成功得益于本地化运营和低碳物流实践。在本地化运营方面，Zalando深入研究欧洲不同国家和地区消费者的需求、文化特点和时尚偏好。在商品选品上，针对不同地区推出符合当地时尚潮流的服装、鞋履和配饰。同时，提供多语言客服和本地支付方式，方便消费者购物，提升用户体验。

在物流环节，Zalando积极推行低碳物流战略。使用可回收包装材料，减少包装废弃物对环境的影响；在运输过程中，逐步增加新能源车辆的使用比例，降低碳排放。这些举措不仅符合欧洲消费者对环保的重视，也提升了Zalando的品牌形象。数据显示，Zalando的用户数量已超过5 000万，在德国、法国、意大利等主要欧洲国家的市场份额均超过20%。在可持续发展方面，Zalando在2024年实现了其物流运输中30%的碳排放减少目标，凭借本地化运营和低碳物流优势，Zalando在欧洲时尚电商市场占据重要地位，拥有庞大的用户群体和较高的用户忠诚度。

三、失败教训与风险警示

跨境电商在全球市场的拓展进程中，面临着诸多复杂的挑战，其中政策风险与文化冲突对不同商业模式的跨境电商企业影响显著，值得深入剖析。

（一）政策风险

1. 关税与税收政策变动

各国的关税与税收政策并非一成不变，一旦发生调整，跨境电商企业的成本和利润空间将受到直接冲击。对于平台型跨境电商而言，若平台上众多卖家未能及时适应新政策，可能导致商品价格波动，影响平台的整体竞争力。例如，某平台在某国提高进口关税后，部分卖家因成本增加而大幅提高商品售价，使得平台上相关商品销量骤减，平台口碑也受到影响。自营型跨境电商在面对政策变动时，若不能提前做好成本核算和价格调整，可能会出现利润倒挂的情况。社交电商型跨境电商则可能因商品价格优势丧失，导致基于价格吸引的用户大量流失。

风险警示：各类跨境电商企业都应建立政策监测机制，实时关注各国关税与税收政策动态。提前制定应对预案，如优化供应链降低成本、与供应商协商价格调整等，以减轻政策变动带来的冲击。

2. 贸易保护主义与监管政策收紧

部分国家为保护本国产业，会出台贸易保护主义政策，提高市场准入门槛，加强对跨境电商的监管。这对平台型跨境电商来说，可能导致卖家入驻难度增加，平台的商品丰富度下降；自营型跨境电商可能面临产品认证、质量检测等方面的难题，影响新品推出速度；社交电商型跨境电商则可能因合作商家受限，无法为用户提供多样化的商品选择。例如，某国加强对跨境电商电子产品的监管，要求提供复杂的认证文件，导致多家自营型跨境电商企业的电子产品库存积压，资金周转困难。

风险警示：跨境电商企业要深入研究目标市场的贸易政策和监管要求，提前做好产品认证和合规准备。加强与行业协会合作，共同应对贸易保护主义，争取有利的政策环境。

（二）文化冲突

1. 消费习惯与审美差异

不同国家和地区的消费者在消费习惯和审美观念上存在巨大差异。平台型跨境电商若不能引导卖家根据目标市场进行商品选品和展示调整，可能导致商品无人问津。例如，某平台上的一些中国卖家在面向欧美市场销售服装时，未考虑当地消费者的身材特点和时尚偏好，依然按照国内款式选品，结果销量惨淡。自营型跨境电商在产品设计和营销推广上若忽视文化差异，可能会使品牌形象难以在当地市场扎根。社交电商型跨境电商在内容创作和传播上，若不符合当地文化背景，将无法吸引用户关注，影响商品销售。

风险警示：跨境电商企业要深入开展市场调研，了解目标市场的消费习惯和审美趋势。在商品选品、设计、营销等环节融入当地文化元素，进行本地化运营，提高产品和服务的适应性。

2. 语言与沟通障碍

语言是跨境电商交流的基础，若存在沟通障碍，不仅会影响客户服务质量，还可能导致交易误解。平台型跨境电商若不能为卖家和买家提供多语言支持，可能会限制平台的国际化发展。自营型跨境电商在与供应商、客户沟通时，若语言不通，可能会出现订单错误、交货延迟等问题。社交电商型跨境电商在直播带货、用户互动等环节，若语言交流不畅，将无法建立良好的用户关系，影响用户购买意愿。例如，某社交电商主播在面向东南亚市场直播时，因语言交流问题，无法准确回答用户提问，导致用户对商品产生疑虑，放弃购买。

风险警示：跨境电商企业应配备专业的多语言团队，或利用智能翻译工具，确保在商品描述、客户服务、营销推广等环节实现无障碍沟通。同时，加强对员工的跨文化沟通培训，提高沟通效率和效果。

思考题

1. 简述跨境电商的分类和特征。

2. 比较跨境电商三种模式的优缺点，并结合具体案例说明其在实际运营中的表现。

3. 分析直邮模式、保税仓模式和海外仓模式的优缺点，并结合实际案例说明企业如何根据自身情况选择合适的物流模式以优化运营效率。

第六章　数字物流

学习目标

1. 掌握数字物流的内涵与特征。
2. 熟悉数字物流在运输、仓储与配送环节的具体流程与管理。
3. 了解数字物流的发展面临的挑战与趋势。

◎ 引导案例

在地缘政治风险加剧等因素作用下，全球供应链稳定性和安全性受到影响，供应链稳定和物流畅通的重要性不断凸显。宁波充分发挥中国（浙江）自由贸易试验区宁波片区和中国—中东欧国家经贸合作示范区两大国家战略的政策叠加效应，聚焦中国—中东欧国家经贸合作，孕育中东欧贸易物流园与宁波中东欧大宗商品进口的旗舰平台“侨链国际—线上中东欧”，不断提升贸易服务数字化、物流园区集约化水平，持续增强中国与中东欧国家贸易韧性与安全。

其中，“侨链国际”依托侨团侨社资源和数字技术，连接中国与中东欧的贸易和物流服务。该平台以网络信息、算法算力、平台架构为工具，打造“侨链国际—线上中东欧”数字化贸易平台，开发跨境进出口线上 B2C、B2B、海外物流智慧云仓等多种业态。运用数字化技术高效精准匹配供需两侧，帮助“客户散、规模小、价值低”的中东欧商品一般贸易打通订单、验货、国际物流、信用支付等环节痛点，降低新冠疫情导致国际供应链中断的风险。这一案例展示了数字物流如何通过数字技术优化供应链管理，提升物流效率，降低运营成本，同时增强供应链的韧性和安全性。

资料来源：中国中东欧国家经贸合作示范区．数字赋能贸易与物流高效协作案例［EB/OL］．https：//mp. weixin. qq. com/s？ __biz = MzU0Nzc0MjU3Nw = = &mid = 2247492681&idx = 1&sn = 377c9d1d0b10ba98856571586accc7 7c&chksm = fb4b1257cc3c9b41ed1f4272d40c1bf1a75d5bce0ba52780f624bff5e3819199af3c062d272a&scene = 27.

伴随着数字经济的飞速发展，数字技术在物流各个环节实现多元化场景中的应用，数字物流技术和配套设施也逐渐成熟。数字物流的迅速发展，有助于降低数字贸易的交易成本，提高数字贸易的效率，极大地推动了数字贸易发展。因此，数字物流的概念亦成为数字贸易领域中的重要研究内容，国际贸易领域备受瞩目的关键环节，为全球各国数字贸易的发展带来了机遇和挑战。

第一节　数字物流的概念

数字技术、人工智能、大数据等新一代信息技术的发展，革新了物流业在运输、仓储与配送等环节的技术与模式，改变了传统物流形式，形成了数字物流，为国际贸易领域尤其是跨境电商提供了新的物流方式和多种选择。

一、数字物流的内涵

数字物流是现代物流发展的重要趋势，其内涵涉及了多个方面，诸如数字技术应用、智能化管理、全链条协作等。随着技术的不断进步，数字物流的应用场景和价值也呈现多元化。

（一）数字物流的基本定义

早在2009年，中国物流技术协会等机构就联合提出了“智慧物流”的概念。紧接着，2015年政府工作报告中首次提出“数字化转型”概念。但是，“数字物流”这一概念在学界和业界被提出和使用是在2018年前后。学者们从不同视角对数字物流的概念进行了界定。张则强等学者在2003年最早系统性提出了数字物流的定义，“数字物流是在仿真和虚拟现实、计算机网络、数据库、计算机智能、多媒体等信息技术的支持下，应用数字技术对物流所涉及的对象和活动进行表达、处理和控制，具有信息化、网络化、智能化、集成化和可视化等特征的技术系统”。不难发现，这个定义侧重计算机信息技术使用。紧接着，张则强等学者在2007年又指出数字物流的核心是信息技术的运用，是信息化、智能化深度发展的必然趋势。基于IBM公司2010年提出的智慧供应链概念，Winkelhaus等学者在2020年提出，数字物流的关键是依托数据，应用数字孪生和超库存等技术，实现物流供应链上货物运输、仓储、包装、流通加工、配送等环节的系统感知。进一步地，推动供应链各环节高质量、高效率和低成本的协作分工模式，助力于最优决策和最优布局（聂昀秋等，2024）。

近年来，得益于数字经济的迅速发展，数字物流的概念更加强调物流的数字化水平，成为数字物流内涵和发展水平衡量的一个重要方面。数字物流是广泛运用数字技术、大数据等新一代信息技术贯穿物流全流程，对物流各环节所涉及的对象和活动进行策划、管理和控制，实现物流信息的采集、传输、处理和反馈，满足市场多样化需求的新型物流形态。

（二）数字物流的核心要素

1. 数字化技术

数字化技术是数字物流发展的基础，包括物联网、区块链、云计算、人工智能及大数据技术等。这些信息技术的应用实现了物流信息的实时采集、传输和及时处理。例如，物联网技术通过传感器和设备的连接，能够实时监控货物、车辆和仓储设施的状态；区块链技术保证了物流信息的安全性和透明性；人工智能应用和机器学习等技术可以预测物流环节的不同需求，及时优化路径和自动化操作；大数据技术对于庞杂的物流数据能够精准分析及优化决策。

2. 全流程覆盖

数字物流贯穿于物流的运输、包装、信息处理、仓储、配送等各个环节，能够对物流全流程实现端到端的数字化管理，借助于数字化技术，可以实现全流程的无缝衔接和高效运作。例如，智能仓储系统利用自动化设备和物联网技术，能够智能化调控仓储管理，提升管理效率。具体地，智能运输通过 GPS、物联网和大数据技术，优化物流运输的路线和车辆调度；通过机器人和机器学习技术优化货物存储和提取流程。这种全流程覆盖极大地减少了人工干预和失误率，提高了物流效率和准确性。

3. 智能化决策

数字物流通过数据分析和算法优化，可以实现物流调度、路径优化和库存管理的智能化。智能化决策不仅提高了物流各个环节的运行效率，也降低了物流成本和风险。例如，物流企业通过大数据分析，可以预测物流需求，提前调整库存和运输计划；人工智能技术应用则能够及时优化运输路径，减少运输时间和降低成本。这些基于数据的智能化决策方式，促使物流企业管理资源更为科学化，提高了决策准确性和竞争力。

4. 网络化协同

数字物流重视供应链各参与方之间的协同合作，借助数字化、网络化平台实现信息共享和资源整合，使得供应链各环节紧密联系、有效配合，提升整体运作效率。例如，制造商、供应商、物流企业及零售商，在数字化平台和物联网中，可以实时共享信息、协同运作。通过网络化协同，不但能够提高供应链效率，还减少了信息不对称和资源损耗。

二、数字物流的特征

（一）数字物流的基本特征

1. 数据驱动

数据是数字物流体系中的核心资源，贯穿于物流活动的各个环节。在数字物流中，通过在各个节点上部署智能传感器和物联网设备，实现对货物位置、状态及运输环境等信息的实时采集。这些数据不仅包括物流过程中的物理信息，例如货物的重量、体积和运输轨迹，还涵盖了与物流相关的商业信息，包括订单信息、客户偏好及库存水平等。通过对这些庞大数据的深入分析，物流企业能够优化其运营模式。例如，企业可以通过数据分析来预测市场需求，并据此提前调整库存水平；此外，基于历史运输数据进行运输路线的优化，可以有效减少运输时间。数据驱动的模式使得物流企业能够依赖实时数据做出精准决策，从而显著提高运营效率和市场竞争力。

2. 实时可视

数字物流利用先进的数字化平台和信息技术，实现了物流过程的全面可视化。这一进程的核心在于物联网技术的应用，使得货物在运输过程中的实时位置及状态（例如温度、湿度等环境因素）能够被持续监测和记录，并通过互联网迅速传输至物流管理平台，形成一个高度集成的数据网络。客户和物流企业能够通过手机应用程序、网页端等多种工具，随时获取货物的动态信息。这些信息的实时更新，使得物流活动的每一个环节都处于可控状态。实时可视化功能不仅显著提高了物流的透明度，还是物流企业管理效率的重要推动力。借助这一功能，企业能够迅速识别和处理潜在问题，例如货物延误、运输异常或其他突发状况。尤其是在面对复杂的物流网络和多变的市场需求时，企业能够凭借实时数据做出快速反应，从而有效降低运营风险。此外，实时可视化同样增强了客户的信任感，提升了客户的整体体验。当客户能够通过可视化工具实时跟踪包裹的运输状态时，所带来的安全感和满足感显著提高。例如，电商企业利用物流可视化功能，让客户在购买后能清晰了解包裹的运输进程，这不仅减少了客户的焦虑感，也进一步提高了客户满意度，进而增强了客户的忠诚度。

3. 智能化

数字物流展现出高度的智能化和自动化水平，这一特性在现代物流体系中扮演着至关重要的角色。在物流过程中，借助智能算法和自动化设备，企业能够实现货物的自动分拣、装卸和运输等各类作业，极大地减少人工操作可能导致的失误，并有效降低相操作成本。以京东物流推出的“货到人”解决方案为例，该方案结合智能机器人及自动化设备，成功实现了仓储管理和拣选过程的自动化。这种创新方法不仅提高了作业的准确性，还显著提升了仓储空间的使用效率。通过智能化手段，仓库可以根据实时需求进行灵活调整，确保货物的快速流通，从而有效应对市场的波动。除此之外，智能调度系统的引入使得物流运输的效率得到了进一步提升。该系统能够基于实时数据，动态优化运输路线。这意味着，物流企业可以实时分析交通状况、天气变化以及其他相关因素，从而制定出最佳的运输方案，减少运输时间，降低运营成本。同时，智能调度系统还能够灵活处理突发状况，例如，因交通事故或天气恶劣导致的延误，确保货物按时送达客户手中。

4. 绿色与可持续性

数字物流在发展过程中注重绿色可持续发展。通过一系列优化措施，数字物流可以显著减少能源消耗和碳排放，促进生态平衡。首先，智能调度系统的应用为优化运输路线提供了强有力的支撑。该系统能够实时监测交通状况、货物需求以及其他影响运输效率的因素，从而选择出最优的运输路线。通过减少运输里程，企业不仅能够降低油耗，还能够有效减少温室气体的排放。此外，优化运输效率还意味着车辆的重复利用次数增加，从而降低了资源的浪费，对环境的影响也相应减小。其次，数字物流在仓储管理方面的绿色转型同样表现突出。通过优化仓储布局和提高仓储空间的利用率，企业能够减少土地资源的浪费，降低对新建仓库的需求。这种高效的空间使用方式使得物流系统能够在有限的土地上实现资源的最大化利用，符合可持续发展的总体目标。在包装环节，数字物流也通过数据分析实现环保目标。根据产品特性和运输需求，系统能够推荐更为环保的包装材料和包装方式。使用可降解或可回收的包装材料，能够显著降低包装废弃物对环境的污染，促进资源的循环利用。这不仅有助于减少对环境的负担，同时也符合现代消费者日益增长的环保意识。

5. 客户体验优化

数字物流的核心理念是以客户为中心，凸显了对客户体验的持续优化与提升。通过运用先进的数字化技术，物流企业能够提供更加个性化和便捷的服务，从而满足不断变化的客户需求。例如，借助手机应用程序和网页端，客户能够实时查询货物的运输状态，还可以通过这些平台对物流服务提出个性化的要求，诸如选择特定的送货时间或指定送货地点。这种互动性增强了客户与物流企业之间的沟通，提高了客户对服务的参与感和满意度。此外，物流企业能够根据客户的偏好和需求，量身定制个性化的物流解决方案。例如，对于高频次或者大型客户，企业可以提供专属的服务团队和优先处理流程，从而满足其独特需求。这样的定制化服务不仅增强了客户的体验感，也提升了客户的忠诚度与回购意愿。另外，数字物流能够通过数据分析手段，预测客户的需求，从而做出前瞻性的服务准备。通过对客户的购买历史和行为数据进行分析，物流企业可以有效确定客户的收货时间偏好和购买高峰期。这使得企业能够提前安排配送资源，确保在高峰期高效运作，并为客户提供优质的服务。例如，根据预测结果，企业可以合理安排送货时间，以最大限度满足客户的需求，避免因配送时间不合适而导致的客户流失。

6. 创新性与灵活性

数字物流具有很强的创新性和灵活性。随着数字化技术的不断发展，数字物流行业不断涌现出新的技术应用和商业模式。一方面，先进技术的应用为物流行业带来了全新的解决方案。其中，无人机配送技术允许企业实现快速、高效的货物投递，不仅提升了配送的速度，也降低了运输成本。无人仓储系统的运用，通过自动化设备进行货物的存取和管理，显著提高了仓储作业的效率和准确性。另一方面，数字物流平台的开放性与灵活性为物流企业提供了快速适应市场变化和客户需求的能力。通过这些平台，物流企业能够迅速接入新的合作伙伴，拓展业务范围。举例来看，当市场需求突增时，企业可以快速协调周边的资源，与新的仓储和运输服务提供方建立合作关系，以满足客户的即时需求。此外，数字物流的创新性和灵活性还体现在对客户需求的快速响应。企业可以根据实时数据分析，迅速调整运营策略和资源配置，以便更好地服务客户。这样的能力在激烈的市场竞争中尤为关键，能够使企业在满足客户期望上走在其他竞争者的前面。

7. 安全性与可靠性

在数字物流的发展过程中，安全性与可靠性被高度重视。随着物流数据的数字化和网络化，数据安全成为保障数字物流的核心要素。为了确保物流数据的安全性和完整性，数字物流企业采用了先进的加密技术、访问控制技术以及数据备份与恢复技术。这些措施共同构成了一个多层次的安全防护体系，防止数据泄露和篡改，确保物流信息的可靠传递。此外，数字物流系统还通过智能监控与预警机制，实时监测物流过程中的异常情况，从而及时发现并处理潜在的安全隐患。例如，利用物联网设备对货物运输环境进行实时监测，当监测到异常情况（如温度过高或湿度异常）时，系统会自动发出警报并采取相应措施。这种主动的安全管理手段有效降低了事故发生的概率，提高了物流过程的透明度和可控性。以此为基础，数字物流能够在复杂多变的市场环境中保持稳定运行，从而增强客户对物流服务的信任。通过不断提升安全技术和管理水平，数字物流将能够更好地应对未来的挑战，提供高质量的服务，促进整个行业的发展。

8. 标准化与规范化

数字物流的发展离不开标准化和规范化的支持。通过制定统一的数据标准、接口标准以及操作规范，数字物流能够实现不同系统之间的有效互联互通。这一点在国际物流标准的制定上尤为明显，使得不同国家之间的物流活动得以更加顺畅地进行。标准化与规范化的实施不仅提升了物流运作的效率和可靠性，还有助于降低企业的运营成本。例如，采用统一的接口标准，物流企业能够快速接入不同的合作伙伴系统，便于实现数据的无缝对接。这种无障碍的信息流动不仅加快了响应速度，也提高了服务质量，从而增强了客户满意度。此外，标准化的流程使得操作更加规范，降低了因人为因素导致的错误风险，提高了整体业务的稳定性。随着市场环境的不断变化，适应性强的标准化体系能够使企业迅速调整运营策略，抓住市场机遇。

（二）数字物流与传统物流的区别

在当今快速发展的市场环境中，数字物流与传统物流在多个维度上呈现出显著的区别。如表 6－1 所示，这些差异涉及技术应用、管理模式、运作效率、成本控制、透明度、客户体验、可持续发展和全球化协同等方面，深刻影响了企业的竞争力和市场响应能力。

1. 技术应用

传统物流通常依赖人工操作和传统设备，信息化程度较低。这种模式下，信息处理速度缓慢，数据收集和分析往往依赖于手动记录，导致信息滞后和决策基于过时的数据。相比之下，数字物流广泛使用物联网、大数据和人工智能等先进技术。这些技术使得物流过程中的信息流动更加高效，从而实现了货物追踪、状态监控和数据分析的智能化。这种技术的引入不仅提高了效率，也为更精确的物流管理和决策提供了基础。

2. 管理模式

在管理模式上，传统物流普遍采取粗放型管理，部门间的协作和信息共享相对欠缺，导致资源配置的不合理和潜在的运营延迟。而数字物流实现了全过程的数字化管理，各环节之间的协同合作显著增强。通过数字平台，各部门可以实时共享信息，及时调整运营策略，以适应市场变化。这种高效的管理模式，不仅提高了运营的灵活性，还促进了快速响应市场需求的能力。

3. 运作效率

运作效率是数字物流与传统物流的关键差异之一。传统物流模式效率相对较低，响应速度慢，往往无法满足客户快速变化的需求。相比之下，数字物流通过精准的数据分析和自动化流程，显著提高了运作效率，能够实时响应市场和客户需求，大幅缩短物流周期。这种高效性使得企业在竞争中更具优势，能够更快地抢占市场份额。

4. 成本控制

在成本控制方面，传统物流通常面临高成本和资源浪费的问题。这种现象主要源于低效的作业流程和复杂的管理手段。而数字物流通过技术的应用和管理的精细化，实现对资源的优化配置，降低运营成本。例如，利用数据分析企业可以精确预测需求，合理安排运力，从而减少不必要的开支和资源浪费。

5. 透明度

透明度是影响客户满意度的重要因素。传统物流的信息透明度较低，信息的传递往往滞后，客户无法实时掌握运输过程的动态。而数字物流则提供全程可视化的解决方案，通过物联网和实时监控，使客户能够随时查看货物状态，提升了信息的透明度。这种透明化进程增强了客户对物流服务的信任，使得企业在客户心中树立了良好的形象。

6. 客户体验

在客户体验方面，传统物流大多提供单一而被动的服务，客户体验较差。而数字物流则以客户为中心，注重服务个性化，能够根据客户的需求，提供定制化的物流解决方案。这种灵活的响应能力不仅提高了客户的满意度，也影响了客户的忠诚度，推动了重复购买行为。

7. 可持续发展

在可持续发展方面，传统物流在环保意识上相对薄弱，导致碳排放较高。数字物流则把环保作为其发展战略的一部分，积极推动绿色物流的实践，努力减少运营过程中的环境影响。通过优化运输路线、使用可再生材料，数字物流在降低碳足迹的同时，也实现了社会责任的履行。

8. 全球化协同

在全球化协同能力方面，传统物流的协同能力较弱，跨国运营效率低，往往无法及时适应国际市场的需求变化。而数字物流则具备强大的协同能力，能够高效管理全球供应链，整合各国的资源，提高全球运营的效率。这种能力在当前全球化进程中显得尤为重要，使得数字物流在满足多样化需求的同时，增强了其在国际市场中的竞争地位。

表 6－1 数字物流与传统物流的主要区别

维度	传统物流	数字物流
技术应用	依赖人工和传统设备，信息化程度低	应用物联网、大数据、AI 等先进技术
管理模式	粗放管理，协同性差	全流程数字化管理，协同性高
运作效率	效率低，响应速度慢	效率高，实时响应
成本控制	成本高，资源浪费	成本低，资源优化
透明度	透明度低，信息滞后	透明度高，全程可视化
客户体验	体验差，服务单一	体验好，服务个性化
可持续发展	环保意识弱，碳排放高	注重环保，推动绿色物流
全球化协同	协同能力弱，跨国效率低	协同能力强，全球供应链高效管理

三、数字物流的产生与发展

（一）数字物流的产生背景

在当今时代，信息技术的迅猛发展以及互联网的广泛普及正在深刻地重塑全球经济格局，推动各行各业迈向数字化转型的新征程。作为经济运行的重要支柱，物流行业亟须适应这一前所未有的变革需求。尽管传统物流模式在历史发展中发挥了重要作用，但在当前个性化、高效化和透明化的物流需求日益增长的背景下，其弊端愈发凸显。在这种时代浪潮的推动下，数字物流应运而生，宛如一束光，照亮了物流行业转型升级的道路，为其未来发展指明了方向。

1. 传统物流的困境

传统物流行业在长期发展的过程中，积累了一系列亟须解决的问题，这些问题如同重重枷锁，限制了物流行业的进一步发展。

（1）信息孤岛：物流环节的“信息断层”。

在传统物流模式中，物流的各个环节——从仓储、运输到配送——往往各自为政，缺乏有效的信息共享。仓储部门对运输环节的实时动态一无所知，运输部门则无法了解配送需求的具体情况。这种信息的割裂导致整个物流链条的效率低下。例如，经常出现货物在仓库中堆积如山，而运输车辆却在空驶等待任务的现象，严重影响了物流的整体运作效率。

（2）资源浪费：运力与仓储的“闲置与过载”。

资源的不合理配置是传统物流行业的又一突出问题。一方面，运输车辆的空载率普遍偏高，许多车辆在完成货物运输后，由于缺乏有效的调度和信息匹配，只能空车返回，造成了运力的巨大浪费；另一方面，仓储设施的利用率也普遍较低，许多仓库在某些时段的闲置率过高，而在另一些时段却面临爆仓的困境。这种资源的不均衡利用不仅增加了企业的运营成本，也降低了物流服务的质量。

（3）成本高企：人工与管理的“沉重负担”。

传统物流行业面临着高昂的人工成本和管理成本。由于物流行业具有劳动密集型的特征，人工费用在企业的运营成本中占据了相当大的比例。同时，复杂的管理流程和低下的管理效率又进一步推高了管理成本。这些高企的费用最终反映在物流服务的价格上，压缩了企业的利润空间，也削弱了物流行业在市场上的竞争力。

（4）响应迟缓：市场需求的“滞后反应”。

在市场快速变化的背景下，传统物流行业难以迅速响应市场需求的变化。当市场需求突然增加或减少时，缺乏灵活调度机制和实时信息反馈的传统物流往往难以及时调整物流计划，导致货物积压或短缺现象时有发生，这严重影响了客户的满意度和企业的市场声誉。

2. 数字技术带来的机遇

与此同时，数字技术的蓬勃发展为物流行业带来了前所未有的机遇。这些技术如同一把把钥匙，打开了传统物流行业转型升级的大门，催生了创新与变革。

（1）大数据：物流决策的“智慧大脑”。

随着数据采集技术的不断进步以及数据存储成本的显著降低，物流行业积累了海量的数据。这些数据涵盖了货物信息、运输轨迹、仓储数据和客户订单等关键内容。通过对这些数据的深度挖掘与分析，物流企业能够精准预测市场需求，实现库存管理的优化，并制定个性化的物流方案。这为物流决策提供了科学依据，显著提升了物流服务的精准度与效率。

（2）云计算：物流信息系统的“强大后盾”。

云计算技术为物流行业提供了强大的计算能力和存储支持。企业不再需要投入大量资金建设独立的数据中心，而是可以借助云平台的弹性计算资源，快速部署和运行物流信息系统。这种灵活的资源调配方式不仅降低了信息化建设的成本，还提升了系统的稳定性和可扩展性，能够更好地应对高峰期与低谷期的业务需求。

（3）物联网：物流全流程的“透明化管理”。

物联网技术通过在物流设备、货物包装和仓储设施等环节嵌入传感器与通信模块，实现在物流全流程中的实时监控与追踪。物流企业能够实时掌握货物的位置、状态及环境参数信息，及时发现并处理物流过程中的异常情况。这种监控增强了物流的透明度与可控性，进而提高了客户对物流服务的信任度。

（4）人工智能：物流效率的“加速引擎”。

人工智能技术在物流领域的应用前景广阔。通过机器学习算法，物流企业可以实现路径优化，为运输车辆规划出最短、最快和最经济的运输路线。此外，深度学习技术使得企业能够对市场需求进行精确预测，从而提前做好物流资源的调配。智能调度系统根据实时数据自动调整物流任务的分配，提高物流资源的利用效率。这些人工智能技术的广泛应用，必将极大提升物流行业的智能化水平，推动物流向智慧物流的发展方向迈进。

正是在传统物流面临诸多挑战，而数字技术又带来巨大机遇的背景下，数字物流应运而生。数字物流通过整合大数据、云计算、物联网、人工智能等数字技术，打破了传统物流的信息孤岛，优化了资源配置，降低了运营成本，提高了服务效率和质量。它不仅解决了传统物流的诸多痛点，还为物流行业带来了全新的商业模式和创新机会。

（二）数字物流的发展历程

数字物流的发展并非一蹴而就，而是经历了多个阶段的逐步演进。每一个阶段都伴随着特定的技术突破和应用场景的拓展，共同推动了数字物流从无到有、从弱到强的发展历程。

1. 信息化阶段（20 世纪 90 年代—21 世纪初）

信息化阶段是数字物流发展的起步阶段，其核心特征是物流信息系统的广泛应用。这一时期，信息技术开始逐步渗透到物流行业的各个环节，物流企业开始从传统的手工操作和纸质记录向电子化和网络化转型。主要技术与应用包括：（1）仓储管理系统（WMS）：仓储管理系统是信息化阶段的重要应用之一。通过 WMS，物流企业能够对仓库内的货物进行实时监控和管理，包括货物的入库、存储、出库等环节。WMS 不仅提高了仓储作业的效率，还减少了人为错误，提升了库存管理的准确性。（2）运输管理系统（TMS）：TMS 主要用于优化运输过程中的调度和监控。物流企业可以通过 TMS 实时掌握运输车辆的位置和状态，合理安排运输任务，优化运输路线，从而降低运输成本，提高运输效率。（3）企业资源计划（ERP）：ERP 系统整合了企业的各类资源，包括采购、生产、销售、物流等环节。通过

ERP，物流企业能够实现内部资源的高效协同，优化业务流程，提升企业的整体运营效率。信息化阶段为数字物流的发展奠定了坚实的基础。通过引入物流信息系统，物流企业初步实现了信息的电子化和网络化，提高了物流作业的效率和管理水平。这一阶段的信息化建设不仅提升了物流企业的竞争力，也为后续的网络化和智能化发展提供了重要的技术支持。

2. 网络化阶段（21 世纪初—2010 年代）

随着互联网技术的迅速普及，物流行业进入了网络化阶段。在这个阶段，互联网成了物流信息共享和资源整合的重要平台。主要技术与应用如：（1）电子商务平台的兴起使得线上交易与物流配送紧密相连，消费者可以通过网络平台轻松下单，物流企业则能够实时接收订单信息并安排配送；（2）物流信息平台的出现则打破了物流企业之间的信息壁垒，实现了物流资源的互联互通和共享共用，提高了物流行业的整体资源配置效率；（3）电子数据交换（EDI）技术则进一步简化了物流业务流程，实现了企业之间物流单证的电子化传输，减少了人工操作的错误和时间成本。网络化阶段推动了物流行业的规模化和集约化发展。通过互联网技术，物流企业实现了信息的互联互通和资源共享，提高了物流行业的整体运营效率和服务质量。这一阶段的发展不仅拓展了物流行业的服务范围，也为后续的智能化发展提供了重要的数据基础和技术支持。

3. 智能化阶段（2010 年代至今）

随着人工智能、大数据、物联网等新兴技术的不断成熟和应用，数字物流进入了智能化阶段。这一阶段的数字物流以高度的自动化、智能化和智慧化为特征，正在重塑物流行业的未来。无人仓的出现，实现了仓储环节的自动化作业，机器人可以精准地完成货物的分拣、搬运和码放任务，大大提高了仓储效率；无人车和无人机的投入使用，为物流配送提供了全新的解决方案，它们可以在复杂的路况和偏远地区完成货物的运输和投递任务，提升了物流服务的可达性和时效性；智能配送系统则能够根据实时交通状况和客户需求，动态调整配送路线和配送时间，实现精准配送；区块链技术则为物流行业的信任机制和数据安全提供了保障，通过区块链的分布式账本技术，物流过程中的每一个环节都可以被记录和追溯，确保了物流信息的真实性和可靠性。智能化阶段推动了数字物流向更高层次的发展。通过引入新兴技术，物流企业实现了物流服务的自动化、智能化和智慧化，极大地提升了物流行业的效率和服务质量。智能化的发展不仅为物流行业带来了全新的商业模式和创新机会，也为物流行业的可持续发展提供了重要的技术支持。

第二节　数字物流业务流程与管理

在全球经济迅速发展的背景下，物流行业的数字化转型日益成为提升市场竞争力的关键因素。根据《2022年全球物流市场研究报告》，数字物流的市场规模预计在未来五年将达到6400亿美元，年均增速超过15%。数字物流通过运用先进的信息技术和管理理念，优化传统物流业的各个环节。数字物流的业务流程主要包括运输管理、仓储管理和配送管理三个核心环节，这些环节相互衔接，共同构成了一个高效且智能的物流运作体系。通过整合这些环节，数字物流能够更好地满足现代市场日益增长的需求，推动物流行业的持续发展与创新。

一、数字物流的运输管理

（一）数字物流运输管理的概念

数字物流运输管理是运用数字技术对运输过程进行规划、执行和控制的管理活动。其核心在于通过科学的方法和先进的技术手段来提升运输的效率与质量，降低成本并提高服务水平。数字物流运输管理包含了诸多环节，包括需求预测、运力调度、路径优化、在途监控、异常处置和数据分析等。通过对这些环节的科学管理，企业能够实现对运输资源的有效配置，提升整体物流效率。

随着全球贸易的迅速增长和消费者对物流服务要求的提升，传统的运输管理方式已经滞后，无法满足市场的需求。数字物流的运输管理能有效整合物流资源，提高信息流和货物流的效率，降低运输成本，同时加强对运输过程的控制与监测。因此，数字物流的运输管理在现代物流体系中占据了不可或缺的地位，对推动企业的可持续发展具有重要的意义。

（二）数字物流运输管理的业务流程

数字运输管理的业务流程通常包括需求预测、路径优化、运力调度、在途监控、异常预警、数据分析等多个环节。

1. 需求预测

需求预测是数字物流运输管理的第一步，基于大数据分析模型，物流企业可以在历史数据和市场趋势的基础上，对未来的运输需求进行预测。根据《中国电子商务发展报告2022》，85%的企业已经开始运用大数据分析以预测市场动态。这一环节通常涉及以下几个方面：一是，通过对历史运输数据的分析，发现潜在的需求模式和趋势；二是，结合机器学习算法，提升需求预测的准确性，使得企业能够快速适应市场变化；三是，根据预测的需求，合理安排运输资源，减少资源的浪费和闲置。正如《2023 年物流行业趋势研究报告》中所述，有效的需求预测不仅能够降低因需求波动带来的风险，还能推动企业财务的健康运转。

2. 路径优化

路径优化是数字物流运输管理中的另一个关键环节。利用智能算法和实时数据，企业能够规划出最优的运输路线，以减少运输时间和成本。国际航运机构 DHL 的数据显示，2024 年全球跨境电商物流市场规模突破 8.3 万亿美元，但行业平均利润率同比下降至 4.7%，效率优化成为关键。《2022 年交通运输科技创新推动绿色物流发展报告》显示，运用路径优化技术可将运输成本降低 15%。路径优化环节主要考虑以下因素：（1）通过实时路况数据，动态调整运输路线，避开拥堵区域；（2）根据天气预报信息，合理调整运输计划，确保货物的安全性和及时性；（3）综合考虑油费、过路费和人工成本，选择最经济的运输路线。实施路径优化可在一定程度上提升运输的效率，降低运营成本。

3. 运力调度

运力调度是为了使运输资源得到最佳利用。数字物流运输管理通过先进的信息平台，实现社会运力资源的整合和智能调度。《2023 年物流大数据应用研究报告》指出，在运力调度上应用智能技术的企业，其运力利用率平均提高了 20%。一方面，通过实时状态监控，物流企业通过信息平台实时监控运力资源的使用情况，及时调整运输任务。另一方面，借助智能算法，根据运输要求和运力资源的状态进行快速匹配，提高运力利用效率。高效的运力调度不仅可以降低企业的运营成本，还能增强客户的满意度。

4. 在途监控

在途监控是指利用物联网技术，对运输过程进行实时监控及数据采集，确保整个运输过程的信息透明度。根据《2022 年物联网应用报告》，79% 的物流企业表示物联网技术提高了运输透明度和安全性。例如，通过 GPS 设备实时获取车辆的位置信息，实时跟踪货物的运输状态；对如温度、湿度等环境监测，确保特殊货物（如生鲜产品、药品等）在运输过程中的安全性。通过在途监控，企业能够迅速响应可能的异常情况，提高物流服务质量。

5. 异常预警

运输过程中的突发事件往往会对物流进程造成影响，因此，及时发现和处理异常情况至关重要。异常预警通常包含系统预警和应急响应机制两个流程。具体如，利用智能算法对运输过程中的异常情况进行实时监测和预警，例如车辆故障、货物异常等；在发生异常情况时，系统能够自动启动应急响应机制，迅速通知相关人员进行处理。通过异常预警，企业可以有效减少因突发事件导致的损失，提高客户的信任感。

6. 数据分析

数据分析在数字物流运输管理中起着至关重要的作用，它为运输决策提供了科学依据。《2022 年数字经济报告》中指出，84% 的企业认为数据驱动决策是提高效率的关键。物流企业可以通过采集运输数据，对运输性能进行评估。例如，对运输过程中的各项数据进行系统的记录，包括车辆状态、货物信息和运营成本，通过对数据的分析，评估运输服务的质量和效率，不断优化运输流程。深度的数据分析有助于企业持续改善运输策略，提高整体物流服务水平。

（三）数字物流运输管理的管理要点

成功的数字物流运输管理不仅依赖于先进的技术，还需要科学的管理策略。

1. 构建智能运输平台

为了整合运输资源，提高运输过程的透明化和可视化，企业需要构建智能运输平台。该平台能够实时显示车辆位置、运输状态等关键信息，方便物流企业进行管理与调度。运输平台可以通过信息共享，实现各节点之间的信息流通，确保运输环节间的协同运作；同时，设置友好的用户界面，平台设计应简洁易用，便于操作人员迅速获取信息，提高决策效率。

2. 应用智能算法

智能算法在数字物流运输管理中具有广泛的应用前景，能有效提升运输路径优化和运力调度的效率。根据《中国物流与采购联合会发布的数据》，应用智能算法的企业通常能实现 15%—30% 的成本节约。企业需要定期对现有算法进行评估与改进，以适应不断变化的市场环境。

3. 加强数据安全

在数字物流运输管理中，保护运输数据的安全性和可靠性至关重要。企业需要采取加密、备份等措施，确保数据不被泄露或篡改。一方面，需要管理数据权限，根据职务分配不同的访问权限，防止不当访问和数据滥用。另一方面，还需设置灾难恢复计划，建立完善的数据备份和灾后恢复机制，以防止意外事件导致数据丢失。

二、数字物流的仓储管理

（一）数字物流仓储管理的概念

根据《2023中国数字物流发展报告》，数字物流的仓储管理正在向智能化、自动化方向快速发展。数字物流仓储管理是指利用数字技术对仓储活动进行全面规划、组织、协调和控制的过程。它通过物联网、大数据、人工智能等技术手段，实现仓储信息的数字化、网络化和智能化，从而优化仓储作业流程，提高仓储资源利用率，降低仓储成本。具体功能和特点如下：一是，通过物联网技术，仓储管理系统能够实时获取货物的位置、状态、库存水平等信息，实现信息的快速传递和共享；二是，借助自动化设备和机器人技术，仓储管理可以实现货物的自动入库、存储、拣选和出库，提高作业效率；三是，利用大数据分析和人工智能算法，仓储管理系统能够对库存水平、货物需求等进行精准预测和优化，为仓储决策提供科学依据；四是，通过智能仓储系统，管理人员可以直观地监控仓储作业的全过程，及时发现和解决问题。

（二）数字物流仓储管理的业务流程

1. 入库管理

（1）货物接收：通过物联网设备（如RFID标签、条形码扫描器）自动识别货物信息，实现货物的快速接收。（2）货物检验：利用自动化设备对货物进行质量检验，确保货物符合入库标准。（3）货物存储：根据货物的特性和存储要求，自动分配存储位置，并通过自动化设备将货物存入指定位置。

2. 在库管理

（1）库存监控：实时监控库存水平，通过大数据分析预测货物需求，及时调整库存。（2）货物养护：利用环境监测设备（如温湿度传感器）实时监控仓储环境，确保货物在存储过程中的安全。（3）货物盘点：采用自动化盘点设备，定期对库存进行盘点，确保库存数据的准确性。

3. 出库管理

（1）订单处理：通过智能仓储系统自动接收和处理订单，快速生成拣选任务。（2）货物拣选：利用自动化拣选设备（如AGV机器人、自动分拣机）实现货物的快速拣选和包装。（3）货物配送：通过智能调度系统安排货物的配送任务，确保货物能够及时、准确地送达客户。

（三）数字物流仓储管理的管理要点

数字物流仓储管理的关键管理要点如下：

1. 优化仓储布局

仓储布局的优化是提高仓储管理效率的基础。通过合理的空间分配和货物摆放，能够显著提升仓库的存储能力和操作效率。具体地，根据货物的尺寸和类型，设计合理的储位，避免空间浪费；优化货物进出仓库的路径，减少货物搬运的距离和时间；将仓库划分为不同的功能区域，如收货区、存储区、拣货区、发货区等，以提高工作效率。

2. 引入先进技术

现代物流管理中，技术的应用是不可或缺的。引入先进技术不仅可以提高仓储管理的效率，还能降低人工成本。第一，构建仓储管理系统（WMS），可以实现对货物的实时追踪和管理，提高库存准确性和拣货效率；第二，引入自动化设备，如自动导引车（AGV）、自动存取系统（AS/RS）等，可以大幅提高仓储操作的自动化水平；第三，搭建物联网，通过传感器和 RFID 技术，实现对货物状态的实时监控，提升仓储管理的精细化程度；第四，利用数字孪生技术构建虚拟仓储环境，通过实时监测和优化仓储操作，提高仓储效率和准确性。

3. 完善管理流程

管理流程的完善是仓储服务项目高效运作的保障。通过标准化的管理流程，可以减少操作失误，提高工作效率。一是，启动标准操作程序（SOP），制定详细的操作规程，确保每个环节都有章可循；二是，定期对员工进行培训，提高其操作技能和安全意识，并通过考核检验培训效果；三是，建立科学的绩效考核体系，激励员工提高工作效率。

4. 成本控制

成本控制是仓储管理的重要环节。通过优化资源配置和流程，可以有效降低仓储成本，注重资源优化、流程优化和成本分析。具体地，合理配置仓储资源，避免资源浪费；优化仓储操作流程，减少不必要的操作步骤，提高效率；定期进行成本分析，找出成本控制的关键点，采取针对性措施。

三、数字物流的配送管理

（一）数字物流配送管理的概念

根据《2025 物流配送产业现状及未来发展趋势分析》报告，技术创新、绿色物流和数字化转型是当前物流配送行业发展的主要趋势。数字物流配送管理是在数字物流的框架下，运用数字化手段对货物从供应地到接收地的实体流动过程进行计划、组织、协调和控制。它涵盖了配送路径规划、车辆调度、货物跟踪、库存管理以及配送服务质量评估等多个环节，旨在通过数字化技术优化配送流程，实现高效、精准、低成本的货物配送。

（二）数字物流配送管理的业务流程

1. 配送路径规划

配送路径规划是数字物流配送管理的重要环节之一，其目标是在满足客户需求和约束条件的前提下，找到一条从配送中心到各个客户点的最优配送路径，以最小化运输成本、缩短运输时间和提高车辆利用率。在数字物流环境下，利用大数据和人工智能技术可以实现智能的配送路径规划。例如，通过实时获取交通路况信息、车辆位置信息和客户需求信息，结合优化算法，系统可以动态调整配送路径，避开拥堵路段，提高配送效率。

2. 车辆调度

车辆调度是指根据配送任务和车辆资源，合理安排车辆的使用和行驶路线，以实现高效的货物配送。数字物流配送管理系统通过对订单信息、车辆信息、司机信息等进行综合分析，利用智能算法实现车辆的最优调度。例如，根据车辆的载重、容积、行驶速度等参数，结合配送任务的重量、体积和交货时间要求，合理分配车辆任务，确保车辆满载率和配送及时性。

3. 货物跟踪

货物跟踪是数字物流配送管理的重要功能之一，通过物联网和大数据技术，实现对货物运输全过程的实时跟踪和监控。客户和物流企业可以通过手机 APP、网页等方式实时查询货物的位置、状态、预计到达时间等信息，提高物流配送的透明度和客户满意度。同时，货物跟踪系统还可以对运输过程中的异常情况进行预警，如车辆故障、货物丢失、延误等，及时采取措施进行处理，保障货物安全、准时送达。

4. 库存管理

在数字物流配送管理中，库存管理是实现高效配送的关键环节之一。通过大数据分析和预测技术，物流企业可以根据历史销售数据、市场需求趋势、季节因素等，准确预测货物的需求，合理控制库存水平，避免库存积压和缺货现象的发生。同时，利用物联网技术实现库存的实时监控和自动化管理，当库存水平低于设定的阈值时，系统自动触发补货提醒，确保库存的及时补充，保障配送业务的顺利进行。

5. 配送服务质量评估

配送服务质量评估是数字物流配送管理的重要组成部分，通过建立科学合理的评估指标体系，对配送服务的各个环节进行量化评估，找出存在的问题和不足，不断改进和优化配送服务质量。评估指标通常包括配送准时率、货物破损率、客户投诉率、配送成本等。通过对这些指标的实时监测和分析，物流企业可以及时发现配送过程中的问题，采取针对性的措施进行改进，提高客户满意度和市场竞争力。

（三）数字物流配送管理的管理要点

1. 精准配送计划制定

依据大数据分析客户历史订单规律、季节波动、促销活动安排等因素，制订精确到小时甚至分钟级别的配送计划。提前规划好配送任务的先后顺序、时间节点，确保配送资源合理分配，避免配送集中或延误。例如，在电商大促期间，提前预估订单量，合理安排配送时段，保障货物及时送达。

2. 配送资源整合与优化

整合各类配送资源，包括车辆、人力、仓储设施等。利用智能调度系统，根据车辆的承载能力、行驶里程、维护状况以及司机的技能水平、工作时长等，实现资源的最优配置。例如，将同一区域的配送任务集中安排给一辆车，提高车辆装载率，降低配送成本。

3. 实时动态监控与调整

借助物联网和大数据技术，对配送过程进行 24 小时实时监控。一旦发现交通拥堵、车辆故障、天气突变等异常情况，系统自动发出预警，并根据实时数据重新规划配送路径、调整车辆调度方案，确保配送任务顺利完成。例如，当遇到突发交通事故导致道路拥堵时，系统自动为车辆规划新的行驶路线，绕过拥堵路段。

4. 客户关系管理

建立完善的客户信息数据库，记录客户的基本信息、购买偏好、配送要求等。通过数据分析深入了解客户需求，提供个性化的配送服务，如定时配送、上门安装、代收货款等。同时，及时处理客户的咨询和投诉，提高客户满意度和忠诚度。

5. 应急管理

制定完善的应急预案，针对自然灾害、交通事故、公共卫生事件等突发情况，提前规划应对措施。建立应急物资储备库，确保在紧急情况下能够及时调配物资，保障配送业务的连续性。例如，在疫情期间，提前储备防疫物资，确保配送人员和货物的安全，同时调整配送策略，满足客户的基本生活物资需求。

第三节　数字物流的全球发展

一、全球数字物流发展趋势

（一）技术驱动，创新不断涌现

（1）物联网（IoT）如传感器、RFID 标签等设备在物流领域的应用愈发广泛。据相关行业研究报告指出，全球物联网设备连接数量持续攀升，预计到 2025 年将达到数十亿个。在物流中，这些设备能实现货物、车辆、仓库等物流要素的实时追踪和监控。如 DHL 等国际物流巨头，通过在货物包装上粘贴 RFID 标签，可实时掌握货物位置，极大提升了物流透明度和效率。

（2）物流企业每天产生海量数据，通过大数据分析技术，能有效收集和分析这些数据。例如，UPS 利用大数据分析历史运输数据，预测不同地区的物流需求，优化运输路线，降低了 15% 的运输成本。大数据为预测需求、优化路线、降低库存等提供有力的数据支撑，实现智能化决策。

（3）机器学习、深度学习等人工智能技术在物流领域不断渗透。在智能仓储方面，亚马逊的 Kiva 机器人能自动搬运货物，提升仓储作业效率；在自动驾驶领域，部分企业已开始试点无人配送车，未来有望广泛应用；路径规划上，AI 算法可根据实时路况和配送任务快速规划最优路线，提升物流自动化水平。

（4）区块链去中心化、不可篡改的特性，在物流信息安全和可追溯性上优势显著。马士基与 IBM 合作打造的区块链物流平台，实现了货物运输全程信息的安全记录和可追溯，简化了贸易流程，构建起信任机制，促进了全球供应链的高效运作。

（二）平台崛起，生态体系构建

（1）物流平台整合各类物流资源，提供一站式服务。像满帮这样的物流平台，连接了货主和司机，提供货运代理、运输调度等服务，降低了企业物流成本，提高了运输效率。据统计，使用物流平台的企业，物流成本平均降低了 10%—15%。

（2）电商平台以亚马逊、阿里巴巴为例，前者自建物流体系，后者与菜鸟网络等第三方物流合作，为消费者提供高效便捷的配送服务。在跨境电商方面，这些平台的物流服务促进了全球商品的流通，提升了用户体验，推动了跨境电商的快速发展。

(3) 金融服务平台提供供应链金融、保险等增值服务。蚂蚁金服旗下的网商银行，为中小企业提供供应链金融服务，解决了其融资难题，促进了贸易便利化，推动了供应链上下游企业的协同发展。

(三) 政策支持，发展环境优化

(1) 各国政府积极出台政策支持数字物流发展。如美国政府加大对物流基础设施建设的投入，提升物流效率；欧盟制定相关数据开放共享政策，促进物流数据的流通和利用；中国政府发布多项政策，推动物流行业数字化转型，2024 年发布的多项政策涵盖智慧物流设施建设、农村物流体系完善等内容。

(2) 世界银行等国际组织推动数字物流国际合作，促进跨境数据流动、技术交流、规则对接。在国际邮政合作中，各国邮政部门通过国际组织协调，提升了跨境邮件的运输效率，构建开放包容的数字物流生态体系。

二、中国数字物流发展面临的问题

(一) 技术应用水平有待提升

部分企业数字化意识不足，技术应用水平较低。据行业调查显示，约 30% 的中小物流企业仍依赖传统运作模式，难以充分发挥数字物流的优势。同时，物流数据标准化程度不高，数据孤岛现象依然存在，不同物流信息系统之间难以实现数据共享，制约了数据价值的挖掘，影响了物流决策的准确性和及时性。

(二) 物流基础设施有待完善

一些偏远地区和农村地区物流基础设施薄弱，物流网点覆盖不足，难以满足数字物流发展的需求。物流枢纽、仓储设施等布局也有待优化，如部分仓库空间利用率低，货物周转效率不高，影响了整体物流效率。

(三) 专业人才缺口较大

数字物流领域复合型人才缺乏，既懂物流业务又掌握数字技术的人才供不应求。据人才市场统计，相关人才缺口达数十万人。高校与企业合作机制有待加强，人才培养体系尚不完善，培养出的人才与企业实际需求存在一定差距。

(四) 政策法规体系有待健全

数字物流相关法律法规体系尚不完善，在数据安全、隐私保护等方面存在漏洞。行业标准体系也有待统一，不同企业的物流信息接口、数据格式等不一致，制约了数字物流的规范化发展，增加了企业间合作的成本。

三、中国数字物流发展趋势

（一）技术深度融合，应用场景拓展

数字物流将与人工智能、区块链、5G 等新技术深度融合。5G 技术的高速率、低时延特性，将助力无人配送、智能港口等场景的落地；数字孪生技术应用于物流领域，构建虚拟物流系统，能实现物流过程的模拟、预测和优化，提高物流运营的精细化管理水平。

（二）平台生态完善，协同效应凸显

物流平台、电商平台、金融服务平台等将进一步加强合作。如菜鸟网络与天猫、支付宝合作，构建协同发展的数字物流生态体系，为消费者提供一站式服务。平台将更加注重用户体验，根据客户需求提供个性化、定制化的物流服务，提升客户满意度。

（三）绿色低碳发展，可持续发展

数字物流将更加注重绿色低碳发展。新能源物流车的推广应用加速，京东、顺丰等企业已大规模投入使用新能源车辆；绿色包装也得到广泛关注，可降解包装材料的使用比例不断提高，降低了物流环节的碳排放。同时，发展循环物流，推动物流资源的循环利用，实现可持续发展。

（四）国际合作深化，规则标准统一

中国将积极参与数字物流国际合作，推动跨境数据流动、技术交流、规则对接。在“一带一路”倡议下，中国与共建国家加强物流合作，推动制定数字物流国际规则和标准，促进全球数字物流健康发展，提升中国在全球数字物流领域的话语权。

思考题

1. 请阐述数字物流与传统物流的本质区别，并举例说明数字技术如何改变了物流的运作模式。

2. 以物联网技术为例，分析其在数字物流仓储管理中是如何实现货物实时追踪与库存精准控制的。

3. 大数据分析在数字物流配送路径规划中起到关键作用，试论述大数据分析是如何优化配送路径，降低物流成本的。

4. 结合实际案例，探讨人工智能在数字物流中的应用场景，以及这些应用对物流效率和服务质量的提升效果。

5. 从平台生态构建的角度，分析物流平台、电商平台和金融服务平台之间的协同关系对数字物流发展的影响。

6. 目前中国数字物流发展面临技术应用水平低等问题，针对这些问题，提出你认为可行的解决措施。

7. 随着绿色低碳发展成为趋势，数字物流在推动绿色物流方面有哪些具体的发展方向和实践举措？

8. 在国际合作深化的背景下，中国应如何在数字物流国际规则制定中发挥更大作用，提升自身话语权？

第七章　数字营销

学习目标

1. 掌握数字营销的内涵与特征。
2. 熟悉搜索引擎、视频、网络直播、社交媒体等数字营销类型。
3. 了解数字营销的策略和作用。

◎ 引导案例

2024 年，国产游戏《黑神话：悟空》掀起全国热潮。游戏中的 36 个取景地中，27 处位于山西，山西各地紧抓这一契机，通过丰富产品供给、打造新消费场景和提升服务质量，全力推动文旅高质量发展，实现了文旅与游戏的深度融合。

早在两年前，山西省文化和旅游厅便与《黑神话：悟空》的创作团队展开对接，在游戏中融入山西丰富的传统文化和人文古迹，开启了一场虚拟与现实、游戏与文旅的“双向奔赴”。游戏上线后，山西迅速启动了“跟着悟空游山西”活动，发布游戏主题打卡线路，并承诺首批通关玩家免费游览山西，发放专属通关文牒，制作限量信物等周边产品。同时，相关取景地提前设置了线下打卡装置，做好充足准备，迎接“天命人”前来打卡山西。在具体执行过程中，山西文旅部门充分利用社交媒体平台和短视频应用，通过与《黑神话：悟空》相关的内容创作和传播，增强了活动的曝光度和参与度。此外，山西文旅还与当地酒店、餐饮和交通等行业紧密合作，推出一系列联动优惠和特色服务，提升了游客的整体体验，促进了旅游消费的增长。

从传播效果来看，全网结合《黑神话：悟空》宣传山西文旅和古建相关话题的阅读量突破百亿，成为现象级传播热点。“游戏 + 文旅”的营销破圈新模式，吸引了大量网红达人、博主和自媒体积极参与，自主宣推山西，线上线下联动打卡，形成“流量”带来“游量”、“流量”拉动“留量”的良性循环，推动山西文旅迎来了泼天流量和丰厚收益。

资料来源：黑神话悟空 × 山西文旅：游戏出圈带来文旅界的泼天流量 https：//news. qq. com/rain/a/20250107A05AOI00？ suid = &media_id = 。

数字传播时代，数据价值逐渐被挖掘，大数据技术已经开始打破原有思维，推动了市场营销业务模式的全面升级和转型，人工智能、大数据、云计算等新科技对于营销传播行业带来了机遇也带来了挑战。数字营销对数字贸易具有至关重要的作用。它通过互联网平台和数字技术，能够以较低的成本实现精准的市场推广和品牌宣传，突破地理限制，快速拓展国际市场，帮助企业在全球范围内触达目标客户。同时，数字营销利用大数据和人工智能技术，实现个性化推荐和精准广告投放，提升用户体验和购买转化率。此外，它还能通过多种渠道增强品牌影响力，收集和分析用户数据以支持企业决策，优化产品和服务。数字营销与电商平台、数字支付、物流配送等环节相互协同，完善数字贸易生态系统，提升整体效率和竞争力，从而推动数字贸易的持续发展。

第一节　数字营销概述

一、数字营销的概念

所谓数字营销，就是指借助于互联网络、通信技术和数字交互式媒体来实现营销目标的一种营销方式。数字营销将尽可能地利用先进的计算机网络技术，以便最有效、最低成本地谋求新的市场的开拓和新的消费者的挖掘，实现营销精准化、营销效果可量化和营销内容数据化。

数字营销之前曾被看作是特殊领域的独立营销形式，但是，由于它提供了相同的受众沟通方式（以数字形式），2003 年开始已经经常被看作是能够涉及绝大多数的传统营销领域的营销形式。在数字经济时代，传统企业实现数字化时，必须把数字营销作为一个重要的方面来关注，变革原本不能满足需要的营销思想、模式和策略，实现新的营销方式。数字营销不仅仅是一种技术手段的革命，而且包含了更深层的观念革命。它是目标营销、直接营销、分散营销、客户导向营销、双向互动营销、远程或全球营销、虚拟营销、无纸化交易、客户参与式营销的综合。数字营销赋予了营销组合以新的内涵，其功能主要有信息交换、网上购买、网上出版、电子货币、网上广告、企业公关等，是数字经济时代企业主要的营销方式和发展趋势。

二、数字营销内涵辨析

（一）数字营销与网络营销

20 世纪 90 年代末，网络营销开始初现端倪，但仅停留于概念阶段，主要受限于网络技术的约束。直至 21 世纪初期，网络营销的定义开始逐步清晰。Robert Fisher 在《网络营销》一书中提出："网络营销是通过在线活动和维护客户关系，以协调满足公司与客户之间交换产品、服务的目的，其中包括 5 个基本要素：过程、关系维系、在线、交换与需求满足"。其他各类表述包括"通过在线商店、在线采购、网络拍卖、电子邮件等一系列形式构建的在线消费模式""泛指以互联网为平台，使用数字化技术和网络媒体来实现营销目标的一切过程"等。数字营销与网络营销相似之处在于凭借对于互联网及通信技术的运用，致力于虚拟环境下的销售目标达成。但不同之处在于，网络营销更强调网络场景下的消费促进，例如广告投放、竞价排名等，主要服务于产品、服务的销售与推广；而数字营销则在此基础之上，强调对于客户数据平台、广告监测、数据采集与分析等方面的构筑。

（二）数字营销与社交媒体营销

社交媒体营销指运用博客、微博、微信、抖音等多类型社会化渠道，提升企业品牌、产品、组织的知名度、认可度，以达成直接或间接的营销目的。具体的营销类型可分为微信营销、微博营销、博客营销、社交营销、虚拟游戏营销等。从各类营销模式的发展趋势来看，社交营销已逐步成为主流，类似借助于短视频、微信、抖音等形式的营销活动变得越发普及与流行。社交媒体营销突出的是社交、互动与传播，是通过社交化场景来达成营销目的。数字营销则更为关注对于社交场景中所积累的数据与信息的加工、处理、分析与应用，关注的是信息的精准触达与匹配，进而实现营销目的。社交媒体营销较大程度上是包含于数字营销整个框架体系内的，数字营销为其提供了各类营销活动开展的基础性支撑。

（三）数字营销与大数据营销

大数据应用已逐步普及，并渗透于营销领域之中。所谓大数据营销，是运用大数据分析技术，将不同来源的数据进行汇总、组合、挖掘和分析，探索其中的规律，发现其影响消费者购买的要素，并在此基础上采取针对性营销活动，以顺应消费者偏好与期望。大数据营销突出的是对于模型、算法与工具的综合运用，与数字营销有着较多交叉与重合。但数字营销本身并不局限于相关数据挖掘、分析与运用，这仅是其一部分功能体现，数字营销相较于大数据而言有着更为广泛的外延。但两者之间的相似之处在于，均意识到数据、算法的价值，并在实践中加以运用，构塑自身独特性。

三、数字营销的本质特征

（一）基于数字化技术的营销

“数字化”最初是指通信和信息网络运用的数据符号，即以 0 和 1 组合的比特数据，通过计算机自动的符号处理，把文字、图像、声音等进行信息交流的概括。

尼古拉·尼葛洛庞蒂提出的数字化的定义被广泛传播：数字化即“物质原子”被“数字化比特”代替。数字化的核心内涵包括：第一，被传递的信息是用 0 和 1 表示；第二，数字化的传播系统是交互式的、网状的；第三，数字化的终端设备在各个点都能接收、储存、呈现、处理和发送“数字化比特”信息。

数字化营销仍然是营销，数字化只是一种手段，是现代营销理论在新的技术背景下的发展。目前来看，数字营销主要通过三大途径进行，一是利用采用数字技术的传统大众媒体如数字电视进行的营销；二是利用基于互联网技术与数字技术的网络媒体进行的营销；三是利用基于移动通信网络的手机媒体、移动车载电视等进行的营销。在当前情况下数字营销指的较多的是第三类。Gartner 研究报告称，移动社交网络、移动应用商店和基于位置的服务已经成为三大最具价值的移动服务并实现大规模应用。移动广告已经成为主流，数字营销者应紧密关注该领域的条码营销、移动优惠券和增强现实这三大关键技术。

（二）基于虚拟实践的营销

人在虚拟空间中生存，产生了虚拟实践。虚拟实践在虚拟生存空间中进行，人们运用虚拟现实等现代信息技术，以高度数字化的方式进行实践。在虚拟生存空间进行着虚拟生存实践、虚拟交往实践与虚拟生活实践。打开手机便可以使用虚拟身份与人进行沟通，在虚拟社区里完成热烈讨论，在远古时代与未来社会中穿梭，在虚拟空间里品尝点心，在虚拟空间里工作。这种身体不在场却能全身心浸入的虚拟实践是我们虚拟生存空间的最重要组成部分。

数字营销是基于虚拟生存实践的营销。用传统的营销和广告的思维去考虑数字营销的问题必然是不可行的。必须用虚拟性思维进行思考，使营销活动根植于虚拟实践，传统广告已经不能满足数字营销时代的网民需求，特别是在被互联网全面包围下生活的 90 后、00 后，他们需要的是互动，是亲自参与的快乐，而且他们更愿意展露自己的才华，施展自己的个性。只有使营销活动的对象成为虚拟实践的客体，只有这样才能实现数字营销的能动性、自主性、个性化及互动性，使得营销对象成为虚拟实践中不可缺少的一部分。通过虚拟实践对现实实践的引导作用，达到数字营销的目的。

（三）作用于消费者的虚拟体验

数字营销使得购买产品时不用必须与物质产品面对面即可完成消费者购买。通过使目标顾客观摩、聆听、尝试、试用等方式的传统体验营销将不再适用，很多情况下消费者无法对所购买的产品或服务进行事前了解，更无法获知所购买的产品是否符合自身的需要。因此，数字营销必须作用于消费者的虚拟体验。虚拟体验指的是消费者在3D环境下与产品互动时经历的心理和情感的状态，在虚拟生存空间中产生感官刺激和消费体验，进而产生对该产品属性及价值的判断。

数字营销必须作用于消费者的虚拟体验。通过对消费者视觉、听觉及行为的刺激，使消费者能获得真实的感受。数字营销必须不能仅仅依赖文字加图片的告知式的营销方式，通过在线虚拟使用以及虚拟场景模拟，使消费者全身心地浸入到消费体验中，让消费者更为真实地感受产品与自身需求的契合度，从而提升消费者网络购物的满意度。通过个性化的虚拟体验在消费者心中建立起消费偏好，以此影响消费者的购买行为和购买决策。

（四）创意与传播、传播与营销一体化

相对于传统的营销方式，数字营销的本质已经发生了变化，它使原本分离的创意、传播与营销一体化。在传统的营销方式里，创意与传播是分离的，在开展传播之前，创意早已确定，传播只需按照创意的既定内容进行；传播与营销也是分离的，传播专注于信息的推广，而营销则关注的是4P或4C的进行。数字营销的互动性、超越时空性、去中心性使得创意与传播、传播与营销一体化。那个创作与执行相分离的时代已经过去了。创意在传播的过程中产生，营销也在传播的过程中完成，创意、传播、销售在数字营销中协同并行。

四、数字营销的发展历程

数字营销的具体形式在互联网技术不同发展阶段表现有所不同，技术驱动下，数字营销的发展进程有四个阶段。

（一）单向展示的传统网络广告数字营销阶段

Web1.0阶段的数字营销是以网站为主的大众化营销传播模式。互联网作为与报刊、广播、电视并列的“第四媒体”，集合了各种各样的网站。其运作方式和盈利模式与传统媒体的大众化营销模式类似，本质上是传统媒体广告的转移。这种模式下，广告信息是单向传播的，用户只能被动接收，缺乏互动性。常见的广告形式包括旗帜广告、弹出式广告、文本链接广告、按钮广告、电子邮件广告等。例如，早期的门户网站广告，用户在浏览网页时会看到各种静态或动态的广告条，但无法与广告进行交互。这种模式的营销效果有限，难以精准触达目标客户。

（二）双向互动的社会化数字营销阶段

Web2.0 阶段的数字营销是以社交媒体为主的分众营销传播模式。Web2.0 技术创新带来了互联网思想理念的变革，从自上而下的集中控制转变为自下而上的用户主导。基于交互性、社会化的技术特征，数字营销从单向展示转变为双向互动、强针对性的分众营销传播模式。新的营销传播形式不断涌现，包括网络社区营销、博客营销、网络视频广告、网络游戏营销、搜索引擎营销等。例如，企业通过在社交平台上建立品牌社区，与用户进行互动交流，收集用户反馈，从而更好地满足用户需求。这种模式强调用户参与和互动，能够更精准地触达目标客户群体。

（三）场景化的移动化数字营销阶段

Web3.0 阶段的数字营销是以 App 为主的微营销传播模式，强调通过获取用户移动终端的实时数据和位置，融入用户所在的每一个场景并提供精准的服务。智能手机和各种 App 成为人们生活中不可或缺的综合入口，数字营销从 PC 端的弱关系分众转变为移动端的强关系微营销传播模式。移动智能终端具有随身性、移动化、个性化、小屏幕等特点，基于这些特性，出现了更丰富的营销传播形式，包括短彩信广告、WAP 广告、App 营销、二维码营销、HTML5 营销、移动短视频营销、网红营销、直播营销、AR/VR 营销等。例如，通过手机定位功能，商家可以向附近的用户推送优惠信息，实现精准营销。这种模式能够更好地满足用户的个性化需求，提高营销效果。

（四）个性化定制的智能化数字营销阶段

Web4.0 阶段的数字营销是以智能助理为主的个性化定制数字营销模式。智能营销传播建立在物联网、大数据、云计算、人工智能、柔性生产与数据供应链基础上，以满足每个消费者个性化、碎片化的动态需求为中心，实现全面的商业整合。未来，每个企业营销的核心将是拥有一套属于自己的营销算法，通过大数据和机器智能的营销算法，重构消费者洞察、创意策划、媒介购买、投放展示、效果监测与评估整个营销传播链条。具有代表性的营销传播形式包括“程序化购买 +”广告、智能助手服务、智能传感器服务等。例如，智能助手可以根据用户的兴趣和偏好，为其推荐个性化的商品和服务。这种模式能够实现千人千面的个性化定制营销传播，提高营销传播的运作效率和效益（见表7-1）。

表7-1 数字营销的发展阶段

阶段	特点	主要形式	优势
单向展示	网站为主的大众化营销	旗帜广告、弹出式广告、文本链接广告、按钮广告、电子邮件广告	信息传播范围广
双向互动	社交媒体为主的分众营销	网络社区营销、博客营销、网络视频广告、网络游戏营销、搜索引擎营销	用户参与度高
场景化、移动化	APP为主的微营销	App营销、二维码营销、移动短视频营销、直播营销、AR/VR营销	精准触达
个性化定制	智能助理为主的个性化定制	“程序化购买+”广告、智能助手服务、智能传感器服务	高效、个性化

数字营销的发展历程体现了从传统广告到精准定位、从出站营销到入站营销、从大众媒体到个性化的重大转变。随着技术的不断进步，数字营销将继续在智能化、个性化和多渠道整合的方向上发展，为品牌与消费者之间的互动创造更多可能。在数字化时代，营销方式更为人性化、智慧化，而其中最为关键的核心是要迅速抓住用户的痛点与痒点问题，推出更容易被用户接受的产品，不断地进行尝试、验证。正如乔布斯所说：“只有当我的产品打动人心的时候，我们的设计工作才宣告结束。”产品的目的是打动人心，这也是数字化营销时代以用户建设为重的原因。

第二节 数字营销的主要类型

一、搜索引擎营销

（一）搜索引擎基本原理

搜索引擎由信息搜索系统、索引数据库和查询接口三部分组成。搜索引擎的原理可以简化为三个步骤：第一，从互联网上抓取网页，搜索引擎通过特定规律，根据命令和文件的内容跟踪网页的链接，像蜘蛛一样爬行在不同链接之间。第二，建立索引数据库。搜索引擎是根据第一步的蜘蛛爬行将爬行到的网页数据存储到原始页面数据的，搜索引擎蜘蛛在抓取页面时也做一定的重复内容检测，一旦遇到大量抄袭的内容就停止爬行。第三，索引数据库中搜索排序，当用户在搜索框中输入关键词，排名程序调用数据库，计算排名给用户，一般搜索引擎排名规则是根据日、周、月不同阶段进行更新的。由此可见，搜索引擎搜索的内容是预先整理好的网页索引数据库，并非从互联网上进行搜索。

（二）搜索引擎营销原理

搜索引擎营销是根据用户使用搜索引擎的方式，利用用户搜索相关信息的机会尽可能传递营销信息给目标用户。搜索引擎营销正是利用用户搜索关键词反映对该产品的关注，这就是搜索引擎被应用于网络营销的根本原因。通过搜索引擎能实现不同目标层次的结果，其目标层次分别是存在层、表现层、关注层、转化层（见图 7－1）。

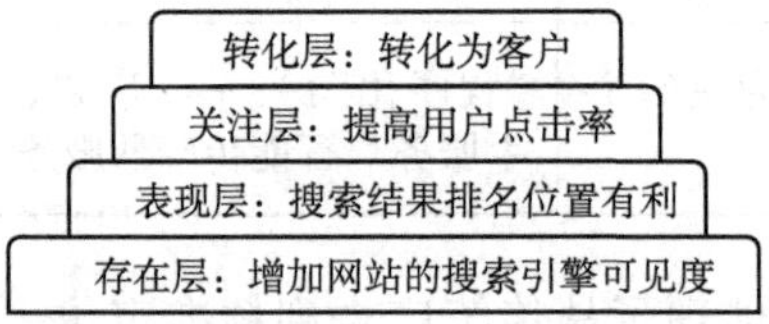

图 7－1　搜索引擎营销的目标层次

（三）搜索引擎营销模式

搜索引擎在互联网上有着重要的作用，当用户想了解某些信息时，往往会通过搜索引擎来进行搜索，而对于大多数用户来讲，主要看搜索结果第一页的内容，因此搜索结果靠前就是搜索引擎营销的最终目标。搜索引擎营销模式可以分为很多种，主要有以下几个模式。

1. 竞价排名

竞价排名是一种按效果付费的网络推广方式，可以用少量投入为企业带来潜在用户，能够非常有效地提高企业的知名度和销售情况。由于搜索结果排名越靠前越有机会被点击到，因此不同商家之间通过竞争给出不同的价格，商家的价格越高，排名就越靠前。竞价排名的营销模式最初是百度在国内推出的，之后谷歌、雅虎等著名搜索引擎网站也全部使用了竞价排名的营销模式。一般来说，百度的竞价排名也称为百度推广，企业在购买该项服务后，通过注册提交一定数量的关键词，其推广信息就会率先出现在网民相应的搜索结果中。简单来说就是当用户利用某一关键词进行检索，在检索结果页面会出现与该关键词相关的内容。假设企业在百度推广注册提交“ABC”这个关键词，当用户搜索“ABC”时，企业就会优先被找到，百度按照实际点击量收费，每次有效点击收费从几毛钱到几块钱不等，这是由企业产品的竞争激烈程度决定的。我们从图 7－2 来看具体百度推广的显示位置。如我们搜索“汽车”，搜索结果的前几个就是竞价排名的结果，图 7－2 就是推广的内容。

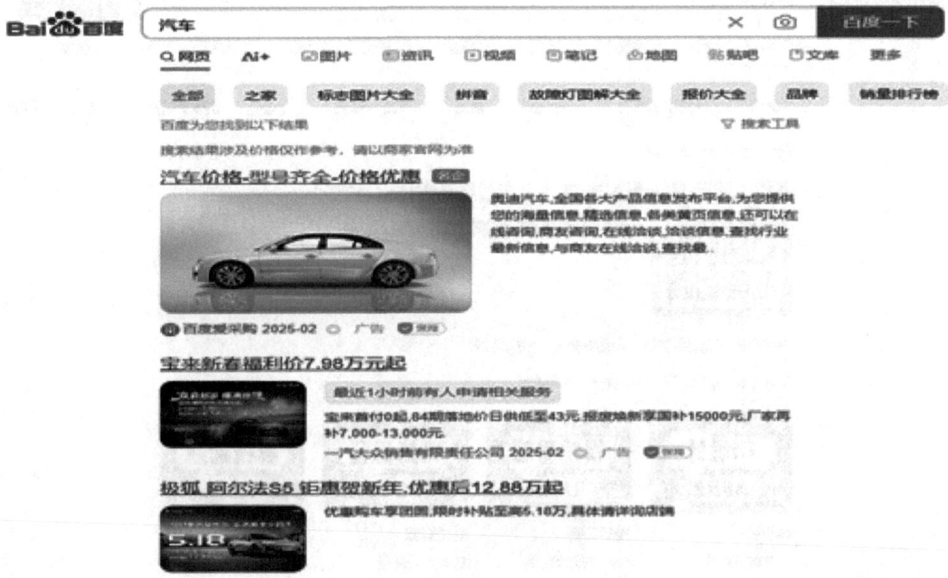

图 7－2　百度推广的截图

竞价排名的作用是：第一，商家按效果付费，只要用户点击了推广链接，推广者就需支付百度一定费用，如果没有人点击，则无须付费。第二，用户检索内容高度相关，增加了推广的定位程度。有些推广信息和搜索目的高度吻合时，系统将以“广告”形式展示在自然搜索之前。第三，搜索结果越靠前越容易让潜在用户关注到，效果越显著。第四，可以有效弥补推广者排名不好的劣势。第五，推广者可以自己控制点击价格和推广费用。第六，方便推广者对推广效果做统计分析。当然，竞价排名也有以下缺点：第一，如果没有及时充值，广告就会消失。第二，越来越多的网民意识到广告的位置，会专门避开这些位置。第三，如果有对手想恶意点击，则会增加推广者无谓的费用支出。第四，当所选关键词竞争力越大，广告的位置又只有一小部分，因此有些推广者会为此付出很高的费用。第五，前面几个缺点有可能带来投入与产出不成正比。

2. 关键词广告

关键词广告是指显示在搜索结果页面的网站链接广告。一般来讲，关键词广告在右侧，关键竞价在左侧，在自然排名之上。大家一般会先关注搜索结果的主页面，然后才扫一下右边的广告，因此，关键词广告相比关键词竞价有相对的弱势（见图7－3）。

图7－3 竞价排名位置

3. 分类目录

分类目录将网站信息进行系统分类，提供一个按类别编排的网站目录；在每类中，排列着属于这一类别的网站站名、网址链接、内容提要，以及子分类目录，浏览者可以在分类目录中逐级浏览，寻找相关的网站。分类目录中往往还提供交叉索引，从而可以方便地在相关的目录之间跳转和浏览。如果想找某类信息，可以通过目录找到相关类别的网站信息，同时也可以通过输入关键词进行搜索，但是搜索的结果可能就不是同一类别的产品，而有可能是名字相同的不同类别的产品。

4. 搜索引擎优化

搜索引擎优化（SEO）是利用搜索引擎的搜索规则来提高目前网站在有关搜索

引擎内的自然排名的方式，以达到网站推广目的的技术手段。搜索引擎优化重视的是网站内部基本要素的合理化设计，更重要的是为用户获取信息和服务提供方便。

搜索引擎优化是为了从搜索引擎中获得更多的免费流量，使网站获得品牌收益。搜索引擎优化有其独特的优点：第一，搜索结果在关注度上要比搜索广告更有优势，越来越多的网民意识到广告的位置会刻意去避开，因此排除推广位置后，排名越靠前越有被点击的概率。第二，建立外部链接，让更多站点指向自己的网站。第三，为用户带来更高的投资回报。第四，网站内容的良好优化可以改善网站对产品的宣传力度。

二、视频营销

从 2011 年快手、秒拍的上线到近两年来抖音短视频、西瓜视频的出现，各类短视频平台争奇斗艳，短视频行业呈现井喷式发展之势。抖音 APP 自 2016 年上线以来，短短 4 年内便拥有了庞大的用户基础，据统计，抖音的日活用户量超过 3.2 亿，不论是个人还是团体，拥有一个短视频账号就等于拥有了一张个人名片。短视频凭借较强的趣味性和可视性、丰富的表现形式、多元化的使用场景引领了新媒体时代的潮流，成为当下各行业火热的营销渠道。

随着短视频发展的步伐加快，越来越多的人加入短视频创作行业中。这种营销模式和手段，也同样引起了很多企业的跟风。很多企业为了使自己的品牌更加深入人心，于是也加入了短视频行业，作为自身推进品牌建设的一部分，把短视频建设纳入企业的营销战略之中。

（一）视频营销的特点

1. 成本低廉

与电视广告动辄几十万甚至上百万的制作投放预算相比，网络视频广告几千元就可以实现，营销成本大大降低。

2. 目标精准

广告商在选择的行业垂直网站进行视频广告投放，运用受众定向技术设定投放目标，视频直达精准的受众人群。

3. 互动 + 主动

视频平台互动行为能有效提升用户的活跃度与归属感，在网络视频用户中有 7.9% 的用户参与过视频平台的互动行为，用户互动参与程度较高。从具体互动行为来看，点赞、踩、免费送花在网络视频用户中最为普遍。页面发帖讨论行为占比高于发送弹幕与社交媒体互动讨论，说明目前网络视频用户更偏好在平台内进行且不影响观看体验的互动行为。

4. 传播神速

2012 年 7 月 15 日，朴载相（鸟叔）将他的单曲《江南 Style》的视频在国外视频分享网站 YouTube 上线后，在全世界迅速走红，包揽了英国、美国、巴西、比利时等 35 个国家 iTunes 单曲榜第一名。2012 月 21 日，半年不到的时间里，点击量就突破 10 亿次，成为互联网历史上第一个点击量超过 10 亿次的视频。

5. 效果可测

点击、转载、评论等种种数字，让企业视频营销的“每笔费用都可以找出花在了哪里”。

（二）视频营销的主要模式

目前，网络视频营销主要有 5 种模式：广告推送模式、品牌植入模式、病毒传播模式、UGC 模式和视频互动模式。

1. 广告推送模式

广告推送模式是指投放以视频贴片广告或视频播放器周边的广告为主的视频广告模式。作为最早的网络视频营销方式，贴片广告可以算是电视广告的延伸，其背后的运营逻辑依然是媒介的二次售卖原理。贴片广告直接翻版电视营销模式，显然不能符合用户体验至上的 Web2.0 精神，乃至使之沦为鸡肋，被网友轻松跳过。

广告推送模式包含片头贴片、片尾贴片和暂停贴片。特点是需要付费且费用较高，适合预算充足的商家，可以投放在各种视频网站里。

2. 品牌植入模式

品牌植入模式是指将品牌或产品价值信息点植入到视频短片中，通常视频情节、背景与道具等与品牌主张和产品信息高度吻合。这种模式费用较高，适合预算充足的商家。

品牌植入模式有以下三种植入形式：①自制剧：由视频网站自己制作出的网络剧；②定制剧：视频网站根据商家品牌定制的网络剧，如全优 7 笑果；③微电影：时长短，投资少，制作周期短的电影，如《老男孩》《11 度青春》等短片就是由雪佛兰科鲁兹投资的励志短片。

3. 病毒传播模式

病毒传播模式是另一种重要的网络视频营销模式。借助好的视频广告进行无成本的互联网广泛传播，这方面的成功案例比比皆是。如何找到合适品牌诉求的“病毒”是企业和营销人需要重点思考的问题。我们需要做到的是在进行视频创意时尽力使广告更加“可口化”“可乐化”“软性化”，更好地吸引消费者眼球。

4. UGC（User Generated Content）模式

即是用户产生内容，简而言之，这种模式就是调动民间力量参与视频的积极性，主动生产作品。它可以是企业发布和自己公司产品相关的视频，达到宣传的效果，如教育培训类企业、软件公司等。它也可以是企业调动网友的积极性，征集、票选由网友创作的视频作品，让网友与品牌实现互动，加深品牌印象。

很多企业都采取过这种模式，如 ViTrue 推出“品牌视频社区”的广告类型，为品牌建立广告社区，鼓励用户为他们喜欢的品牌制作视频广告。Holotof 则推出“广告创意”网络平台，用户可以提交推销他们的创意，而客户可以从中选用最好的创意。

但是 UGC 这种网络视频还有其他潜在的“风险”。那些希望借力网络视频的公司必须放弃一些对于言论的控制。虽然大公司可能已经习惯了这样做，而且必须为观众可能发出的回应做好准备。如果说一家公司可以在自家网站上删除那些未经审核的视频片段，那么控制这些视频在 YouTube 这样的视频网站上大肆传播则是个不可能完成的任务。

5. 视频互动模式

这类似于早期的 FLASH 动画游戏。借助技术，企业可以让视频短片里的主角与网友真正互动起来，用鼠标或键盘就能控制视频内容，这种好玩有趣的方式，往往能让一个简单的创意获得巨大的传播效果。

三、网络直播营销

以微博、微信为代表的新媒体出现以后，传播方式发生了极大的改变，受众由最初的单方面接收信息转变为双向沟通。这种新的传播方式的出现，拉近了人与人之间的距离，让通信变得更加方便。同时，网络直播平台的出现，更加增加了互动性。由于在网络直播平台受众可以直接向主播提问，主播即时回答，使传播者与受众相互影响、相互融合，确立了一种全新的互动式传播方式。

2020 年初，突如其来的新冠疫情导致人们被迫居家，线下商业陷入凋敝期，门店关门、农产品滞销，面对大量井喷式的产品和服务，居家隔离的人们，其消费需求却日趋饱和。随着直播带货行业的蓬勃发展，不仅网红主播，包括县长、区长和企业家在内的各界人士纷纷加入，通过直播为自家产品或品牌宣传。例如，罗永浩、董明珠和李彦宏在同一天直播带货，媒体甚至用“三大佬同框带货”来形容这一现象，凸显了直播带货在当前电商领域的巨大影响力。而这背后，则是直播带货创造的，被不断刷新的交易额纪录：2020 年“双十一”期间，淘宝直播诞生了 28 个成交额超 1 亿元的直播间；2020 年 11 月 12 日，抖音电商对外公布“双十一”销售战报，最终成交额破 187 亿元；2020 年 11 月 1 日“双十一”启动之日，淘宝直播某网红的销售额为 3.1 亿元，另一网红的销售额为 4.3 亿元；2020 年前三季度，快手电商创造的 GMV 达到 2 041 亿元，仅第三季度的 GMV 就达到 945 亿元。

（一）视频直播的类别

目前视频直播大致分为四类：泛娱乐类、游戏类、版权类和垂直类。泛娱乐类直播包括个人互动直播、才艺展示直播、明星直播、户外直播等形式，这种直播形式娱乐性更强，用户参与直播的过程可以放松心情。游戏类直播内容主要包括电竞赛事直播、游戏节目直播，根据相关数据显示游戏直播受众以男性为主，占 80% 左右。版权类直播包含体育赛事直播、活动转播等。垂直类直播即直播围绕一个主题而展开，用户定位清晰，在直播过程中由于内容和主播的引导，双方更易形成较强的关系链接，电商直播就属于垂直类直播范畴。

（二）直播营销的主要模式

2016 年和 2017 年都可以称为“直播年”。说起直播大家应该都不会陌生，可能自己尝试过，可能看过亲朋好友现场直播，也有可能在手机上的某个 APP 上看过。起初在互联网没有诞生时，直播只在电视上出现过，一般有重要新闻，都会转播的；而现在直播是随处可见的，如淘宝直播、段子直播、尬聊直播。2016 年，直播迎来了超新的时代，脱离电脑电视可以直接在手机上观看。不仅如此，用户只要愿意，自己也可以成为主角。2017 年，直播更是翻越了新篇章，成了新型的行业。

1. 直播 + 品牌（明星）

在这个明星/品牌的效应下，很多观众都是处于“跟风”状态，喜欢这个品牌或者说喜欢这个明星就会购买他/她代言的产品，就会关注新品。同时，对于大牌明星的出现就会引起全场轰动，而且引流性也会很好的。再通过直播的方式进行广大宣传，吸引更多观众成为潜在客户。

2. 直播 + 发布会

除了明星直播外，发布会的直播也受很多人的欢迎，在新品上架时，很多企业都会选择商品发布会，提前给观众一个新的预告，让观众面对一个空的事物有一定的了解，同时亲自介绍产品的细节会比图片文字效果要好。

3. 直播+活动

以公司或者企业为例，如在企业/公司周年庆的那段日子里，会有许多优惠活动以及企业/公司的特有节目，在节目进行时会通过官方网站或者官方 APP 进行直播。其实，通过视频直播宣传公司及活动也是一种有效方式。

4. 直播+深互动

直播虽然还存在很多缺陷，但是它最大的优势就是互动性很强，可以通过手机、电脑、电视等设备观看，给观众更亲近的体验感，甚至可以发表自己的感受，送礼物与主播互动等，主播也可以通过直播发放福利如优惠券、幸运观众等方式。

5. 直播+游戏

提起游戏直播，大多数人会想到“斗鱼直播”APP，它是典型的游戏直播平台。对游戏玩家来说，有时看别人打游戏也是一种乐趣，而“斗鱼直播”刚好满足了这个要求，主播可以直播打游戏，可以陪打游戏，在直播过程中也会讲解一些主播个人的游戏经验等。2014 年创建，到现在已经成了全球网络前 300 名，全国前 30 名，浏览量在国内视频类网站中排名第一。这样的数据说明了游戏直播行业因没有达到饱和状态，很多人也成了全职的游戏主播，因此主播也成了新行业之一。

6. 直播+电商

以淘宝为例，在“双十一”大型活动之际，大部分的店主都会通过直播来与客户进行交流，有新品上架的商家就会通过直播的方式把商品展示给顾客，使顾客在购买之前能够看到实体效果，而不是图片效果。卖家通过直播可以发放优惠券，使买家在购物中能够得到优惠，同时也提高了购买率。而且，也可以通过直播与主播互动，有疑问秒解决，并且能在第一时间就能快速地了解产品。

7. 直播+新闻

腾讯新闻会插入一些转播的情况，进行现场直播，查看以及解释现场的情况。让观众能够满足好奇心以及更加有吸引力；画面和声音同步传输，观众的现场感会更强，容易产生共鸣；也更加能够满足新闻的时效性。

8. 直播+社交

社交软件我们用得很多，QQ 可以说是陪伴着我们成长的 APP 了，它起先只是单纯的聊天，到目前为止各种社交活动都有入驻，QQ 同时也有了直播。QQ 直播可以进一步和 Q 友交流，能够很随意地聊天，分享自己正在做的任何一件事情，同时通过不同的方式了解Q友。在直播的同时，还可以赚钱。

（三）直播营销的特点

网络直播活动不只是一个品牌的狂欢，还可以开启“品牌+品牌”的战略合作模式，使营销活动规模扩大化，实现营销效果的最大化。网络直播营销不仅是一种创新的营销方式，它以全新的方式颠覆着电商行业的发展形态。对于网络直播营销来说，其特点分为以下几个方面。

1. 更低的营销成本

传统广告营销方式的成本越来越高，楼宇广告、车体广告、电视广告的费用从几十万元到上百万元不等。网络营销刚兴起时，企业可以用较低的成本获取客户、销售产品；但随着淘宝、百度等平台用户增加，无论搜索引擎广告还是电商首页广告、直通车等的营销成本都开始变高，部分自媒体“大号”的软文广告甚至超过50万元。而直播营销对场地、物料等需求较少，是目前成本较低的营销形式之一。

小米公司总经理雷军曾多次在自己的办公室开展直播营销，通过十几家视频网站和手机直播App，以及自家的“小米直播”App发布其生态线上的产品。采用线上直播的形式，无须租借会议场地，无须准备户外宣传，无须进行会场布置，所花费的成本仅是水、电、网络使用费和十余台手机在直播过程的损耗而已，甚至可以称之为“零成本”。

2. 更快捷的营销覆盖

消费者在网站浏览产品图文或在网店翻看产品参数时，需要在大脑中自行构建场景。而直播营销完全可以将主播试吃、试玩、试用等过程直观地展示在消费者面前，更快捷地将消费者带入营销所需场景。同时平台直播没有地域和时间限制，只要有手机等设备，随时随地都可观看、参与和下单。

3. 更直接的营销效果

消费者在购买产品时往往会受环境影响，由于“看到很多人都下单了”“感觉主播使用这款产品效果不错”等原因而直接下单。因此在设计直播营销时，企业可以重点策划主播台词、优惠政策、促销活动，同时反复测试与优化在线下单页面，以收获更好的营销效果。

4. 更有效的营销反馈

在产品已经成型的前提条件下，企业营销的重点是呈现产品价值、实现价值交换；但为了持续优化产品及营销过程，企业需要注重营销反馈，了解客户意见。由于直播互动是双向的，主播将直播内容呈现给消费者的同时，消费者也可以通过弹幕的形式分享体验；因此企业可以借助直播，一方面，收到已经用过产品的客户的使用反馈；另一方面，收获现场消费者的观看反馈，便于下一次直播营销时修正。

四、社交媒体营销

社交媒体营销是利用社会化网络、在线社区、博客、百科或者其他互联网协作平台媒体来进行营销，公共关系和客户服务维护开拓的一种方式。在网络营销中，社交媒体主要是指一个具有网络性质的综合站点，而它们的内容都是由用户自愿提供的，而不是直接的雇佣关系。社交媒体主要分为以下几种：专业社交网络、移动聊天、即时消息、在线交易、微博、博客、图片分享、视频分享、知识问答、百科知识、在线音乐、签到、留言板等。相较于一般的社会大众媒体，社交媒体的显著特点是可以让用户享有自己的创作权及言论权，自由进行各种编辑创作工作，并可以进行相互交流、分享。在跨境电子商务中，常利用国外的社交媒体，比较流行的主要包括：拥有约 13 亿用户的美国社交服务网站“Facebook”；美国社交网络及微博服务的网站“Twitter”；在使用数据流量或连接 Wi－Fi 条件下，享受免费通话和免费短信的交流工具“Line”；基于用户分享的照片或视频建立的微社区 App“Instagram”；可以和兴趣不同的好友分享有趣事物的 SNS 社交网站“Google＋”等。

（一）社交媒体营销的特点

1. 具有较高的精准度

门户网站一般追求的是信息的覆盖率，而社交媒体则更能体现营销精准度。例如，作为全球知名的社交媒体平台，Facebook 把用户属性分为年龄性别、语言、学历、民族、父母、生活记事、行为、地区、感情、工作、时代、政治以及兴趣爱好等，依托对数据的程序运算分析出不同个体的具体偏好，再按照不同维度归类细分，进行个性化的内容推送，实现营销的差异化、精准化、有效化。此外，随着移动互联网的发展，基于地理位置的营商特征也将给营销带来极大的变革。

2. 更能体现“人格化”

社交媒体的一个很大特点，也是优势，就是人格化的属性。人是有个性的，但又都是社会的，所以人的根本属性是“社会属性”，而社交媒体最大的优势就是利用了人的这一属性，将信息传播赋予“人格化”的特点。社交媒体通过互动，使受众对接收的内容进行评论、转发，在再次传播过程中成为主动参与者，而不是被动接受者。每个受众都拥有一个独立的社交媒体账号，成为网络空间的实体，并形成社交圈子。由于信息传播是双向的，受众可以根据个人偏好，选择感兴趣的内容来接受和传播，这就较好地满足了人的个性需求。也正因为如此，社交媒体才得以兴旺发达，参与者人人都可成为主人，也就乐此不疲。

3. 营销的门槛较低

在社交媒体营销中，个人的手机、电脑成为信息传播、社会交往的媒介，个人既是信息的接收者，又是信息的发布者、传播者。相对于传统媒体需要采访、编辑、审核、发布的常规流程，社交媒体的信息发布门槛要低得多，甚至可以说没有门槛。移动终端技术和无线互联网技术的发展，使个人利用社交媒体账号随时随地发布各类消息成为可能。可以说，社交媒体改变了信息的传播模式，也颠覆了传统的消息构成元素，不但使信息的传播更为迅速、便捷，也使信息更加广泛，出现海量存储和传播，以及碎片化的海量信息，使受众获取运用信息更为便捷高效。

4. 具有普遍的受众

美国有相关研究资料显示，72% 的成人每天登录社交媒体网站，并且每周至少花费 23 小时。也就是说，大家平均每天花费 14% 的时间在社交媒体上。Boost Mobile 公司对 500 名 16—25 岁的消费者进行了一项社交媒体的使用调查，50% 的受访者承认他们对社交媒体上瘾，68% 的受访者一天查阅社交媒体 10 次以上，31% 即使在上厕所时也要使用社交媒体。

（二）社交媒体营销模式——以微信为例

微信是 2011 年 1 月 21 日推出的一个为智能终端提供即时通信服务的免费应用程序，支持跨通信运营商、跨操作系统平台快速发送免费语音短信、视频、图片和文字，同时，也可以使用通过共享流媒体发布的资料和基于位置的社交插件"摇一摇""漂流瓶""朋友圈""公众平台"等。截至 2024 年 3 月，中国移动互联网的活跃用户数达到 12.32 亿。微信作为其中的重要应用，月活跃用户量超过 10 亿。微信用户覆盖 200 多个国家和地区，支持超过 20 种语言。

微信营销是企业或个人营销模式的一种，是伴随微信的火热而兴起的一种网络营销方式。微信不存在距离的限制，用户注册微信后，可与周围同样注册的"朋友"形成一种联系，订阅自己所需的信息，商家通过提供用户需要的信息，推广自己的产品，从而实现点对点的营销。微信营销基于移动互联网的发展，并且智能手机越来越普及，微信已经成为即时通信市场的一大霸主。微信营销主要有五种模式，具体为：

1. 草根式广告——“查看附近的人”

微信中有基于LBS的社交功能的插件，而这往往也是最有价值的，根据LBS的精准定位，可以通过手机，查看周围人，然后会出现在方圆100米、200米、500米等之内的朋友。营销人员在人流最旺盛的地方后台24小时运行微信，如果“查看附近的人”使用者足够多，这个广告效果也会不错。随着微信用户量的上升，可能这个简单的签名栏也许会变成移动的“黄金广告位”。这个功能也能使更多陌生人看到这种在签名状态栏里的强制性广告。这样就是一种免费的营销了，而且都是周围人，所以这些广告非常有效。

2. 社交分享式——“朋友圈”

微信4.0版本中的新功能“朋友圈”分享功能的开放，为分享式的口碑营销提供了最好的渠道。微信用户可以将手机应用、PC客户端、网站中的精彩内容快速分享到朋友圈中，并支持网页链接方式打开。朋友圈类似于一个朋友网，但是相对来说关系更强的应用。我们可以发图片，发文字，甚至可以是一些非常好的链接，里面的文字和照片都非常唯美，吸引人们去消费。经常发一些新的动态让好友们看到，这种营销方式的适用关键是要有用户基数，而且得保证所发送内容的质量。我们朋友圈内的好友越多，看的人数也就越多。

3. 品牌活动式——“漂流瓶”和“摇一摇”

这两种都属于社交交友类的功能，其运用主要在于信息的设置。打开微信中的这些功能，我们可以通过发送推广的文字信息，发送给接收到漂流瓶的客户。“漂流瓶”模式本身可以发送不同的文字内容，甚至是语音小游戏等。如果营销得当，也能产生不错的营销效果。“摇一摇”可以一下子摇到很多好友。商家可以使用这种方式进行推广活动，微信官方可以通过对“漂流瓶”参数的更改，使得合作商家推广的活动在某一段时间内抛出的“漂流瓶”数量大增，普通用户“捞”到的频率也会增加。

4. O2O折扣式——“二维码”扫描

“二维码”参考国外社交工具“LINE”的“扫描QR Code”功能，原来是用来扫描识别另一位用户的“二维码”身份从而添加朋友。但发展至今，它具有了越来越多的商业用途。移动应用中加入“二维码”扫描，然后给用户提供商家折扣和优惠，这种O2O方式早已普及开来。类似的APP在应用超市中也多到让你不知如何选择，坐拥上亿用户和活跃度足够高的微信，价值不言而喻。目前这种营销方式已经被越来越多的商家所使用。

5. 互动营销式——“公众平台”

这是一种更加精细和直接的营销渠道，公众平台和用户之间是一对一的关注，所以公众平台可以向关注者一对一地推送各种消息，包括产品信息、最新新闻消息以及促销活动等。通过发布公众号“二维码”，让微信用户随手订阅公众平台账号，然后通过用户分组和地域控制，平台方可以实现精准的消息推送，直指目标用户。接下来则是借助个人关注页和朋友圈，实现品牌的病毒式传播。

第三节 数字营销策略

一、数字营销下的客观策略

在数字营销环境之下，以自媒体为代表的社交媒体开始兴起，极大地丰富了传播媒体，品牌传播媒体的选择也随之增多。由于媒体受众的转移，社交媒体逐渐成为信息传播的重要渠道。在现行的社会环境之下，社交媒体相对于大众媒体更具传播优势。所以，企业品牌传播媒体选择策略也逐渐从大众媒体转移到社交媒体。那么如何提升受众的注意力？从客观上来说，有如下几种方法：

（一）增加刺激物的强度

首先是刺激物的强度。刺激物的强度可以从刺激物的各种特性中体现，如色彩。色彩是重要的视觉要素之一。有道是“远看颜色近看花”，色彩大面积覆盖的效果对人的视觉感受影响巨大，并且不同的色彩引发人们注意的感觉不一样。例如，大面积的白色让人感觉轻松、明朗、清晰，大面积黑色让人感觉沉稳、庄重。同时，白色看起来显得分量“轻”，而黑色看起来显得分量“重”。红色让人感觉“暖”，蓝色让人感觉“冷”等。因色彩的面积以及深浅程度不一，引发人们的注意程度有差异。

其次是刺激物的大小。刺激信息中，除了不同的色彩设计以外，还有主体内容信息大小的强调。如汉堡王联合天猫打造了一场“从 1 到 7，嘴有多大，堡就有多大”的 O2O“量嘴定制汉堡”营销事件。线上 AR 量嘴定制 H5，PK 赢取优惠券，创造微博话题挑战人嘴极限，引发千万粉丝围观助阵，加入汉堡挑战；线下改造汉堡王天猫超级主题店，打造互动节目，还举办了一场“嘴有多大，堡就有多大”汉堡王天猫超级品牌日特别节目，诸多红人亲临现场挑战趣味体验。微博话题从线上延续至线下，达到产品与内容深度融合后与参与者产生情感共鸣的作用效果。这则广告强烈地刺激了消费者的购买欲望。因为放大了汉堡的外形，并且在色彩上运用红色这样鲜艳的色彩，极大地增强了刺激的强度，成功地吸引了消费者的注意。

（二）利用大数据获得消费者媒介使用习惯，迎合消费者兴趣

传统媒体时代，我们要迎合消费者的主观需求，只能根据心理分析进行推测不同类别的消费者偏好，如不同人群也会对颜色有不同的偏爱，女性会喜欢温暖而美丽的颜色如粉色、鹅黄色等，男性会选择沉稳的颜色如黑色、灰色等，而小孩则会喜欢亮丽的颜色。基于受众心理分析，来确定产品的营销策略，例如在儿童的商品中应该使用鲜艳的颜色，而针对老年人的商品颜色设计则通常会选择平静的颜色。

随着数字化技术的发展，人们开始进入数字化生活空间。通过大数据和云计算技术，人们的各种生活行为都成为数据被记录和分析，比如浏览过什么网页、查询过什么东西、购买过什么东西等，所有这些行为数据被汇总成为消费者的生活数据。大数据（BigData）是指巨量的、高速增长的、多样化的、有价值的和真实的信息资产，由维克托·迈尔·舍恩伯格 2012 年在《大数据时代》中提出。随着云技术的运用，大数据的价值逐渐被开发。社会群体的生活方式包括社会交往、日常消费、户外运动等。所有这些生活过程在大数据时代都形成了数据，可以通过云技术手段，把社会群体生活方式数据化。

企业通过大数据和云计算收集分析传播受众的生活方式，并从数据中寻找消费者的媒介使用习惯与媒介接触，制定满足需求的方案。企业的品牌决策已经越来越依赖于消费者的生活数据来定位消费者，达到最佳的品牌到达率。这样既可以很好地挖掘消费者的潜在需求，也能让企业的服务及时准确地到达消费者。

（三）拓宽媒介渠道，借力技术进行营销

数字营销时代，人工智能、AR 与 VR、物联网等新技术革命在不断颠覆“数字营销”的定义和价值的同时，也正在勾勒投放渠道这一领域的精彩。一方面，技术发展为人们提供了与传统完全不同的主动、快捷、精准洞察消费者的可能性，而这也成为客户营销投放时可参考的最有价值的依据；另一方面，品牌商在进行品牌推广的时候获得更宽广的传播的媒介渠道。借助人工智能、增强现实、视频直播、程序化购买等技术，更精确地采集和利用好数据，以此来打造受众精准的广告宣传计划。有了数据基础，进一步依托智能科技，打通线上线下所有媒介渠道，针对目标受众玩转精准营销，与消费者进行定向的信息互动，达到品牌市场

营销目的。

AI 营销是一种利用大数据及人工智能来预测用户连续行为，并改善与客户信息交互的营销方式。2020 年随着新冠疫情的到来，不少品牌的消费场景不得不由线下改为线上线下融合。线上渠道的加码倒逼了品牌线上营销精准度的需求。面对消费场景的转移，AI 营销在 2020 年更加深得人心。

一键试妆、一键美肤，这些听起来科技感十足的 AI 技术应用，其实早已变得不再陌生。2020 年 5 月，DIOR 迪奥在微信公众号中官宣：迪奥携手美图公司，共同开发迪奥 AI 美妍智能测肤功能。用户可在美图秀秀 App 中，通过“Dior 迪奥 AI 美妍”入口体验此功能，在拍照的同时，了解自己肌肤的实时问题。

具体到功能层面，迪奥 AI 美妍通过评估包括透亮度、平滑度、充盈度、细嫩度、紧致度、眼周年轻度在内的六大维度，帮助体验者发现肌肤问题，并给出对应的解决方案。体验者不但能获得个人专属“Dior 迪奥专属肌肤报告”，在登录个人 ID 后，还可随时回顾历史测肤报告。这一创新之举，无疑实现了功能性与趣味性的完美融合。

随着新零售时代对消费者影响的深入，智能化、科技感成为提升消费体验的重要因素。众多美妆大牌已纷纷入局智能化美妆领域，受疫情的影响，更是倒逼了美妆品牌加速满足传统消费不能到店的需求。

二、数字营销下的主观策略

营销要面对特定的消费者，在实行客观策略的基础上，更要针对不同的用户采取不同的主观策略。随着生活水平的提高，消费将成为一种有选择的行为，这样将使得消费心理和营销之间的联系越来越密切。有选择的消费也将促使营销站在消费者的角度进行创意设计。因此，研究不同的消费心理，会有利于广告的准确定位、行之有效。

（一）针对不同消费者的特征偏好

1. 年龄差异

由于个人的所知、所欲会随着年龄的变化而不断变化，不同时期的爱好和欲求都反映出不同的心理状态，广告对他们产生的影响也各不相同。对有些消费者来讲，广告使他们了解某一品牌的产品，但他们无动于衷；而对另一部分消费者来讲，广告不仅引起了他们的注意，还让他们成为购买主。

一般来说，中老年人会以理性的心态来看待一切，那些老牌产品让他们产生了某种思维定式的偏好。广告不仅要注重产品历史感的宣传，更要侧重于理性说服，有时需要提供具有逻辑的论证和推理。由于物质生活水平的提高，中老年群体对健康的急切渴望是决定他们消费行为的首要因素。总之，营销要充分考虑到不同的年龄层次，摆正营销阵营的具体位置才能达到事半功倍之效。

2. 性别差异

在性别上，消费心理的表现也不尽相同。一般来说，对于男性总是暗示成功、地位、潇洒和大度等形象特征。“追逐人生，男人不止一面”，这是七匹狼近几年耳熟能详的广告词。福特汽车打出了“你的世界，从此无界”“领先，在于你的魄力”这样的广告口号。这样的广告对男性的消费欲望的刺激要比女性更为强烈，因为这些广告塑造的“真男人的一面”，恰到好处地与男性消费者的心理欲求达到共鸣。针对男性的这一心理特点，广告还常常有这样的心理暗示：拥有某种名牌商品就等于是成功男人的标志，以此来迎合他们的心理需求，而且屡屡得手。

3. 文化差异

人类具有学习的特质，人的态度和行为会因为文化而产生差异。文化程度的不同决定了其认知事物的范围。例如，画家旅游时会观察山川草木的形态特征以便创作出更好的画作，生态环保专家会注重对当地生态系统的样本采集，植物学家则会欣赏不同种类的植物。可见，消费者的文化差异，直接影响其消费行为。个人的文化知识储备的多寡与思维判断能力的强弱有紧密关系。文化程度愈高的消费群体，在对广告的接受和认知的能力方面，逻辑思维和判断能力也愈高。若让他们接受一个论据无力、逻辑混乱的广告是比较困难的。

4. 消费水平差异

随着生产力的发展，人类正在逐渐摆脱为生存而挣扎的物质匮乏时期，商品已经从满足基本物质需要，开始转向满足从物质到精神的多种需要：从“必需的消费”发展到“更多的消费”。由于经济上的充足，高收入者们对物质生活方式的要求越来越高，而精神文化方面的需求也随之攀升。在购买商品时，他们往往会受到逐名、攀比和享乐等心理因素的影响。对于他们来说，产品的影响力度是首要考虑条件。这导致他们的消费心理相对简单，而很少去考究产品的真实特性、服务是否必要，关键是“人无我有”“人有我优”“我就是要比你强”。而这一消费心理，正是致使高消费现象愈演愈烈的原动力。

（二）针对不同消费者的心理偏好

数字营销不仅要针对竞争对手而定，更要针对受众来制定，因为受众的心理和行为特点因人而异。为了让广告活动更能行之有效，了解消费群体的心理特征是十分必要的。根据消费者的不同消费心理，针对他们的某些需要而进行的广告设计才可能见成效，下面是几种常见的消费心理倾向。

1. 求新心理

这类消费者特别注重商品的款式是否时尚、造型是否奇特及设计是否新颖等，而相对商品的质量、价格等则成为次要考虑的因素。一般而言，这类消费者容易接受新的观念、思想，在生活上侧重追求全新的体验和感受，在购买商品时，容易受广告宣传、社会环境和潮流导向的影响。营销活动也往往利用消费者的求新心理。

2. 求实惠心理

这类消费者偏向于商品的质量与实用性，讲究经济实惠。相对而言，对商品的象征意义、造型与款式等关注度不高。在选择商品时，他们会认真比较、仔细地挑选那些实惠的商品。针对这一心理特点，广告主题表现得越亲民，越容易被他们接受。他们往往希望付出较少的金钱来获取较多的物质利益，因此，在选择商品时，宁肯多花时间和精力来多方面了解商品的价格差异，选择价格既便宜性价比也高的商品。

3. 满足虚荣的炫耀心理

这是一种追求高档、名贵商品，不追求商品的使用价值的消费行为，是注重精神满足的消费心理。通过购买名牌商品，以显示或提高自己的身份和社会地位，如购买豪华轿车或特殊名贵的限量商品，为了显示与众不同来达到“表现自我”“彰显自我”的目的。因此，这类消费者往往对商品的象征意义、商品的知名度特别重视，把名牌商品作为最佳选择。

4. 模仿或从众心理

模仿是一种普遍的社会现象。消费者在购买商品时，会自觉或不自觉地受到群众压力下的某种影响，其行为、观点会趋向与群众保持一致，进而模仿他人的购买行为。有的出于羡慕而模仿，有的缺乏主见、随大流而模仿，有的保守、惧怕风险而模仿。不管出于何种原因，有模仿心理的消费者，其购买行为往往深受他人的影响。一般来说，这类消费者的模仿对象多是社会名流或其所崇拜、羡慕的明星偶像。电视广告中经常出现某些歌星、体育明星使用其产品的画面，目的就是刺激受众的模仿动机，促进产品的销售。从众心理还可以促成某种流行时尚。

第四节　数字营销的作用与研究展望

一、数字营销的作用

（一）提升品牌价值

数字营销通过互联网、移动设备和其他数字技术渠道，实现与用户的高度互动和精准定位，从而为企业品牌价值的提升带来机遇。因此，本节将从品牌资产、市场竞争力、消费者忠诚度及社会文化四个方面对这一直接影响进行分析。

1. 数字营销可以实现企业品牌资产的提升

数字营销通过微博、抖音、微信公众号等多元化的数字渠道，将品牌信息迅速传播给广大用户。例如，某品牌通过深度合作的博主，通过短视频和直播形式展示产品使用效果，通过平台吸引用户的关注，这种创新的数字营销方式不仅提升了品牌的曝光度和知名度，还树立了专业、时尚的品牌形象，从而大幅提升了企业品牌资产。

2. 数字营销可以实现企业市场竞争力的增强

数字营销利用大数据和人工智能技术，可以对企业用户行为进行深入分析，帮助企业精确洞察市场需求和消费者偏好。如某品牌通过收集平台线上销售数据、用户浏览记录及购买行为等信息，及时调整生产计划和营销策略，推出更多符合市场需求的产品，从而在激烈的竞争中占据市场份额。

3. 数字营销有利于消费者忠诚度的培养

数字营销通过平台提供定制化推荐、会员专属优惠等个性化的互动体验，可以加深企业品牌与消费者之间的连接。如电商或直播平台根据用户的购物历史和浏览习惯，通过算法智能化地推荐相关产品，不仅提升了用户的购物满意度，还促使其成为品牌的忠实粉丝，并扩大产品的推荐范围。

4. 数字营销有利于社会文化影响力的扩大

数字营销可以通过微电影、话题挑战等丰富多样的形式，进一步将企业品牌理念和文化传递给更广泛的受众。如某品牌通过发起一系列与环保相关的线上挑战活动，提倡消费者减少一次性塑料瓶的使用，此举不仅提升了该企业品牌的环保形象，还激发了大众对环保问题的关注，使该品牌在社会文化层面产生了深远影响。

（二）促进中小企业创新

1. 数字营销的平台多样性增强了中小企业创新意愿

一方面，PaaS、SaaS等海量数字营销平台为内部资源相对匮乏的中小企业提供了更丰富的外部创新资源获取渠道，使企业开展迭代创新更具成本效益，提高产品和服务的竞争力，快速响应、引导和预测客户潜在需求，更好地传递产品价值和刺激客户消费，而这反过来又可以增强创新意愿；另一方面，数字平台的多样性消除了地域、时间的二维限制，瞬时产生的销售场景催生了多元化市场需求，由此带来的额外收益刺激了竞争对手跟进实施数字营销战略，促使平台竞争日益透明、激烈，倒逼企业为提高产品的转换壁垒和竞争力，不得不增强自身创新投入。

2. 数字营销的目标精准性提升了中小企业创新决策效率

一方面，采用数字营销的中小企业能够通过搜索权重和用户画像等功能，更精准地挖掘出消费者的群体特征及定位目标市场，实现创新资源的靶向投放和配置，有效提高了创新决策的精确度；另一方面，企业依靠海量数字营销数据，利用大数据分析算法能更加精准地评估产品创新增量感知，加速产品个性化、定制化、迭代化的柔性革新，提升了中小企业创新决策效率。

3. 数字营销的深度互动性强化了中小企业创新竞争优势

一方面，数字营销提高了企业对细分市场的敏感度，允许其通过社交媒体及后端社群等方式更及时地获取客户对产品改进的反馈，加速了客户需求与企业创新的交互协同，使得企业更易进行适应市场需求变化的迭代创新；另一方面，基于社交网络及CRM工具，数字营销改善了供应链间的协调关系，以需求为基础推动中小企业与上游供应商的市场协作，促进共生型创新生态系统不断涌现，激发了企业创新的跨界合作意愿和创意思维，尤其有利于加速企业创新进程，显著提高其创新的灵活性和互动性，强化了中小企业创新竞争优势。

（三）促进产业升级和经济结构优化

数字营销作为数字经济的重要组成部分，通过技术创新、精准定位和资源整合等方式，对产业升级和经济结构优化产生了深远影响。以下是分三个部分的详细论述：

1. 数字营销对传统产业的改造与升级

数字营销通过引入大数据、人工智能、云计算等技术，推动传统产业的智能化转型。例如，在农业领域，数字技术的应用能够显著提升生产效率和产品质量。智能灌溉系统、无人机监测等技术手段的引入，使农业生产更加精准和高效。同时，电商平台和农产品追溯系统的建立，拓宽了农产品的销售渠道，提升了市场竞争力。

在工业领域，数字营销推动了工业生产的智能化和绿色化转型。智能制造技术的广泛应用，如自动化生产线、机器人作业等，不仅提高了生产效率，还降低了能源消耗和污染排放。工业互联网的兴起，帮助企业实现对生产过程的实时监控和优化，提升了生产管理的精细化水平。

此外，数字营销通过精准定位和个性化服务，帮助企业更好地满足市场需求，提升产品附加值。例如，某制造业企业通过数字营销平台收集用户数据，优化产品设计和生产流程，实现了从传统制造向智能制造的转型。

2. 数字营销催生新兴产业与经济新增长点

数字经济的发展催生了一系列新兴产业，如云计算、大数据、人工智能、区块链等。这些新兴产业不仅本身具有较高的增长潜力，还与传统产业深度融合，推动了产业结构的优化升级。例如，云计算作为数字经济的核心基础设施，通过提供高效、灵活的计算资源和服务，降低了企业的运营成本，加速了业务创新。大数据技术的广泛应用，使企业能够对大量数据进行深入分析，为决策提供依据，推动了数据驱动型产业的兴起。

数字营销还通过创新营销手段，推动了新兴产业的发展。例如，电商平台通过大数据分析，为消费者提供个性化推荐，提升了购物体验和购买转化率。这种创新的营销模式不仅提高了企业的经济效益，还促进了新兴产业的快速发展。

3. 数字营销促进产业融合与经济结构优化

数字营销通过打破传统产业的边界，促进了不同产业之间的融合与协同发展。例如，互联网与零售业的结合催生了电商这一全新业态。电商平台通过搭建线上商城，让消费者能够足不出户就能浏览、比较和购买各类商品，极大地提高了购物便捷性。

数字营销还推动了制造业与服务业的融合，发展了智能制造、数字化服务等新型产业。例如，某制造企业通过数字营销平台，将生产过程与售后服务相结合，为客户提供一站式解决方案，提升了客户满意度和市场竞争力。

此外，数字营销通过优化资源配置，提高了经济效率。例如，企业通过数字营销平台收集用户数据，优化生产计划和营销策略，减少了浪费，提高了运营效率。

二、AIGC 背景下数字营销的未来发展

AIGC（Artificial Intelligence Generated Content，人工智能生成内容）是一种新兴的内容创作方式，它利用人工智能技术，结合大数据、机器学习和自然语言处理等手段，能够自动产生各种形式的内容，包括但不限于文本、音频、图像、视频、代码、游戏、3D 以及多模态内容。这种方式不仅高效、便捷，而且能够在短时间内生成大量内容，满足各种商业场景的需求。2022 年 11 月，随着以 ChatGPT 为代表的聊天机器人和大模型技术在全球范围内取得突破性进展，AIGC 成为备受全球瞩目的智能技术和内容生产方式，全球 AIGC 赛道上竞争趋于白热化，国内外迅速涌现了一批 AIGC 大模型应用，国内如百度文心一言、阿里通义千问、复旦大学 MOSS、科大讯飞星火认知、清华大学 ChatGLM，国外如谷歌 Bard、Anthropic-Claude。

2025 年初，DeepSeek 作为 AIGC 领域的一匹黑马，凭借其低成本、高性能和开源等优势，迅速在全球范围内引起了广泛关注。DeepSeek 通过创新的训练策略和架构设计，大幅降低了 AI 模型的训练成本，例如其 DeepSeek－V3 模型的训练成本不到 600 万美元，却能达到与 ChatGPT－4 相当的性能。此外，DeepSeek 还采用了开源模式，吸引了全球顶尖人才进行优化，助力模型快速更新迭代，提升技术安全性。这种开源策略不仅降低了开发门槛，还促进了人工智能的公平应用。

DeepSeek 的低成本和开源优势使其在市场竞争中脱颖而出，推动了 AI 技术的普及和应用。例如，京东云已经上线了 DeepSeek－R1 和 DeepSeek－V3 模型，支持公有云在线部署和专混私有化实例部署，为开发者和企业提供了灵活的使用方式。此外，DeepSeek 还通过与国产算力平台的结合，进一步降低了硬件成本，例如与华为昇腾的合作，实现了高性能推理服务。这些举措不仅提升了 AI 技术的可及性，还为中小企业和开发者提供了更经济实惠的解决方案。

（一）AIGC 数实融合：赋能企业营销

AI 技术的应用推动了传统市场推广方式的变革，通过自动化流程、智能优化和预测，企业采用数据驱动的营销方法，以深入洞察和准确预测为基础进行决策，从而提高营销效果和投资回报率。AIGC 技术通过数据分析和机器学习算法，个性化地定制生成内容，不仅可以赋能客户，为数字营销提供更精准的预测分析和推荐服务，还可以赋能营销人员，提供自动化工具和智能辅助决策，提高效率、准确性和创造力。AIGC 技术在零售、金融、医疗健康、旅游酒店等垂直行业及各类

应用中具有广泛的赋能能力，提供定制化的解决方案，如社交媒体分析、广告优化与投放、个性化商品推荐、风险评估、医疗诊断辅助、客户关系管理等。

在赋能客户方面，谷歌于2023年5月宣布其广告全面转向以AI为中心，并进入实时定制时代。谷歌广告事业部通过新的生成式AI技术使广告活动变得更加智能和高效。广告商只需提供网页的落地页，AI就能生成相关的关键词、标题、描述、图像和其他广告资产。AI还能根据用户的查询调整搜索广告，创建更符合用户搜索查询的新标题。此外，GoogleAds还引入了自然语言对话体验，让用户可以像与同事交谈一样向GoogleAI提出想法。PerformanceMax是谷歌的目标导向广告系列，谷歌还将在PerformanceMax中引入生成式AI，广告商可以在单个广告系列中利用谷歌的所有广告库存，覆盖YouTube、展示广告、搜索、Discover、Gmail和地图上的客户。这些举措表明，AI技术正在助力数字营销，为广告商提供更高效、更精准的营销方案，并为消费者提供更相关和有用的信息。

在赋能营销人员方面，微软将AIGC技术应用于销售，以简化和改善销售流程，并加速向现代化营销模式转型。基于OpenAI的GPT，微软推出的VivaSales可帮助销售人员创建简洁和量身定制的客户电子邮件，提供提醒和建议，并提取有关潜在客户的见解。通过Dynamics365Marketing/CustomerInsightsCopilot、DCCP等集成AI的产品，助力企业快速提升客户体验、优化运营、赋能员工以及推动产品创新。Salesforce推出的EinsteinGPT可生成定制的内容，提高员工的工作效率，并改善客户体验。此外，微软还通过AIGC技术实现营销文案内容生产自动化、生成产品营销广告图像/视频/Logo、个性化销售材料、潜在客户搜索、生成社交媒体营销帖子、销售数据分析、开发培训资料、了解客户活动，并通过聊天机器人虚拟助手为其提供自动服务。这些举措显示出AIGC技术的不断拓展，为数字营销提供了更多的内容生产模式和营销场域形式。

（二）AIGC营销助理：颠覆沟通方式

语料研究显示，AIGC技术与数字营销都致力于对“产品、技术、内容、服务、行业、运营、渠道”的转化与赋能，强调AIGC技术给营销带来的“持续、深度”的“智能、效率、价值”。基于共同的价值观与追求，数字营销、元宇宙营销、电商营销、跨境营销等营销模式与以ChatGPT为代表的AIGC聊天机器人建立了紧密联系。行业专家及舆论普遍看好AIGC聊天机器人在营销领域的广阔前景，并表达出“释放、引爆、助力、火爆、辅助、席卷、翅膀、快车”等愿景期待。

在AIGC+数字营销阶段，核心将是“创新型、高效能、高智能多元化人机共生式营销”，人工智能将在数字营销中承担新的角色，从驱动式“观察、预测”拓展到智能化“直接生成、决策”。AIGC 技术将促使数字营销公司和传统营销产业链更加重视个性化和精准营销、智能化运营，大幅提升产业链效率、降低供应链成本。通过全时全场景的客户价值挖掘和运营，企业能够更好地满足客户需求，提高客户满意度和忠诚度。AIGC 技术还可以为品牌营销传播提供有力支持，生成品牌战略与传播优化建议，涉及品牌内涵、品牌形象设计、传播素材和传播路径分析，帮助企业提升品牌形象与品牌知名度。这有助于企业更好地塑造品牌形象，增强品牌影响力。此外，AIGC 技术将促进营销媒介的融合，更好地整合各种媒介形式和营销渠道，实现更有效的营销传播。企业通过 AIGC 技术生成文本、图像、音频和视频等多种形式的营销内容，并将这些内容整合在一起，形成统一的营销方案，以便更好地传播品牌信息，吸引客户注意力，还能生产出适用于不同社交媒体平台的营销内容，根据用户在不同平台上的行为特征进行个性化推送，这有助于企业更好地触达目标客户群体，提升营销效果。

在人机共生方面，AIGC 技术将与人类营销专家协作，发挥各自的比较优势，实现高效、多元化的人机共生式营销。史安斌和刘勇亮（2023）认为 AIGC 会推动生产流程、生产主体、生产关系方面的人机协同，最终实现人机在形态、机制、文化和内在逻辑层面的深度融合。喻国明和李钒（2023）认为智能互联时代的信息分发模式将是预训练模型驱动、加持下的“信息的预报和调用”，AIGC 将通过 RLHF 算法与人类相互协作、协调，基于用户反馈生成符合用户价值需要的信息，提升模型“知道”“不知道”的能力，算法分发模型更能适应、满足用户的价值和实践需求。AIGC 技术可以快速生成大量的营销策略和内容，而人类营销专家则根据经验和创造力对营销策略和内容进行审核、筛选和优化。此外，大语言模型让聊天机器人具备较强的文字、图像、声音理解能力，AIGC 技术能够实现实时高度拟人化回复客户。未来，基于 AI 回复的营销系统有望加速渗透，高智能聊天机器人将与人工客服一起为消费者提供实时的千人千面的精准营销和客服支持，并可能在某些特定场景完全替代人类。

AIGC 聊天机器人还将成为用户的首要信息入口。喻国明和苏健威（2023）认为 ChatGPT 将穿透网络资源壁垒，成为下一代网络的入口和超级媒介，实现公私域资源整合和协同作用，驱动产业变革。用户将更多地依赖 AI 助手获取信息，聊天助手将逐步取代传统搜索引擎，实现更加精准、个性化的内容生成和营销。胡正荣和樊子塽（2023）认为 AIGC 已经驱动内容消费模式从“猜我喜欢”到“懂我喜欢”，大语言模型更容易理解用户的意图和偏好，能够最大限度地给用户推荐或生成其想要的内容，甚至 AIGC 会形成“另一个自己”。通过在 AI 助手上开展数字营销活动，企业能够更好地接触潜在客户，根据每个客户的需求和喜好为其提供定制化的产品和服务，千人千面营销真正全方位落地。

（三）元宇宙 + AIGC 数字人：数字营销体验和效率的巅峰融合

数字人通过 AI 的赋能，拥有更强的人类情感感知能力，使其智慧与完整的“人格”得到进一步提升。元宇宙为数字营销提供广阔的空间，品牌可以在虚拟环境中创造独特的体验和故事，以吸引用户的注意力。当基于 AIGC 的虚拟数字人营销助手与元宇宙相融合时，将突破虚拟与现实的界限，开启数字营销服务的新纪元，在更多垂直领域创造营销与传播奇迹。基于 ChatGPT 的“人格化 AI 数字人”能够实现与“人类元住民”的自然交流，让元宇宙充满更真实的人气，极大地提升互动体验的真实感，推动理想的元宇宙更快地实现。

在金融领域，面向 B 端的虚拟数字人具备专业、完备的金融服务技能，可以帮助金融行业实现数字化转型，从而提供智能高效、简单快捷、安全可靠的服务体验。例如，浦发银行打造了行业首位数字员工“小浦”。虚拟人能够在线上和线下的多个场景中完成业务问答、客户引导等工作，提供全天候即时的金融服务。在接入 AIGC 聊天助手（如 ChatGPT）后，虚拟人的感知能力和分析决策能力得到显著增强，能够更好地理解客户需求。在涉及与用户沟通的场景中，虚拟人能够实现专业且自然的交流和互动，承担金融客户问答、业务操作指引等关键服务职能，并根据客户需求提供更加智能和个性化的营销宣传。这些能力的提升将模糊金融数字人与现实人类之间的界限。

在汽车销售领域，数字人以真实的形象出现，并通过肢体动作、面部表情和语音等方式与用户互动。在元宇宙中，汽车品牌可以创造虚拟的汽车展厅和驾驶场景，让用户通过虚拟现实技术身临其境地感受不同车型的驾驶体验。数字人通过分析用户的购车偏好、需求和预算等信息，能够为用户提供个性化的汽车选择建议，并解答相关问题。此外，数字人还可以通过手势操作完成车内功能的控制，如调节空调温度。在驾驶过程中，车主可以通过语音与 ChatGPT 互动，如请求导航或播放音乐。这种人机交互方式既让用户感受到了尊重，又提供了便利。通过数字人与 ChatGPT 的结合，汽车品牌能够提升消费者的兴趣和好感，促进潜在客户的转化和销售的增长。

在电商销售领域，电商可以充分利用 AIGC 营销助手（如 ChatGPT）打造具备思考能力的个人购物助手，为每个用户提供独特的商品推荐。数字人可以通过与用户的聊天互动方式向他们推荐最适合的商品，并提供相关的信息和推荐理由，就像为每个用户量身定制的专属客服。例如，在电商直播中，数字人利用 ChatGPT

的能力以更生动、清晰的方式向用户介绍商品的细节、特点和功能，加深用户对商品的了解和信任。此外，数字人还能智能地与用户互动，回答问题、解答疑惑，并提供解决方案，以提升用户的参与感和互动体验感。通过数字人与 ChatGPT 的结合，电商能够为每个用户带来智能而个性化的购物体验，提高用户的满意度和忠诚度，从而促进业务增长以及取得竞争优势方面。

随着 Deepseek、ChatGPT、NewBing、Bard、文心一言等实时高度拟人化聊天机器人的成熟应用，基于 AI 回复的营销系统有望加速渗透，高智能虚拟数字人将成为营销的主导力量。这些技术和应用为数字营销带来了创新的需求和机遇，实现营销策略的自动生成和迭代，并实现渠道的自动分流。通过这些技术的发展，营销能够更好地满足不同用户群体的需求，提供更精准、个性化的营销策略和体验，与消费者建立更紧密的联系，提升用户满意度和忠诚度，从而实现千人千面的精细化营销。这一进步将使品牌能够在竞争激烈的市场中脱颖而出，为消费者提供更具吸引力和个性化的品牌体验。

思考题

1. 简述数字营销的概念及其与传统营销的主要区别。
2. 数字营销的四个发展阶段分别是什么？请简述每个阶段的特点。
3. 简述 AIGC 技术在数字营销中的主要应用场景，并举例说明。
4. 数字营销如何提升品牌价值？请从品牌资产、市场竞争力、消费者忠诚度和社会文化影响力四个方面进行分析。
5. 结合实际案例，说明数字营销在中小企业创新中的作用。

第八章　国外主要经济体数字贸易发展

学习目标

1. 掌握美欧日数字贸易政策体系演变模式。
2. 熟悉美欧日数字贸易政策体系的特征。
3. 了解美欧日数字贸易发展现状。

◎ 引导案例

空客通过外商独资模式向中国航空公司提供数字服务

获批增值电信业务试点。2024 年 10 月 23 日，中国工业和信息化部在北京、上海、海南、深圳四地启动“增值电信业务扩大对外开放”试点，取消外资股比限制。空客于 2025 年 2 月 28 日正式获得试点批复，成为首批获批的 13 家外资企业之一，获批业务包括互联网接入服务、在线数据处理与交易处理（如航空数据分析）及信息服务等。

数字化服务内容。空客中国已开发并完成首款面向我国航空公司的数字产品本地部署，计划在 2025 年上线飞机健康监测服务，通过实时数据分析优化航班维护效率。子公司 NAVBLUE 提供飞行运行解决方案，助力航空公司数字化转型，例如航路优化、燃油效率管理等。

战略意义。空客通过外商独资模式独立运营数字化服务，简化了流程并加速技术引入，旨在提升中国航空公司的运营安全性和效率，同时抢占中国未来航空服务市场的增长机遇。

数字贸易是指以数据为关键生产要素、数字服务为核心、数据订购与交付为主要特征的贸易。当前，大数据、云计算、人工智能、区块链等数字技术加速创新，日益融入经济社会发展各领域全过程，数字贸易正成为国际贸易发展的新趋势和经济的新增长点。本章主要探讨美、欧、日三大经济体数字贸易政策及发展状况。

第一节　美国数字贸易政策及发展

作为数字贸易先行者，美国通过技术垄断与制度输出的联动机制，在数字贸易领域构建起排他性的竞争优势。但是随着数字技术发展和全球竞争的加剧，美国从数字贸易规则的早期建构者变为当前技术霸权的捍卫者，并且其规则霸权受到来自多国的挑战。本节解析美国数字贸易战略演进的核心逻辑、政策体系特征以及美国数字贸易发展水平和现实困境。

一、美国数字贸易政策体系及其战略演变

数字贸易的崛起重塑了全球经济竞争格局，美国作为全球数字贸易领域的先行者与主导者，其政策体系与战略的演变经历了多个阶段，该演变过程既是技术优势向制度权力的转化史，也是霸权维持与多极化趋势的博弈史，深刻揭示了数字时代国家竞争力的构建逻辑。

（一）互联网商业化与自由扩张（1993—2000 年）

20 世纪 90 年代初期，美国凭借信息技术的革命性突破，开启了数字贸易的政策奠基期。克林顿政府于 1993 年推出的“国家信息基础设施计划”（即信息高速公路计划），标志着联邦政府首次系统性介入数字基础设施建设。200 亿美元的资金投入推动了光纤网络的快速铺设，使得美国家庭计算机普及率从 1993 年的 31% 跃升至 2000 年的 50%，为电子商务的萌芽提供了物理基础。

1994 年《电信放松管制法案》打破了 AT&T 对通信市场的垄断，催生了美国在线（AOL）、雅虎等首批互联网巨头，私营部门的创新活力得到空前释放。至 1997 年《全球电子商务框架》出台，美国已初步形成“市场主导、最小干预”的政策基调，其提出的避免数字关税、支持全球统一标准等原则，为硅谷企业的全球扩张扫除了制度障碍。

在国际规则层面，美国巧妙利用 WTO 多边机制，推动 1998 年《电子商务工作计划》将数字产品纳入服务贸易框架，成功规避了传统货物贸易的关税壁垒。

这一时期，美国政策逻辑的核心在于将数字技术先发优势转化为规则红利。至 2000 年，美国数字服务出口已占据全球 43% 的份额，数字经济规模达到 7 540 亿美元，占 GDP 比重突破 8%，为后续的全球渗透奠定了坚实基础。

（二）平台经济崛起与规则输出（2001—2010 年）

进入 21 世纪，互联网泡沫的破灭促使美国政策制定者重新审视数字贸易的战略定位。小布什政府一方面延续市场自由化传统，2000 年《全球电子商务签名法案》赋予电子合同法律效力；2007 年《美韩自由贸易协定》首次设立电子商务专章，禁止对数字传输征收关税。另一方面，在反恐战争背景下，2001 年《爱国者法案》第 215 条授权政府调取企业通信数据，该法案埋下了全球数据主权争议的隐患。

这一阶段，技术突破与政策创新形成双向驱动的趋势。2006 年，亚马逊 AWS 云计算服务的推出，促使美国政府于 2008 年放宽了加密技术出口限制；谷歌、脸书等平台的崛起，则推动 2009 年《美国复苏与再投资法案》设立了 72 亿美元宽带补贴基金，旨在弥合城乡数字鸿沟，扩大国内市场基数。2010 年，美国通过 17 项包含数字条款的自贸协定，构建起覆盖北美、亚太的“数字贸易圈”。此时，云计算服务出口占据全球 60% 的市场份额，数字服务贸易顺差突破 800 亿美元。

然而，政策的内在矛盾开始显现。其一：数据自由流动诉求与国家安全监控需求之间的冲突，在斯诺登事件（2013 年）中彻底爆发；其二，发展中国家对规则单边主义的抵制，例如，巴西、印度等国加速推进数据本地化立法。

（三）技术竞争加剧与数据主权博弈（2011—2017 年）

奥巴马执政时期，移动互联网与大数据的爆发式增长，推动美国数字战略向技术标准绑定与区域联盟构建升级。2012 年《大数据研究与发展计划》投入 2 亿美元推动数据挖掘技术突破，美国商务部同步将数据流动规则纳入所有贸易谈判议程。2015 年《网络安全信息共享法案》突破隐私保护限制，允许政企共享网络威胁数据，这实质上是为美国企业获取全球数据流开辟通道。

这一阶段最具战略意义的操作当属《跨太平洋伙伴关系协定》（TPP）的推进，其电子商务章节通过禁止数据本地化、保护源代码、给予数字产品非歧视待遇等条款，试图将亚太地区纳入美国主导的技术标准体系。

与此同时，产业政策也同步转向精准扶持。2014 年，国防高级研究计划局（DARPA）启动“电子复兴计划”，投入 30 亿美元推动芯片设计工具自主化；商务部将工业物联网、云计算列为“先进制造伙伴计划”重点领域。

2016 年，美国数字服务贸易顺差达 1 870 亿美元。然而，欧盟《通用数据保护条例》（GDPR）的出台与华为 5G 技术的崛起，暴露出美国规则输出战略的局限性。中国数字专利申请量占比从 2000 年的 3% 急剧攀升至 2016 年的 28%，全球数据本地化立法国家增至 35 个，美国的技术相对优势呈现收窄态势。

（四）技术脱钩与联盟围堵（2018—2020 年）

特朗普政府的“美国优先”战略引发数字政策剧烈转向，技术民族主义取代全球主义成为核心理念。2018 年《云法案》确立“数据控制者”管辖原则，授权美国政府跨境调取企业数据，同时通过“适格外国政府”认证机制构建数据流动“白名单”，将数据主权工具化。2020 年《美墨加协定》（即美国—墨西哥—加拿大协定，United States - Mexico - Canada Agreement，简称 USMCA）将数字贸易规则推向新高，其禁止算法审查、豁免平台内容责任等条款，对 TikTok 等企业设置隐形壁垒。2020 年的“清洁网络计划”以网络安全为由，在全球范围围剿华为设备、下架中国应用程序，构建排他性技术联盟。

此阶段政策逻辑的质变在于安全概念的无限泛化，如数字基础设施被纳入“国家安全创新基地”，出口管制从硬件延伸至 EDA（Electronic Design Automation，电子设计自动化）软件。2019 年美国数字服务贸易顺差虽创下 2 160 亿美元纪录，但技术遏制的反作用力加速显现：中国半导体进口替代战略成效显著，全球数据本地化立法国家激增至 2020 年的 62 个，微软、谷歌被迫在欧盟建立独立数据中心以应对监管压力。

（五）技术冷战与规则重构（2021 年至今）

拜登政府上台后，面对技术多极化与联盟分化的挑战，转向“技术民主联盟”战略，试图通过供应链重组与标准垄断重构竞争优势。2022 年《芯片与科学法案》动用 527 亿美元补贴半导体制造，要求接受资助企业十年内不得在中国扩建先进产能，直接服务于数字技术供应链的“去中国化”。2023 年启动的“印太经济框架”（IPEF）数字章节，着力推广美国数据分类标准与 AI 伦理规范，构建排除中国的技术生态。面对生成式 AI 的革命性冲击，白宫 2023 年发布《人工智能权利法案蓝图》，鼓励 OpenAI 等企业扩大模型服务出口，同时通过出口管制限制高端 AI 芯片对华供应。

美国这种“技术放量 + 硬件断供”的组合拳，暴露了美国在新竞争阶段的战略焦虑。随着量子加密和太空互联网成为新的战场，虽然 NASA（National Aeronautics and Space Administration，美国国家航空航天局）联合亚马逊布局低轨卫星互联网，争夺下一代通信标准主导权。但是，技术民族主义的代价日益显现：2023 年 OECD 全球最低税协议迫使谷歌、Meta 调整避税架构，欧盟《数字市场法》（DMA）削弱苹果、亚马逊的平台控制力，中国云计算市场规模达到美国的 72%，TikTok 北美用户突破 1.5 亿，技术权力结构的深刻变革已不可逆转。

纵观美国数字贸易政策体系的演变过程和美国数字贸易战略的多次转向（自

由扩张→规则输出→数据主权博弈→技术联盟围堵→规则重构），可以发现美国始终在数字技术代际更替与全球制度博弈的漩涡中艰难求索。

二、美国数字贸易政策体系的主要特征

美国数字贸易政策体系的构建与演进，深刻反映了其在技术霸权保持与维护、规则主导权争夺与国家安全博弈中的战略思维，这一体系具有鲜明的技术先导性、规则扩张性、安全泛化性与制度武器化特征。其核心逻辑在于将技术优势转化为制度权力，通过国内立法与国际规则联动，构建排他性竞争优势，以应对多极化时代的挑战。

（一）技术先导与市场垄断的深度绑定

美国数字贸易政策的首要特征在于技术优势与市场垄断的相互强化。从互联网基础设施到人工智能算法，美国始终将技术突破作为政策设计的起点，通过“创新—商业化—规则化”的闭环体系巩固其全球主导地位。20 世纪 90 年代“信息高速公路计划”率先完成互联网基础设施布局，为亚马逊、谷歌等企业的崛起奠定物理基础；2010 年代《大数据研发计划》与“电子复兴计划”则定向扶持云计算、芯片设计等关键技术，确保企业在数字服务贸易中的技术代差。这种技术先导性不仅体现在研发投入上（2022 年联邦研发预算达 1 479 亿美元），更体现为技术标准与市场准入的强制关联（如 2015 年 TPP 协定将“禁止数据本地化”条款写入文本，实则是为美国云计算企业扫除海外市场障碍），通过这种方式，技术优势借助政策工具转化为市场垄断。AWS 在 2023 年占据全球云计算市场 33% 的份额，苹果、谷歌应用商店掌控移动生态入口，形成了“技术专利 -平台规则—用户数据”的循环增值体系。

技术垄断的维持依赖持续的政策干预。2022 年《芯片与科学法案》动用 527 亿美元补贴半导体制造，要求接受资助者十年内不得在中国扩产，实质是以产业政策扭曲市场，维系芯片领域的技术控制权。这种“市场自由”表象下的强干预模式，暴露出美国政策体系的内在悖论：既标榜自由竞争，又通过定向补贴、出口管制等手段构建非对称竞争优势。技术先导与市场垄断的深度绑定，使得美国数字贸易政策实质上成为技术寡头的利益代言机制。

（二）规则制定权的全球扩张与制度嵌套

规则制定权的系统性扩张是美国数字贸易政策体系的另一核心特征。其通过多边、区域、双边三轨并进的规则输出策略，将国内标准升格为国际规范，构建

制度性霸权。早期在 WTO 框架下推动将数字产品纳入服务贸易（GATS），规避货物关税；中期通过 TPP、USMCA 等区域协定植入“禁止数据本地化”“源代码保护”条款；近期借助“印太经济框架”（IPEF）推行美国数据分类与 AI 伦理标准，形成层层嵌套的规则体系。这种“制度嵌套”具有鲜明的等级性：WTO 多边机制确立基本原则，区域协定细化操作规则，双边谈判解决具体争端，最终构建起美国主导的“数字规则金字塔”。

规则扩张的本质是制度权力的空间再造。2020 年《美墨加协定》第 19 章将“交互式计算机服务免责条款”国际化，实为将美国《通信规范法》第 230 条推向全球，使平台企业规避海外内容监管责任。更具战略意义的是“长臂管辖”机制，2018 年《云法案》以“数据控制者”原则突破司法管辖边界，迫使微软、谷歌等企业无论数据存储于何地，均需服从美国政府调取指令。这种国内法的域外适用，将物理边界的模糊性转化为制度权力的延展性，使美国能够以法律工具重构全球数据治理秩序。

（三）安全概念的无限泛化与战略遏制

数字时代国家安全概念的弹性扩张，构成了美国政策体系的显著特征。从反恐战争时期的数据监控，到对华竞争中的技术脱钩，“安全”已成为政策工具箱中的“万能钥匙”，其内涵随着战略需要动态调整。2018 年 CFIUS（Committee on Foreign Investment in the United States，美国外国投资委员会）改革将涉及 AI、量子计算等技术的并购纳入国家安全审查，导致中资对美科技投资下降 92%（2016—2020 年）；2020 年“清洁网络计划”以网络安全为由，构建排除中国设备的 5G 联盟，实则服务于地缘政治目标。这种安全泛化的实质是将经济技术问题安全化，为保护主义政策提供合法性外衣。

安全逻辑的扩张催生了“数字麦卡锡主义”。2023 年 BIS（Bureau of Industry and Security，美国商务部工业和安全局）将出口管制范围从先进芯片扩展至芯片设计软件，甚至限制美籍人员参与中国半导体项目，暴露出技术遏制的极端化趋势。安全概念的无限延伸已引发体系性反噬，欧盟通过《数字市场法》削弱美国平台权力，全球数据本地化立法从 2016 年的 15 国增至 2023 年的 89 国，印度封禁中国 APP 却同步审查脸书内容政策……美国在制造“安全威胁”的同时，也在加速推动全球数字治理的碎片化。

（四）法律工具的武器化与制度性暴力

美国数字贸易政策体系最突出的制度创新在于法律工具的武器化。通过国内立法创设具有域外效力的制度武器，实现对全球数字生态的“精准打击”。2018 年

《云法案》突破传统司法管辖权，建立“数据控制者”管辖原则；2021 年《美国创新与竞争法案》授权政府对“威胁技术领导地位”国家实施出口管制，将法律变为经济战工具。这种法律武器化不同于传统贸易保护，它依托美国在全球金融、技术体系中的节点地位，形成“合规即生存”的强制机制。

法律武器的使用呈现“非对称打击”特征。2020 年对 TikTok 的行政禁令，借由《国际紧急经济权力法》（IEEPA）冻结企业运营，却豁免脸书、推特等美企同类行为；2023 年通过《芯片法案》附加条款，强制台积电、三星共享商业机密以换取补贴。这种“规则例外主义”暴露了美国政策体系的双重标准本质——在要求他国开放市场的同时，通过国内法构筑保护主义高墙。法律工具武器化的终极目标，其实是构建“基于规则的国际秩序”。

（五）联盟体系的重构与技术价值观输出

面对技术多极化挑战，美国政策体系正从单边压制转向联盟重构，通过“技术民主联盟”叙事重塑战略同盟。2023 年 IPEF 数字贸易章节以“可信数据流动”“AI 伦理共识”为名，构建排除中国的技术生态圈；北约 2022 年通过《新兴技术战略》，将 5G、量子技术纳入集体防御范畴。这种联盟重构具有鲜明的意识形态色彩：将技术标准与政治体制捆绑，在“民主 VS 威权”叙事下推进技术脱钩。

价值观输出的实质是技术权力的话语包装。2021 年“民主峰会”将数字治理作为核心议题，推动所谓“互联网未来宣言”，实为将美国内容审核标准美化为“言论自由”典范。但战略虚伪性显而易见，AWS 为沙特政府提供监控技术，谷歌配合印度实施网络审查，暴露价值观工具化的本质。但是，联盟体系的重构也面临来自内部的张力——欧盟《数字市场法》重罚美国科技巨头，印度坚持数据本地化存储，这说明技术民族主义浪潮下，所谓“民主联盟”难以弥合实质利益分歧。

（六）动态调整与自我革新的制度弹性

美国数字贸易政策体系的最大优势在于其动态调整能力。面对技术迭代与权力转移，政策工具持续创新。20 世纪 90 年代的关税豁免到 2020 年代的量子加密标准制定，始终保持制度框架的前瞻性。这种弹性源于“旋转门”机制下政企知识共享——谷歌前 CEO 施密特主导国防创新委员会，亚马逊游说团队深度参与 USMCA 谈判，确保政策与产业需求实时对接。制度弹性还体现在规则再造能力上，例如：当 WTO 多边机制失灵，迅速转向 IPEF 等小多边机制；当传统出口管制效力衰减，创新“外国直接产品规则”（FDPR）扩大制裁范围。

但这种弹性正在遭遇技术多极化的刚性约束。中国在 5G、量子通信等领域的突破，欧盟在数字税与数据治理上的独立立场，发展中国家在数字主权意识上的觉醒，都在削弱美国政策体系的适应性。当 TikTok 凭借算法优势突破内容监管壁垒，当华为 5G 设备在拉美、非洲市场占有率达 60%，美国不得不面对一个现实，那就是制度弹性无法完全对冲技术代差消弭带来的权力流失。

美国数字贸易政策体系的演变过程，本质上是一个霸权保持和维护的复杂呈现。其技术先导性试图锁定创新垄断，规则扩张性谋求制度霸权，安全泛化性制造战略敌手，法律武器化实施精准打击，联盟重构寻求力量聚合，动态调适维持体系韧性。但这些掩盖不了其内在矛盾，当前美国的技术垄断阻碍创新活力，安全泛化破坏全球供应链，法律霸权诱发制度对抗，价值观输出暴露战略虚伪。

三、美国数字贸易发展现状

自 2020 年新冠疫情以来，数字贸易的全球化进程在疫情催化与技术迭代中加速推进，美国作为全球数字贸易领域的核心参与者，其发展态势呈现规模扩张、结构升级与规则重塑的复合特征。尽管面临供应链重组、技术竞争与监管环境变化的多重挑战，美国仍在数字贸易的各个方面保持显著优势。

（一）数字贸易规模持续扩张，结构性优势强化

2020 年以来，美国数字贸易规模呈现强劲增长态势。根据美国经济分析局数据，数字服务出口额从 2020 年的 4 870 亿美元增至 2023 年的 5 980 亿美元，年复合增长率 7.8%，占全球数字服务出口总额的比重稳定在 28% 左右。数字产品贸易同步增长，软件许可、数字内容等出口额在 2023 年突破 4 000 亿美元，较 2020 年增长 34%。值得注意的是，数字贸易顺差持续扩大，2023 年达到 2 890 亿美元，成为平衡美国货物贸易逆差的关键力量。

结构性优势进一步凸显。云计算、人工智能、金融科技等高附加值领域贡献了 75% 的数字服务出口增长，半导体设计工具、企业级软件等核心数字产品占据全球 70% 以上的市场份额。这种增长不仅依赖技术优势，更得益于平台经济的网络效应——亚马逊、谷歌等企业通过全球用户基数形成的生态垄断，持续巩固美国在数字价值链顶端的地位。

（二）分领域数字贸易发展情况

1. 数字订购贸易：电商平台的全球化渗透

数字订购贸易作为数字贸易的基础形态，在美国呈现多元化发展趋势。亚马逊、eBay、Etsy 等平台通过全球化布局，将在线零售与跨境支付深度融合。2023

年，美国数字订购贸易规模达 1. 2 万亿美元，其中跨境电商交易额占比升至 38%。亚马逊全球开店（Amazon Global Selling）服务覆盖 190 个国家和地区，2023 年第三方卖家出口额突破 720 亿美元，占平台总销售额的 28%。新兴市场的增长尤为显著，东南亚地区通过亚马逊完成的跨境订单量三年内增长 4 倍，拉美市场增速超过 60%。

订阅经济模式进一步扩展数字订购的边界，Netflix[①]、迪士尼 +[②]等流媒体服务的全球订阅用户突破 7 亿，2023 年数字内容订阅出口额达 540 亿美元。与此同时，社交电商快速崛起，Instagram Shop、TikTok Shop 通过短视频与算法推荐重塑消费场景，2023 年促成跨境交易额超 300 亿美元，占全球社交电商市场的 45%。

2. 数字技术贸易：云计算与人工智能的双轮驱动

云计算服务成为美国数字技术贸易的核心增长极。AWS、Azure、Google Cloud 三大平台 2023 年营业收入合计达 2 670 亿美元，占全球公有云市场的 63%（AWS 32%、Azure 21%、GCP 10%）。其中，AWS 以 33% 的市场份额保持领先，其海外数据中心覆盖全球 32 个区域，支撑起从东南亚中小企业的数字化转型到欧洲政府的政务云迁移。为应对监管压力，美国企业加速隐私计算技术应用，2023 年联邦学习、同态加密等技术采购支出增长 41%。

人工智能技术的商业化输出加速，形成“硬件 + 模型 + 服务”的立体化出口体系。英伟达 GPU 占据全球 AI 芯片市场 92% 的份额，尽管面临对华出口管制，2023 年通过特供芯片（如 A800、H800）仍实现对中国市场 230 亿美元的销售额。OpenAI、Anthropic 等企业将大模型能力转化为 API 服务，GPT - 4 接口被全球超过 90% 的财富 500 强企业采购，生成式 AI 服务出口额在 2023 年行业预测值 240 亿美元。

技术标准控制力进一步强化，美国主导的 AI 伦理框架、数据加密协议被纳入印太经济框架（IPEF）等区域协定，形成事实上的技术贸易壁垒。

3. 数字服务贸易：金融科技与专业服务的全球布局

跨境支付与金融科技服务构成数字服务贸易的支柱。PayPal、Stripe 等平台 2023 年处理跨境交易额达 9. 8 万亿美元，占全球市场份额的 58%。数字银行的全球化扩张加速，Chime、Revolut 通过虚拟账户服务覆盖 1. 5 亿海外用户，2023 年数字金融服务出口增长 21%。

---

① Netflix，中文译为奈飞或网飞，是一家在美国上市的在线视频网络服务公司。

② Disney + 是迪士尼推出的在线流媒体视频点播平台。

专业服务领域，埃森哲、IBM 等企业依托数字化转型咨询业务，在亚太、拉美市场营业收入增速超过 15%，为企业级客户提供从云迁移到数据治理的全链条解决方案。

4. 数字产品贸易：软件霸权与游戏产业的崛起

企业级软件的全球垄断地位难以撼动。微软 Office 365、Salesforce CRM 等产品占据全球 75% 的市场份额，2023 年软件许可出口额达 3 120 亿美元，同比增长 18%。开源软件的商业化输出成为新趋势，Red Hat（IBM 子公司）通过混合云解决方案实现海外营业收入增长 27%。

电子游戏产业异军突起，动视暴雪、Epic Games 等企业 2023 年海外营业收入达 420 亿美元，《使命召唤：战区》《堡垒之夜》等游戏内购与皮肤交易占全球数字内容贸易的 31%。值得注意的是，游戏引擎（如 Unreal Engine、Unity）的技术输出正在重塑影视、建筑等传统行业，形成跨产业的数字产品辐射效应。

5. 数据贸易：流动规模扩张与治理冲突加剧

美国仍是全球数据资源的核心枢纽。2023 年跨境数据流动量达 263 ZB，占全球总量的 37%，其中商业数据分析服务贡献 45% 的数据交易价值。数据经纪商（如 Acxiom、Experian）通过整合社交媒体、消费记录等多源信息，形成高达 8 200 亿美元的数据交易市场。但全球数据治理规则的分裂加剧了运营挑战：欧盟《数据治理法案》（2022 年）迫使谷歌、Meta 在本地新建 11 个数据中心，数据存储成本增加 18%—20%；印度《数字个人数据保护法》（2023 年）限制敏感数据出境，导致美国企业在印数据分析业务缩水 15%。

（三）数字基础设施：领先地位与升级压力并存

数字基础设施的全球竞争力仍是美国数字贸易的基石。全美宽带普及率在 2023 年达到 93%，《基础设施投资与就业法案》拨款 650 亿美元推进千兆网络覆盖，计划 2026 年消除城乡数字鸿沟。数据中心布局持续扩张，2023 年全美运营超 2 700 个大型数据中心，占全球总量的 43%，但能源消耗问题凸显——数字基础设施用电量占全国总需求的 2.8%，推动谷歌、微软加快核能供电与液冷技术应用。

5G 部署相对滞后，尽管商用基站增至 48 万座，覆盖 78% 人口，但网络速度与密度仍落后于中国、韩国等竞争对手。

半导体供应链的脆弱性尚未解决，尽管台积电亚利桑那厂投产，2023 年美国芯片产能仅占全球 10%，先进制程（7nm 以下）依赖度仍为 100%。

（四）数字贸易企业竞争力：巨头主导与生态垄断

美国数字贸易的竞争力高度集中于科技巨头，但伴随技术迭代与市场分化，竞争格局呈现动态调整的特征。根据 2023 年全球上市公司市值排名，市值前十的科技企业中美国占据 7 席（苹果、微软、谷歌、亚马逊、Meta、英伟达、特斯拉），其海外营业收入平均占比达 59%。核心竞争优势仍体现在技术壁垒、平台生态与数据垄断三大维度：

1. 技术壁垒

美国科技企业 2023 年研发投入总额为 2 740 亿美元，占全球科技研发投入的 52%；累计持有数字技术专利 236 万件（世界知识产权组织数据），占全球 36%，显示其在基础技术领域的持续主导力。

2. 平台生态

苹果 App Store 与谷歌 Play Store 合计控制全球移动应用分发流量的 83%，亚马逊 AWS 支撑全球 38% 的网站运行。

3. 数据垄断

Meta 旗下产品（Facebook、Instagram、WhatsApp 等）全球月活用户达 39.1 亿，谷歌搜索占据全球搜索引擎市场 90.4% 的份额，仍构成数据闭环的竞争护城河。

值得关注的是竞争格局的分化趋势：传统巨头云业务增速放缓，微软 Azure 与谷歌云 2023 年营业收入增速分别为 22% 与 20%（较 2021 年的 46% 与 44% 显著下降）；新兴领域如 Web3.0 中，美国企业 Coinbase、OpenSea 占据全球 NFT[①] 交易市场 35% 的份额，落后于亚洲平台（如韩国 Upbit、日本 MetaTokyo 合计占比 41%）。这种分化反映美国在颠覆性创新领域的相对弱势，以及全球数字生态多极化发展的不可逆趋势。

（五）跨国合作与规则博弈：联盟重构与制度竞争

美国通过多层次合作机制巩固数字贸易规则主导权。印太经济框架（IPEF）在 2023 年达成数字贸易共识，14 个成员国承诺采用美国数据分类标准与 AI 伦理规范，覆盖全球 28% 的数字贸易额。美欧贸易与技术委员会（TTC）协调对华半

① NFT 即非同质化代币（Non－Fungible Token），是一种基于区块链技术的独特数字资产。NFT 代表着一种独一无二的数字对象，例如数字艺术品、虚拟土地、在线游戏中的物品、音乐和视频等。每个 NFT 都有独一无二的标识，不可互换。与比特币等同质化代币不同，NFT 的价值不仅取决于其稀缺性，还与它所代表的数字内容紧密相关。NFT 的买卖通常在专门的 NFT 市场进行，像 OpenSea、Rarible 等。买家能够通过加密货币购买 NFT，交易完成后，NFT 的所有权将转移至买家的数字钱包中。NFT 交易由区块链技术提供支持，具备流动性且交易成本极低。NFT 的独特之处在于它的持久性，在使用 NFT 进行交易时，参与者会经历一次稳定的可永久定位的唯一交易。通过在基于区块链的平台上进行 NFT 交易，参与者可以确保所购买 NFT 所代表的数字内容及其所有权归属。

导体出口管制，2023 年联合限制 14 纳米以下设备对华出口。区域性数字同盟深化布局，与日本签署的《数字贸易协定》实现数据自由流动，与印度合作的 5G Open RAN 技术试验进入商用阶段。然而，规则输出面临日益强烈的抵抗，欧盟《数字市场法》迫使苹果开放应用商店支付系统，东南亚国家拒绝全盘接受美国内容审核标准，金砖国家推动建立替代性数据流动框架。这种规则博弈的背后，是数字多极化趋势对美国单极秩序的挑战。

第二节 欧洲数字贸易政策及发展

不同于美国的技术垄断模式，欧洲以规则建构为突破口，试图在数字主权与伦理框架中重塑全球秩序。其政策实践既展现制度创新的辐射效应，也暴露出技术依附与市场割裂的深层困境。本节将学习欧洲数字贸易政策体系的演进与结构性矛盾。

一、欧洲数字贸易政策体系及其战略演变

欧洲数字贸易的崛起，始终与欧盟一体化进程中的制度创新紧密交织。从早期互联网基础设施的协同建设，到数字经济时代的规则主导权争夺，欧洲在技术追赶与价值捍卫的双重目标下，构建起独具特色的政策体系。其战略演进既受内部市场整合驱动，也受外部技术霸权挤压，形成了一条“规则先行、社会嵌入、主权优先”的发展路径，深刻塑造了全球数字治理的格局。

（一）基础设施共建与市场自由化（1993—1999 年）

20 世纪 90 年代至 21 世纪初，欧洲数字贸易政策的核心目标是弥合成员国间的数字鸿沟，构建统一市场基础。1993 年《马斯特里赫特条约》生效后，欧盟开始系统性推进电信市场自由化。1994 年《班格曼报告》首次提出“欧洲信息社会”构想，推动跨成员国光纤网络建设。至 1999 年，欧盟投入超过 1 800 亿欧元用于电信基础设施升级，将固定电话普及率从 68% 提升至 89%。这一时期的政策工具以投资驱动为主，1997 年《电子商务指令》草案初拟，试图消除跨境在线交易的法律障碍，但成员国在消费者保护、增值税规则等方面的分歧延缓了统一市场形成。

（二）通信技术创新与数字单一市场（2000—2007 年）

2000 年《里斯本战略》的出台标志着战略升级，明确要求 2010 年前建成“全

球最具竞争力的知识经济体”，数字单一市场（Digital Single Market）概念首次进入政策议程。2002 年，《电子通信网络与服务共同监管框架》开始实施，强制开放各成员国的电信市场，推动跨境通信成本降低。根据欧盟委员会的报告，2003—2010 年，欧盟境内移动数据漫游费降低 82%。

在此阶段，技术创新与政策形成了双向互动。2002 年，芬兰诺基亚占据全球手机市场 36% 的份额，促使欧盟将移动通信标准纳入战略优先事项；2003 年瑞典 Skype 诞生，催生了跨境通信监管框架改革，欧盟于 2006 年强制下调跨国通信资费，为数字服务贸易扫除了成本障碍。

（三）数字主权建设与标准输出（2008—2019 年）

全球金融危机后，欧洲数字战略朝着创新驱动与规则重构的方向转变。2010 年《欧洲 2020 战略》提出“智慧增长”目标，并将数字经济列为七大旗舰计划之一。

2013 年斯诺登事件成为关键转折点，欧盟开始强化数字主权建设。2014 年《欧洲云倡议》投入 45 亿欧元，用以支持本土云计算发展，德国 SAP、法国 OVH-cloud 等企业获得定向扶持。

2015 年《数字化单一市场战略》全面启动，通过跨境数字服务便利化、网络环境优化、数字经济增长这三大支柱重塑政策框架。其中，最具突破性的是 2016 年通过的《通用数据保护条例》（GDPR）。该条例不仅确立“被遗忘权”“数据可移植权”等新型权利，更借助“长臂管辖”机制（即对全球营业收入 4% 的罚款权）将欧洲标准推向世界。

至 2018 年 GDPR 生效时，全球超过 5 000 家企业调整数据管理架构以满足合规要求，欧洲初步展现出规则制定权优势。然而，技术自主性短板依然十分显著。2019 年，美国科技企业在欧盟数字服务市场营业收入占比高达 72%，欧洲本土平台仅占社交网络市场的 11%。

（四）规则扩张与技术防御（2020 年至今）

2020 年，新冠疫情的冲击加速了欧洲数字战略的转型。欧盟委员会于 2020 年 2 月发布《欧洲数据战略》，提出打造“全球数据敏捷性领导者”，同年 12 月，推出《数字市场法》（DMA）和《数字服务法》（DSA）草案，直指科技巨头的市场垄断。

2022 年 7 月，两项立法正式通过。DMA 明确界定“守门人”平台（全球年营业收入 750 亿欧元以上、月活用户 4 500 万以上）的义务清单，强制开放互操作性接口、禁止自我偏好行为；DSA 则建立内容审核透明度机制，要求平台每六个月发布风险评估报告。这套“事前监管”制度颠覆了传统反垄断框架。截至 2023 年底，已有 6 家美国企业被列为“守门人”，苹果 App Store、谷歌搜索等核心服务面临结构性调整。

与此同时，欧洲加速技术自主布局。2021 年《2030 数字指南针》计划投资 1 500 亿欧元，目标是在半导体、量子计算、区块链等领域实现突破；2022 年，《欧洲芯片法案》批准 430 亿欧元补贴，力图将欧盟芯片产能占比从 10% 提升至 20% 。

在人工智能治理领域，2021 年《人工智能法案》草案首创风险分级监管模式，将生物识别、社会信用评分等应用列为“不可接受风险”并全面禁止；2023 年 12 月，欧盟理事会与议会达成最终协议，增设生成式 AI 透明度义务，要求 ChatGPT 等系统披露训练数据来源。

在数据流动方面，2022 年《数据治理法案》创建“数据利他主义”机制，鼓励企业共享工业、医疗等公共数据；2023 年《数据法案》强制物联网设备制造商向用户开放数据访问权，打破平台数据垄断。

在数字税改革中，欧盟放弃单边征税计划，转而推动 2021 年 OECD 全球最低税协议落地，但对数字服务税的追求仍未停止。法国、意大利等国继续征收 3% 的数字服务税，引发与美国持续贸易摩擦。

技术依赖与主权诉求的矛盾始终贯穿欧洲数字贸易战略演进。尽管 2023 年欧盟云计算本土市场份额提升至 18% ，但技术明显依赖美国，亚马逊 AWS、微软 Azure 仍占据 62% 的公共云市场；《数字市场法》（DMA）实施后，Meta 威胁退出欧洲市场以规避监管，暴露规则输出面临执行挑战；尽管增值税一站式申报系统（OSS）自 2021 年实施，但成员国在消费者退货权、数字合同规则等方面的差异仍导致 30% 的中小企业放弃跨境销售，市场碎片化顽疾犹存；2022 年欧盟 AI 研究人员外流比例达 21% ，其中 63% 流向美国，人才流失加剧了创新困境。

回望三十余年的发展历程，欧洲数字贸易走出了一条与中美截然不同的发展道路——当技术优势不足时，凭借规则制定权弥补市场力量的短板；当全球治理陷入失序状态时，以价值规范性重塑竞争格局。从 GDPR 的全球影响力辐射到 DMA 的监管革命，欧洲证明了制度创新能够成为技术竞赛中的替代性权力工具。但这种“规则替代技术”的战略能否持续呢？在量子计算、6G 等下一代技术标准战中，欧洲的滞后已十分明显。2023 年全球量子计算专利排名前 20 的企业中，仅有 3 家来自欧洲（欧盟知识产权局数据）。当规则红利边际递减，技术自主方面的短板或将制约欧洲数字未来的真正高度。历史经验给予我们的启示是，数字主权的构建不能仅仅停留在防御性立法层面，更需要进行前瞻性的技术投资和创新生态的培育——这正是欧洲数字战略下一阶段的核心命题。

二、欧洲数字贸易政策体系的主要特征

欧洲数字贸易政策体系以“规则主导、主权优先、价值嵌入”为核心逻辑，在技术追赶与市场整合中形成独特治理框架，既不同于美国的市场自由扩张模式，也区别于中国的国家主导路径，形成了以规范性权力为核心、以社会价值为底色的治理体系，展现出制度创新与结构性矛盾并存的复杂特征。

（一）规则主导与制度输出

欧洲数字政策最显著的特征是以规则制定权弥补技术劣势，通过立法先行构建全球影响力。自 2016 年《通用数据保护条例》（GDPR）起，欧洲开创了“监管即出口”模式——GDPR 不仅规范欧盟内部数据流动，更凭借“长臂管辖”机制（覆盖所有处理欧盟公民数据的企业）迫使全球企业重构合规体系。至 2023 年，全球 83 个国家调整数据保护法借鉴 GDPR 框架（联合国贸发会议数据），包括美国加州《消费者隐私法案》（CCPA）与巴西《通用数据保护法》（LGPD）。2022 年《数字市场法》（DMA）与《数字服务法》（DSA）进一步升级规则输出，将平台监管标准推向全球：DMA 要求“守门人”企业（如苹果、谷歌）开放生态系统，打破应用商店垄断；DSA 建立内容审核透明度规则，迫使 Meta、TikTok 公开算法逻辑。这种“布鲁塞尔效应”的实质是将欧洲规则升格为事实上的国际标准，即使企业总部不在欧洲，也必须为其全球业务遵守欧盟法律。

（二）数据主权与技术防御

面对美国科技巨头的市场垄断，欧洲将数据主权提升至战略高度，构建多层次防御体系。2018 年 GDPR 实施后，欧盟通过《非个人数据自由流动条例》（2018 年）确保数据在成员国间自由流通，同时限制向第三国转移敏感数据——2020 年“隐私盾”协议失效后，欧盟与美国达成《跨大西洋数据隐私框架》（2023 年），但要求企业承诺满足 GDPR 标准。技术自主布局同步推进：2022 年《欧洲芯片法案》投资 430 亿欧元提升半导体产能，目标 2030 年将市场份额从 10% 增至 20%；“欧洲共同数据空间”计划（2022 年）联合 27 国建设本土云基础设施，支持法国 OVHcloud、德国 SAP 与美企竞争。然而，技术依赖仍未根本改变——2023 年欧洲公共云市场 72% 份额由 AWS、Azure 占据（Canalys 数据），AI 基础模型几乎全部依赖美国开源项目（如 Meta 的 Llama），暴露出主权诉求与技术现实的落差。

（三）社会价值嵌入与伦理约束

欧洲政策始终将社会价值置于商业利益之上，构建“以人为本”的数字治理

框架。GDPR 确立的“被遗忘权”“数据可移植权”等新型权利，赋予个体对抗平台的数据控制力；2023 年《人工智能法案》首创风险分级监管，禁止实时远程生物识别、社会信用评分等应用，要求生成式 AI 披露训练数据来源并标注合成内容。在平台经济领域，DMA 强制“守门人”企业允许用户卸载预装应用、禁止将自有服务优先排序，打破“赢者通吃”的生态垄断。这种价值导向甚至延伸至贸易协定——欧盟与新西兰自贸协定（2023 年生效）首次纳入“数字贸易与价值观”条款，要求缔约方承诺保护隐私、禁止数据本地化歧视。但伦理约束也带来创新成本：欧洲 AI 初创企业融资额仅为美国的 1/6（2023 年 CB Insights 数据），部分企业因合规负担将研发中心迁至监管宽松地区。

（四）市场整合与碎片化并存

尽管欧盟持续推进数字单一市场建设，但成员国差异仍构成结构性障碍。2015 年《数字化单一市场战略》通过统一电子身份认证（eIDAS）、协调版权法（2019 年《数字单一市场版权指令》）等措施，将跨境在线销售比例从 2015 年的 15% 提升至 2023 年的 35%（欧盟统计局数据）。增值税一站式系统（OSS）简化申报流程，使中小企业跨境交易成本下降 40%。但深层分裂依然存在：德国坚持严格的数据本地化存储，阻碍医疗数据跨境共享；东欧国家数字基础设施滞后，5G 覆盖率仅为西欧的 60%（GSMA 2023 年报告）。这种“统一规则下的碎片化”导致政策执行效能打折——DMA 实施后，苹果拖延开放 iOS 侧载功能至 2024 年，而匈牙利、波兰因司法改革争议推迟接纳欧盟数字法规。

（五）技术追赶与创新瓶颈

欧洲政策体系始终面临技术自主的迫切性与创新滞后的矛盾。2021 年《2030 数字指南针》设定量化目标：2025 年前实现 20 纳米以下芯片本土生产，2030 年量子计算领先全球。但现实进展缓慢：2023 年欧洲半导体设备进口依赖度达 90%（SEMI 数据），ASML 虽掌握光刻机技术，但核心部件仍依赖美国供应；量子计算领域，欧盟“量子旗舰计划”投入 10 亿欧元，但 IBM、谷歌已实现千量子比特突破，欧洲最快 2025 年才能建成百比特原型机。创新生态的短板同样突出：2022 年欧盟风险投资额仅占全球 11%（PitchBook 数据），AI 领域顶尖人才外流率 21%（欧盟联合研究中心报告）。政策工具过度侧重监管，导致市场活力不足——美国科技巨头 2023 年在欧研发投入超 340 亿欧元，而欧盟对本土企业的直接补贴不足其 1/3。

（六）全球博弈与战略平衡

欧洲数字政策在美中博弈间寻求“第三条道路”。一方面通过 DMA 制约美国平台，另一方面警惕中国技术渗透：2023 年《外国补贴条例》生效，审查中国企业对欧并购（如阻止极氪收购瑞典电池厂商 Northvolt）；同年限制华为参与 5G 核心网络建设，26 个成员国采用“高风险供应商”排除机制。在规则层面，欧盟推动“数字贸易俱乐部”建设：2023 年“贸易与技术理事会”（TTC）联合美国制定 AI 伦理标准，同时通过“全球门户倡议”向非洲、拉美推广欧洲数字治理模式。但战略平衡面临考验：数字税改革引发美欧摩擦（法国对美企征收 3% 数字服务税），对华技术依赖难以摆脱（欧盟光伏组件 93% 进口自中国）。

欧洲数字贸易政策体系的根本矛盾，在于规则主导权与技术自主权的失衡。当《通过数据保护条例》GDPR 成为全球标准时，欧洲企业却因合规成本丧失了竞争力；当《数字市场法案》DMA 对平台垄断进行拆解时，本土企业仍无力填补生态空缺。这种“规则强权与技术弱国”的现实状况，揭示了欧洲模式的深层困境。未来，欧洲需在伦理约束与创新激励、市场统一与成员国自治、主权防御与全球合作之间探寻新的平衡。

三、欧洲数字贸易发展现状

自 2020 年以来，欧洲数字贸易在全球经济数字化转型与地缘政治博弈的双重驱动下，呈现出规模扩张、规则引领与技术追赶并存的复杂态势。作为全球最大的单一市场，欧洲在数字治理、数据主权和跨国合作等领域持续发挥影响力，但技术依赖与市场碎片化仍是其发展的重要制约。以下从规模增长、分领域发展、企业竞争力、基础设施与跨国合作五个维度，系统解析欧洲数字贸易的现状与挑战。

（一）数字贸易规模：持续扩张与区域分化并存

欧洲数字贸易规模在疫情催化下加速增长。根据《全球数字贸易发展报告 2024》，欧盟数字贸易总额从 2021 年的 1.98 万亿欧元增至 2023 年的 2.5 万亿欧元，年均增速达 8.2%，占全球份额的 22.5%。其中，数字服务贸易表现尤为突出，2023 年出口额达 6 200 亿欧元，占全球数字服务出口的 24%。跨境电商成为核心增长引擎，2020 年欧盟 B2C 电商交易额为 7 570 亿欧元，2023 年突破 1.1 万亿欧元，西班牙、意大利等南欧国家年均增速超 25%，显著高于德法等传统经济体（12%）。然而，区域分化问题突出：东欧国家的数字化渗透率仅为西欧的 60%，立陶宛、拉脱维亚等国的中小企业中仅 30% 开展跨境在线销售，市场整合仍面临挑战。

（二）分领域发展：结构性差异与规则重塑

1. 数字订购贸易领域，平台经济呈现多元化竞争格局

亚马逊、eBay 等国际巨头占据欧盟 B2C 交易额的 58%，但本土企业加速崛

起——德国 Zalando 通过覆盖欧洲 25 国的物流网络实现 2023 年营收增长 19%，瑞典 Klarna 的“先买后付”服务占据欧盟支付市场的 35%。社交电商成为新兴增长点，TikTok Shop 在 2023 年覆盖欧洲 10 国，促成跨境交易额超 80 亿欧元，占欧洲社交电商市场的 41%。

2. 数字产品贸易中，企业级软件与文化内容输出形成差异化优势

德国 SAP、法国达索系统主导全球工业软件市场（28%份额），但消费级应用仍依赖美国产品——微软 Office 365 和 Adobe 套件占欧盟企业采购量的 72%。数字内容贸易依托文化软实力，欧盟流媒体出口额 2023 年达 340 亿欧元，Netflix 欧洲原创内容占比升至 45%，法国音乐流媒体平台 Deezer 通过本土化策略在非洲、拉美获得 1 200 万用户。

3. 数字技术贸易凸显欧洲技术短板

云计算服务出口额从 2020 年的 420 亿欧元增至 2023 年的 680 亿欧元，但 72% 的公有云市场被 AWS 和 Azure 掌控。人工智能领域，欧洲聚焦垂直应用——英国 DeepMind 的 AlphaFold 在生物医药领域实现技术突破，但基础模型完全依赖美国开源项目（如 Meta 的 Llama）。半导体贸易逆差持续扩大，2023 年进口额达 632 亿欧元，90% 的先进制程芯片依赖台积电和三星代工。

4. 数字服务贸易以金融科技与专业服务为核心

荷兰 Adyen、瑞典 iZettle 等支付平台 2023 年处理跨境交易额 3.8 万亿欧元，占全球市场的 21%。专业服务领域，埃森哲、凯捷的数字化转型咨询收入增长 27%，其中德国工业 4.0 解决方案出口占比达 35%。然而，平台经济仍受制于美国巨头——谷歌和 Meta 占据欧盟在线广告市场 69% 的份额。

5. 数据贸易面临监管与市场的双重挤压

欧盟跨境数据流动规模从 2020 年的 98 ZB 增至 2023 年的 162 ZB，占全球总量的 32%，数据交易市场扩大至 5 300 亿欧元。但《数据治理法案》（2022 年）与《数据法案》（2023 年）的实施抬高了合规成本，企业数据管理支出平均增加 18%，迫使宝马、西门子等自建边缘计算节点以降低云端依赖。

（三）数字贸易企业竞争力：本土突围与生态依赖并存

欧洲企业在细分领域形成差异化优势：荷兰 ASML 垄断全球光刻机市场的 90%，德国 SAP 掌控全球 ERP 系统的 42%。然而，消费端平台生态薄弱——全球市值前 50 的科技公司中仅 6 家来自欧洲（如 Spotify、Zalando），且集中于细分市场。创新生态短板显著：2023 年欧盟风险投资额仅 480 亿欧元，不足美国的 1/4，AI 初创企业存活率比美国低 37%。企业应对监管能力分化：法国 OVHcloud 凭借

“数据主权”标签将市场份额提升至欧洲第二（11%），但90%的欧洲AI企业依赖美国开源框架开发产品。

（四）数字基础设施：建设加速与关键瓶颈

5G网络部署滞后，2023年欧盟平均覆盖率仅为64%，农村地区可用率不足40%。数据中心建设提速，运营机架数达520万，但能源消耗问题严峻——数字基础设施占全欧用电量的4.3%，推动谷歌在芬兰扩建核能供电数据中心。半导体供应链自主化进展有限：英特尔德国马格德堡工厂（2023年开工）预计2027年量产2纳米芯片，但关键材料仍依赖进口——稀土永磁材料93%依赖中国进口。量子通信网络启动布局，欧盟“量子通信基础设施”（QCI）计划2030年前连接全欧政府机构，但量子计算机研发落后美国两代以上。

（五）数字贸易跨国合作：规则输出与战略博弈

欧盟通过立法与联盟构建扩大全球影响力。《数字市场法》（DMA）与《数字服务法》（DSA）自2023年实施以来，迫使苹果开放iOS应用侧载、谷歌分拆旅游搜索服务。国际合作深化：2025年全球数字经济大会巴塞罗那分会场促成中欧60余家企业对接，聚焦自动驾驶、智慧物流等领域技术合作。“全球门户”计划投资300亿欧元在非洲推广欧洲数字标准，2023年协助塞内加尔建成西非首个国家级数据中心。然而，战略自主性面临挑战：美欧《跨大西洋数据隐私框架》在2023年10月再遭欧洲法院质疑，Meta威胁将Instagram撤出欧洲；对华技术依赖难以摆脱——光伏逆变器、物联网模组等80%以上依赖中国供应。

2020年至今，欧洲数字贸易在监管引领下实现规模增长，数字服务出口、数据治理标准成为核心竞争力。但技术依赖与市场碎片化持续制约发展上限，半导体、AI等底层技术受制于人，成员国政策协调成本高企，企业创新活力不足。未来如果《欧洲芯片法案》与“量子旗舰计划”能突破关键技术瓶颈，配合统一数字市场的深化整合，欧洲或将在全球数字多极化格局中占据独特支点地位。

第三节　日本数字贸易政策及发展

自20世纪90年代互联网技术兴起以来，日本逐步构建起一套以技术自主、规则输出和社会整合为核心的政策框架，日本也从数字贸易的追赶者演变为全球规则的主导者。这一过程不仅体现了日本在数字时代的战略选择，也揭示了中等规模经济体在全球化竞争中的独特路径。本节简析日本数字贸易政策体系（见图 8－1）及其数字贸易发展水平①。

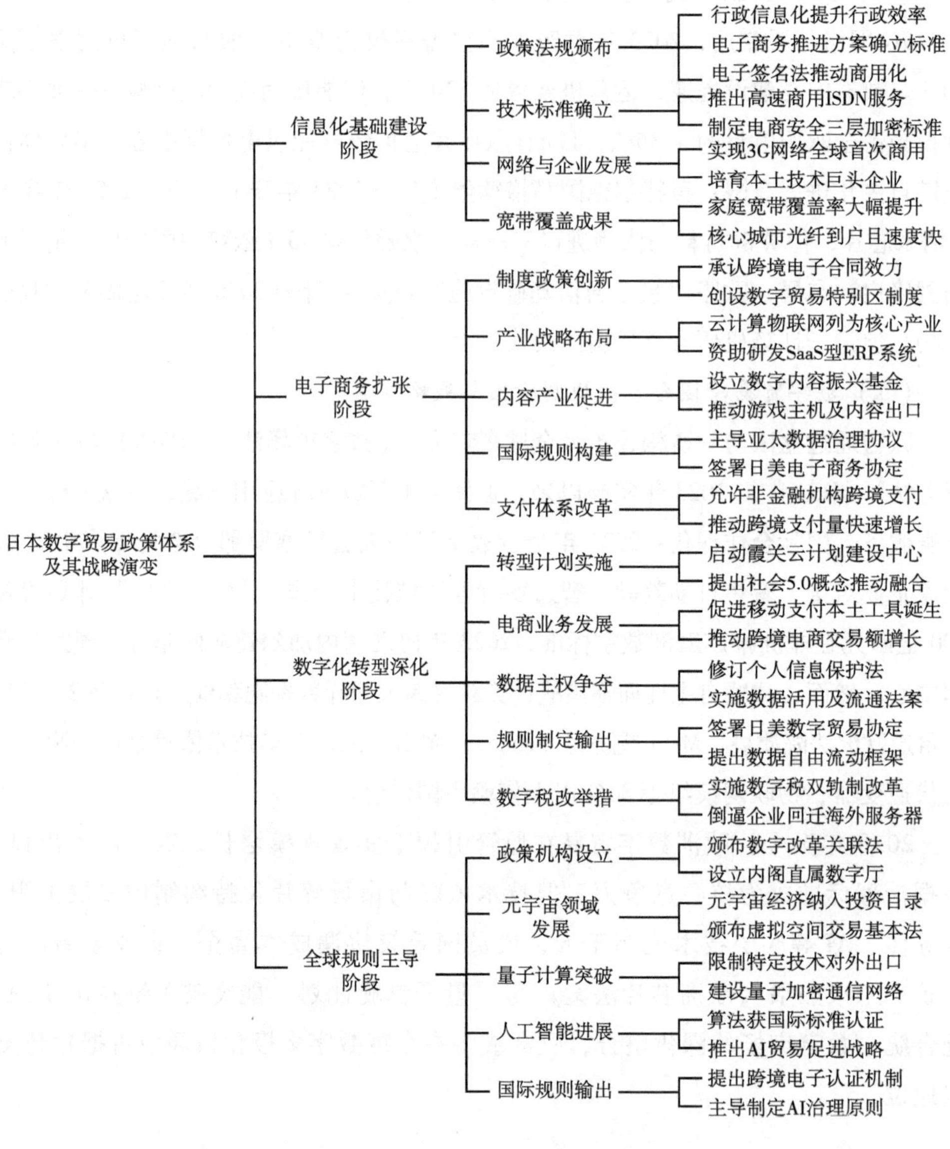

图 8－1　日本数字贸易政策体系解析

① 本节的数据来源：日本总务省《信息通信白皮书》（1997—2023）；经济产业省《数字贸易统计报告》（2005—2024）；内阁府《数字经济调查》（2015—2024）；外务省国际协定文本数据库（2004—2024）；国际标准化组织（ISO）技术认证档案（2022）；世界贸易组织（WTO）《全球数字贸易报告》（2024）；IDC《全球云计算市场分析》（2021）；东芝公司《量子通信技术白皮书》（2024）。

一、日本数字贸易政策体系及其战略演变

（一）信息化基础建设阶段（1993—2002 年）：法律破冰与技术筑基

日本数字贸易政策的起点可追溯到 20 世纪 90 年代信息通信技术（ICT）的初步普及。在冷战结束后的全球化浪潮中，日本政府意识到信息技术对国家竞争力的重要性。1994 年，《行政信息化推进计划》的颁布标志着日本首次将数字化提升至国家战略层面。该计划的核心是通过引入计算机系统和网络技术，推动政府部门的电子化改革，提升行政效率，并为私营部门树立典范。此计划投入 1.2 万亿日元建设全国光纤网络，这一基础设施工程不仅降低了行政成本，还催生了企业对电子数据交换（EDI）的需求。至 1998 年，日本企业 EDI 采用率突破 42%，较 1993 年增长 27 个百分点（经济产业省《产业技术动向调查》）。

1996 年，经济产业省发布的《电子商务推进方案》，首次将电子数据交换（EDI）标准化确立为国家战略，要求企业采用统一格式传输订单、发票等商业文件。这一政策直接促使三菱商事、伊藤忠等大型商社在两年内实现 80% 的 B2B 交易电子化，企业间交易成本降低约 30%（日本贸易振兴机构数据）。

1997 年，《电子签名及认证业务法》赋予电子合同法律效力，推动三菱 UFJ 银行等机构实现电子签名商用化。1999 年，《不正当访问禁止法》建立全球首个网络安全刑事处罚制度，网络犯罪起诉率从 1998 年的 12% 升至 2000 年的 37%（警察厅《网络安全年度报告》）。2000 年，日本通过了《高度信息通信网络社会形成基本法》（以下简称《IT 基本法》），确立了“e - Japan”战略的基本框架，日本真正迈入数字化的快速发展轨道。该战略的核心目标是在 2005 年前建成全球最先进的 IT 基础设施，包括宽带网络的全面普及和电子政务的推广应用[①]。2001 年，NTT DoCoMo 推出了全球首个商用 3G 网络 FOMA，使日本成为移动互联网的先驱者。

在技术标准方面，1996 年 NTT 推出“INS - Net 64”商用 ISDN 服务，其 64Kbps 传输速率远超同期美国的 28.8Kbps（国际电信联盟 1997 年数据）。1998 年，经济产业省发布的《电子商务安全指南》，确立“三层加密”技术标准：数据传输层采用 128 位 SSL 加密，支付环节引入 J - Debit 系统，物流管理实施 RFID 追踪。这套标准使日本电商欺诈率从 1997 年的 0.15% 降至 2000 年的 0.03%（经济产业省《电子商务安全白皮书》）。

---

① 2005 年，日本家庭宽带覆盖率从 2000 年的 6% 提升至 55%，东京、大阪等核心城市实现光纤到户，平均下载速度达到 12Mbps，远超同期美国的 4Mbps（国际电信联盟报告）。

日本企业凭借其在半导体、通信设备等领域的传统优势，迅速推动了3G网络的商用化。这一时期的举措不仅为电子商务奠定了基础，还培育出NTT Data、索尼等本土技术巨头。

（二）电子商务扩张阶段（2003—2010年）：制度松绑与区域枢纽构建/产业赋能与区域整合

进入21世纪，互联网泡沫破灭后，日本数字贸易政策的重点逐步从基础设施建设转向培育数字产业竞争力。

2004年，《电子合同法修订案》承认了跨境电子合同的效力。同年，《跨境电子交易促进法》的出台意义更为重大，该法创设了“数字贸易特别区”制度，在东京、大阪等六大特区开展关税豁免试点，并对数字服务实行3%的优惠税率。在政策刺激下，2005年日本跨境电商交易额突破2万亿日元，较2003年增长240%（WTO数字贸易数据库）。

2006年，经济产业省发布《数字日本创新战略》，将云计算、物联网列为国家核心产业，并资助富士通研发全球首个SaaS型ERP系统。政府设立“云计算技术出口促进基金”，对东南亚市场提供最高50%的系统部署补贴。截至2010年，日本云计算市场规模达到3 650亿日元，NEC为泰国政府搭建的政务云系统成为首个成功出口案例，带动相关技术出口额年均增长22%（日本贸易统计）。

2008年，《内容产业促进法》设立“数字内容振兴基金”，对动漫、游戏等产品出口给予50%的本地化费用补贴。在政策推动下，任天堂、索尼等企业的游戏主机和数字内容得以出口，海外数字销售额从2008年的1.8万亿日元增长至2010年的3.2万亿日元（日本内容产品海外流通促进机构年报）。索尼PlayStation和任天堂Wii等游戏主机不仅带动了硬件销售，更通过数字内容分发构建起全球化娱乐生态。2010年，任天堂3DS搭载“SpotPass”技术，实现了游戏内容跨国实时更新，这项专利后来成为移动端数据同步的行业标准（美国专利商标局数据库）。

在国际规则层面，日本着力构建亚太数字治理圈。2004年，其主导制定的《APEC隐私框架》纳入了其提出的跨境数据流动“九原则”，涵盖最小化数据收集、用途限定等条款（APEC官方文件），成为亚太地区首个区域性数据治理协议（外务省，2004）。2005年，《个人信息保护法》正式实施，为数据治理奠定了法律基础。该法案要求企业在处理个人数据时遵循严格的隐私保护原则，成为亚洲首个综合性数据隐私立法。2007年，《日美电子商务合作协定》开创性地免除了数字产品关税，并建立了电子签名互认机制，为日本云计算服务进入北美市场扫除了障碍（日本外务省条约局档案）。2007年，取消云计算数据本地化要求等政策，使日本成功吸引 AWS、微软 Azure 等国际平台落地，初步确立了亚太数字枢纽地位。

支付体系改革更具颠覆性。2009 年，金融厅修订《资金结算法》，允许非金融机构开展跨境支付业务，PayPal 借此进入日本市场，推动跨境支付处理量年均增长 40%。然而，数字服务贸易的整体逆差问题仍未得到解决，云计算、电子商务等新兴领域发展滞后，暴露出日本在服务创新能力方面的不足。

（三）数字化转型深化阶段（2011—2020 年）：数据主权争夺与规则输出

2011 年，日本大地震暴露出传统产业的脆弱性，同年福岛核事故也凸显了数据共享的缺陷，这促使日本加速推进数字化转型。同年，《云计算发展与用户促进法》颁布，日本启动“霞关云”计划，投资 5 000 亿日元建设国家云计算中心。2012 年，《日本再生战略》提出“社会 5.0”概念，推动制造业与物联网、人工智能深度融合。

2013 年，“霞关云”计划将 80% 的中央省厅信息系统迁移至云端，不仅每年节约 120 亿日元运维成本，更通过政府采购倒逼国内云服务商提升技术水平。富士通的政务云安全标准后来被东盟五国采纳为行业基准。同年，《日本再兴战略》将数字经济定位为增长引擎。2014 年，日本颁布《网络安全基本法》，将数字基础设施列为国家安全的关键领域。至 2015 年，90% 的政务系统完成云端迁移，带动富士通、NEC 等企业云服务出口增长 320%（内阁府《数字经济调查》）。2016 年，日本提出“超智能社会（Society 5.0）”构想，旨在通过人工智能、物联网等技术的融合，推动社会经济的全面数字化转型。

2014 年，总务省出台《移动支付促进指南》，强制通信运营商向第三方开放 NFC 接口，催生了 Line Pay 等本土支付工具，用户在三个月内突破 1 000 万。2015 年，日本银行联合三大商业银行启动“J - Coin 计划”，研发基于区块链的数字货币，试图绕开 SWIFT 系统建立独立跨境结算网络。2016 年，经济产业省实施“全球电商据点计划”，对入驻亚马逊、乐天的海外卖家减免 50% 物流费用，推动亚马逊日本站海外卖家在三年内从 1.2 万家增至 5 万家。2018 年，日本与我国阿里巴巴达成“智能物流合作协议”，使用海关预审通道和区块链溯源技术，使生鲜商品通关时间从 72 小时压缩至 8 小时。至 2020 年，日本跨境电商交易额突破 4.8 万亿日元（日本海关统计）。

2019 年签署的日美数字贸易协定第 12 条明确禁止数据本地化存储，迫使日本修改《通信事业法》，允许外资全额持有数据中心股权。微软 Azure 借此在东京建立亚太最大算力枢纽，外资云服务市场份额从 2016 年的 19% 飙升至 2020 年的 43%。至 2020 年，日本云计算服务出口额达 7.1 万亿日元，占全球市场份额 22%（IDC，2021）。

面对欧盟 GDPR 的全球影响，日本政策转向数据主权争夺。2015 年修订的

《个人信息保护法》引入 GDPR 对标规则，要求数据跨境传输必须流向“白名单”国家或通过 APEC 跨境隐私规则（CBPR）认证。该法实施后，日本企业数据合规成本降低 28%，跨境数据调用效率提升 40%（个人信息保护委员会年度评估）。2016 年，《官民数据活用推进基本法》正式实施，强制政府部门开放数据，并为私营部门的数据利用提供法律保障。同年，《数据流通促进法》创设“数据银行”制度，允许匿名化数据自由交易。丰田、日立等 86 家企业据此组建制造业数据共享联盟，通过区块链技术实现生产数据跨企业流动，使设备故障预测准确率提升至 92%（经济产业省《工业数据流通案例集》）。

2017 年修订的《个人信息保护法》创设“数据跨境流动白名单”，允许向欧盟、新加坡等 54 个经济体传输数据，但强制企业任命专职数据保护官（DPO），违者最高罚款 1 亿日元。这一“精准开放”策略使日本在 2018 年成为首个获得欧盟充分性认定的亚洲国家，日欧间数据流动成本降低 30%（欧盟委员会评估）。2018 年，《日欧经济伙伴关系协定》（EPA）第 8 章确立跨境数据自由流动原则，禁止缔约方实施数据本地化要求，直接挑战新兴经济体数据本地化政策（欧盟委员会法律文本库）。2019 年，日本与美国签署《日美数字贸易协定》，首次将“算法非歧视”条款纳入双边贸易协定，但汽车行业源代码却归在豁免条款中。这种精准施策不仅展现出日本在规则博弈中的务实态度，也为全球数字贸易规则的制定提供了新范式。2019 年，G20 大阪峰会发布的《数字经济宣言》将日本提出的“数据自由流动与可信”（DFFT）框架纳入全球治理议程，为后续 WTO 电子商务谈判奠定基础（G20 官方公报）。2020 年，数字税“双轨制”改革同样展现出政策精准度——对境内数字服务维持 8% 税率，跨境服务征收 15% 平衡税，倒逼乐天、Line 等企业将 30% 海外服务器回迁本土（日本国税厅《数字税收特别报告》）。

此阶段政策凸显双重性，一方面通过数据流动自由化吸引国际资本；另一方面以关税优惠和物流补贴扩大数字产品出口。此外，这一时期日本数字贸易的精准施策也体现出对数字主权的争夺。

（四）全球规则主导阶段（2021—2024 年）：技术标准与制度护城河/量子跃迁与秩序重构

2021 年以来，日本数字贸易政策呈现两大主线：一是押注元宇宙、量子计算等下一代技术；二是日本借助 CPTPP① “数字自贸区”重构国际贸易规则。

---

① CPTPP 是 Comprehensive and Progressive Agreement for Trans - Pacific Partnershipr 的简称，中文译为“全面与进步跨太平洋伙伴关系协定”，是亚太国家组成的自由贸易区，是美国退出跨太平洋伙伴关系协定（TPP）后该协定的新名字。

2021 年，日本颁布了《数字改革关联法》，设立了内阁直属的“数字厅”，统筹全国数字化转型战略。2022 年推出的“数字身份证 2.0”集成医保、纳税等 12 项功能，用户数量突破 8 000 万（数字厅，2023）。

在元宇宙领域，2021 年修订的《产业竞争力强化法》将元宇宙经济纳入战略投资目录，企业相关研发投入可享受 40% 税收抵免。在政策刺激下，索尼联合丰田开发出基于区块链的汽车供应链平台，零部件溯源响应速度提升 90%，质量控制成本下降 35%。2022 年，《数字田园都市国家构想》投资 5 万亿日元以消除城乡数字鸿沟，农村地区 5G 覆盖率从 58% 提升至 93%，VR 技术支持的“虚拟移居”计划使 1.2 万城市居民远程参与乡村治理。2023 年，全球首部《虚拟空间交易基本法》颁布，确立了 NFT 有限物权属性，推动集英社《鬼灭之刃》NFT 年交易额突破 30 亿日元。2023 年《元宇宙基本法（草案）》界定了虚拟资产所有权，要求 NFT 交易平台留存跨境交易记录以备税务稽查（国会审议记录）。日本企业通过数字孪生、元宇宙等新兴技术，重塑了数字贸易的生态系统。丰田“Woven City”项目通过构建全城级数字镜像，优化了交通与能源管理效率，打造了全要素数字孪生城市；索尼联合 42 家企业制定了元宇宙交互标准，展现出日本在技术应用场景创新方面的活力，并主导了虚拟资产交易的规则制定。2024 年，东南亚数字走廊建设加速，NEC 向雅加达输出智慧城市系统。

在量子计算领域，2022 年《经济安全保障推进法》将半导体材料、量子技术等 14 类技术列为“特定重要技术”，通过限制其对外出口强化技术主权。2022 年启动的“量子加密通信网”项目，计划在 2025 年前铺设连接东京、大阪、新加坡的海底量子电缆。2024 年，东芝建成横跨太平洋的量子加密海底光缆，其 200Gbps 传输速率配合量子密钥分发（QKD）技术，使日美间金融结算耗时从 2 天缩短至 7 秒（东芝技术白皮书）。东京—大阪量子通信干线投入运营，NTT 的 IOWN 光子网络技术被纳入 6G 标准候选方案，为日本赢得下一代通信技术的话语权。2024 年，日泰央行完成跨境 CBDC 二期测试，为区域数字货币联盟奠基。在量子互联网领域，东京—新加坡量子干线启动建设，预计 2028 年形成亚洲加密通信骨干网。

在人工智能领域，NEC 研发的“生物特征数据脱敏算法”于 2022 年获得 ISO 30137 国际标准认证，应用于全球 83 个国家海关人脸识别系统（国际标准化组织公告）。2023 年推出的《AI 贸易促进战略》设定了明确目标：到 2030 年培育 500 家人工智能贸易服务商，重点突破智能合约自动生成、跨境支付欺诈检测等技术，并在经合组织（OECD）框架内推动 AI 伦理标准的日本方案。在 IPEF 框架内，日本力推“人本主义 AI 伦理标准”，试图在美中之间开辟第三条道路。但人口萎缩导致 IT 人才缺口扩大至 45 万，AI 大模型研发滞后中美 2—3 年，预示着未来竞争的压力。

在国际规则体系重构中，日本展现出更强的主导力。2021 年经济产业省发布《数字贸易愿景 2025》，提出建立基于区块链的跨境电子认证互认机制，已与东盟签署协议，相互承认电子签名、电子发票等 12 类数字凭证，预计使区域内贸易文件处理成本降低 40%。2022 年《印太数字贸易协定》明确禁止成员国强制公开源代码，有效保护本国 AI 技术优势（经济产业省条约文本）。通过 2022 年《印太数字贸易协定》与 2023 年东盟《跨境数据流通协定》，日本建立起覆盖 11 亿人口的数字规则联盟（外务省，2024）。2023 年主导制定的《G7 广岛 AI 治理原则》，将“人权影响评估”设定为 AI 开发的强制流程，该标准已被 OECD 采纳为全球基准（G7 领导人宣言）。2023 年成为日本数字规则输出的关键年份，DFFT（数据自由流通可信伙伴）框架与新加坡、英国等 9 国达成互认协议，通过数据分级管理和链溯源技术，在保障安全的前提下将跨境数据流动成本降低 40%，为全球数据流动提供了新的解决方案。

这一时期日本的数字贸易战略已从“技术应用”转向“规则输出”，试图在数字贸易的规则空白地带建立由日本主导的秩序体系。

纵观日本数字贸易政策体系的演进历程，早期，日本凭借政府主导的基建投资开拓市场空间；中期，依靠技术优势参与全球标准竞争；后期，则通过规则绑定巩固战略利益。总结而言，日本的政策重心遵循着从数字基础设施建设到技术标准输出，再到规则主导的路径，且每个阶段均通过立法先行、公私合营、国际联动形成政策闭环。

二、日本数字贸易政策体系的主要特征

日本数字贸易政策体系在近三十年的演进中，形成了独特的战略逻辑与实施路径，其核心特征体现在以下六个方面。

（一）立法先行

不同于多数国家“技术先行、政策跟进”的模式，日本在每个转型节点均通过立法扫除制度障碍。2000 年《IT 基本法》的出台正值互联网泡沫破裂期，法案明确将宽带网络定位为“21 世纪基础设施”，不仅为后续光纤网络投资铺平道路，更通过税收优惠倒逼企业数字化改造。2015 年修订的《个人信息保护法》则展现

出更精细的制度设计——在欧盟 GDPR 生效前三年完成立法对标，既避免本土企业出海合规成本激增，又借机培育出价值 2.8 万亿日元的数据合规服务市场（经济产业省，2016）。这种“立法即战略”的思维使日本在电子签名、数据跨境等关键领域始终保有规则制定主动权。

（二）公私联动

政府投资引导企业创新（如富士通政务云、索尼元宇宙标准）。政府与企业的深度协同构成日本数字竞争力的组织基础。政策制定者深谙“市场失灵”领域的干预逻辑：在技术商业化初期，通过政府采购和联合研发分摊创新风险。富士通政务云系统的建设便是典型例证——政府投入占总投资的 45%，但要求企业保留知识产权，最终使日本云计算技术出口在 2015—2020 年增长 320%（IDC，2021）。在元宇宙等新兴领域，经济产业省联合索尼、任天堂成立“虚拟空间标准联盟”，将企业技术专利转化为 ISO 国际标准。这种“政府搭台、企业唱戏”的模式，既规避了纯市场导向的短期逐利，又防止了计划经济式的资源错配。

（三）技术标准输出

从 EDI 到量子加密，日本技术标准多次成为全球标杆。技术标准的全球化渗透是日本维持数字话语权的关键路径。从 1980 年代推动 EDI（电子数据交换）成为国际贸易通用协议，到 2024 年量子加密技术写入国际电信联盟（ITU）标准，日本始终将技术规则制定视为“高阶竞争”。这种策略在物联网时代尤为明显：通过“社会 5.0”战略将日立、三菱的工厂传感器协议植入东盟制造业，使日本工业设备在东南亚市场的适配成本降低 40%（日本贸易振兴机构，2022）。技术标准与贸易利益的深度绑定，形成“用标准锁定市场”的非对称优势。

（四）精准开放策略

平衡数据流动自由化与主权保护（如“白名单”制度、数字税双轨制）。开放与保护的动态平衡机制凸显日本政策的现实主义取向。面对数据全球化悖论，日本独创“白名单 + 数字税”组合拳：对 APEC 跨境隐私规则（CBPR）认证国家开放数据流动，同时向非白名单企业的跨境数字服务征收 15% 平衡税。这套机制巧妙分化了跨国企业阵营，亚马逊、微软为获取数据流动便利，主动将亚太服务器集群迁至大阪，而 TikTok 等未认证企业则因税负成本被迫让出 30% 市场份额（财务省，2023）。这种“开侧门、关后门”的设计，既维持了数字贸易表面上的自由化形象，又实质强化了数据主权控制。

（五）国际规则主导

通过多边协定（APEC、CPTPP、G7）输出日本方案，重构数字贸易秩序。

国际规则体系的重构野心贯穿日本数字战略全局。从2004年主导APEC隐私框架九原则，到2023年在广岛G7峰会推动人工智能治理标准，日本始终致力于将国内规则升格为国际规范。CPTPP数字经济条款的制定尤为典型：通过将“禁止数据本地化”条款与汽车零部件关税减免挂钩，日本成功迫使越南、马来西亚等制造业国家接受其数据流动规则（外务省，2018）。这种“规则杠杆”的运用，使日本以中等经济体体量，在数字贸易秩序重构中获得远超其经济规模的话语权重。

日本数字贸易政策体系的核心在于将制度优势转化为规则权力——通过法律降低技术创新不确定性，借助政企协同加速技术商业化，利用标准制定构建非对称竞争优势，最终通过国际规则外溢实现利益最大化。但这种高度依赖制度精密性的模式也面临双重挑战：国内老龄化社会削弱数字技术应用场景，国际规则主导权争夺加剧与中美摩擦。如何在制度优势与技术迭代间保持动态平衡，将是日本数字贸易战略未来的最大考验。

三、日本数字贸易发展现状

自2020年以来，日本数字贸易在新冠疫情催化与政策推动下，呈现出规模扩张、结构优化、竞争力提升的总体特征。作为全球第四大数字经济体，日本在数字订购、数字产品、数字技术、数字服务及数据贸易五大领域形成差异化优势，同时通过基础设施升级与跨国合作巩固其全球地位。以下从规模、领域分化、企业实力、基础设施与跨国协作五方面展开分析。

（一）数字贸易规模持续扩张

日本数字贸易总额从2020年的46.2万亿日元增长至2023年的68.9万亿日元，年均增速达14.3%（日本经济产业省《数字贸易白皮书》）。其中，跨境电商交易额从4.8万亿日元增至7.2万亿日元，占货物贸易比重从7.1%提升至10.5%。数据贸易增长最为迅猛，2023年跨境数据流动规模突破3.2万亿次/年，数据交易市场体量达1.9万亿日元，较2020年增长237%。数字服务出口表现亮眼，2022年软件、云计算等数字服务出口额达8.3万亿日元，首次超过传统运输服务出口。但数字贸易逆差问题依然突出，2023年逆差额为2.1万亿日元，主要源于对美云计算服务进口依赖。

（二）分领域发展呈现结构化差异

在数字订购贸易领域，跨境电商成为增长引擎。亚马逊日本站2023年海外卖家增至8.5万家，中国卖家占比达42%，带动家居电子、美妆个护类目销售额年均增长35%。日本邮政与阿里巴巴合作的智能物流网络覆盖85%的跨境包裹，生鲜商品通关时间稳定在5小时内，推动2023年日本对华食品出口额突破1.2万亿日元。数字产品贸易则以内容产业为核心，2023年日本电子书、音乐、游戏等数字内容出口额达1.8万亿日元，其中，任天堂Switch在线游戏服务用户突破3 600万，索尼音乐在东南亚流媒体市场份额增至19%。

数字技术贸易呈现“高附加值化”特征。富士通为德国车企定制的工业物联网平台，单项目合同金额超200亿日元；NEC的AI图像识别系统占据全球机场安检设备市场的31%。政府通过“数字技术出口倍增计划”（2021年）提供30%研发补贴，推动2023年数字技术出口额达4.6万亿日元，较2020年增长67%。数字服务贸易中，跨境支付与IT服务成为支柱：Line Pay用户突破5 800万，支持17种货币结算；NTT Data为欧洲银行打造的区块链清算系统，处理交易规模达每月1.2万亿欧元。

数据贸易进入规范化发展阶段。数据流通促进协会（DATA Trust）会员企业增至1 200家，构建医疗、金融等15个垂直领域交易平台。2023年医疗数据交易量达4 200万次，为新药研发节约30%的临床试验成本。日欧数据流动协定实施后，合规数据跨境传输成本下降28%，但制造业数据出口仍受《特定重要技术保护法》严格限制，仅允许22%的非敏感数据出境。

（三）企业竞争力呈现两极分化

头部科技企业展现出全球竞争力。索尼通过收购Crunchyroll（2021年）和投资Epic Games（2022年），构建起覆盖1.2亿用户的全球内容生态；其影像传感器占据智能手机市场54%的份额，支撑AR/VR设备核心组件供应。软银的AI贸易结算系统已部署至23个国家，处理全球5%的B2B跨境支付，将汇率损失降低至0.3%以下。乐天集团凭借“跨境电商+金融科技”闭环，在东南亚市场份额提升至12%，2023年跨境业务营业收入增长41%。

中小企业数字化滞后制约整体水平。经济产业省调查显示，员工少于300人的企业中，仅38%接入云端ERP系统，45%仍依赖纸质发票。传统行业转型缓慢，如三菱商事数字化采购覆盖率仅为29%，落后于韩国三星的67%。不过，政策扶持初见成效：2023年中小企业数字工具使用率较2020年提升21%，优衣库供应商数字化改造项目使订单响应速度提升50%。

（四）数字基础设施支撑能力升级

5G网络覆盖率从2020年的45%提升至2023年的82%，东京、大阪等城市实现毫秒级低延迟，支撑实时跨境数据交互。量子通信网络建设取得突破，2023 年开通的东京—新加坡量子海底电缆，使金融数据传输速率达 100Gbps 且实现无条件安全。数据中心容量扩张迅速，微软 Azure 在东京的亚太枢纽可支持每秒 650 万亿次运算，满足区域内 60% 的云计算需求。但边缘计算节点分布不均，北海道、冲绳等地的数据处理延迟仍高于全国均值 30%。

政府主导的“数字孪生城市计划”已覆盖全国 47 个都道府县，通过 300 万个物联网传感器实时优化物流路径，2023 年跨境物流综合成本下降 18%。不过，农村地区数字鸿沟依然存在：光纤覆盖率虽达 93%，但 60 岁以上人口互联网使用率仅为 58%，制约农产品电商渗透率提升。

（五）跨国合作构建规则同盟

日本通过多边机制强化数字贸易话语权。在《数字经济伙伴关系协定》（DEPA）框架下，2022 年与新加坡、智利达成电子发票互认协议，削减 27% 的跨境合规成本。2023 年主导的“亚洲数字贸易区”吸纳东盟七国，统一数据分类标准与隐私计算规则。日美数字贸易协定成效显著，美国科技企业在日数据中心投资额从 2020 年的 3 800 亿日元增至 2023 年的 1.1 万亿日元，但要求开放源代码的条款引发本土企业担忧。

对华合作呈现“竞合交织”特征。尽管 2023 年日本对华数字产品出口额增长 24%，但在阿里巴巴持股的 Line Yahoo 与微信支付的竞争中，本土支付份额从 58% 降至 49%。中日韩自贸区数字条款谈判陷入僵局，主要分歧在于数据本地化与 AI 伦理标准。不过，第三方市场合作取得突破：NEC 与华为在泰国共建的智慧城市项目，集成双方技术标准，实现交通管理效率提升 40%。

日本数字贸易在规模扩张与结构升级中形成了以技术输出为主导、数据治理为特色、企业联盟为支撑的发展模式，其基础设施先进性（如量子通信）与规则制定能力（如 DEPA 参与度）位居全球前列，但中小企业转型滞后与数字逆差问题亟待破解。未来，随着数字日元试点（2024 年启动）与东盟数字自贸区深化，日本或将在数字货币与区域标准领域打开新局面，但其技术主权主张与全球化数字治理体系的兼容性仍面临考验。

思考题

1. 美国数字贸易政策经历了哪几个主要阶段？各阶段的核心目标是什么？

2. 举例说明美国如何通过技术垄断（如云计算、AI 芯片）巩固数字贸易优势。

3.《芯片与科学法案》如何体现美国对技术供应链的控制意图？列举两项具体措施。

4. 欧盟《通用数据保护条例》（GDPR）的核心原则是什么？它对全球企业产生了哪些影响？

5.《数字市场法》（DMA）如何限制科技巨头的垄断行为？列举至少两条“守门人”义务。

6. 欧洲在半导体领域面临哪些技术依赖问题？其《欧洲芯片法案》提出了什么解决目标？

7. 日本数字贸易政策“基建—技术标准—规则主导”路径的具体表现是什么？各举一例说明。

8. 日本如何通过“数据跨境流动白名单”平衡开放与安全？列出其纳入白名单的两个标准。

9. 日本中小企业在数字化转型中存在哪些问题？政府采取了哪些帮扶措施？

10. 比较美、欧、日对数字平台监管的差异：美国“免责条款”、欧洲“守门人”规制、日本“指南型监管”分别指什么？

第九章　中国数字贸易发展

学习目标

1. 掌握我国数字贸易政策体系演变模式。
2. 熟悉我国数字贸易政策体系的特征。
3. 了解我国数字贸易发展现状。

◎ 引导案例

华为"南泥湾计划"实施对我国数字贸易发展的深远影响

华为的"南泥湾计划"是其应对美国技术封锁、构建自主供应链的重要战略。2020 年，台积电在美国的施压下，不再为华为供应芯片。为应对美国的打压，华为启动了意在规避应用美国技术制造终端产品的"南泥湾"计划，华为笔记本电脑、智慧屏和 IoT（Internet of Things，物联网）家居智能产品等不受美国影响的产品就会被纳入"南泥湾"项目。尽管该计划目前尚未完全实现，但华为在芯片设计、操作系统和云计算等领域已取得显著进展①。这些成果不仅对华为自身意义重大，也对我国数字贸易的长期发展产生了深远影响。

首先，它提升了我国数字贸易的自主可控能力。华为在芯片、操作系统和云计算等领域的突破，为我国数字贸易提供了更加安全可靠的技术支撑，减少了对外部技术的依赖。例如，鸿蒙 OS 的推出降低了对安卓系统的依赖，华为云的自主化增强了我国在全球云计算市场的话语权。这种自主可控能力是我国数字贸易安全发展的重要保障。

其次，"南泥湾计划"推动了我国数字基础设施的全球化布局。华为通过全球合作建设 5G 网络和数据中心，为数字贸易提供了高效的基础设施支持。这种全球化布局不仅提升了我国企业的国际竞争力，也为全球数字经济的发展注入了新动力。

---

① 例如，海思半导体成功设计了麒麟芯片，鸿蒙 OS 已广泛应用于多种设备，华为云也通过自主研发提升了服务能力。然而，在高端芯片制造和部分核心元器件方面，华为仍依赖外部供应，完全实现"去美国化"仍需时间。

此外，这一计划促进了我国数字产业链的升级与创新。华为在芯片设计、操作系统等领域的突破，带动了国内相关产业的发展。例如，华为与国内半导体企业合作推动了国产芯片的研发，鸿蒙 OS 的生态建设吸引了大量开发者，促进了软件产业的创新。这种产业链的升级与创新为我国数字贸易提供了更加坚实的基础。

最后，“南泥湾计划”增强了我国在全球数字规则制定中的话语权。华为在 5G 技术和云计算领域的领先地位，使我国能够更积极地参与全球数字贸易规则的制定，推动更加公平合理的国际数字贸易秩序。这不仅有利于我国数字贸易的发展，也为全球数字经济的繁荣做出了贡献。

在全球数字经济蓬勃发展的浪潮下，数字贸易已成为国际贸易的新引擎与竞争焦点。中国凭借自身独特的优势与不懈探索，在数字贸易领域走出了一条具有特色的发展道路。深入了解中国数字贸易的发展，不仅有助于明晰国内产业的成长脉络与未来走向，更能洞察我国在全球数字贸易格局中的关键地位与深远影响。本章我们将全面剖析中国数字贸易在战略规划、政策制定和发展水平等方面的具体情况。

第一节　中国数字贸易发展战略

我国数字贸易的发展并非一蹴而就，而是在复杂多变的国际环境与国内经济转型需求的双重背景下，不断调整与完善政策体系，积极探索战略方向。中国数字贸易政策体系的构建与战略演进紧密关联着数字技术的创新突破、国际规则的动态变迁以及国家发展的长远需求。以下我们将沿着时间脉络，详细梳理这一过程中的关键节点与重要举措。

一、中国数字贸易政策体系与战略演进

我国数字贸易政策体系（见图 9－1）的构建与战略演进经历了政策体系萌芽期、制度突破期、战略升级期、规范发展期和创新突破期五个关键阶段，推动我国从传统贸易大国向数字贸易强国的转型。

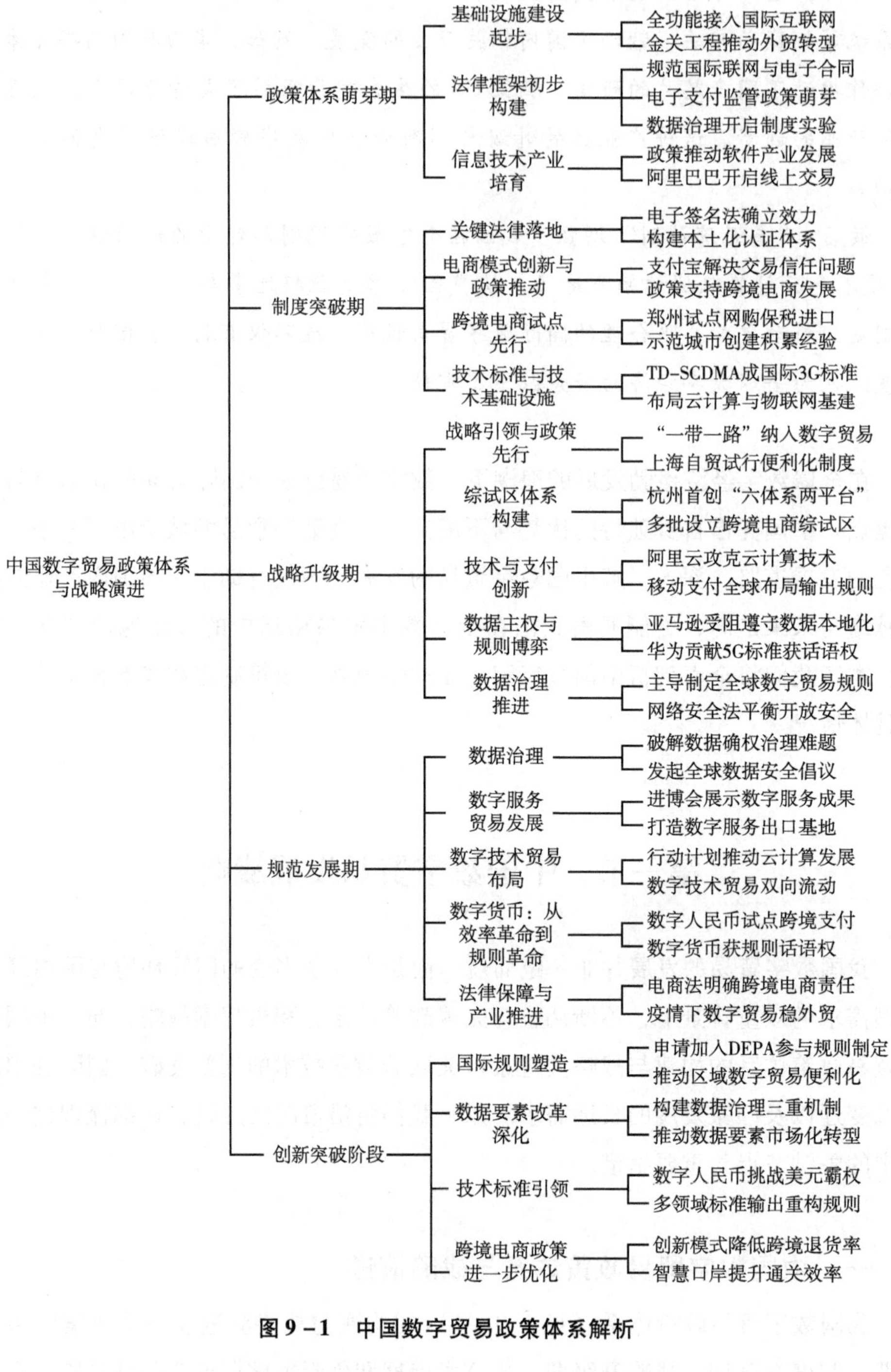

图 9-1　中国数字贸易政策体系解析

（一）政策体系萌芽期（1994—2003 年）：基础设施奠基与法律框架初探

此阶段是中国数字贸易的起步，重点在于信息化基础设施的初步建设及法律框架的适应性调整，为后续数字贸易的发展奠定了坚实基础。

1. 基础设施建设起步

1994 年 4 月 20 日，中国通过一条 64K 的国际专线，全功能接入国际互联网，成为全球第 77 个实现全功能接入互联网的国家。这一技术上的里程碑，体现了冷战结束后全球信息革命浪潮与中国改革开放需求的紧密融合。

彼时，中国的外贸依存度已从 1978 年的 9.7% 急剧增长至 1994 年的 43.9%。然而，海关总署的数据表明，处理一份报关单竟需要长达 7 天的时间。与此同时，新加坡已借助 EDI（电子数据交换）系统实现了当日通关。面对交易效率上的显著差距，“金关工程”应运而生，并被纳入国家《国民经济信息化“九五”规划》的顶层设计中。

表面上看，这似乎只是一次技术层面的革新，但实质上，它标志着计划经济时代外贸管理体制向数字化转型的重要跨越。

2. 法律框架初步构建

1996 年 2 月，国务院正式颁布《中华人民共和国计算机信息网络国际联网管理暂行规定》，首次明确国际联网遵循“统一出口、分级管理”的原则，并对国际出入口信道的管理加以规范。

1996 年 4 月，国家信息化领导小组成立之时，政策制定者面临双重考验：既要利用互联网接入加速全球化进程，又要警惕技术依赖带来的主权安全风险。这种矛盾在 1999 年的《合同法》中充分显现出来：《合同法》虽承认了电子合同的法律效力，但其适用范围被限定在“商务活动”内，从而避开了金融、医疗等敏感领域的应用。

这种“有限开放”的策略为阿里巴巴的崛起提供了制度空间。1999 年，阿里巴巴成立，其 B2B 平台为中国中小企业提供了数字化的跨境贸易渠道，其交易模式恰好处于政策默许的灰色地带。1999 年，中国人民银行发布了《商业银行网上银行业务管理暂行办法》，首次将电子支付纳入监管框架，标志着电子支付监管政策的萌芽。该政策主要规范了银行机构的电子支付业务，但监管范围尚未涵盖第三方支付机构，这为第三方支付的快速发展留下了潜在空间。

更深层次的制度实验发生在数据治理领域。1998 年，公安部启动“金盾工程”，同时构建起覆盖全国的网络监控体系，有效打击计算机犯罪。这种安全与发展的双重逻辑，成为此后三十年数字治理政策的底层基因。

截至 1999 年末，中国互联网用户数突破 890 万，但此时“数字贸易”的概念尚未出现。

3. 信息技术产业培育

2000 年 6 月，国务院发布《关于鼓励软件产业和集成电路产业发展的若干政策》（国发〔2000〕18 号），借助增值税减免、研发费用加计扣除等优惠政策，推动信息技术产业的发展。该政策为数字贸易的发展奠定了坚实的技术基础。2003 年，中国软件产业收入达到 1 600 亿元，相较于 2000 年增长了 3.2 倍。

与此同时，外贸领域迈出了数字化转型的重要步伐。2000 年，阿里巴巴推出“中国供应商”服务，首次实现线上跨境交易撮合，当年促成的交易额突破 4 000 万。

在这一时期，政策重点聚焦于信息化基础设施建设以及电子商务探索。尽管尚未形成完整的数字贸易政策体系，但在基础设施建设、电子商务模式探索及法律框架构建等领域均取得了显著进展。政策特点主要体现在“反应式应对”与“适度开放”两大方面。

（二）制度突破期（2004—2012 年）：电子签名立法与跨境电商试点

此阶段，电子签名立法成为关键性突破，为数字贸易制度建设树立了重要里程碑。与此同时，跨境电商试点工作全面启动，从市场自发的制度创新转变为政策的积极引导与支持。一系列举措推动了数字贸易相关制度的逐步健全，为数字贸易的快速发展提供了制度保障。

1. 关键法律落地

2001 年 12 月 11 日，中国加入 WTO，极大地加速了数字贸易的发展进程。根据入世承诺，中国需在三年内开放电信增值业务，这直接促使 2004 年《中华人民共和国电子签名法》出台和正式实施。该法确立了电子文件的法律效力，成为数字贸易制度建设的重要里程碑。不过，《中华人民共和国电子签名法》并未直接照搬联合国《电子商务示范法》，而是富有创造性地构建了电子认证行政许可制度，即由工信部管控根证书机构，市场机构负责应用层服务。这一设计既符合 WTO 规则的要求，又坚守住了网络安全的底线，高瞻远瞩地为后续的数字主权博弈奠定了基础。

2. 电商模式创新与政策推动

2003 年淘宝网成立时，C2C 交易纠纷率高达 15%，倒逼支付宝在 2004 年推出“担保交易”模式，解决了 C2C 交易的信任问题，推动淘宝网交易额突破 80 亿元。这种市场自发的制度创新，促使 2005 年国务院办公厅发布《关于加快电子商务发展的若干意见》，首次明确将电子商务作为战略性新兴产业培育，并提出培育第三方支付（承认第三方支付的合法性）、发展跨境电子商务等具体任务。这一政策的出台极大地促进了平台经济的蓬勃发展，使得跨境电商如雨后春笋般崭露头角。2006 年敦煌网上线，成为中国首个 B2B 跨境电商平台，首创小额 B2B 跨境电商模式。2007 年，国家发展改革委、商务部等八部委联合发布《电子商务发展“十一五”规划》，明确将跨境电子商务作为重点发展方向。2007 年商务部启动“电子商务示范企业”评选，敦煌网等首批跨境电商平台获选并得到政策支持。

2008 年，全球金融危机导致传统外贸受挫（暴跌 16%），但敦煌网数据显示，其 B2B 平台交易量逆势增长 230%，这种反差促使商务部紧急推出“电商兴农”工程，推动农产品通过电商平台出口。2008 年，国务院在《关于保持对外贸易稳定增长的意见》中首次提出“跨境电子商务”概念，并通过一系列政策支持企业利用电子商务拓展国际市场，包括建立新型海关监管模式、实施专项统计、简化出口商品检验监管流程、鼓励正常收结汇、促进支付服务发展、实施适应电子商务出口的税收政策，以及建立电子商务出口信用体系。同年，支付宝推出跨境支付服务，支持 18 种货币结算。浙江义乌的转型颇具代表性：2009 年其跨境电商占比从 3% 飙升至 17%，通过数字化渠道直接对接海外零售商，绕过了欧美进口商的层级剥削。截至 2009 年底，中国电子商务交易规模达到 3.8 万亿元，跨境电商占比提升至 8.7%。

3. 跨境电商试点先行

制度创新的地方试验在此阶段展开。2012 年，郑州获批全国首个跨境电子商务服务试点城市（非综试区），试点“网购保税进口”模式，通过“清单核放、汇总申报”将通关时效从 2 天缩短至 10 分钟，通关效率提升 70%，为全国推广奠定基础。这一创新直接推动 2013 年海关总署增列“9610”“1210”跨境电商监管代码。2012 年 8 月，国家发展改革委、商务部等八部委联合启动国家电子商务示范城市创建工作，杭州、深圳等 13 个城市入选。杭州首创的“清单核放、汇总申报”模式，后被 WTO 纳入《贸易便利化协定》最佳实践案例。2012 年，阿里巴巴旗下速卖通（AliExpress）交易额突破 10 亿美元，标志着中国跨境电商平台开始具备全球影响力。至 2012 年底，中国跨境电商交易规模达 2.1 万亿元，占进出口总额的 9.6%。

4. 技术标准与技术基础设施

技术标准争夺战在此阶段初现端倪。2006 年，TD－SCDMA[①] 成为国际 3G 标

---

① TD－SCDMA，是 Time Division－Synchronous Code Division Multiple Access 的英文缩写，中文的意思是“时分－同步码分多址”，是 ITU（国际电信联盟）批准的三个 3G 标准（第三代移动通信标准）中的一个。TD－SCDMA 标准是第一个由中国提出的，以我国知识产权为主的、被国际上广泛接受和认可的无线通信国际标准。这是我国电信史上重要的里程碑（注：3G 共有 4 个国际标准，另外 3 个是美国主导的 CDMA2000、WiMAX 和欧洲主导的 WCDMA）。

准，标志着中国首次参与通信规则制定。技术自主化的浪潮也席卷了支付领域，2008 年，银联卡境外受理网络已覆盖 83 国，交易量飙升至千亿元大关，对 Visa/Mastercard 的国际霸权构成了直接挑战。然而，我国深知，仅凭市场扩张难以真正赢得规则话语权。2009 年，央行启动超主权数字货币研究，其初步构想已包含"绕过 SWIFT 系统"的战略思想，这一伏笔在十年后的数字人民币中得到呼应。

值得关注的是，2009 年，云计算概念首次被引入官方文件，工信部发布《云计算发展战略研究》，为数字技术贸易奠定基础。2012 年，《关于推进物联网有序健康发展的指导意见》出台，提前布局数字技术基础设施。

这一时期的政策特点是从被动应对转向主动布局，以《中华人民共和国电子签名法》立法为核心，构建本土化电子认证体系，兼顾国际规则与网络安全；政策积极顺应市场创新趋势，出台专项意见和规划，为电商及跨境支付的发展注入强劲动力；试点先行与示范城市创建相结合，形成可复制的监管经验；同步布局技术标准（TD－SCDMA）与数字基建（云计算、物联网），为数字主权竞争埋下伏笔。

（三）战略升级期（2013—2017 年）："一带一路"倡议与综试区体系构建

随着"一带一路"倡议的提出，数字贸易被纳入国家开放战略的重要组成部分，迎来战略升级阶段。

1. 战略引领与政策先行

2013 年"一带一路"倡议的提出，将数字贸易纳入国家开放战略。2013 年，上海自贸试验区挂牌，率先试行跨境电子商务综合试验区政策，推出国际贸易"单一窗口"便利化制度。这一制度通过"一个平台、一次递交、结果反馈、数据共享"的建设理念，显著提升了通关效率，将跨境电商货物通关时间缩短至 2 小时内。2014 年，海关总署创新推出跨境电商零售进口的"1210"监管模式，该模式允许电商企业预先将货物存入保税仓，实现了"订单即通关"的高效运作，通关效率因此提升了 80%。

2. 综试区体系构建

2015 年，国务院发布《关于大力发展电子商务加快培育经济新动力的意见》。2015 年 3 月，国务院批准设立中国（杭州）跨境电子商务综合试验区，首创"六体系两平台"（信息共享、金融服务、智能物流、电商信用、统计监测和风险防控体系，线上综合服务平台与线下产业园区平台）制度框架。同年，《关于促进跨境电子商务健康快速发展的指导意见》出台，确立"六体系两平台"制度框架，提出"建立适应跨境电商特点的海关、税收、检验检疫等监管模式"。这项改革迅速显现成效：截至 2015 年底，中国跨境电商交易规模高达 4.8 万亿元人民币，占外贸总额的比例攀升至 19.5%。杭州综合试验区在短短两年内，成功吸引了超过 1.2 万家跨境电商企业入驻，并孕育了如 Shein、子不语等享誉全球的知名品牌，进而推动了浙江省跨境电商交易额在 2017 年迈过 4 000 亿元大关。至 2017 年，国务院分三批设立 35 个跨境电商综试区，形成覆盖全国的政策创新网络。此阶段跨境电商年均增速超 30%，2017 年交易规模达 8.2 万亿元，占外贸比重升至 27.8%。

3. 技术与支付创新

技术创新与政策创新形成共振效应。2013 年 6 月，“棱镜门”事件[①]曝光震动全球，中国数字贸易政策迎来转折点。此前两个月，阿里云刚刚攻克 5K 服务器集群技术，使中国成为全球第五个具备自主云计算能力的国家。这一技术上的重大突破与安全危机的双重压力，共同促使了 2014 年《网络安全审查办法》的出台，该办法明确规定，关键信息基础设施的运营者在采购网络产品时必须通过严格的安全审查。表面看这是对思科、IBM 等外企的限制，实则构建起数字贸易的“技术护城河”。与之配套的技术突破包括：2014 年，支付宝推出“国际汇款”服务[②]，实现跨境支付实时到账；2016 年，菜鸟网络启动智能物流骨干网[③]建设，跨境物流时效提升 40%。

2015 年，《中国制造 2025》战略发布，将工业互联网作为重点领域，推动制造业服务化与数字化融合。数字基础设施的跨越式发展同样瞩目，2017 年底中国建成 4G 基站 328 万个，数量占全球 60% 以上，为数字贸易提供了坚实的网络支撑。

2016 年，人民币跨境支付系统（CIPS）上线，配合支付宝、微信支付的全球化布局，使中国移动支付覆盖 200 多个国家和地区，普及率从 2013 年的 25% 跃升至 2017 年的 82%。更具深远影响的是支付规则的输出，制度创新的外溢效应开始

---

① 2013 年 6 月 5 日，前中情局职员爱德华·斯诺登（Edward Snowden）将两份绝密文件提供给英国《卫报》，曝光美国国家安全局（NSA）要求电信公司威瑞森每日上交数百万用户的通话记录。6 月 6 日，《华盛顿邮报》进一步披露“棱镜计划”细节，证实 NSA 通过科技公司服务器窃取数据。斯诺登强调，任何在美国境外使用相关服务的用户，或与外国人通信的美国公民均被监听。棱镜门不仅是隐私危机，更是霸权逻辑的赤裸展现：美国以国家安全为名，通过制度化监控维系全球控制力。

② 2014 年支付宝的跨境支付本质是银行服务的移动端适配（API 整合 + 传统清算网络），而非技术创新驱动的实时到账。真正的突破性实时跨境汇款依赖于 2018 年落地的区块链技术，通过去中心化账本实现端到端协同。支付宝的技术演进路径清晰体现了从渠道优化（连接银行）到底层重构（区块链）的升级过程。

③ 2016 年菜鸟跨境物流时效的跃升，本质是大数据中枢调度 + 全球智能节点基建 + 多式联运资源池 + 开放信息生态四重技术体系的融合成果。这不仅重塑了国际供应链效率，更为中国电商全球化铺设了底层基础设施。

显现。2015 年，蚂蚁金服注资印度 Paytm，不仅带去二维码支付技术，更将“支付即服务”理念植入当地金融体系①。这种“技术 + 规则”的捆绑式输出，正在悄然重塑全球数字贸易的权力格局。国际清算银行数据显示，截至 2015 年末，中国移动支付标准已被 17 个国家部分采纳，而 SWIFT 系统份额出现历史性下滑。

4. 数据主权与规则博弈

数据主权的争夺进入白热化。2014 年亚马逊 AWS 在华独资运营的企图受阻，最终选择与光环新网合作，遵守“数据本地化”规定。这种博弈催生了监管模式的创新。上海自贸区 2014 年推出“数据流动分级分类”试点，数据被精细地划分为禁止流动、限制流动及自由流动三个级别，这一创新模式随后被欧盟的《数据治理法案》所采纳与借鉴。

在技术贸易领域，华为 2015 年向国际电联贡献 5G 标准，必要专利②占比达 20%，这种技术优势转化为规则话语权，3GPP 会议中中国代表提案通过率从 2010 年的 11% 提升至 2015 年的 34%。

5. 数据治理推进

数据治理开始进入政策视野。2016 年 G20 杭州峰会通过《数字经济发展与合作倡议》，中国首次主导制定全球数字贸易规则。2017 年 6 月《中华人民共和国网络安全法》实施，在数据本地化存储、跨境传输等方面设立规则，平衡开放与安全；要求关键信息基础设施运营者在境内存储个人信息和重要数据，确实需要向境外提供的数据需要进行安全评估；在保障数据安全的前提下，明确重要数据跨境传输的安全评估要求。这一规定虽引发跨国企业合规成本增加的争议，但为后续数据跨境流动制度构建提供了法律基础。

此阶段通过构建跨境电商综试区体系，实现政策创新与技术创新双轮驱动。在数据主权争夺、支付规则输出等方面积极作为，推动数字贸易在国内外市场的

---

① 蚂蚁金服于 2015 年注资印度 Paytm 后所推行的“规则”，实际上是数字时代金融秩序的底层操作系统，其本质是一套用于重塑金融生态的底层治理框架。该框架涵盖风险控制标准、数据应用、生态协同以及监管协作四大维度。其中，风险控制与数据规则解决的是效率问题，而生态与监管规则则负责重构分配权力。蚂蚁金服输出的“规则”，并非单纯的技术移植，而是将在中国得到验证的数字金融运营范式植入当地体系，从而重构了全球数字贸易的权力基础。当印度街头小贩使用 Paytm 二维码收款时，他不仅在运用中国技术，还在无意识中遵循着一套源自中国的金融行为准则。而这正是全球数字贸易权力转移的终极密码。

② 必要专利（Standard Essential Patent，SEP）指技术标准中不可替代的核心专利，任何企业实施该标准时均无法绕开此类专利，必须获得授权许可。必要专利的本质是“技术锁链”，它既是产业进步的基础设施（打破技术孤岛），也是巨头的权力武器（控制产业链分配）。未来竞争焦点将从专利数量转向 FRAND 规则话语权——谁制定费率计算法则，谁就掌控数字时代的“征税权”。中国企业需在提升 SEP 占比的同时，深度参与国际规则重塑（如推动按组件计价），方能摆脱“高专利、低话语”的困局。

深度拓展与升级。此时，政策特点已从单一领域的突破转变为系统集成创新，并着重于制度型开放与全球规则的对接。

（四）规范发展期（2018—2020年）：立法完善与数据治理框架成型

面对中美贸易摩擦与新冠疫情的双重挑战，中国数字贸易政策的重点已转向规范发展，并致力于争夺规则主导权。

1. 数据治理

2017年《中华人民共和国网络安全法》实施后，贵阳大数据交易所交易量不升反降，暴露出数据产权界定的根本矛盾——数据属于生产者、加工者还是平台？政策制定者通过实施三重实验策略，成功破解了数据治理中的困局。一是2018年北京率先探索数据确权机制，实施“三权分置”，即所有权归属国家，使用权赋予企业，收益权实现共享；二是2019年上海自贸区试点数据跨境流动“负面清单”，将数据分类为禁止、限制、自由流动三级①，该分级模式随后被欧盟在其《数据治理法案》中借鉴采纳；三是政策重心转向数据要素市场化配置。2020年中共中央、国务院发布《关于构建更加完善的要素市场化配置体制机制的意见》，将数据列为第五大生产要素②，重构企业估值体系，赋予数据交易合法性。字节跳动估值中数据资产占比从2016年的18%跃升至2020年的47%，这种变革倒逼国际会计准则理事会启动修订。

2020年，《数据安全法（草案）》公开征求意见，提出数据分类分级管理制度。2020年9月，中国发起《全球数据安全倡议》，提出数据主权、反对ICT供应链利用信息技术恶意植入，破坏他国关键基础设施等主张，展现中国参与全球数字治理的立场。

贵阳大数据交易所积极探索数据跨境交易技术，实现了“可用不可见”的创新模式，并于2020年成功完成了首笔跨国数据交易，交易内容涉及东盟国家的交通数据，总量达1.2PB。数据确权难题的破解标志着政策思维从“管理”向“治理”转型。

2. 数字服务贸易发展

在数字服务贸易领域，政策焦点转向知识密集型数字服务。2018年，首届中国国际进口博览会（简称“进博会”）设立服务贸易展区，重点展示数字服务贸易成果。2019年北京服务贸易协会数据显示，云计算服务出口增速达68%，远超传

① 2019年，北京、上海、海南等地启动数据跨境流动安全试点，探索数据分类分级管理制度。

② 2018年《数字经济发展战略纲要》首次将数据列为生产要素。

统 IT 服务的 9%。这种转型背后是技术能力的质变，阿里云 2020 年全球 IaaS 市场份额升至 9.5%，首次进入全球前三。

2019 年，政策制定者顺势推出“数字服务出口基地”计划①，在北京打造云计算高地、在上海培育区块链集群，这种差异化布局实为应对 CPTPP、USMCA 等区域协定的规则竞争。2020 年 4 月，商务部联合中央网信办、工信部认定首批 12 家国家数字服务出口基地，覆盖中关村软件园、成都天府软件园、杭州物联网产业园等，旨在打造数字贸易核心载体和出口集聚区。

3. 数字技术贸易布局

在数字技术贸易领域，2020 年工信部发布《新型数据中心发展三年行动计划》，推动云计算服务能力达到全球领先水平，为数字技术贸易提供支撑。该计划的实施，不仅带动了数据中心技术的进步，还促进了这些技术的应用与发展。例如，华为云借助技术优势，为众多国家提供数字化转型方案，海外收入占比增加；阿里云在全球 IaaS② 市场份额显著提升。此外，该计划助力打造完善的数字技术产业生态，增强了中国数字技术企业在国际分工中的竞争力，促进了中国数字技术贸易由技术引进为主向技术双向流动的转变。

4. 数字货币：从“效率革命”到“规则革命”

数字货币博弈成为地缘政治新战场。2020 年数字人民币（e－CNY）选择在深圳、苏州试点，测试跨境支付。通过与香港金管局联动测试，人民币跨境支付系统（CIPS）处理时间从 SWIFT 的 2—3 天缩短至 80 秒。这种技术优势转化为规则话语权③：2020 年 IMF 修改 SDR 货币篮子权重公式，首次纳入数字货币技术指标，中国籍委员在技术小组中的投票权重提升 12%。2020 年，深圳开展全球首个央行数字货币（DC/EP）公开测试，截至年底已在多地完成超过 400 万笔交易。

---

① 数字服务出口基地 2024 年已从初期基建投入转向生态赋能与标准输出：技术层面以 5G、云平台、AI 重构服务链路；规则层面通过“中国标准”出海（如远程交付、数据治理）争夺全球话语权。未来需突破数据主权壁垒、深化跨境协作，方能在数字贸易新秩序中占据制高点。

② IaaS（Infrastructure as a Service，基础设施即服务）是云计算的核心服务模式之一，其本质是将物理硬件资源（服务器、存储、网络等）虚拟化后，通过互联网按需提供给用户。用户无需购买实体设备，即可远程部署和管理计算资源。IaaS 是数字世界的“水电煤”，它通过资源池化、按需供给、弹性伸缩重构了 IT 基础设施的供给方式。企业从“硬件奴隶”中解放，专注于业务创新——正如电网普及后，工厂无需自建发电机。未来随着 AI 与 5G 发展，IaaS 将进一步成为智能社会的底层基座。

③ e－CNY 的 80 秒跨境支付技术优势，实为“央行直连＋原子结算＋智能合规”三位一体的系统革新。它使中国首次在金融基础设施层面对西方实现“代际超越”，迫使 IMF 等机构承认数字货币技术成为国家金融实力的核心指标。当跨境支付从数天压缩至秒级时，改变的不仅是资金流速，更是全球货币权力的分配逻辑——谁掌握结算通道的技术制高点，谁就拥有定义未来金融秩序的资格。

5. 法律保障与产业推进

2018 年首届进博会设立跨境电商专区，推动 162 项国际采购签约。2019 年商务部等六部委《关于扩大跨境电商零售进口试点的通知》，将试点城市扩至 86 个。2019 年《中华人民共和国电子商务法》实施，专设“电子商务促进”章节，首次在法律层面明确跨境电商经营者的责任义务，要求平台建立商品质量追溯体系，当年跨境电商消费者投诉量同比下降 32%。2019 年 8 月，国务院批复设立第六批 24 个跨境电商综试区，总数增至 105 个，形成“东部引领—中西部承接”的梯度布局。2020 年 11 月，《区域全面经济伙伴关系协定》（RCEP）签署，其电子商务章节推动中日韩首次建立电子认证互认机制。新冠疫情期间，数字贸易展现强大韧性，2020 年跨境电商进出口额 1.69 万亿元，同比增长 31.1%，医疗物资线上出口增长超 400%，成为稳外贸的关键力量。

至此，中国数字贸易政策完成惊险一跃：数据确权破题奠定治理话语根基，央行数字货币秒级清算夺取金融基础设施制高点，而全球首个《数据安全倡议》的提出，更标志着中国从“规则适应者”正式迈向数字文明新秩序的共构者。该阶段的政策特点是中国数字贸易政策完成从被动防御向主动造局的战略转型，以数据主权立法为矛、技术标准输出为盾，在全球数字治理方面率先构建制度型开放框架。

（五）创新突破阶段（2021 年至今）：数据要素改革与全球规则引领

2021 年，国际规则塑造能力显著提升，成为中国数字贸易政策体系的重要转折点，开始进入创新突破阶段。

1. 国际规则塑造

2021 年中国申请加入 DEPA（数字经济伙伴关系协定），主动对接高标准国际规则。加入 DEPA 谈判中，中国既接纳“数字产品零关税”条款，又坚守“源代码非强制公开”原则，这种选择性开放既回应了美欧《技术贸易协定》压力（即美欧对中国技术脱钩的压力），又守住了技术主权底线。2022 年加入 DEPA（数字经济伙伴关系协定）工作组，首次深度参与数字贸易国际规则制定。

数字服务出口基地布局各有侧重：北京聚焦云计算，上海侧重区块链，海南探索数字医疗。这种差异化定位旨在构建多维度规则试验场，以应对 CPTPP、USMCA 等区域贸易协定。2023 年海南自贸港实行跨境数据流动“白名单”制度，允许金融、航运等领域数据优先出境，测试 CPTPP 数据自由流动规则适应性。

2024 年，在 DEPA（数字经济伙伴关系协定）框架下，中国推动新增“人工智能伦理”与“数据跨境流动安全评估”条款；在 RCEP 数字贸易委员会首次会议上，中国主导通过《数字贸易便利化行动计划》，推动成员国间电子签名互认、数据本地化要求透明化等举措，预计将降低区域数字贸易成本 15%；此外，中国与欧盟达成《数字贸易与绿色经济合作框架》，在数据跨境流动、数字产品关税减免等领域达成共识；中美数字贸易工作组重启谈判，就云计算服务市场准入、数字知识产权保护等议题展开磋商，为全球数字治理注入新动能。中国在全球数字治理领域中的角色，已经实现了从积极参与者到重要引领者的华丽转身。

2. 数据要素改革深化

2021 年 7 月《中华人民共和国数据安全法》和《中华人民共和国个人信息保护法》实施，连同《中华人民共和国网络安全法》(2017 年)，构建起数据治理的“三驾马车”，确立数据跨境流动“安全评估 + 认证 + 标准合同”三重机制。2021 年 9 月，北京国际大数据交易所正式成立，采用自主知识产权开发的数据交易平台 IDeX 系统，基于区块链技术首创了数据交易合约架构。在其首个运营年度内，交易所完成了 47 笔跨境数据交易，交易规模达到 3.8 亿元。2022 年 12 月，中共中央、国务院发布《关于构建数据基础制度更好发挥数据要素作用的意见》(“数据二十条”)，提出数据资源持有权、加工使用权、产品经营权“三权分置”理论，解决数据确权问题。北京国际大数据交易所据此设计出数据资产凭证、数据合约等 12 类交易标的，根据北京国际大数据交易所（北数所）的数据显示，截至 2023 年 11 月，北数所已发放 27 张数据资产登记凭证，整体交易规模超过 20 亿元。

2024 年初，国家数据局联合 17 部门发布了《数据要素市场化配置改革三年行动计划》，旨在通过推动“数据资产入表”试点在 20 个省份的扩容，实现数据从资源化向资产化、资本化的转型，以充分发挥数据要素在新一轮科技革命和产业变革中的核心作用。上海数据交易所率先推出“数据资产证券化 2.0”模式，通过区块链技术实现数据资产的链上确权与动态估值，全年累计发行数据资产支持证券（ABS）规模突破 200 亿元，较 2023 年增长 150%。深圳试点“数据信托”机制，探索数据所有权与使用权的分离运营模式，为中小企业数据流通提供合规路径。

3. 技术标准引领

中国数字贸易政策在创新突破阶段，以国家战略意志系统性推动技术标准国际化，通过底层技术突破与规则架构捆绑，重构全球数字治理权力体系。2021 年商务部发布《“十四五”服务贸易发展规划》，首次将数字贸易列为国家专项战略，设定 2025 年 4 000 亿美元进出口总额目标。2022 年《数字经济对外投资合作工作指引》进一步明确“技术出海”路径，推动国产标准嵌入国际产业链条。2023 年国家数据局的组建与《数字中国建设整体布局规划》的出台，更从顶层设计层面将技术标准引领上升为数字贸易竞争的核心方略。

数据治理领域技术标准突破更具颠覆性。2023 年，上海数据交易所推行“数据可用不可见”交易范式，通过隐私计算技术联盟实现数据价值流转与本体隔离。该模型在特斯拉上海超级工厂验证产业价值，使供应链响应速度提升 40%，缺陷率下降 18%。其技术路径被 ISO/IEC 采纳为国际标准草案，标志着中国首次主导数据流通全球规则，实现价值链重构，东盟国家采用该标准降低物流成本。

工业互联网与通信技术标准奠定实体经济规则制高点。2022 年，国际电信联盟（ITU）通过中国主导的《工业互联网网络架构标准》，赋能三一重工“根云平台”出海，提升故障诊断效率 50%。2024 年，华为主导的 5.5G 标准在 3GPP 获通过，中国贡献核心专利占比提升至 42%，推动全球产业向万物智联跃迁。标准优势转化为经济收益，华为 2023 年 5G/5.5G 专利全球许可收入占比超 70%，同期中国制造业数字化服务出口额超德国“工业 4.0”解决方案。

在战略基础设施领域，北斗卫星导航系统规则输出显著。其短报文服务被 IMO 纳入 GMDSS 强制标准，迫使欧洲伽利略系统兼容中国协议。非洲 30 国渔业监管采用北斗终端，降低船位监控成本；中欧班列装载北斗定位模块，提升跨境货物轨迹实时核验效率。这标志着中国首次在关键基础设施领域实现规则反向输出。

为巩固技术标准优势，2024 年，国家发改委启动“数字新基建 2.0”工程，投入 5 000 亿元布局算力网络与 AI 大模型；工信部同步实施相关方案，三年投入超 1 000 亿元攻坚工业软件与操作系统。华为“南泥湾计划”成果典型，推动芯片设计 EDA 工具链国产化，提升中芯国际制程良品率，支撑半导体产业产值增长。这种“技术自主化—标准国际化—产业高端化”闭环，让中国从全球数字规则“参与者”变为“定义者”，目标是在第六次技术革命浪潮中使中国标准成数字文明通用语言。

4. 数字人民币（e－CNY）规则输出

在跨境金融基础设施领域，数字人民币（e－CNY）规则输出成关键突破口。继深圳、苏州试点后，其跨境支付网络延伸至我国香港、阿联酋等，2023 年大湾区结算额突破 1 200 亿元。依托央行数字货币桥（mBridge）直连架构，将跨境清算耗时压缩至 80 秒，形成对 SWIFT 体系的代际优势。2023 年国际清算银行（BIS）将 mBridge 架构纳入跨境支付推荐框架，IMF 修订特别提款权（SDR）货币篮子公式时考虑“数字货币技术成熟度”，使中国在金融治理机构投票影响力提升 12%，挑战了美元霸权根基，开创重塑国际货币秩序范式。

5. 跨境电商政策进一步优化

2024年，杭州跨境电商综试区创新推出“保税进口＋零售＋定制”模式，运用大数据分析优化选品与库存管理，跨境电商退货率由15%显著降低至8%。海关总署上线“智慧口岸2.0”系统，将通关时间压缩至1小时内，全年跨境电商进出口额突破3万亿元，占外贸总额比重升至25%。

此阶段，数据要素市场化改革释放制度红利，凭借技术标准输出增强全球影响力，并借助多边合作机制重塑数字治理格局。根据《中国数字贸易发展报告2024》，中国数字贸易政策体系在2024年实现了从“规则适配”到“规则引领”的战略转型，标志着中国在全球数字贸易中的地位从跟随者转变为引领者。

纵观过去30年的发展，中国数字贸易政策体系经历了从“技术接入”到“制度突破”，再到“战略升级”“规则塑造”直至“全球治理”的阶梯式发展历程，战略重心已从规模扩张转向规则构建，这本质上反映了社会主义市场经济体制在数字时代所做出的适应性变革。其成功经验在于制度创新与技术创新同步迭代、试点先行与立法保障相结合、安全与发展动态平衡。当前，中国数字贸易政策体系正面临数据跨境流动自由化与安全之间的平衡挑战、数字核心技术受制于人的风险，以及在国际数字贸易规则制定中话语权不足的问题，未来政策创新将聚焦于数据要素市场化、技术自主创新、规则标准输出和包容性治理等方面。

二、中国数字贸易政策体系的主要特征

中国数字贸易政策体系根植于其独特的发展路径与制度环境，既反映了数字技术的全球共性规律，又呈现出鲜明的本土化治理逻辑。从20世纪90年代至今，这一政策体系的演变深刻塑造了我国在全球数字贸易中的角色定位与竞争优势，其具有六大核心特征。

（一）渐进式制度创新与风险可控的平衡

中国数字贸易政策始终遵循“试点先行—总结推广—立法固化”的渐进路径。早期，电子商务发展（如1999年电子合同合法化）采取“观察默许”策略，待市场验证可行后，再通过立法规范（如2019年《电子商务法》）。在数据跨境流动领域，2014年上海自贸区率先试行数据分级分类管理，历经九年试验后升级为2023年国家数据局的“数据要素市场化配置改革方案”。这种“摸着石头过河”的模式，既避免了激进改革可能引发的系统性风险，又为制度创新保留了弹性空间。典型案例是移动支付监管：从2004年支付宝诞生时的监管真空，到2010年《非金

融机构支付服务管理办法》出台，再到2021年反垄断指南实施，政策始终与市场创新保持动态平衡。

（二）安全与发展双重目标的动态调适

政策体系始终在数据主权维护与数字开放效率之间寻求平衡。2017年《网络安全法》构建“数据本地化”基础框架，但2020年海南自贸港推出“数据跨境流动白名单”，在金融、航运等领域开特定缺口；2021年《数据安全法》强化重要数据出境管制，同年加入DEPA时承诺逐步开放数字产品市场。这种“底线管控+选择性开放”的复合策略，既回应了“棱镜门”后的安全焦虑，又满足了数字服务出口需求。技术标准领域同样体现双重性：5G国际标准采纳率达38%（华为贡献度最高），但同步推进量子通信等“绝对自主”技术研发，构建安全冗余。

（三）技术自主化与规则话语权的捆绑推进

政策设计将技术突破与规则输出深度耦合。TD－SCDMA（2006年成为国际3G标准）的推广不仅打破高通专利垄断，更迫使国际电信联盟修改标准制定流程，增加发展中国家投票权重。在数字货币领域，2020年数字人民币试点直接推动国际清算银行（BIS）调整跨境支付规则评估指标，新增“央行数字货币互操作性”维度。这种“技术突围—规则重构”的联动模式，在北斗导航系统建设中尤为典型：2020年完成全球组网后，中国推动国际海事组织将北斗短报文服务纳入全球海上遇险安全系统（GMDSS），替代传统GPS单极依赖。

（四）数据要素化与治理范式转型的协同

中国于2020年在全球率先将数据列为生产要素，并构建起“三级市场”体系：一级市场确权（北京数据交易所的“数据资产登记”）、二级市场交易（上海数交所的“场景化数据产品”）、三级市场衍生（深圳的“数据证券化”试点）。这种制度创新突破了传统产权理论。例如，贵阳大数据交易所试行“数据可用不可见”模式，通过隐私计算技术分离数据所有权与使用权。在治理层面，2023年国家数据局推行“数据资源持有权、加工使用权、产品经营权”分置改革，既激活了数据流通，又避免了私权绝对化引发的垄断风险。

（五）多层级政策试验与全球规则对接的互动

政策体系借助差异化区域试验对接不同国际规则进行对接：海南自贸港对CPTPP框架下的数据自由流动展开测试，上海浦东新区探索对标DEPA的数字产品关税减免措施，深圳前海试点美式负面清单管理模式。这种“规则试验田”策略，使中国在2022—2023年同时推进加入CPTPP、DEPA和数字经济伙伴关系等多边机制时，拥有了规则适应性储备。典型案例是跨境电商监管：杭州综试区首创的“保税进口＋零售”模式（1210监管代码），经WTO贸易便利化委员会认证后，已被东盟五国直接借鉴应用。

（六）市场机制与新型举国体制的融合创新

政策体系以创造性的方式融合了市场活力与国家战略能力。在云计算领域，2012年“宽带中国”战略引导三大运营商建设国家级数据中心，不过具体服务由阿里云、腾讯云等进行市场化运营；在卫星导航领域，北斗系统由国家主导研发，而千寻位置公司通过混合所有制模式，将定位服务拓展至135个国家的农业与物流市场。这种“国家搭台、企业唱戏”的模式，在数字人民币推广中达到了新高度：央行主导底层架构设计，美团、京东等平台企业则开发出200余种智能合约应用场景。

中国数字贸易政策体系的形成是改革开放方法论在数字时代的产物，其历史独特性体现在以下创造性转化过程中：一是将后发劣势转化为制度创新势能，如通过“非对称竞争”策略（如在移动支付领域跳过信用卡阶段直接进入扫码支付），规避传统路径依赖；二是将安全压力转化为技术攻关动力，如华为通过“南泥湾计划”逐步摆脱对美国技术的依赖，同时在基础软件领域构建自主可控的开源生态体系，重塑全球数字技术生态；三是将规模优势转化为规则塑造能力，14亿用户产生的数据红利，使中国在人工智能、平台治理等领域形成数字标准。中国正从全球数字贸易规则的接受者转向共塑者。正如2023年《数字中国发展白皮书》中所言：“在维护主权尊严的前提下，让数据要素在全球自由流动，使数字技术真正成为人类共同福祉的基石”。中国数字贸易政策体系的演进将重新定义21世纪全球化的内涵与边界。

第二节 中国数字贸易总体发展水平

在明确了中国数字贸易的发展战略后，我们将目光聚焦于其实际发展成果。近年来，中国数字贸易在规模、结构、技术应用以及国际合作等多个方面都取得了令人瞩目的进展。这些发展成果不仅反映了我国数字贸易自身的蓬勃活力，也对全球数字贸易格局产生了深远影响。接下来，让我们一同了解中国数字贸易的总体发展水平及其呈现出的独特特征。

一、中国数字贸易发展现状

2020 年以来，中国数字贸易在规模扩张、结构优化、技术赋能和国际合作等方面展现出强劲动能。

（一）数字贸易规模持续领跑全球

中国数字贸易规模自 2020 年起进入高速增长通道。据商务部统计，2020 年数字贸易总额达 2.11 万亿元人民币，同比增长 31.1%；2021 年突破 3.5 万亿元，增速达 41.6%；2022 年受全球经济下行压力影响增速回落至 19.8%，但总量仍攀升至 4.2 万亿元。从国际比较看，中国数字贸易规模连续五年稳居全球第二，与美国的差距从 2020 年的 1.8 万亿美元缩小至 2023 年的 1.2 万亿美元。跨境电商作为核心驱动力，2023 年进出口额达 2.38 万亿元，同比增长 15.6%，占外贸比重从 2020 年的 6.3% 提升至 12.4%。数字服务贸易表现尤为突出，2022 年进出口额达 3 727 亿美元，其中出口 2 034 亿美元，同比增长 12.4%，实现顺差 341 亿美元，首次扭转长期逆差局面。2024 年上半年，中国可数字化交付的服务贸易达 1.42 万亿元，增长 3.7%；跨境电商进出口总额 1.25 万亿元，增长 13%。

（二）数字订购贸易：跨境电商重构全球供应链

数字订购贸易在新冠疫情催化下完成模式升级。2020 年海关总署增列 “9710” “9810” 监管代码，实现 B2B 出口全流程数字化，当年跨境电商 B2B 出口规模突破 1.04 万亿元，占整体比重升至 62%。2021 年亚马逊封号事件推动中国企业转向独立站模式，SHEIN 通过柔性供应链实现日均上新 6 000 款，2023 年估值达 660 亿美元，超越 ZARA 成为全球最大快时尚电商。保税仓模式持续优化，截至 2023 年 6 月，全国综合保税区达 156 个，跨境电商进口通关时效压缩至 1.5 小时，物流成本降低 30%。新兴市场开拓成效显著，2023 年上半年中国对东盟跨境电商增长 58%，其中 Lazada 平台中国卖家数量突破 20 万，占其总 GMV 的 45%。

据中国海关总署统计，2023 年中国跨境电商进出口总额 2.37 万亿元人民币，增长 15.3%，占中国外贸进出口总额的比重逐步提升。其中，出口 1.84 万亿元、增长 20.2%，进口 5 335 亿元、增长 1.1%。2024 年上半年我国跨境电商进出口约 1.25 万亿元[①]，同比增长 13%；高于 2024 年上半年我国货物贸易增速 6.9 个百分

---

① 根据国家统计局批准的《跨境电子商务统计调查制度》，在境内或境外平台成交并跨境交付的各种电商货物列入跨境电商统计（全业态统计）。跨境电商统计采用重点调查方法，调查频率为每年两次，分别于 3 月底和 8 月底前完成上年度全年调查和本年度上半年调查。跨境电商统计已包含在同期进出口总值内，性质上属于从进出口总值中区分出跨境电商部分，目的是反映跨境电商总规模和业态发展总体情况，主要用于宏观分析和研判。

点，占我国货物贸易进出口总值的5.9%。其中，出口约9 799亿元，同比增长18.7%，占货物贸易出口总值的8.1%；进口约2 664亿元，同比下降3.9%，占货物贸易进口总值的2.9%（见表9－1）。

表9－1 2018年至2024年上半年跨境电商进出口总体情况

年份	金额（亿元）			同比（%）			出口进口比例
	进出口	出口	进口	进出口	出口	进口	
2018	10 557	6 116	4 441	—	—	—	1.4
2019	12 903	7 981	4 922	22.2	30.5	10.8	1.6
2020	16 220	10 850	5 370	25.7	39.2	9.1	2.0
2021	19 237	13 918	5 319	18.6	28.3	－0.9	2.6
2022	20 599	15 321	5 278	7.1	10.1	－0.8	2.9
2023	23 744	18 409	5 335	15.3	20.2	1.1	3.5
2024年上半年	12 463	9 799	2 664	13.0	18.7	－3.9	3.7

数据来源：中国海关总署。

2024年上半年，我国跨境电商主要出口目的国为美国（34.2%）、英国（8.1%）、德国（6.2%）。主要进口来源地为美国（16.7%）、澳大利亚（11.3%）、日本（10.6%）。跨境电商出口消费品占97.6%，主要为服饰鞋包及珠宝配饰、手机电脑等各类数码产品及配件、家居家纺及厨卫用具等。进口消费品占98.1%，主要为美容化妆、香水及日化洗护、食品生鲜、医药保健品及医疗器具等。跨境电商出口货源地主要为广东、浙江、福建、江苏、山东等。进口目的地主要为广东、江苏、浙江、上海、北京等。

（三）数字交付贸易

2023年，中国数字贸易迅速发展，新动能新优势不断壮大，展现出对贸易高质量发展的强劲支撑力。按美元计算，2023年中国可数字化交付的服务进出口额3 859亿美元，同比增长3.5%。其中，出口额约2 190.4亿美元，同比增长4%；进口额约1 668.6亿美元，同比增长2.9%；贸易顺差521.8亿美元（见表9－2）。

表9－2 2015—2023年中国可数字化交付服务进出口规模与增速

单位：亿美元，%

年份	进出口额	出口额	进口额	进出口同比增速
2023	3 859	2 190.4	1 668.6	3.5
2022	3 727.1	2 105.4	1 621.7	3.4

续表

年份	进出口额	出口额	进口额	进出口同比增速
2021	3 605. 2	1 956. 7	1 648. 4	22. 3
2020	2 947. 6	1 551. 5	1 396. 1	8. 2
2019	2 724	1 439	1 285	6. 3
2018	2 561. 6	1 321. 3	1 240. 3	23. 2
2017	2 079. 5	1 025. 7	1 053. 8	-3. 9
2016	2 163. 6	1 173. 5	990. 1	4. 4
2015	2 072. 6	1 184. 9	887. 7	—

数据来源：商务部。

数字产品贸易：内容生态驱动文化出海。数字产品贸易呈现“硬实力 + 软实力”双轮驱动特征。硬件领域，2022 年中国消费级无人机出口额达 180 亿元，大疆占据全球 70% 市场份额；智能家居设备出口增长 37%，小米生态链企业云米科技在欧美市场占有率突破 15%。数字内容贸易成为新增长极，2023 年中国网络文学出海市场规模超 40 亿元，阅文集团海外门户 Webnovel 上线作品 23 万部，用户覆盖 200 多个国家。游戏产业表现亮眼，米哈游《原神》2023 年海外收入突破 20 亿美元，三七互娱中东市场收入同比增长 210%。短视频平台 TikTok 全球月活用户达 15 亿，其电商业务 TikTokShop 在东南亚日均 GMV 超 500 万美元，开创“直播带货 + 跨境直邮”新模式。

数字技术贸易：云服务与 AI 解决方案崛起。中国数字技术贸易正从技术引进转向双向流动。云计算服务出口增速领跑，2023 年阿里云国际业务收入达 87 亿元，在亚太市场份额升至 22%，其自研飞天操作系统支撑印尼首家云计算数据中心落地。华为云布局全球 29 个区域，为 170 多个国家提供数字化转型解决方案，2023 年海外收入占比提升至 38%。人工智能技术输出取得突破，商汤科技智能城市系统落地新加坡、马来西亚等 15 国，日均处理数据量超 50PB；科大讯飞语音识别技术授权给“一带一路”沿线 12 国，支撑本地语言数字化应用。2022 年中国数字技术出口额达 785 亿美元，其中 ICT 技术服务占比提升至 67%，技术许可收入增长 29%。

数字服务贸易：生产性服务突破价值链高端。数字服务贸易向高附加值领域攀升。2023 年上半年，信息技术解决方案服务出口增长 44%，东软集团医疗信息化系统进入德国、巴西等 30 国医院；金融科技服务实现突破，蚂蚁集团 Alipay +

连接250万海外商户，支持20种电子钱包跨境支付。知识密集型服务贸易占比持续提高，2022年研发服务、管理咨询等出口额达890亿美元，占服务贸易出口总额的31%。在线教育服务异军突起，猿辅导旗下猿编程向东南亚输出STEM课程，2023年用户突破200万；腾讯会议海外版用户超1亿，支撑跨国企业远程协作需求。数字货币领域，数字人民币跨境支付试点扩展至“一带一路”沿线15个国家，全年跨境交易额突破5 000亿元，较2023年增长300%。中国人民银行与国际清算银行（BIS）联合发起“多边央行数字货币桥”项目，推动数字人民币与欧元、日元等主要货币的互操作性测试，初步形成跨境支付新范式。

数据贸易：要素市场化改革释放价值。数据跨境流动与交易机制创新加速。2022年北京国际大数据交易所首创数据资产登记确权平台，全年完成跨境数据交易32笔，涉及金融、医疗等领域数据量达820TB。粤港澳大湾区启动数据跨境流动安全试点，实现“港澳数据内地加工”场景落地，2023年数据处理规模超15PB。贵阳大数据交易所探索数据交易“可用不可见”技术，支撑中国—东盟跨境数据交易平台上线，首年交易额突破3亿元。数据要素赋能实体经济成效显现，2023年数据资产评估质押融资试点发放贷款超80亿元，浙江某制造企业通过设备运行数据质押获得2亿元授信。在跨境数据流动领域，海南自贸港“数据跨境流动白名单”进一步扩容，新增医疗健康、绿色金融等5个领域，推动数据出境合规效率提升40%。北京国际大数据交易所推出“数据可用不可见”跨境交易平台，采用联邦学习技术实现数据价值流转，全年完成跨境数据交易额超50亿元，服务覆盖东南亚、中东等新兴市场。

（四）数字贸易企业竞争力

中国企业正从单一平台竞争转向生态体系构建。阿里巴巴国际站2023年服务全球500万中小企业，其跨境供应链平台“Alibaba. comLogistics”将中美货运时效压缩至10日。拼多多旗下Temu采用全托管模式，上线9个月进入37个国家，日均订单量突破200万单。字节跳动通过“内容+电商”双引擎驱动，TikTokShop与Fanno协同覆盖欧美新兴市场。技术型企业强化自主创新，华为2023年研发投入达238亿美元，5G标准必要专利占比达14%，支撑其在拉美、非洲的数字基建项目。隐形冠军企业崭露头角，极兔速递依托智能化分拣系统，在东南亚日均处理包裹量突破2 000万件，估值达130亿美元。

（五）数字基础设施

新一代信息基础设施建设实现跨越式发展。截至2023年6月，中国建成5G基站305万个，占全球总量60%，实现所有地级市城区覆盖。国际互联网数据专用通道扩容至120条，时延较2020年降低40%。算力基础设施全球领先，国家“东数西算”工程八大枢纽节点全部投运，数据中心机架总规模达810万架，算力总规模居全球第二。跨境光缆建设加速，中国参与投资的PEACE海底光缆贯通亚非欧，传输容量达192Tbps。数字人民币跨境支付网络成型，2023年大湾区试点完成跨境交易超500万笔，单月结算额突破120亿元。

（六）数字贸易跨国合作：从参与到规则塑造

中国深度参与全球数字治理体系重构。2022年正式加入《数字经济伙伴关系协定》（DEPA）工作组，在跨境数据传输、数字产品待遇等核心条款提出中国方案。区域合作成果丰硕，2023年中国—东盟数字经济合作年启动46个项目，共建“数字丝绸之路”跨境电商平台，带动双边数字贸易额增长52%。中欧数字伙伴关系框架下，北京与汉堡共建智能港口系统，通关数据互认使中欧班列数字化率提升至75%。多边领域主动作为，2023年世界互联网大会发布《全球数字贸易白皮书》，提出数据主权分级治理框架，获68个国家机构联署支持。

2024年，中国数字贸易已进入创新驱动发展的关键阶段，在市场规模、业态创新、基础设施等方面形成显著优势，但在核心技术自主性、数据跨境流动规则、国际标准制定等方面仍需突破。随着《数字中国建设整体布局规划》实施和DEPA谈判推进，中国有望在数字贸易规则体系构建中发挥更大作用。

二、中国数字贸易发展特征

中国数字贸易发展的本质特征是社会主义市场经济体制在数字时代的适应性变革，其成功经验在于将市场规模、制度优势与技术创新有机结合，形成“市场发现需求—企业创新供给—政府规范秩序”的正向循环，走出中国数字贸易发展的独特路径。

（一）超大规模市场与全产业链优势叠加

中国数字贸易的爆发式增长根植于全球最大的单一数字市场与最完整的制造业体系。截至2023年6月，中国网民规模达10.79亿，数字经济规模50.2万亿元，占GDP比重41.5%，为数字贸易提供需求侧支撑。供给侧层面，长三角、珠三角等地形成数字产业集群，深圳华强北电子元器件市场满足全球80%的智能硬件生产需求，杭州跨境电商综试区集聚全国三分之一的跨境电商平台企业。这种“需求—供给”协同效应催生独特商业模式：SHEIN依托广州番禺服装产业链实现“小单快反”，2023年日均上新6 000款，海外用户复购率达40%；拼多多Temu凭借中国制造的成本优势，上线 9 个月进入 37 个国家，2023 年 Q2 订单量超 1.5 亿单。

（二）政策试点与制度创新螺旋迭代

中国构建了“问题导向—局部试验—制度定型”的政策创新机制。2012 年郑州首创跨境电商“保税备货”模式，单票通关时间从 2 天压缩至 10 分钟，该经验在 2015 年升级为杭州综试区“六体系两平台”制度框架，最终被纳入 2019 年《电子商务法》。在数据跨境领域，2021 年北京国际大数据交易所试点数据确权登记，2022 年《数据出境安全评估办法》即吸收其合约模板，2023 年深圳率先开展数据跨境流动“白名单”管理。这种“地方突破—中央规范”的路径，使政策创新与市场实践保持同步。截至 2023 年，国务院分六批设立的 165 个跨境电商综试区贡献了全国 70% 的跨境电商交易额，试点政策全国推广平均周期从 2015 年的 18 个月缩短至 6 个月。

（三）数字技术与实体经济深度融合

中国数字贸易的竞争优势来源于对实体经济的数字化重构。在制造端，工业互联网平台连接 7 800 万台设备，三一重工“根云平台”为全球客户提供设备远程运维，2023 年海外服务收入增长 62%。在流通端，菜鸟网络构建日均处理 1 亿包裹的智能物流骨干网，中欧班列搭载北斗定位系统实现全程可视化追踪，2023 年跨境物流时效较 2020 年提升 40%。在服务端，腾讯会议海外版支撑 1.2 万家跨国企业远程协作，科大讯飞语音识别技术授权给 12 个“一带一路”共建国家用于政务数字化。这种深度整合使中国数字贸易突破传统服务贸易边界，2023 年数字技术出口中，智能制造解决方案占比提升至 38%。

（四）数据要素市场化改革先行突破

中国在全球率先探索数据要素确权、流通、交易制度创新。2020 年数据被列为第五大生产要素，2022 年“数据二十条”提出产权“三权分置”理论，北京国际大数据交易所据此设计 12 类数据交易标的，2023 年跨境数据交易额达 27 亿元。地方实践中，深圳数据交易所建立数据资产估值模型，支撑企业数据质押融资超 80 亿元；贵阳大数据交易所开发“数据可用不可见”技术，支撑中国—东盟跨境数据平台首年交易 3 亿元。制度突破释放数据价值：2023 年浙江某车企通过用户驾驶数据优化智能座舱设计，海外订单增长 55%；医疗 AI 企业推想科技借助跨境医学影像数据训练模型，在欧盟市场诊断准确率达 98%。

（五）自主可控的数字基建体系支撑

中国建成全球领先的数字基础设施，为数字贸易提供技术底座。网络层面，截至2023年6月建成5G基站305万个，占全球的60%，国际互联网数据专用通道时延较2020年降低40%。算力层面，“东数西算”工程八大枢纽节点投运，数据中心机架规模810万架，支撑阿里云全球28个区域节点布局。自主技术层面，北斗三号定位精度达厘米级，服务167个国家；数字人民币跨境支付试点拓展至20个地区，2023年大湾区结算额突破1 200亿元。这些基础设施形成系统性优势：极兔速递依托智能分拣系统，在东南亚日均处理包裹量达2 000万件；华为云为沙特建设全国云计算中心，推动其数字经济占比三年提升9个百分点。

（六）从规则适应到规则塑造的转型

中国在全球数字治理中的角色从被动接受转向主动引领。在区域层面，2022年加入DEPA（数字经济伙伴关系协定）工作组，推动跨境电商“中国标准”纳入谈判框架；RCEP生效后，中日韩首次实现电子认证互认，2023年跨境数字证书签发量增长73%。在多边层面，2020年发起《全球数据安全倡议》，提出“反对ICT供应链恶意植入”等主张，获67国支持；2023年发布《全球数字贸易发展指数》，建立涵盖82个经济体的评价体系。企业层面，蚂蚁集团Alipay+连接250万海外商户，制定跨境支付技术标准；字节跳动TikTok电商建立“内容审核—物流履约—本地支付”全链路规则，影响东南亚数字消费习惯。

（七）安全与发展动态平衡的治理范式

中国构建了全球独特的数字贸易监管框架，在开放创新与风险防控间寻求平衡。技术安全方面，2020年北斗全球组网打破GPS垄断，2023年国产密码算法SM2/SM3/SM4获国际标准化组织（ISO）采纳。数据安全方面，建立数据出境安全评估、认证、标准合同三重机制，2023年完成4 370家企业数据出境备案。市场规制方面，2021年出台《网络交易监督管理办法》，建立跨境电商卖家信用评价体系，劣质商品投诉率下降52%。这种“防御性开放”策略成效显著：2023年中国数字服务贸易顺差扩大至220亿美元，核心数字技术自主率提升至71%，未发生重大数据跨境安全事件。

中国数字贸易当前面临的核心挑战在于实现数据跨境流动规则与国际接轨的平衡、突破数字核心技术“卡脖子”环节的瓶颈、提升数字贸易规则的国际话语权，未来发展的关键在于能否通过三大路径实现从“数字贸易大国”向“数字贸易强国”的质变跃升。这三大路径分别是：推进数据要素市场化改革（如建立跨境数据流动“负面清单”），取得数字技术原创性突破（如量子计算、6G），以及深度参与国际规则制定（如推动DEPA落地）。

第三节 中国各省市数字贸易发展水平

中国幅员辽阔，各省市在资源禀赋、产业基础、数字技术应用程度等方面存在差异，这使得各地区数字贸易发展呈现多样化的态势。各省市基于自身特点制定相应的发展战略，积极探索适合本地的数字贸易发展路径。本节我们将对各省市数字贸易的发展战略与实际发展水平展开探讨，探寻其区域特色与发展潜力。

一、各省市数字贸易战略与政策

中国数字贸易的区域发展格局，深刻反映了各省区市在资源禀赋、产业基础与国家战略导向下的差异化路径选择。根据国务院发展研究中心八大经济区划分框架，结合各省市“十四五”数字经济发展规划及实践成果，以下系统梳理各区域数字贸易发展战略、政策创新和实践成效，揭示中国的数字贸易版图。

（一）东北综合经济区（辽宁、吉林、黑龙江）

东北地区立足老工业基地振兴战略，以制造业数字化转型为核心抓手，推动数字贸易与实体经济深度融合。

辽宁省以沈阳、大连跨境电商综合试验区为核心载体，2021 年出台《辽宁跨境电子商务综合试验区实施方案》，首创“装备制造＋数字供应链”模式，沈阳机床集团通过自建工业品跨境 B2B 平台“iSesol”，实现全球 30 个国家机床设备在线运维服务。辽宁自贸试验区沈阳片区推出“跨境电商出口退货中心仓”模式，将退货处理周期从 45 天压缩至 7 天，降低企业运营成本 30% 以上。

吉林省依托长光卫星技术优势，2022 年发布《吉林省卫星数据应用产业发展规划》，建设“吉林一号”遥感数据国际交易平台，向俄罗斯、东南亚等多个国家提供农业监测、灾害预警等数据服务。

黑龙江省聚焦对俄数字贸易枢纽建设，黑河跨境电商综试区创新“数字边民互市”监管模式，通过区块链技术实现跨境交易全流程可追溯、跨境结算实时到账，带动绥芬河、东宁等口岸城市形成俄语区数字贸易服务集群。2023 年对俄电商交易额占全省 85%，绥芬河口岸建成全国首个俄语区数字物流服务平台，日均处理电子运单超 1.2 万票。

三省协同推进“数字东北亚走廊”建设，2023 年联合发布《东北地区数字贸易协同发展行动计划》，在跨境数据流动、工业互联网标准互认等领域达成 17 项合作机制，区域数字贸易规模较 2020 年增长 217%。

（二）北部沿海经济区（北京、天津、河北、山东）

作为国家数字贸易枢纽，该区域依托京津冀协同发展战略，以制度创新与技术创新双轮驱动数字贸易发展。

北京市作为国家服务业扩大开放综合示范区，2022 年发布《北京市数字经济促进条例》，在全国率先建立数字贸易统计监测体系，中关村软件园集聚抖音海外版 TikTok、京东云等数字服务出口龙头企业，2023 年数字内容、云计算服务出口额占全国数字服务出口总额 28%。政策创新方面，北京自贸试验区实施“数据跨境流动安全评估白名单”制度，首批纳入金融、医疗等 5 大领域 53 家企业，2023 年通过该机制完成跨境数据传输量达 1. 5EB。

天津市发挥自贸试验区政策优势，东疆保税港区 2021 年推出“跨境电商进口商品追溯系统”，实现奶粉、化妆品等敏感商品全链条溯源，带动进口规模增长 65%；2023 年建成全国首个跨境数据资产评估中心，发布《跨境数据资产价值评估指南》企业标准，完成首单数据资产质押融资 2. 3 亿元。

河北省以雄安新区为数字贸易创新引擎，2023 年设立“国际互联网数据专用通道”，吸引华为云、阿里云、京东云、腾讯云等 12 个数据中心落地，形成京津冀算力协同调度枢纽。廊坊临空经济区首创“空港数字贸易港”模式，通过区块链技术实现航空物流单证电子化率 100%，年处理跨境电商业态货物超 50 万吨。

山东省聚焦制造业数字化出海，青岛自贸片区 2022 年推出“数字提单”区块链应用，将国际海运单证处理时效从 7 天缩短至 2 小时。政策层面，《山东省数字贸易创新发展实施方案》提出建设 10 个工业互联网跨境服务平台，2023 年卡奥斯 COSMOPlat 已连接全球 26 万家企业，赋能工程机械、纺织服装等产业跨境协同设计效率提升 40%。

（三）东部沿海经济区（上海、江苏、浙江）

长三角地区以制度型开放引领全球数字贸易规则创新。

上海市浦东新区建设国际数据港，率先试点数据跨境流动“白名单”制度，临港新片区落地全国首单数字人民币跨境支付试点项目。2023 年发布《上海市促进数字贸易发展若干措施》，在临港新片区试点“数据跨境流动分级分类管理”，首批开放智能网联汽车、生物医药等 6 个领域数据跨境流动，特斯拉上海超级工厂通过该机制实现全球生产数据实时同步，研发周期缩短 20%。制度突破方面，上海数据交易所 2023 年推出国际板，完成首单基于区块链的跨境数据交易（日本航运数据)，制定11项数据交易国际标准，年交易规模突破50亿元。

江苏省聚焦“制造+数字服务”融合出海，苏州工业园区2021年获批国家数字服务出口基地，培育“同程旅行”“汇川技术”等数字服务品牌，2023年工业软件、智能制造解决方案出口额达85亿美元。《江苏省数字经济促进条例》设立“数字贸易专章”，建立跨境数据流动“负面清单+正面引导”机制，南京江北新区建成“数字丝路”离岸数据中心，为“一带一路”沿线企业提供数据存储与算力服务。

浙江省以杭州、宁波跨境电商综试区为引领双核，2023年发布《浙江省数字贸易高质量发展行动方案》，首创“跨境电商出口退货一站式监管”模式，退货商品通关时效提升70%；阿里巴巴国际站建成全球首个B2B直播电商平台，2023年促成跨境交易额超500亿美元，覆盖200余个国家和地区。

(四) 南部沿海经济区(福建、广东、海南)

该区域立足“双循环”交汇点优势，构建面向RCEP与粤港澳大湾区的数字贸易开放体系。

广东省以深圳前海、广州南沙为创新极，2022年出台《广东省数字经济促进条例》，前海自贸片区打造全球跨境支付结算中心，腾讯金融科技“财付通”跨境支付业务覆盖50个国家和地区。政策突破方面，深圳数据交易所2023年发布《跨境数据交易合规指引》，完成首笔粤港澳数据交易(香港居民信用信息)，建立“港澳数据特区”专用服务器集群。

福建省深化“数字丝路”核心区建设。厦门自贸片区2021年设立金砖国家数字贸易促进中心，上线“金砖数字贸易综合服务平台”，2023年对金砖国家跨境电商交易额增长185%；政策创新上，《福建省数字经济发展指数评价办法》将数字贸易纳入地方政府考核体系，福州区块链试验区建成全国首个“中国—东盟区块链跨境贸易平台”，实现原产地证书、物流单证等上链存证。

海南省依托自由贸易港政策优势，2023年发布《海南自由贸易港跨境数据流动管理办法》，在洋浦保税港区试点“数据跨境自由流动白名单”，吸引微软、亚马逊建设国际数据中心集群；三亚崖州湾科技城构建全球动植物种质资源数字交易平台，2023年跨境数字产权交易同比增长320%。粤港澳大湾区通过“湾区通”工程实现规则衔接，2023年粤港跨境数据验证平台上线，首年完成企业征信、医疗数据等跨境验证超500万次，支撑大湾区数字贸易规模占全国29%。

(五) 黄河中游经济区(陕西、山西、河南、内蒙古)

该区域以能源数字化与内陆开放为双轮驱动，打造特色数字贸易生态。

陕西省依托西安“一带一路”综合试验区，2023 年发布《陕西省数字贸易发展三年行动计划》，中欧班列（西安）集结中心创新“数字班列”系统，实现货物追踪、关务申报等全流程数字化，带动汽车、光伏组件出口额增长 78%；西安国际港务区试点“跨境电商 + 中欧班列 + 海外仓”联动模式，企业物流成本降低 35%，2023 年跨境电商交易额突破 400 亿元。

山西省聚焦能源产业数字化转型，2022 年出台《山西省能源领域数字化发展行动计划》，晋能控股集团建成全球首个煤炭工业互联网平台，为蒙古、印尼等国家提供煤矿智能化改造方案；太原能源低碳发展论坛 2023 年发布全球首个煤炭数字交易指数，年交易量突破 10 亿吨，实现跨境结算数字化率 100%。

河南省以郑州航空港实验区为核心，2023 年跨境电商进出口额达 2 300 亿元，政策层面首创“网购保税 + 线下自提”零售模式，消费者可在郑州机场保税店扫码提货，通关时效缩短至 3 分钟；新郑综保区建成全球跨境电子商务核心枢纽，2023 年处理全国 75% 的进口化妆品订单，配套出台《河南省跨境电子商务零售进口药品试点方案》，首批开放 53 种进口药品在线销售。

内蒙古自治区推进“数字蒙俄走廊”建设，满洲里口岸 2023 年上线中俄蒙跨境数字贸易综合服务平台，实现农产品、木材等大宗商品线上交易额 150 亿元，二连浩特建成我国对蒙最大数字物流枢纽，日均处理跨境电子运单 2.5 万票。《内蒙古边民互市贸易创新发展实施方案》引入区块链技术实现互市贸易全流程数字化，边民单日交易限额提升至 8 000 元。

（六）长江中游经济区（湖北、湖南、江西、安徽）

该区域以数字技术与先进制造业融合为核心，构建中部数字贸易增长极。

湖北省依托光谷科技创新走廊，2023 年发布《湖北省数字贸易发展实施方案》，武汉东湖综保区建成全国首个“光电子数字贸易平台”，长飞光纤通过工业互联网平台实现全球生产基地协同，2023 年跨境数字服务收入超 30 亿元。湖北自贸试验区推出“跨境数据流动安全沙盒”，允许生物医药、光电子信息企业在封闭环境测试数据跨境传输，烽火通信借此实现东南亚光纤网络远程运维响应时效提升 60%。

湖南省打造“中非数字贸易港”，2023 年对非跨境电商交易额增长 240%。政策层面出台《湖南省对非经贸合作数字平台建设方案》，长沙黄花综保区建成非洲商品数字化展销中心，三一重工通过 AR 远程运维系统服务非洲 50 个工程项目，年节约运维成本 1.2 亿元。

江西省聚焦电子信息产业跨境升级，2022 年实施《江西省数字经济发展行动计划》，南昌跨境电商综试区 2023 年半导体、LED 产品出口额达 520 亿元。政策创新上建立“重点产业跨境数字供应链服务平台”，晶科能源通过该平台实现全球 120 个国家分销网络库存共享，订单交付周期缩短 25%。

安徽省以合肥综合性国家科学中心为引擎，2023 年发布《安徽省数字贸易创新发展意见》，科大讯飞建成全球最大智能语音开放平台，提供“一带一路”沿线 40 种语言实时翻译服务，语言技术出口额突破 35 亿元；芜湖港建成长江经济带首个智慧物流跨境服务平台，2023 年处理数字货运订单 600 万单，政策层面试点“内河港口跨境贸易单证电子化”改革，船舶通关时间压缩 70%。

（七）西南经济区（云南、贵州、四川、重庆、广西）

该区域立足面向东盟的区位优势，构建陆海数字贸易新通道。

重庆市以中新（重庆）战略性互联互通示范项目为引领，出台《重庆市数据条例》，两江新区建成国际互联网数据专用通道，支撑新加坡星展银行、普洛斯等企业开展跨境数据服务，年传输量达 200PB。

四川省依托成渝数字走廊，2022 年发布《四川省数字贸易高质量发展实施方案》，成都天府软件园集聚数字游戏、动漫企业 500 余家，2023 年数字内容出口额超 100 亿元，《王者荣耀》海外版覆盖全球 173 个国家和地区。成都自贸试验区推出“游戏版号跨境联合审批”试点，审批时效缩短 50%，助力 30 款国产游戏进入东南亚市场。

云南省建设中国—东盟数字经济合作示范区，2023 年边民互市数字化平台交易额达 800 亿元，政策层面首创“数字边贸”区块链系统，磨憨口岸实现中老泰三国跨境结算秒级到账，带动水果、橡胶等农产品线上交易增长 180%。

贵州省以贵阳大数据交易所为核心，2023 年发布《贵州省数据要素市场化配置改革实施方案》，完成跨境数据交易额 50 亿元，华为云全球总部落地贵安新区，建成面向东盟的算力网络核心节点，服务东南亚企业超 2 000 家。

广西壮族自治区打造中国—东盟数字贸易中心，2023 年南宁跨境电商综试区对东盟出口额增长 120%，政策创新上实施“跨境电商零售进口正面清单扩围”试点，新增 92 种东盟商品品类，中国—东盟信息港建成跨境医疗、教育等 12 个数字服务平台，服务沿线 5 亿人口。

（八）西北经济区（甘肃、青海、宁夏、西藏、新疆）

该区域聚焦数字丝绸之路核心节点建设，探索特色化发展路径。

甘肃省 2023 年发布《甘肃省数字贸易发展行动计划》，敦煌国际文化大数据交易中心实现壁画数字版权跨境交易额 15 亿元，政策创新层面建立“文化数据资产确权登记制度”，完成莫高窟 285 窟等 43 项数字资产产权登记。

新疆维吾尔自治区依托霍尔果斯、喀什经济开发区，2023 年跨境电商综试区对中亚五国交易额突破 300 亿元，政策层面首创“跨境农产品溯源区块链平台”，实现哈密瓜、核桃等特色农产品从种植到海外零售的全流程追溯，出口单价提升 25%。

宁夏回族自治区发展“东数西算”枢纽经济，2023 年出台《宁夏枢纽建设数字经济行动计划》，中卫云计算基地承接东部地区跨境数据存储业务量达 100EB，亚马逊 AWS 在此建成全球首个 100% 可再生能源数据中心集群。

青海省打造高原特色数字贸易，2023 年建成全球最大藏语数字内容平台“云藏”，服务藏文化圈 2 000 万用户，实现唐卡、藏药等数字版权跨境交易额 8 亿元，政策层面建立“非物质文化遗产数字化保护与交易机制”，完成热贡艺术等 12 项非遗项目数字转化。

西藏自治区建设南亚数字贸易陆路通道，2023 年吉隆口岸数字化升级后，对尼泊尔跨境电商交易额增长 350%，建成全球首个高海拔跨境光缆数据传输中心，政策创新方面实施“边境小额贸易数字化升级工程”，边民互市电子化覆盖率提升至 90%。

在国家级战略统筹下，八大经济区通过差异化战略共同构建起多层次、立体化的数字贸易发展格局。沿海地区通过制度型开放引领全球规则，内陆区域依托产业数字化转型开拓特色市场，边疆省份立足区位优势建设数字通道。2023 年全国数字贸易规模达 5.4 万亿美元，区域协同效应显著：长三角与粤港澳共建数字贸易标准 22 项，成渝与北部湾共推西部陆海数字通道，黄河中游与西北共建能源数字化出海走廊。未来发展的关键在于深化区域数字基础设施互联互通、推动数字自贸试验区政策协同、构建跨区域数据要素统一大市场，以此支撑中国从数字贸易大国向强国跨越。

二、各省市数字贸易发展水平

（一）数字贸易规模

2023 年，中国数字贸易整体发展势头强劲，区域发展协调性不断增强。表 9－3 列示了 2023 年我国各省市可数字化交付服务进出口规模。

东部地区整体发展势头强劲。2023 年，东部地区可数字化交付服务进出口规模达 3 530.7 亿美元，全国占比高达 91.5%，同比增长 4%，其中，出口 2 001.8

亿美元。进出口规模排名前五位的省市为上海、广东、北京、江苏和浙江，金额分别为1 023.9 亿美元、893.4 亿美元、694.7 亿美元、334.8 亿美元和307.4 亿美元。

中西部地区增长潜力进一步释放。2023 年，中西部地区可数字化交付服务进出口规模达233.2 亿美元，占全国的比重为6%，其中，出口143.4 亿美元。进出口规模排名前五位的省市为四川、湖北、重庆、安徽和陕西，金额分别为72.6 亿美元、32.7 亿美元、27.6 亿美元、21.8 亿美元、20 亿美元。

东北地区稳步发展。2023 年，东北地区可数字化交付服务贸易规模为95.2 亿美元，同比增速2%，占全国的比重达2.5%，其中，出口45.2 亿美元。进出口规模排名依次为辽宁、吉林和黑龙江，金额分别为64.5 亿美元、20.3 亿美元、10.3 亿美元。

表9－3　2023 年中国各省市可数字化交付服务进出口规模　单位：亿美元

省市	进出口额	出口额	进口额	省市	进出口额	出口额	进口额
上海	1 023.9	640.8	383.1	湖南	13.7	9.9	3.9
广东	893.4	464.1	429.2	河南	10.6	6.8	3.8
北京	694.7	401.8	292.9	黑龙江	10.3	6.6	3.8
江苏	334.8	213	121.8	河北	7.7	3.4	4.3
浙江	307.4	125.2	182.2	江西	7.5	4.6	3
山东	117.9	84.6	33.3	广西	5.7	2.4	3.2
天津	73.4	31.8	41.7	贵州	5.2	4.5	0.7
四川	72.6	56.4	16.2	云南	4.1	1.7	2.4
辽宁	64.5	36.4	28.1	新疆	4.1	2.8	1.3
福建	56.9	29.3	27.6	山西	2.8	1.9	0.9
湖北	32.7	16.6	16	内蒙古	2.1	0.3	1.8
重庆	27.6	11.4	16.2	宁夏	1.6	0.1	1.6
安徽	21.8	10.3	11.5	甘肃	0.8	0.2	0.6
海南	20.5	7.7	12.7	青海	0.1	0	0.1
吉林	20.3	2.2	18.1	西藏	0.1	0	0.1
陕西	20	13.5	6.5				

数据来源：商务部。

（二）区域数字贸易的发展水平与核心特征

1. 东北综合经济区（辽宁、吉林、黑龙江）

东北地区数字贸易发展以制造业数字化转型为核心驱动力，2023 年区域数字贸易规模达 1 800 亿元，占外贸总额比重提升至 16.5%。辽宁省依托沈阳、大连跨境电商综试区，2023 年实现跨境电商进出口额 327 亿元，其中沈阳自贸区首创“跨境电商 + 中欧班列 + 海外仓”模式，带动汽车零部件、机床设备等工业品跨境线上交易占比达 65%。吉林省聚焦卫星数据应用，长光卫星“吉林一号”平台为俄罗斯、东南亚等 15 个国家提供农业监测、环境评估等数据服务，年营收突破 12 亿元。黑龙江省发挥对俄边境优势，黑河跨境电商综试区 2023 年对俄贸易额占全省 80%，绥芬河口岸建成全国首个俄语区数字物流服务平台，日均处理电子运单超 1.2 万票。区域整体以工业互联网平台为纽带，推动装备制造、农产品加工等传统产业向跨境数字供应链升级，但受限于产业结构偏重、数字人才流失等问题，数字服务贸易占比仍低于全国平均水平。

2. 北部沿海经济区（北京、天津、河北、山东）

作为国家数字贸易枢纽，该区域 2023 年数字贸易规模达 1.2 万亿元，占全国总量 22%。北京市数字经济增加值占 GDP 比重达 43.3%，中关村软件园集聚字节跳动、百度等数字服务出口龙头企业，2023 年数字内容、云服务等数字服务贸易额突破 580 亿美元。天津市东疆保税港区首创“保税展示 + 线下自提”模式，2023 年数字货运交易额达 580 亿元，建成全国首个跨境数据流动安全评估中心。河北省雄安新区布局数字交易中心、国际互联网数据专用通道，2023 年廊坊临空经济区吸引华为云、京东云等 12 个数据中心落地，形成京津冀算力协同调度枢纽。山东省聚焦产业数字化出海，海尔卡奥斯工业互联网平台连接全球 26 万家企业，2023 年赋能家电、机械等产业跨境数字化采购额达 720 亿元。区域通过数字自贸试验区联动、数据跨境流动制度突破，持续引领全国数字贸易创新发展。

3. 东部沿海经济区（上海、江苏、浙江）

长三角地区 2023 年数字贸易规模突破 4 800 亿美元，占全国总量 36%。上海市浦东新区试点数据跨境流动分级分类管理，2023 年数字服务出口额达 850 亿美元，其中，临港新片区完成首单数字人民币跨境支付试点。江苏省苏州工业园建成全球最大工业品 B2B 平台“找钢网”，2023 年促成跨境交易额超 3 000 亿元，南京江北新区打造“数字丝路”离岸数据中心，为“一带一路”沿线提供数据存储与算力服务。浙江省以杭州、宁波跨境电商综试区为引领，2023 年实现跨境电商进出口额 6 850 亿元，阿里巴巴国际站、速卖通等平台覆盖 200 余个国家和地区。

区域通过共建长三角生态绿色一体化发展示范区数字贸易规则，在电子发票互认、跨境数据分级管理等领域形成 20 项创新制度，数字服务出口竞争力指数达全球第 5 位。

4. 南部沿海经济区（福建、广东、海南）

该区域 2023 年数字贸易规模占全国 29%，其中广东省突破 1.9 万亿元。深圳前海打造全球跨境支付结算中心，2023 年处理跨境支付笔数达 85 亿次，占全球移动支付市场份额 21%。福建省深化“数字丝路”核心区建设，厦门自贸片区建成金砖国家数字贸易促进中心，2023 年对金砖国家跨境电商交易额增长 143%。海南省依托自由贸易港政策，洋浦保税港区创新“零关税数据设备”进口制度，2023 年吸引阿里云、华为等建设国际数据中心集群，三亚崖州湾科技城构建全球动植物种质资源数字交易平台，完成跨境数字产权交易 42 亿美元。区域通过“湾区通”工程实现跨境数据便捷流动，2023 年粤港跨境数据验证平台上线，首年完成 200 万笔跨境信用信息核验。

5. 黄河中游经济区（陕西、山西、河南、内蒙古）

该区域 2023 年数字贸易规模达 2 800 亿元，以能源数字化与内陆开放为双轮驱动。陕西省中欧班列（西安）集结中心创新“数字班列”系统，2023 年带动汽车、光伏组件出口增长 65%。山西省建成全球首个煤炭数字交易平台，年交易量达 7.5 亿吨，晋能控股通过工业互联网平台服务“一带一路”沿线 30 个国家矿业数字化升级。河南省郑州航空港实验区 2023 年跨境电商进出口额突破 2 000 亿元，首创“网购保税 + 线下自提”模式，新郑综保区建成全球跨境电子商务核心枢纽。内蒙古满洲里口岸上线中俄蒙跨境数字贸易综合服务平台，2023 年完成农产品、木材等大宗商品线上交易额 127 亿元。区域整体以能源、制造业数字化出海为特色，但数字服务贸易占比仍低于 20%。

6. 长江中游经济区（湖北、湖南、江西、安徽）

该区域 2023 年数字贸易规模达 2 500 亿元，以先进制造业数字化出海为主线。湖北省武汉东湖综保区 2023 年数字服务出口额达 75 亿美元，烽火通信建成东南亚最大光纤网络数字化运维平台。湖南省打造“中非数字贸易港”，2023 年对非跨境电商交易额增长 220%，长沙黄花综保区建成非洲商品数字化展销中心。江西省南昌跨境电商综试区 2023 年半导体、LED 产品出口额达 470 亿元，晶科能源建成全球光伏产品数字供应链平台。安徽省科大讯飞智能语音平台服务“一带一路”沿线 40 种语言实时翻译，2023 年语言技术服务出口额突破 30 亿元。区域整体以制造业数字化升级为特色，但数字内容、云服务等高附加值领域占比有待提升。

7. 西南经济区（云南、贵州、四川、重庆、广西）

该区域2023年数字贸易规模达4 200亿元，立足面向东盟的区位优势构建陆海数字通道。重庆市中新（重庆）国际互联网数据专用通道2023年传输数据量超150PB，支撑新加坡星展银行、普洛斯等企业跨境数据服务。四川省成都天府软件园集聚数字游戏、动漫企业400余家，2023年数字内容出口额达78亿元。云南省建设中国—东盟数字经济合作示范区，2023年边民互市数字化平台交易额突破550亿元。贵州省贵阳大数据交易所2023年完成跨境数据交易额43亿元，华为云全球总部落地贵安新区。广西壮族自治区打造中国—东盟数字贸易中心，2023年南宁跨境电商综试区对东盟出口额增长95%。区域整体以面向东盟的数字贸易为特色，但数字技术自主创新能力仍需加强。

8. 西北经济区（甘肃、青海、宁夏、西藏、新疆）

该区域2023年数字贸易规模达1 000亿元，聚焦数字丝绸之路特色节点建设。甘肃省敦煌国际文化大数据交易中心2023年实现壁画数字版权跨境交易额12亿元。新疆维吾尔自治区霍尔果斯、喀什经济开发区2023年跨境电商综试区对中亚五国交易额达280亿元。宁夏回族自治区中卫云计算基地2023年承接东部地区跨境数据存储业务量达80EB。青海省建成全球最大藏语数字内容平台“云藏”，2023年实现唐卡、藏药等数字版权跨境交易额6亿元。西藏自治区吉隆口岸2023年跨境电商交易额增长320%，建成全球首个高海拔跨境光缆数据传输中心。区域整体以特色文化、能源数据贸易为亮点，但数字基础设施与产业生态仍需进一步完善。

八大经济区数字贸易发展水平呈现“沿海引领、内陆追赶、边疆特色”的梯度格局。沿海地区通过制度创新与技术突破持续领跑，内陆区域依托产业数字化转型开拓市场，边疆省份立足区位优势建设数字通道。未来发展的关键在于深化区域协同、补齐短板，推动数字贸易从规模扩张向质量提升转型，助力中国在全球数字贸易格局中实现从跟随者到引领者的跨越。

思考题

1. 中国数字贸易政策体系萌芽期，“金关工程”诞生的原因是什么？它对数字贸易发展有什么意义？

2. 制度突破期，支付宝“担保交易”模式的出现带来了哪些影响？

3. 上海自贸试验区试行的跨境电子商务综合试验区在数字贸易政策方面有什

么创新之处？

4. 中国申请加入DEPA（数字经济伙伴关系协定）有什么重要意义？

5. 中国数字贸易政策体系中“多层级政策试验与全球规则对接的互动”这一特征在跨境电商监管方面是如何体现的？

6. 数字交付贸易中，数字技术贸易从技术引进转向双向流动，有哪些具体表现？

7. 中国数字贸易发展特征里提到“从规则适应到规则塑造的转型”，在区域层面有哪些具体体现？

8. 中国在构建数字贸易监管框架时，在市场规制方面采取了什么措施？取得了什么成果？

第十章　全球数字贸易格局及发展趋势

学习目标

1. 掌握全球数字贸易的基本格局。
2. 熟悉全球数字贸易的发展趋势。
3. 了解数字贸易发展的机遇和挑战。

◎ 引导案例

在全球数字贸易格局中，新兴经济体的崛起正在成为不可忽视的力量。印度尼西亚作为东南亚最大的经济体，近年来在数字贸易领域取得了显著进展，成为新兴经济体数字化转型的典型代表。根据《2024年全球数字贸易发展报告》，印度尼西亚的数字贸易规模在过去五年中增长了近三倍，其数字服务出口在全球的占比也从2019年的0.5%上升到2023年的1.2%。

印尼的数字贸易崛起得益于其政府对数字经济的高度重视和积极推动。2021年，印尼政府发布了《数字印尼2025战略》，旨在通过加强数字基础设施建设、推动数字技术创新和优化数字贸易政策环境，提升国家在全球数字经济中的竞争力。该战略不仅包括5G网络的快速部署和数据中心的建设，还涵盖了对中小企业的数字化扶持计划，帮助它们通过跨境电商平台拓展国际市场。在政策支持下，印尼的数字贸易生态迅速完善。电商平台如Tokopedia和Shopee在印尼市场迅速崛起，成为连接本地商家与全球消费者的桥梁。同时，印尼的数字支付市场也蓬勃发展，移动支付平台如GoPay和Ovo的普及率不断提高，为数字贸易提供了便捷的支付解决方案。

然而，印尼的数字贸易发展也面临诸多挑战。一方面，数字基础设施在偏远地区的覆盖不足限制了部分地区的数字贸易潜力；另一方面，跨境数据流动和数字税收等政策的不确定性也给企业带来了合规风险。尽管如此，印尼的数字贸易仍在快速成长，并逐渐成为推动国家经济增长和区域数字贸易合作的重要力量。

资料来源：根据《2024年全球数字贸易发展报告》及印尼政府相关战略文件整理。

在全球经济数字化转型的浪潮中，数字贸易已成为重塑国际贸易格局的核心力量。随着数字技术的飞速发展和数字经济的崛起，全球数字贸易格局正经历深刻变革。发达经济体凭借其技术优势和完善的数字基础设施，继续在全球数字贸易中占据主导地位；与此同时，新兴经济体如印度、巴西、印度尼西亚等国家也在迅速崛起，展现出强劲的增长潜力。本章将深入剖析全球数字贸易的基本格局，探讨数字贸易发展的机遇与挑战，并展望其未来的发展趋势。

第一节 全球数字贸易发展格局

一、发达经济体居于主导地位

依靠雄厚的经济实力和领先的科技水平，发达经济体在数字贸易领域占据显著的发展优势。据《全球数字贸易发展报告2024》显示，2023年全球数字贸易约为7.13万亿美元，其中，全球数字化交付服务出口额4.25万亿美元，发达经济体出口额合计占全球比重超过70%，出口额排名前10位的经济体有8个为发达经济体（见表10-1），进口额前10位的经济体中有9个为发达经济体（见表10-2）。发达经济体中较具代表性的是美国、英国、欧盟和日本。

表10-1 2019—2023年全球数字化交付服务出口前10大经济体

单位：亿美元，%

排名	国别	2023年		2022年		2021年		2020年		2019年	
		出口额	增速	出口额	增速	出口额	增速	出口额	增速	出口额	增速
1	美国	6 492.6	2.9	6 307.6	4.7	6 024	12.9	5 338	13.3	4 711.8	5.9
2	英国	4 380.9	16.3	3 766.6	-1	3 803.7	19.8	3 175.6	15.7	2 743.6	-3.2
3	爱尔兰	3 280.9	11.1	2 954.3	0.1	2 951.8	22	2 420.4	42.9	1 693.2	14.9
4	印度	2 571.2	17.3	2 192.6	26.7	1 731.2	20.4	1 438.3	16.4	1 235.4	11.6
5	德国	2 476.5	3.9	2 384	-3.3	2 464.8	21.2	2 034	11.4	1 825.8	0.6
6	中国	2 070.1	4.3	1 984.1	7.2	1 850.8	26.2	1 466.6	28.7	1 139.8	8.6
7	荷兰	1 936.4	13.3	1 709.3	6.5	1 604.7	9.5	1 465.2	-10.8	1 642.4	11.3
8	新加坡	1 818.8	6.2	1 712.2	9.5	1 563.4	20.7	1 295.6	20.6	1 074	7.5
9	法国	1 698.1	12.7	1 507.3	0	1 507.1	15.4	1 305.9	1.6	1 284.9	-2.8
10	卢森堡	1 217.4	4.1	1 169.8	-8.9	1 284.2	23.4	1 041	4.6	995.5	7.2
以上合计		27 942.9	8.8	25 687.8	3.6	24 785.7	18.1	20 980.6	14.4	18 346.4	5.1
全球		42 504.1	9	39 000.7	3.7	37 623.1	17.4	32 054	13.7	28 192.8	5

数据来源：WTO数据库。

表 10－2　　2019—2023 年全球数字化交付服务进口前 10 大经济体

单位：亿美元，%

排名	国别	2023 年		2022 年		2021 年		2020 年		2019 年	
		进口额	增速	进口额	增速	进口额	增速	进口额	增速	进口额	增速
1	美国	3 773. 8	0. 1	3 769. 2	7. 7	3 501. 2	10. 7	3 161. 6	19. 4	2 647. 2	6. 7
2	爱尔兰	3 523	9. 3	3 222. 8	0. 5	3 207. 3	-7. 4	3 463. 3	6. 5	3 250. 7	57. 2
3	德国	2 408. 8	13. 4	2 123. 8	0. 2	2 120. 1	17. 2	1 808. 5	15. 3	1 568. 3	3. 1
4	英国	2 109. 3	24. 5	1 694. 2	-3. 2	1 750. 2	15. 9	1 510. 2	17. 5	1 284. 8	-0. 7
5	荷兰	1 886. 7	11. 3	1 695. 2	0. 8	1 681. 3	12. 4	1 495. 2	-10. 3	1 667. 1	5. 2
6	法国	1 631. 5	11. 9	1 458. 5	4. 3	1 398. 2	13. 1	1 235. 8	8. 6	1 137. 9	-3. 7
7	中国	1 596	2. 5	1 557. 5	-1. 6	1 582. 1	18. 5	1 335. 3	23	1 085. 9	2. 5
8	新加坡	1 572. 5	5. 9	1 484. 3	8. 1	1 372. 5	16. 9	1 174. 3	28. 4	914. 7	3. 2
9	日本	1 504. 1	4. 7	1 436. 4	-2	1 466	6. 6	1 374. 9	13. 2	1 214. 3	14. 4
10	瑞士	1 289. 9	11. 4	1 157. 5	-5. 8	1 229. 3	11. 8	1 099. 4	19. 4	921	1. 2
以上合计		21 295. 6	8. 7	19 599. 4	1. 5	19 308. 2	9. 3	17 658. 5	12. 5	15 691. 9	11. 7
全球		35 947. 4	8. 5	33 118. 3	2. 6	32 277. 1	11. 6	28 930. 5	11. 8	25 888	8. 7

数据来源：WTO 数据库。

（一）美国数字贸易发展现状

美国是率先制定和发布数字经济和数字贸易发展战略的国家，也是全球最早开始探讨和定义数字贸易内涵的国家，这为美国数字贸易的高速发展提供了良好的政策环境和强大的推动力。美国数字产业体系完善，加之其发达的网络基础设施和较强的科技创新能力，培育出诸如亚马逊、微软等能够提供云服务的全球互联网公司巨头，为美国发展数字贸易提供了坚实的微观基础和广阔的发展前景，推动其成为世界数字贸易第一大国。近年来，美国对数字贸易不断进行顶层设计，并通过多双边谈判将其数字贸易主张推向全球。此外，美国还对 5G 等新一代数字基础设施加紧布局和建设，以期夯实其数字产业发展优势。2020 年 12 月 15 日，美国国防部发布题为《5G 技术实施方案》的报告，为《国防部 5G 战略》提供了路线图，将通过促进科学、技术、研究、开发、测试和评估工作，加快 5G 技术的进步与应用，并进一步开发 5G 系统、子系统和组件的新用途，推动其数字贸易的发展。

根据联合国贸易和发展会议（UNCTAD）和世界贸易组织（WTO）数据可知，

2010—2023 年，美国可通过数字形式交付的服务出口规模从 3 379. 24 亿美元增长至 6 492. 6 亿美元，年均增速超过 5. 0%；2023 年数字形式交付的服务出口占世界总额高达 15. 3%，连续多年位居全球数字贸易规模首位。数字服务贸易出口规模的扩大不仅有效地带动了美国服务贸易出口额的增长，而且对美国实现服务贸易顺差产生了重要的贡献。

（二）英国数字贸易发展现状

英国政府对数字贸易的态度较为积极，先后出台《数字英国法案》《英国 2015 — 2018 年数字经济战略》《英国数字战略》等政策文件，将数字化作为应对不确定性、重塑国家竞争力的重要举措。2020 年 6 月，英国国际贸易大臣利兹·特拉斯宣布一系列数字贸易促进措施，包括：国际贸易部和数字文化媒体及体育部将联合启动耗资 800 万英镑的亚太地区数字贸易网络，以支持英国高科技企业对外出口；成立技术出口学院，为中小企业提供专业建议，支持其向优先市场出口；增强英国各地区发展国际科技合作伙伴关系的能力，拟在北部振兴计划、中部引擎、伦敦和南部地区创建 25 个技术出口冠军；扩大对国际贸易部“高潜力机会”技术计划的支持，推动外国直接投资进入 5G、工业 4. 0、光子学和沉浸式技术等新兴子行业；启动新的金融科技推广活动，确保英国仍然是金融科技业务启动、扩展和国际化的最佳选址。

UNCTAD 数据显示，2010—2023 年，英国可通过数字形式交付的服务出口规模增长较为显著，从 2010 年的 2 133. 57 亿美元增长至 2023 年的 4 380. 9 亿美元，年均增速约为 5. 8%。英国数字服务贸易出口规模的国际市场占有率在 2023 年达到 10. 3%，排名全球第二，英国依然是全球数字服务贸易供给的核心来源地之一。其中，英国可数字化交付的服务出口占服务贸易出口比重较高，2023 年占英国服务贸易出口的比重约为 79. 1%。

（三）欧盟数字贸易发展现状

近年来，欧盟的数字经济发展相对滞后，这也使欧盟产生了较强烈的危机感，导致欧盟成为数字服务税的坚定拥护者，企图通过隐形贸易壁垒缩小与美国的发展差距。欧盟先后发布《欧洲数字经济议程》《数字单一市场战略》《迈向数字贸易战略》《数字欧洲计划》等战略规划，大力破除欧盟区内数字贸易的市场壁垒，积极推进数字化基础设施建设，致力于打造区内数字单一化市场。此外，欧盟积极完善和统一区内相关的法律规范和规章制度，为数字贸易发展提供良好的制度环境。与此同时，欧盟还在多个可数字化服务领域设置准入门槛，在视听服务和文化服务等方面设置了较多保护性措施，渐进地开放成员文化服务市场。2018 年，欧盟先后颁布《通用数据保护条例》和《非个人数据在欧盟境内自由流动框架条例》，以法律形式保护欧洲公民个人数据和非个人数据在境内流动的自由性。此外，欧盟也未盲目照搬美国在跨境数据流动等方面的最新规则，而是坚持严格的个人隐私保护政策，试图在"美式模板"外建立数字贸易规则的"欧式模板"。

UNCTAD 数据显示，2010—2023 年，欧盟可通过数字形式交付的服务出口规模从 6 968.23 亿美元增长至 14 500 亿美元，年均增速约为 6.5%。可数字化交付的服务出口占服务贸易出口比重从 2010 年的 47.88% 上升至 2023 年的 68.5%。欧盟的数字贸易管理围绕预先制定的各类贸易战略如单一市场战略、单一数字市场战略等有序展开、逐步推进。

（四）日本数字贸易发展现状

日本的数字化贸易战略的出发点是本国如何融入、适应数字贸易时代，如何把握发展机遇，因而更加注重本国的"数字硬实力"，力图积极发挥新型生产要素的融合性，将其充分融入本国产业结构中，完成数字化改造。日本相继颁布"e Japan"战略、"u－Japan"战略、"－Japan"战略等战略规划，积极推动智能制造和高端数字技术人才培养，引导企业向数字化方向发展，促进数字技术与各行业的融合，极力促进经济和贸易数字化转型。

UNCTAD 数据显示，2010—2023 年，日本可通过数字形式交付的服务出口规模增长较为显著，从 2010 年的 651.06 亿美元增长至 2023 年的 1 300 亿美元，年均增速约为 6.4%。日本可数字化交付的服务出口额占服务贸易的比重在 2023 年达到 75.2%，较 2010 年的 48.44% 有大幅提升。

二、中国占据重要地位

中国政府以重点发展跨境电子商务为抓手，通过优化营商环境、先行先试等方式加快数字贸易发展，出台了多项关于促进跨境电子商务健康发展的政策文件，并积极推动跨境电子商务综合试验区发展。如 2015 年 6 月国务院印发《关于促进跨境电子商务健康快速发展的指导意见》，其中 12 条指导意见可视为当前推进数字贸易的主要举措；此外，截至 2024 年 12 月，中国累计设立了 165 个跨境电子商务综合试验区。这些试验区分布在 31 个省份，覆盖了全国范围内的主要城市和地区。

得益于跨境电子商务的蓬勃发展，中国的数字贸易快速兴起，在全球贸易体系中扮演着越来越重要的角色。2023 年，中国可数字化交付的服务进出口额 3 859

亿美元，同比增长3.5%。其中，出口额约2 190.4亿美元，位居全球第6位；进口额约1 668.6亿美元，位居全球第7位；贸易顺差521.8亿美元（见表10－3）。据海关总署统计，2023年中国跨境电商进出口总额2.37万亿元人民币，增长15.3%，占中国外贸进出口总额的比重逐步提升。其中，出口1.84万亿元、增长20.2%，进口5 335亿元、增长1.1%。

表10－3　2015—2023年中国可数字化交付服务进出口规模与增速

单位：亿美元,%

年份	进出口额	出口额	进口额	进出口同比增速
2023	3 859	2 190.4	1 668.6	3.5
2022	3 727.1	2 105.4	1 621.7	3.4
2021	3 605.2	1 956.7	1 648.4	22.3
2020	2 947.6	1 551.5	1 396.1	8.2
2019	2 724	1 439	1 285	6.3
2018	2 561.6	1 321.3	1 240.3	23.2
2017	2 079.5	1 025.7	1 053.8	－3.9
2016	2 163.6	1 173.5	990.1	4.4
2015	2 072.6	1 184.9	887.7	—

数据来源：中国商务部。

另外，从我国数字贸易各细分领域的近年发展态势来看：

（1）数字技术贸易创新实力大幅增强。2023年，中国在全球数字技术创新和贸易增长中崭露头角，成为关键的引领力量。据商务部统计，中国电信、计算机和信息服务贸易规模约1 290.1亿美元，同比增长3.9%，其中，出口额为903.4亿美元，同比增长4.9%。国家知识产权局数据显示，截至2023年底，中国大陆发明专利拥有量突破401.5万件，同比增长22.4%，成为全球首个有效发明专利数量突破400万件的国家。

（2）数字产品贸易国际竞争力显著提升。2023年，中国个人、文化和娱乐服务贸易规模约为58.5亿美元，同比增长33.1%。中国音像与数字出版协会报告显示，2023年中国自主研发游戏国内市场实销收入达到2 563.75亿元，同比增长15.3%，海外实销收入为163.66亿美元。国产数字游戏《黑神话：悟空》一经发布便登上Steam全球最热门游戏榜首。中国网文出海市场规模突破40亿元，海外原创作品数量约62万部。

（3）数字服务贸易推动新业态新模式发展。2023 年，中国金融、保险、知识产权使用费贸易规模分别达到 80.9 亿美元、243.8 亿美元、534.7 亿美元。中国企业承接的离岸信息技术外包（ITO）、业务流程外包（BPO）和知识流程外包（KPO）执行额分别为 605.7 亿美元、251.6 亿美元和 656.2 亿美元，同比分别增长 7.9%、12.3% 和 12.5%。人民币国际化进程加速，人民币跨境支付清算系统已接入 1 484 家参与者。

（4）数据贸易增长潜力加速释放。2023 年，中国数据生产总量预计超过 32 ZB。八大枢纽节点数据中心机架总规模超过 105 万标准机架，平均上架率达到 61.9%。上海数据交易所预计，到 2025 年，中国数据交易市场规模有望达到 2 046 亿元。2024 年 3 月，全球首个商用海底数据中心项目在海南陵水正式投运。5 月，广州市首例跨境数据资产入表项目启动，标志着大湾区跨境数据资产管理迈入新的发展阶段。

三、新兴经济体处于追赶态势

近年来，凭借巨大的市场潜力，发展中经济体的数字贸易规模呈现稳步扩大的态势。2005—2023 年，发展中经济体的数字服务贸易出口额从 1 773 亿美元增长至约 7 500 亿美元，扩大了约 4.23 倍。2019—2023 年，发展中经济体在全球数字化交付服务出口中的占比从 13.2% 升至 16.3%，展现出强劲的增长潜力。

与此同时，近年来新兴经济体在数字贸易领域不断崛起，数字贸易规模持续扩大，其中较有代表性的国家是印度、俄罗斯和巴西。2023 年，印度在全球数字化交付服务出口中排名第 5，是排名前 10 位经济体中仅有的两个发展中经济体之一。俄罗斯 2023 年在线销售额接近 6.4 万亿卢布，同比增长 28%，其中跨境电商占比 3.1%，显示出其数字贸易的快速增长。巴西作为新兴经济体之一，其数字贸易规模也在不断扩大，2023 年其在全球数字贸易中的占比有所提升，特别是在电商和数字服务领域。

（一）印度数字贸易发展现状

印度自 2015 年提出“数字印度”倡议以来，其数字贸易发展迅速。该倡议聚焦于发展电子政务、远程医疗和移动医疗服务，加强网络基础设施建设，提高互联网普及率，尤其是在农村地区。近年来，印度的产业数字化、金融包容性和数字包容性明显扩大，金融科技、电子商务、信息技术等产业加速发展。据世界贸易组织（WTO）发布的《全球贸易展望和统计报告》可知，2023 年印度数字交付服务的出口额达到2 571亿美元，同比增长17%。印度在全球数字交付服务出口中排名第四，是排名前10位经济体中仅有的两个发展中经济体之一。

（二）俄罗斯数字贸易发展现状

俄罗斯于2017年颁布《俄罗斯联邦数字经济规划》，旨在打造良好的数字经济生态系统，推动高技术产业发展，并提高微观企业的国际竞争力。该规划对信息通信基础设施建设、科研实力提升、技术储备完善和信息安全保障做出了详细规划。2023年，俄罗斯数字服务贸易出口规模继续保持增长态势，2005—2023年期间的年平均增长率仍保持在较高水平。

（三）巴西数字贸易发展现状

巴西在2018年颁布《巴西数字化转型战略》，积极推动数字技术的研发和应用，提高国家整体数字化程度。巴西政府积极推动数字贸易发展，支持数字支付系统，特别是巴西中央银行开发的实时支付网络Pix。2023年，Pix已占据拉丁美洲电商交易量的16%，约70%的巴西企业接受这种支付方式。2020—2023年，巴西电商规模年复合增速为17%，电商渗透率上升了2.2%。2023年，巴西零售电商收入达到1 857亿雷亚尔（约合2 434亿元人民币），线上消费者数量达8 780万，订单量为3.95亿，平均每笔订单金额为470雷亚尔。

第二节　全球数字贸易发展机遇与挑战

一、全球数字贸易发展面临的机遇

（一）数字技术进步与创新提供有力支撑

数字技术的进步与创新是全球数字贸易发展的核心驱动力。随着信息技术的飞速发展，互联网、大数据、云计算、人工智能、区块链等前沿技术不断突破，为数字贸易提供了强有力的技术支撑。

1. 互联网技术的普及与升级

互联网作为数字贸易的基础平台，其普及率和速度的提升极大地降低了贸易门槛，使得全球范围内的商品和服务交易变得更加便捷。根据国际电信联盟（ITU）的数据，截至2023年底，全球互联网用户已超过49亿，互联网普及率达到63.4%。互联网的广泛普及为数字贸易的快速发展奠定了坚实基础。同时，5G、物联网等新一代通信技术的商用部署，进一步提升了数据传输速度和容量，为高清视频、虚拟现实、增强现实等新型数字贸易形态提供了可能。例如，5G 技术的应用使得远程医疗、在线教育等跨境服务得以高效开展，极大地拓宽了数字贸易的应用场景。

2. 大数据与云计算的融合应用

大数据与云计算的融合应用，为数字贸易提供了强大的数据处理和分析能力。企业可以通过云计算平台收集、存储和分析海量数据，挖掘消费者行为、市场需求等关键信息，从而优化产品设计、提升运营效率、实现精准营销。亚马逊、阿里巴巴等电商平台就是利用大数据和云计算技术，为消费者提供个性化推荐服务，极大提升了用户体验和交易效率。

3. 人工智能技术的革新

人工智能技术在数字贸易中的应用日益广泛，从智能客服、智能风控到智能物流，都在不断提升数字贸易的智能化水平。例如，智能客服系统能够 24 小时不间断地为用户提供咨询服务，有效解决了跨境贸易中的时差问题；智能风控系统则能够实时监测交易风险，保障交易安全。

4. 区块链技术的突破

区块链技术以其去中心化、不可篡改的特性，在数字贸易中发挥着越来越重要的作用。它不仅可以降低交易成本，提高交易效率，还能有效解决跨境支付、供应链金融等领域的信息不对称问题。例如，通过区块链技术，可以实现跨境支付的即时到账和低成本交易，为中小企业参与全球贸易提供了便利。

（二）数字经济飞速发展打造产业基础

近年来，全球数字经济发展规模持续扩大。根据《2024 年全球数字经济发展研究报告》数据显示，2023 年全球数字经济增加值达到 35.5 万亿美元，同比增长 5.3%，占 GDP 的比重进一步提升至 45.2%。数字经济的蓬勃发展，促进了各项数字技术与零售、金融、加工、医疗、教育等行业深度融合和创新发展，有力推动了传统产业数字化水平、网络化水平和智能化水平的逐步提升，为数字贸易发展打造了坚实的产业基础。

1. 数字产业化与产业数字化的深度融合

数字产业化与产业数字化的深度融合，推动了传统产业的转型升级和数字贸易的快速发展。一方面，数字产业化催生了一批以互联网、大数据、云计算等为核心的新兴产业，为数字贸易提供了丰富的产品和服务；另一方面，产业数字化通过数字技术对传统产业进行改造升级，提升了传统产业的数字化水平和国际竞争力。

2. 数字经济的全球化布局

数字经济的全球化布局，使得数字贸易能够跨越国界，实现全球范围内的资源优化配置和高效协同。跨国企业通过构建全球数字供应链，将研发、生产、销售等环节紧密联系在一起，形成了全球范围内的协同创新和高效运营。同时，数字贸易平台也通过整合全球资源，为消费者提供了更加便捷、多样化的购物体验。

3. 数字经济的创新驱动

数字经济的创新驱动，为数字贸易提供了源源不断的发展动力。数字技术的不断创新和迭代，推动了数字贸易模式的不断变革和升级。例如，通过大数据分析和人工智能技术，企业可以更加精准地把握市场需求和消费者偏好，实现个性化定制和精准营销；通过区块链技术，可以实现跨境贸易的透明化和可追溯性，提高交易的可信度。

（三）数字基建逐步完善夯实发展底座

新一代信息技术基础设施已成为驱动全球数字贸易蓬勃发展的关键要素。近年来，各国纷纷加快5G网络、大数据中心、物联网等信息化、数字化基础设施的布局，诸如巴西实施的"智慧巴西"蓝图、德国的"数字战略2025"及加拿大的"国家宽带战略"等项目，显著提升了各国及地区的网络连通性和普及水平。截至2023年底，全球上网人口已达到约54亿人，大约占全球总人口的67%。这一数字相较于之前的统计有了显著增长，反映了互联网在全球范围内的持续普及和扩张。

此外，从通信网络、数据中心到云计算平台，数字基建的不断升级和优化，为数字贸易的高效运行提供了有力支撑。

1. 通信网络的升级与优化

通信网络的升级与优化，提升了数据传输速度和稳定性，为数字贸易的顺畅进行提供了保障。5G、物联网等新一代通信技术的商用部署，使得远程办公、在线教育、远程医疗等跨境服务得以高效开展。同时，国际通信网络的互联互通，也降低了跨境通信成本，提高了交易效率。

2. 数据中心的全球布局

数据中心的全球布局，为数字贸易提供了强大的数据存储和处理能力。通过构建全球数据中心网络，企业可以实现数据的实时同步和高效处理，满足跨境贸易中的数据存储、备份和恢复需求。同时，数据中心的安全防护能力也得到了不断提升，有效保障了数字贸易的数据安全。

3. 云计算平台的广泛应用

云计算平台的广泛应用，为数字贸易提供了灵活、高效、低成本的IT服务。

企业可以通过云计算平台实现资源的弹性扩展和按需使用，降低 IT 成本和提高运营效率。同时，云计算平台还提供了丰富的 API 接口和开发工具，支持企业快速构建和部署数字贸易应用。

（四）发展中经济体拓宽发展空间

发展中经济体的快速增长，为全球数字贸易的发展提供了广阔的空间和机遇。随着这些国家数字经济的不断发展和数字基建的不断完善，数字贸易在发展中经济体中的比重和影响力也在不断提升。

1. 发展中经济体的数字经济正在快速增长，为数字贸易提供了强大的动力

根据国际货币基金组织（IMF）的数据，2023 年发展中经济体的数字经济规模已达到近万亿美元，占全球数字经济总量的近三分之一。数字经济的快速增长推动了电子商务、在线教育、远程医疗等新兴业态的蓬勃发展，为数字贸易提供了丰富的应用场景和市场需求。

2. 发展中经济体的数字基建正在不断完善，为数字贸易的高效运行提供了有力支撑

这些国家通过加大投资力度、引进先进技术和管理经验等措施，不断提升通信网络、数据中心、云计算平台等数字基建的质量和水平。例如，非洲一些国家正在积极推进 5G 网络建设，提升数据传输速度和稳定性；东南亚一些国家则正在加强数据中心建设和云计算平台应用，提高数据存储和处理能力。

3. 发展中经济体的数字贸易政策正在不断优化，为数字贸易的发展提供了更加宽松和便利的环境

这些国家通过制定相关法律法规和政策措施，降低数字贸易的门槛和成本，提高数字贸易的效率和便捷性。例如，肯尼亚通过建设 M – Pesa 移动支付平台，实现了手机支付和转账服务的普及化。M – Pesa 平台不仅为肯尼亚民众提供了便捷的支付手段，还推动了电子商务、在线教育等新兴业态的快速发展。同时，肯尼亚政府还积极推动电子商务法规的制定和实施，为数字贸易的发展提供了法律保障和制度支持。

二、全球数字贸易发展面临的挑战

（一）数字贸易壁垒带来的挑战

近年来，数字贸易壁垒成为全球数字贸易发展的重要障碍。由于缺乏具备全球约束力的数字贸易规则体系和公认的争端解决机制，数字贸易保护主义不断升

级，对数字贸易发展造成了负面影响。

1. 跨境数据自由流动限制

数据作为数字经济时代的关键生产要素和战略资源，其跨境流动受到诸多限制。互联网的普及和新兴数字技术的发展，虽然减少了数据存储的空间限制，但也带来了隐私保护和数据安全等隐患。许多国家基于隐私保护和国家安全的考虑，通过立法限制跨境数据流动，要求数据存储和处理必须在本地进行。例如，一些国家规定企业收集、存储、处理、使用和传输数据必须通知数据主体并征得同意。数据本地化措施不仅增加了企业的运营成本，还降低了数字贸易的经济效率。数据隐私和保护是跨境数据流动规则制定中最难以协调的问题之一。各国数据隐私保护框架的不统一，导致在开展数字贸易时产生冲突或摩擦。

2. 知识产权保护

随着互联网的普及，知识产权侵权问题日益严重。未经授权的电子传输、下载和复制行为屡见不鲜，严重损害了数字内容创造者的权益。一些国家要求外国企业提交源代码、专业算法等商业机密作为市场准入条件，增加了知识产权被窃取的风险。此外，部分国家对互联网中介责任做出规定，要求互联网服务提供商为知识产权侵权行为承担法律责任。这些措施不仅增加了企业的运营成本，还阻碍了数字贸易的健康发展。各国在知识产权保护方面的主张存在差异，成为数字贸易治理的重要议题。

3. 市场准入限制

各国政府为保护本地企业的生存和盈利能力，实施了限制外国数字企业进入本国市场的措施。例如，通过政府采购、补贴等优惠政策支持本地数字企业的发展，或对国外数字产品和服务进行技术性审查。一些国家对电信市场、云计算等关键数字产业实施外资所有权限制，禁止外资进入或规定外资持股上限。此外，复杂的海关手续和不透明的关税政策也提高了企业的贸易成本，阻碍了数字贸易的发展。

4. 内容审查

出于网络安全、消费者权益保护和文化影响等考虑，许多国家采取了阻止、屏蔽和过滤网站及应用程序等手段，限制互联网平台上传播的内容和信息。这些内容审查措施的标准是非透明的、不统一的，导致许多网络内容供应商无法进入实施内容审查措施的市场，成为数字贸易的直接障碍之一。

（二）数字产品和服务税收问题带来的挑战

现行的国际税收规则以收入来源地或经济活动所在地为标准对国际企业征收

税费。然而，数字贸易的无边界性挑战了这一国际税收协定。数字贸易供给方的服务器、IP 地址、货物仓储的所在地与购买数字化产品和服务的需求方、银行结算的所在地往往不在同一个国家或地区。这使得各国依据传统的税收管辖标准难以进行征税。一些电子商务企业通过变更网址或服务器所在地以达到避税目的，给各国造成了巨大的税收损失。例如，欧盟于 2008 年率先提出数字服务税改革解决方案，规定在境内的互联网公司必须缴纳数字税。目前，各国尚未对数字征税改革方案达成共识，调整和制定相关国际税收规则已成为重塑国际贸易规则的重要议题之一。

（三）跨境电商便利化问题带来的挑战

随着跨境电商的快速发展，提升跨境电商便利化水平已成为各国共识。然而，相关法律制度的不完善以及安全技术问题的存在，给全球数字贸易发展带来了挑战。

1. 电子合同及电子传输

尽管不少国家已开始接纳电子签名、电子合同，但在实际交易中，电子签名和电子合同并未得到广泛应用。一方面，电子化交易方式存在一定的安全隐患，如电子签名可能被伪造，电子合同在传输和保管环节可能泄露商业机密；另一方面，电子合同出现法律纠纷和争议时，缺乏明确的法律规定和依据，这增加了企业的运营风险。

2. 无纸化通关

无纸化通关是提升跨境电商便利化的重要措施，但各国在无纸化通关的具体实施上存在差异。一些国家的海关部门要求企业提交复杂而烦琐的文件材料，并支付相应的关税，这增加了企业的运营成本。各国海关在电子数据交换、电子认证等方面的技术标准和操作流程不统一，也影响了无纸化通关的效率。

（四）数字贸易治理与监管的挑战

1. 治理能力不足

数字贸易的快速发展对各国的治理能力提出了更高的要求。然而，许多国家在数字贸易治理方面仍存在不足，缺乏有效的监管机制和政策支持。例如，一些国家在利用个人隐私保护、源代码开放等“边境后”规则的监管举措较多，而促进数字贸易扩容提质的支持政策较少。

2. 国际规则制定的话语权在全球数字贸易规则制定中，各国的话语权存在差异

一些发达国家在数字贸易规则制定中占据主导地位，而发展中国家的话语权

相对不足。例如，美国和欧盟在数字贸易规则制定中提出了许多主张，但这些主张并不完全符合发展中国家的利益。因此，提升发展中国家在数字贸易规则制定中的话语权，成为推动全球数字贸易发展的重要任务。

第三节 全球数字贸易发展趋势

一、数字贸易发展空间巨大

从微观层面观察，数字贸易在降低贸易成本、提升生产效率以及激发技术创新方面发挥着重要作用，从而有力地推动了全球经济和贸易的增长。随着数字技术的不断进步，数据和信息的传输成本几乎降至零，且能够迅速在全球范围内完成传输。同时，现代化的运输管理系统和货物实时追踪系统等技术手段，为货物和服务的运输与配送提供了高效且低成本的解决方案。据美国国际贸易委员会（USITC）估算，数字化使各国贸易成本降低了26%，数字密集型产业的生产效率提高了7.8%—10.9%。此外，相关研究显示，互联网接入率每提升10%，双边货物贸易出口将增长1.2%；电话和宽带用户数量每增加10%，双边贸易流量将分别提升0.1%—0.2%和0.23%—0.36%；网络安全水平每提高10%，双边贸易流将增长0.03%—0.04%。另一方面，与距离相关的贸易成本在企业定价行为中所占比重的降低，通过进口替代效应，提高了本国消费者对进口品的需求，同时降低了国内产品的需求量。这将促使国内相关传统行业进行技术创新，以应对国际市场的竞争压力。进一步而言，技术创新还会对其他部门的生产产生显著的正面溢出效应，推动本国其他行业生产效率的提升。

从宏观层面来看，在全球经济增长动能减弱、经济与政治不确定性因素增多的复杂背景下，全球数字贸易依然取得了显著成效，展现出强大的发展活力，而这种活力在未来有望进一步释放。尽管近年来逆全球化思潮有所抬头，但经济全球化的大趋势不可逆转，数字化更是全球经济社会发展和技术变革的关键驱动力。全球化与数字化的深度融合，促进了资本、劳动力、信息和技术在全球范围内的自由流动，加速了各国产业的数字化变革以及企业的数字化转型进程。这为数字贸易的持续发展提供了良好的外部环境和发展动力，不断拓展其发展空间。在数字化时代，随着消费环境的逐步改善以及新模式新业态的不断涌现，全球消费者的需求结构发生了深刻变化，个性化和多样化的消费需求不断增加，消费结构加速向服务消费转型。这将推动数字贸易企业不断拓展其经营范围，丰富数字产品和服务的种类，以满足日益多样化的市场需求。

二、数字贸易对象服务化

随着全球互联网普及率的稳步提高和3D打印技术的广泛运用，以数字形式存储和展现的服务贸易活动进一步突破了时空限制，有效降低了跨境服务贸易的成本，提高了数字服务贸易的可得性，推动了数字服务贸易规模的扩大。特别是随着各国逐步开启5G商用，5G应用新场景催生出更多新的数字服务产业，进一步深化了国际分工协作。这不仅为全球服务贸易带来了新的发展机遇，而且有助于推动数字贸易的快速发展。截至2024年三季度末，全球5G商用网络超过348张，5G基站累计建设620万个。5G技术的广泛应用不仅提高了数据传输速度，还降低了延迟，为实时服务和高带宽应用提供了支持，进一步推动了数字服务贸易的发展。在数字服务贸易的驱动下，服务贸易出口总额占全球出口贸易总额的比重由2005年的20.31%提升至2024年的25.50%，加快了全球贸易服务化的趋势。这一趋势表明，数字技术正在重塑全球贸易格局，服务贸易在全球贸易中的地位日益重要。

三、数字贸易方式平台化

数字平台作为推动数字贸易高效运作的核心途径，正引领着各类贸易参与者和组织通过在线平台实现供需信息的无缝对接，完成数据、商品及服务的交易流程，并协作于研发、生产等多个环节。此模式不仅超越了物理界限，有效联结各方资源与服务，促进价值创造，还深度整合了互联网、大数据、云计算等前沿数字技术，优化价值链各节点的信息与技术集成，确保资源得以有序流转与高效部署。展望未来，数字贸易将进一步深化其平台化趋势，逐步构建并优化全球数字贸易生态系统。

随着数字贸易平台的蓬勃兴起，IT、金融、制造业、农业等行业纷纷拥抱线上转型，这一过程加速了涵盖“研发—生产—供应链”的数字化产业链布局，同时催化了“生产服务、商业模式与金融服务”三者间跨界交融的数字化产业生态体系。这一跨界整合的数字化产业架构，不仅为数字产业开辟了更为广阔的发展空间，还促进了产业间的协同共进与技术深度融合，激发了技术创新、产业升级及商业模式革新的浪潮，为数字贸易的蓬勃发展奠定了坚实的产业基石，极大地拓宽了数字贸易的边界。

四、数字贸易主体多元化

数字贸易的兴起显著降低了国际市场的准入壁垒，深化了国际合作的层次，为中小企业特别是来自发展中国家的企业提供了前所未有的国际化契机。这一变革促使数字贸易的主体结构从以发达经济体为主导，向发达经济体与新兴经济体并驾齐驱、共享繁荣的新格局演变。尤为重要的是，新兴经济体的中小企业正日益成为数字贸易舞台上的活跃力量。

回望工业经济时代，跨国公司遵循严格的层级式组织结构与流程，构建起全球价值链体系。在这一体系中，大型跨国公司往往占据价值链的高端，扮演主导角色，攫取了全球化进程中的大部分利益；而小微企业则位于价值链的下游，主要为大公司提供配套服务，处于被动地位，仅能获得有限的资源与收益。然而，在数字贸易的新时代，得益于众多平台企业的崛起，中小企业开拓市场的成本大幅降低，各参与方得以在更加平等的环境中进行贸易往来，受益主体更加广泛且多元化，中小企业成了最大的受益群体。

此外，数字贸易平台上还涌现了大量以个人身份出现的商品与服务提供者，即 C2C 模式。在共享经济平台上，个人卖家与买家基于各自的闲置资源状况及共享、绿色消费理念，自发开展交易活动。随着资源禀赋的差异与需求的变化，供给者与需求者的角色界限变得模糊，双方身份可灵活转换。个人间的交易范畴已从最初的二手小物件扩展到汽车租赁、住宿服务等多个领域。随着微观参与者的数量持续攀升、共享范围的日益扩大，共享经济的规模亦在迅速膨胀。

五、数字鸿沟加剧国际贸易分化

随着数字贸易主体多元化趋势的加强，国际贸易格局正经历深刻变革，为数字贸易的扩展提供了更为广阔的空间。然而，尽管新兴经济体和发展中经济体在数字贸易领域取得了逐步进展，它们与发达经济体之间依然横亘着一道显著的“数字鸿沟”。具体而言，2020 年的数据揭示，发达经济体在数字服务贸易出口领域的国际市场份额，分别是发展中经济体和新兴经济体的约 3.37 倍与 3.20 倍，这一差距凸显了两者在数字贸易发展上的不均衡状态。

面对这一现状，若发展中经济体未能紧跟时代步伐，及时把握数字贸易带来的转型契机，积极调整自身在全球贸易中的位置，恐将继续深陷全球价值链的低端环节，与发达国家的差距或将进一步拉大。因此，缩小数字鸿沟，促进全球数字贸易的均衡发展，已成为发展中经济体亟待解决的关键议题。

六、数字治理面临更大挑战

在当前的全球贸易环境中，围绕数据跨境流通、知识产权保护、市场准入门槛及数字服务税收等问题，各国间的贸易争端与摩擦正日益加剧，为数字时代的全球治理带来了前所未有的挑战。虽然像美国、欧盟、中国这样的数字贸易强国已通过双边、多边及区域贸易协商，初步达成了一些协议，推动了相关数字贸易规则的初步构建，但这些规则往往基于各自的利益考量，难以在全球范围内广泛适用。

随着数字贸易的持续蓬勃发展，制定数字贸易规则的难度与复杂性正逐步升级。如何在确保数据自由流动的同时，有效保障个人隐私与数据安全；如何有效打击知识产权侵权、网络犯罪及数字垄断行为；如何合理解决数字税收分配不均等问题，均需要各国秉持合作共赢的精神，在国际规则的框架下共同商讨、协商。然而，一个统一、科学且被广泛接受的全球数字贸易规则体系，在短期内恐难以迅速成型。因此，加强国际合作，增进共识，成为应对数字治理挑战的关键所在。

七、数字贸易对就业的正面效应日益显著

在传统产业转型升级过程中，数字技术虽然在一定程度上通过提升生产效率影响了部分就业岗位，但同时也为本国企业在国际市场竞争中赢得了优势。然而，值得注意的是，“数字化”转型每减少一个传统岗位，往往能在上下游或相关互补行业中催生 2.6 个新就业机会，展现出强大的就业创造能力。进入数字经济时代，货物与服务日益以数字形态呈现，有形与无形贸易的界限趋于模糊，可贸易与不可贸易产品的范畴也在不断扩展，这促使参与国际贸易与国际分工的服务与产品呈现出前所未有的多样性与深度。这种变化不仅直接促进了就业，更通过“间接就业效应”显著放大了对各国就业市场的正面影响。

此外，互联网技术的革新简化了求职流程，提升了职位空缺与求职者之间的匹配效率，使得企业能够跨越国界在全球范围内寻找并雇佣合适的人才，从而优化了人力资源的配置，减少了结构性失业现象。尤为关键的是，中小企业作为就业市场的主力军，不仅创造了全球约 66% 的就业岗位，还贡献了 86% 的新增就业机会。在数字经济浪潮中，中小企业作为最大受益者之一，其对全球就业市场的正面推动作用预计将持续增强。

思考题

1. 简述全球数字贸易的发展格局。

2. 请结合时事资料，描述中国数字贸易的发展概况及其在全球数字贸易中的地位。

3. 简述全球数字贸易的发展趋势，并结合所学知识谈谈我国中小企业如何应对。

第十一章　数字贸易壁垒

学习目标

1. 掌握数字贸易壁垒的概念与特征。
2. 熟悉新型数字贸易壁垒的现实表现。
3. 熟悉数字贸易壁垒国际治理的现状。
4. 了解数字贸易壁垒的测算方法。

◎ 引导案例

欧盟数字服务税引发的国际贸易摩擦

近年来，随着数字经济的快速发展，数字贸易壁垒逐渐成为国际贸易中的新焦点。2023 年，欧盟正式实施了数字服务税（Digital Services Tax，DST），这一政策引发了广泛的国际关注和贸易摩擦。欧盟数字服务税的初衷是针对大型科技企业在欧盟境内的数字服务收入征税，以确保税收公平。然而，这一政策的实施却引发了美国等国家的强烈反应，成为数字贸易壁垒的一个典型案例。

美国作为全球数字经济的领先者，其众多大型科技企业如谷歌、亚马逊、Facebook等在全球数字市场占据重要地位。欧盟数字服务税的实施，被认为是对美国科技企业的“针对性征税”，引发了美国的强烈不满。美国政府认为，数字服务税违反了国际税收原则，是一种变相的贸易保护主义措施，并威胁对欧盟产品实施报复性关税。这一争端不仅加剧了美欧之间的贸易紧张局势，也引发了全球对数字贸易规则的重新审视。

从数字贸易壁垒的角度来看，欧盟数字服务税的实施反映了数字贸易治理中的复杂性。一方面，数字经济的跨境性和无边界性使得传统的税收规则难以适用；另一方面，各国在数字贸易规则制定中的利益诉求差异，导致了数字贸易壁垒的不断涌现。欧盟通过数字服务税试图维护自身的税收主权和数字经济利益，而美国则认为这种做法破坏了全球贸易的公平性。这种矛盾不仅凸显了数字贸易壁垒的现实影响，也揭示了国际社会在数字贸易治理中的困境。

此外，数字服务税的实施还引发了其他国家的效仿。法国、意大利等欧盟成员国纷纷推出类似的税收政策，进一步加剧了全球数字贸易的复杂性。这一案例表明，数字贸易壁垒不仅影响企业的跨境经营，还可能引发国际贸易争端，对全球数字经济的健康发展构成挑战。

资料来源：根据《2024 年全球数字贸易发展报告》及欧盟委员会相关文件整理。

随着数字技术的广泛应用和跨境数据流动的增加，数字贸易壁垒逐渐成为制约全球数字贸易发展的关键因素。从数据流动限制到知识产权保护，从内容审查到市场准入限制，新型数字贸易壁垒的出现不仅影响了企业的跨境经营，也引发了国际贸易争端。本章将深入探讨数字贸易壁垒的概念、特征及其现实表现，并分析其对国际贸易的影响。同时，我们将关注数字贸易壁垒的国际治理现状与未来趋势，以及中国在应对数字贸易壁垒时的策略选择。

第一节　数字贸易壁垒概述

一、数字贸易壁垒的概念

在全球化与数字化交织的今天，数字贸易已成为推动世界经济发展的重要引擎。然而，随着数字贸易的迅猛发展，新型贸易壁垒——数字贸易壁垒，逐渐浮出水面，成为制约国际数字贸易自由化的关键障碍。

数字贸易壁垒，简而言之，是指在数字贸易领域，因各国在技术标准、数据流动、网络安全、知识产权等方面的法律法规、政策措施或市场实践存在差异，导致数字商品与服务在跨国流动时面临的人为障碍。这些壁垒不仅阻碍了数字商品与服务的自由流通，还影响了数字技术的国际交流与合作，进而对全球数字贸易的健康发展构成威胁。

从技术标准的角度看，数字贸易壁垒可能源于不同国家间技术标准的不兼容。例如，在数字支付、电子商务等领域，各国可能采用不同的技术标准与协议，导致数字商品与服务在跨国交易时面临技术对接难题，增加了交易成本与时间成本。

数据流动方面的壁垒则主要体现在数据跨境传输的限制上。一些国家出于国家安全、个人隐私保护等考虑，对数据跨境流动实施严格监管，这虽在一定程度上维护了国内数据安全，但同时也限制了数字贸易的全球化发展。

网络安全与知识产权领域的数字贸易壁垒同样不容忽视。网络安全法律法规的差异可能导致数字商品与服务在跨国传输时遭遇合规难题，而知识产权保护的强弱则直接影响数字创新与数字内容的国际流通。

此外，市场实践中的数字贸易壁垒也不容小觑。例如，某些国家可能通过市场准入限制、歧视性税收政策等手段，阻碍外国数字商品与服务进入本国市场，这不仅损害了数字贸易的公平竞争原则，还可能导致全球数字贸易格局的失衡。

综上所述，数字贸易壁垒是一个复杂且多维的概念，它涵盖了技术标准、数据流动、网络安全、知识产权等多个方面。为应对这些壁垒，国际社会需加强合作，推动数字贸易规则的制定与完善，促进数字技术的国际交流与合作，共同构建开放、包容、公平、非歧视的数字贸易体系。同时，各国也应根据自身国情与发展需求，灵活调整相关政策措施，以实现数字贸易的可持续发展与全球经济的繁荣稳定。

二、数字贸易壁垒的特征

数字贸易壁垒是指各国为了保护本国数字产业、数据安全和消费者隐私等，采取的一系列限制性措施。这些措施在一定程度上限制了数字产品和服务的跨境流动，影响了数字贸易的自由化和全球化进程。数字贸易壁垒具有以下显著特征：

（一）技术性

数字贸易壁垒往往以技术标准、认证要求等形式出现。这些技术性措施虽然在表面上看似合理，但实际上可能成为限制外国数字产品和服务进入本国市场的工具。例如，一些国家要求外国数字产品和服务必须符合本国的技术标准，这增加了外国企业的合规成本。这种技术性壁垒不仅增加了企业的运营成本，还可能对数字贸易的自由化和全球化进程产生负面影响。

（二）隐蔽性

与传统的贸易壁垒相比，数字贸易壁垒更加隐蔽。它们通常以数据安全、隐私保护等合理理由为掩护，但实际上可能对外国企业造成不公平的待遇。例如，数据本地化要求虽然可以保护数据安全，但也增加了企业的运营成本，限制了数据的自由流动。这种隐蔽性使得数字贸易壁垒更难被识别和应对。

（三）多样性

数字贸易壁垒的形式多种多样。除了数据本地化和市场准入限制外，还包括数字税、内容审查等。这些多样化的壁垒措施使得数字贸易的自由化和全球化进程面临更大的挑战。例如，一些国家通过内容审查措施，限制外国数字产品和服务的传播，这不仅影响了数字贸易的自由化，还可能对文化多样性和信息自由流动产生负面影响。

（四）动态性

数字贸易壁垒是随着数字技术的发展而不断变化的。随着新技术的出现，新的贸易壁垒形式也可能随之产生。例如，随着人工智能和大数据技术的发展，一些国家可能会出台新的政策来规范这些技术的应用。这种动态性使得数字贸易壁垒的应对更加复杂和困难。

（五）国际差异性

发达国家与发展中国家在数字贸易壁垒上存在显著差异。发达国家对数字贸易的限制相对宽松，更倾向于使用财政政策实施数字贸易保护；而发展中国家则采取更为繁杂的限制措施。这种差异反映了各国在数字技术发展水平和政策目标上的不同。

（六）边境后措施特征

边境后措施（Measures Behind the Border）是指各国在边境线之后实施的、影响国际贸易的政策措施。这些措施通常包括技术标准、认证要求、数据本地化要求、知识产权保护等，与传统的边境措施（如关税、配额等）相比，边境后措施更加隐蔽且难以量化。在数字经济时代，数字贸易壁垒的边境后措施特征尤为显著，成为影响数字贸易自由化和全球化的重要因素。数字贸易壁垒的“边境后措施”特征主要体现在以下几个方面：

（1）技术性限制措施：如数据加密、源代码公开等要求，增加了企业的合规成本。

（2）数据本地化要求：要求数据存储在本地服务器上，限制了数据的跨境流动。

（3）知识产权保护：涉及数字产品的版权、专利等，保护措施的差异可能导致贸易摩擦。

数字贸易壁垒是数字贸易发展过程中面临的重要挑战。它不仅增加了企业的运营成本，限制了数据的自由流动，还对数字贸易的自由化和全球化进程产生了深远影响。未来，随着数字技术的不断进步，数字贸易壁垒的形式可能会更加多样化和复杂化。因此，各国需要加强合作，共同应对数字贸易壁垒带来的挑战，推动数字贸易的自由化和全球化进程。

第二节 新型数字贸易壁垒

在全球化与数字化的浪潮中，数字贸易已成为推动全球经济增长的重要引擎。然而，随着数字贸易的快速发展，一系列新型的数字贸易壁垒也逐渐显现，成为阻碍全球数字贸易自由化的重要因素。这些壁垒不仅影响了数字贸易的顺利进行，也对全球数字经济的健康发展构成了威胁。本节将深入探讨新型数字贸易壁垒的四个主要方面：数字流动限制、内容审查措施、知识产权保护以及市场准入限制。

一、数字流动限制

（一）数字流动限制的定义

数字流动限制是指国家或地区政府为了维护国家安全、保护个人隐私、促进本土产业发展等目的，对跨境数据流动和信息传输实施的一系列限制性措施。这些措施可能涉及数据传输速度、存储位置、访问权限等多个方面，旨在控制或阻止数据的跨境自由流动。

（二）数字流动限制的具体形式

1. 数据本地化要求

数据本地化要求是指强制企业将数据存储在本国境内，以确保数据的可控性和安全性。例如，俄罗斯的《数据保护法》要求所有收集俄罗斯公民个人信息的公司必须在俄罗斯境内存储和处理这些数据。这种要求虽然有助于保护数据安全，但也增加了企业的运营成本，尤其是对于跨国科技公司而言，需要在不同国家建立数据中心。

2. 数据传输审查

数据传输审查是指政府对跨境数据传输进行审查，确保数据内容符合本国法律法规和道德规范。这种审查可能涉及数据的加密、解密、内容分析等多个环节，增加了数据传输的复杂性和成本。例如，欧盟的《通用数据保护条例》（GDPR）要求企业在将数据传输到第三国时，必须确保该国提供足够的数据保护水平。这种限制通过法律禁止、许可制度或安全评估等方式实现，旨在防止数据泄露和滥用。

3. 数据访问限制

数据访问限制是指政府或企业可能对外国数据访问实施限制，如要求外国企业提供额外的认证或授权才能访问本国数据资源。

4. 数据传输速度限制

数据传输速度限制是指一国对跨境数据传输速度进行限制，以降低数据传输效率和质量。这种限制可能影响国际业务的实时性和准确性，降低数字贸易的竞争力。

（三）数字流动限制的影响

1. 阻碍国际贸易自由化

数字流动限制了数据的跨境自由流动，使得国际贸易中的信息交流和数据共享变得困难。这可能导致贸易效率降低、成本增加，进而阻碍国际贸易的自由化和全球化进程。

2. 影响数字经济创新

数据流动限制可能导致市场分割，削弱全球竞争。企业难以获取全球范围内的数据资源，限制了其创新能力和市场拓展能力。例如，一些国家的数据保护法要求企业必须在本地存储数据，这使得跨国企业难以实现数据的集中管理和分析。

3. 加剧数字鸿沟

数字流动限制对发展中国家的影响尤为显著。由于技术基础设施相对薄弱，发展中国家的企业在遵守数据本地化要求时面临更高的成本。这可能导致发展中国家在全球数字贸易中处于劣势地位，进一步加剧数字鸿沟。

二、内容审查措施

（一）内容审查措施的定义

内容审查措施是指政府或相关机构为维护社会稳定、保护个人隐私和知识产权等方面，进而对互联网上的信息进行审查、过滤或屏蔽，以确保信息内容符合本国法律法规、道德规范和公共利益的行为。

（二）内容审查措施的具体形式

1. 关键词过滤

政府或相关机构通过设置关键词列表，对互联网上的信息进行自动过滤和屏蔽。这种措施旨在防止不良信息的传播和扩散，但也可能导致信息的误判和误删。例如，一些国家会限制涉及恐怖主义、色情、暴力等内容的传播。

2. 内容删除与限制

要求互联网平台删除不符合当地法律或政策的内容，如虚假信息、侵犯版权的内容。例如，欧盟的《数字服务法》要求平台对非法内容进行及时删除。

3. 社交媒体监管

对社交媒体平台的内容进行严格监管，限制其传播可能引发社会不稳定或违反当地法律的信息。例如，一些国家要求社交媒体平台对用户发布的政治敏感内容进行审查。

（三）内容审查措施的影响与挑战

1. 对数字内容产业的影响

内容审查措施直接影响数字内容产业的国际竞争力。严格的审查制度可能导致数字内容企业难以进入国际市场，限制其全球市场份额。例如，一些国家对社交媒体平台的内容进行严格审查，这使得这些平台在这些国家的用户数量和广告收入受到限制。

2. 对创新的影响

内容审查措施可能抑制数字内容产业的创新。严格的审查制度可能导致企业减少对内容创新的投入，因为它们担心创新内容可能被审查或禁止。此外，内容审查还可能限制信息的自由流通，影响知识共享和技术创新。

3. 对消费者福利的影响

内容审查措施可能限制消费者的选择范围，减少消费者福利。消费者无法获取全球范围内的数字内容，导致其信息获取和娱乐选择受到限制。

4. 国际规制与政策协调的挑战

目前，国际上对于内容审查的规制较为复杂，各国政策差异较大。一些国家主张严格的内容审查，而另一些国家则强调信息自由流通。这种差异导致了国际政策协调难度较大，需要通过多边或双边协定来寻求平衡。

三、知识产权保护

（一）知识产权保护的定义

知识产权保护是指政府或相关机构通过法律手段对知识产权进行保护和管理，以确保知识产权的创造、运用、保护和管理符合法律法规和道德规范。知识产权包括专利、商标、著作权等，是创新成果的重要体现和保障。

（二）知识产权保护的具体形式

1. 数字版权管理（DRM）

通过技术手段防止数字内容的非法复制和传播。例如，音乐和视频流媒体平台通常采用 DRM 技术来保护内容的版权。

2. 反盗版法律

通过法律手段打击数字内容的盗版行为。例如，美国的《数字千年版权法》（DMCA）对数字内容的盗版行为进行了严格规定。

3. 专利保护

对数字技术、软件和算法等授予专利保护，防止未经授权的使用。例如，许多科技公司通过专利保护其核心技术，以获取竞争优势。

（三）知识产权保护的合理性与争议

1. 合理性

知识产权保护的合理性主要体现在以下几个方面：一是保护创新成果，激励创新活动；二是维护市场秩序，促进公平竞争；三是保障消费者权益，提高产品质量和服务水平。这些合理性使得知识产权保护成为推动数字经济发展的重要保障。

2. 争议

然而，知识产权保护也存在一些争议。一方面，过度的知识产权保护可能阻碍技术的传播和应用，导致技术垄断和市场壁垒的形成；另一方面，知识产权保护的标准和范围可能存在差异，不同国家之间的知识产权保护水平可能存在不平衡和不对称的情况。这些争议需要政府和相关机构在制定和实施知识产权保护政策时进行深入研究和权衡。

四、市场准入限制

（一）市场准入限制的定义

市场准入限制是指政府或相关机构对外国企业或个人进入本国市场实施的一系列限制性措施。这些措施可能涉及外资准入、经营许可、行业标准等多个方面，旨在保护本国产业和就业，维护国家经济安全。

（二）市场准入限制的具体形式

1. 许可制度

许可制度要求外国企业获得特定许可后才能进入本国市场。例如，许多国家对金融服务、电信服务等行业设置了严格的许可制度。

2. 股权限制

对外国企业的持股比例进行限制，以防止外资控股。例如，一些国家规定外国企业在本国电信企业的持股比例不得超过一定比例。

3. 数据主权要求

要求外国企业在本国运营时必须遵守本国的数据保护法规。例如，欧盟的《通用数据保护条例》（GDPR）要求所有在欧盟境内运营的企业必须遵守其数据保护要求。

（三）市场准入限制的影响与挑战

1. 对外国企业的影响

市场准入限制增加了外国企业的进入成本，限制了其市场份额。例如，一些国家对外国互联网企业的限制，使得这些企业难以进入当地市场。

2. 对本国经济的影响

市场准入限制可以在短期内保护本国产业，但长期来看可能抑制市场竞争和创新。例如，过度保护可能导致本国企业缺乏国际竞争力。

3. 国际规制与政策协调的挑战

世界贸易组织（WTO）的《服务贸易总协定》（GATS）对市场准入限制进行了部分规定，但在数字经济领域的具体实施方面仍面临许多挑战。各国需要通过多边协定，协调市场准入政策，以实现贸易自由化与经济安全的平衡。

第三节　数字贸易壁垒的测算

一、OECD－DSTRI：经合组织数字服务贸易限制性指数

（一）OECD－DSTRI 的定义

OECD－DSTRI（Digital Services Trade Restrictiveness Index）是经济合作与发展组织（OECD）于2019年开发的一项指标，用于衡量各国在数字服务贸易领域的政策壁垒。该指标旨在通过识别和量化那些影响数字服务贸易的横向障碍，帮助政策制定者识别监管瓶颈，并设计更具竞争力和多样化的数字贸易市场政策。

OECD－DSTRI 的构建基于服务贸易限制指数（STRI）框架，重点关注影响数字服务贸易的政策障碍。该指数涵盖五个主要领域：基础设施与联通性、电子交易、电子支付系统、知识产权以及其他数字服务贸易壁垒。DSTRI 的取值范围为0到1，其中0表示完全开放的数字贸易环境，1表示完全封闭的环境。

（二）OECD－DSTRI 的计算方法

1. 数据收集与分类

DSTRI 的数据来源于现有的 STRI 数据库以及从公开法律法规中收集的新措施。

数据涵盖90个国家和经济体，涉及基础设施与联通性、电子交易、电子支付系统、知识产权和其他数字服务贸易壁垒五个方面。

2. 指标构建

DSTRI采用二进制评分系统（虚拟变量），通过“是”或“否”回答各项问题，将定性信息转化为定量数据。例如，是否存在数据本地化要求、跨境数据流动限制等政策。具体问题包括：

（1）是否存在对外国数字服务提供商的市场准入限制？

（2）是否存在数据本地化要求？

（3）是否存在跨境数据流动限制？

（4）是否存在对电子支付系统的监管限制？

3. 权重分配与聚合

各领域的权重由专家组根据其对数字贸易的影响程度确定。通过加权平均法将各领域的评分聚合为综合指数，具体公式如下：

$$DSTRI = \sum_{i=1}^{5} W_i \times Score_i \tag{11-1}$$

其中，W_i为第i个领域的权重，$Score_i$为该领域的评分。

（三）OECD－DSTRI的应用案例

DSTRI已被广泛应用于国际数字贸易壁垒的比较研究中。研究表明，发达国家的DSTRI得分普遍较低，而发展中国家的得分相对较高，这反映了不同经济体在数字贸易政策环境上的差异。

1. 欧盟案例

欧盟的DSTRI得分较低，主要得益于其在电子支付系统和电子交易方面的良好政策环境。例如，欧盟的《通用数据保护条例》（GDPR）虽然对数据隐私保护提出了严格要求，但同时也为数据跨境流动提供了明确的法律框架，降低了企业的合规成本。通过DSTRI模拟器，欧盟政策制定者可以评估不同政策调整对数字贸易环境的影响，从而优化政策设计。

2. 发展中国家案例

一些发展中国家由于基础设施薄弱和数据隐私政策的严格，DSTRI得分较高，表明其数字贸易环境相对封闭。例如，哈萨克斯坦和津巴布韦的DSTRI得分较高，主要原因是这些国家在数字基础设施建设方面存在短板，同时对外国数字服务提供商的市场准入限制较多。通过DSTRI的分析，这些国家可以识别出具体的政策瓶颈，并通过政策改革降低数字贸易壁垒。

3. 中国案例

中国的 DSTRI 得分处于中等水平，反映了其在数字服务贸易领域的政策环境既有优势也有挑战。一方面，中国在数字基础设施建设方面取得了显著进展，互联网普及率和电子支付系统的覆盖率较高。另一方面，中国在数据隐私保护和跨境数据流动方面采取了较为严格的政策，这在一定程度上提高了 DSTRI 得分。通过 DSTRI 的评估，中国可以更好地平衡数据安全与数字贸易自由化之间的关系，优化数字贸易政策。

4. 政策改革的潜在影响

DSTRI 还被用于评估政策改革对数字贸易环境的潜在影响。例如，某国在放宽数据本地化要求后，其 DSTRI 得分显著下降，表明政策改革有效降低了数字贸易壁垒。通过 DSTRI 模拟器，政策制定者可以探索不同政策调整对数字贸易环境的影响，从而制定更具针对性的政策改革措施。

OECD - DSTRI 作为一种重要的政策工具，为国际数字贸易壁垒的比较提供了标准化的框架。它不仅帮助各国识别自身的监管瓶颈，还促进了国际政策对话与合作。然而，DSTRI 也存在一些局限性，例如其对不同经济体发展水平的差异考虑不足，可能导致对发展中国家的评估不够准确。未来，进一步完善 DSTRI 的测算方法，减少主观判断，提高客观、线性、量化的标准比例，将是提升其准确性和适用性的关键方向。

二、ECIPE - DTRI：欧洲国际政治经济中心数字贸易限制性指数

（一）ECIPE - DTRI 的定义

ECIPE - DTRI（European Centre for International Political Economy Digital Trade Restrictiveness Index）是由欧洲国际政治经济中心（ECIPE）于 2018 年开发的一项综合性指标，旨在全面评估各国在数字贸易领域所实施的限制性政策和措施。该指数不仅反映了数字商品和服务的跨境流动所面临的直接障碍，还涵盖了影响数字贸易发展的间接因素，如数据保护、网络安全、电子商务法规、知识产权执法等。ECIPE - DTRI 通过量化分析，为政策制定者、企业界和学术界提供了一个评估各国数字贸易开放程度的客观依据，有助于促进国际的数字贸易合作与竞争。

DTRI 的测算依托于数字贸易评估数据库（Digital Trade Estimates，简称 DTE）。该数据库覆盖了 64 个经济体，详细梳理了超过 100 个类别、总计超过 1 500 项的

数字贸易限制性措施。DTRI 所界定的数字贸易限制措施需符合以下三个条件：首先，对国外数字商品或服务提供者存在歧视性待遇；其次，对数字服务的提供方式存在歧视，例如对线上交易施加比线下交易更为严格的限制；最后，包括那些以非经济目标为导向且可能引发重大市场扭曲的过度烦琐政策措施。DTRI 所涵盖的政策措施主要涉及四个领域：财政限制、市场准入限制、数据限制以及交易限制。这些领域进一步细分为 13 个议题和 45 项具体措施。

（二）ECIPE－DTRI 的计算方法

ECIPE－DTRI 的计算涉及多个步骤，包括指标选取、数据收集、权重分配和指数合成。以下是对这些步骤的详细阐述：

1. 指标选取

ECIPE－DTRI 的指标选取遵循了全面性、相关性和可衡量性的原则。全面性要求指标能够覆盖数字贸易领域的各个方面；相关性确保所选指标与数字贸易限制性直接相关；可衡量性则要求指标能够量化分析，以便进行客观比较。

ECIPE－DTRI 的指标体系如表 11－1 所示。

表 11－1　DTRI 的数字贸易测算框架

主要维度	分类
财政限制	关税和贸易保护
	税收和补贴
	政府采购
企业设立限制	外商投资
	知识产权
	竞争政策
	商业流动
数据限制	数据政策
	平台责任
	内容访问
贸易限制	贸易数量限制
	标准
	在线销售与交易

资料来源：刘洪愧，杨晨旭．数字贸易壁垒的分类、测算框架与国际比较［J］．齐鲁学刊，2024，(01)：122－138.

2. 数据收集

数据收集是 ECIPE - DTRI 计算过程中的关键环节。为了确保数据的准确性和可靠性，ECIPE 通常会采用多种数据来源，包括官方统计机构、国际组织、专业研究机构、非政府组织以及企业调查等。在收集数据时，ECIPE 还会特别注意数据的时效性和可比性，以确保指数能够及时反映各国数字贸易环境的变化。

3. 权重分配

权重分配是 ECIPE - DTRI 计算过程中的另一个重要步骤。权重的确定通常基于专家咨询、政策分析以及历史数据的研究结果。在分配权重时，ECIPE 会考虑每个指标对数字贸易限制性的相对重要性，以及不同国家之间在指标表现上的差异。通过合理的权重分配，可以确保 ECIPE - DTRI 能够全面、客观地反映各国数字贸易的开放性程度。

4. 指数合成

在完成了指标选取、数据收集和权重分配之后，ECIPE 将采用加权平均的方法合成 ECIPE - DTRI。具体计算公式如下：

$$DTRI = \sum_{i=1}^{n} W_i \times Score_i \tag{11-2}$$

其中，W_i为第 i 个维度的权重；$Score_i$表示第 i 个指标的得分。得分的计算通常基于各国在指标上的表现进行标准化处理，以确保不同指标之间的得分具有可比性。通过加权平均计算得出的 ECIPE - DTRI 值越高，表示该国在数字贸易领域所实施的限制性政策和措施越多，数字贸易的开放性程度越低。

（三）ECIPE - DTRI 的应用案例

1. 国际比较分析

ECIPE - DTRI 被广泛应用于国际数字贸易壁垒的比较研究。例如，欧盟的 DTRI 得分较低，主要得益于其在数据隐私保护和跨境数据流动方面的明确法律框架。例如，《通用数据保护条例》（GDPR）虽然对数据隐私提出了严格要求，但也为企业提供了明确的合规路径。美国的 DTRI 得分也较低，主要得益于其在数字服务市场准入和跨境数据流动方面的宽松政策。然而，美国在数字内容审查方面的一些政策也对其 DTRI 得分产生了一定影响。

相较而言，一些发展中国家由于基础设施薄弱和数据隐私政策的严格，DTRI 得分较高。例如，印度在数据本地化和跨境数据流动方面设置了较多限制，导致其 DTRI 得分较高。通过 DTRI 的分析，印度可以识别出具体的政策瓶颈，并通过政策改革降低数字贸易壁垒。

2. 政策评估与改革

ECIPE－DTRI 不仅用于国际比较，还用于评估各国数字贸易政策的改革效果。例如，某国在放宽数据本地化要求后，其 DTRI 得分显著下降，表明政策改革有效降低了数字贸易壁垒。

三、数字贸易促进指数

（一）数字贸易促进指数的定义

数字贸易促进指数（Digital Trade Promotion Index，简称 DTPI）是一个衡量各国在促进数字贸易发展方面综合表现的重要指标。该指数旨在通过评估各国在市场准入、基础设施、法律政策环境和商业环境等方面的表现，全面揭示各国在数字贸易领域的优势和不足，为政策制定者、企业和研究机构提供有价值的参考和借鉴。

数字贸易促进指数的定义基于以下几个核心要素：

1. 市场准入

市场准入是评估一国数字贸易开放程度的重要指标。它包括外资进入、跨境数据流动、电子商务平台的准入等方面的限制。一个开放的市场准入政策能够吸引更多的外资和数字贸易企业进入，从而推动数字贸易的发展。

2. 基础设施

基础设施是支撑数字贸易发展的基石。它包括互联网、数据中心、云计算、物联网等关键技术设施的建设和应用。完善的基础设施能够提升数字贸易的效率和安全性，降低交易成本，促进数字贸易的快速增长。

3. 法律政策环境

法律政策环境是保障数字贸易健康发展的重要因素。它包括数据保护、电子商务法规、知识产权法规等方面的法律法规体系。一个公平、透明、可预测的法律政策环境能够增强数字贸易企业的信心，促进创新和投资。

4. 商业环境

商业环境是评估一国数字贸易企业所面临的市场竞争、创新氛围、消费者保护等方面的指标。一个良好的商业环境能够激发数字贸易企业的创新活力，提升市场竞争力，促进数字贸易的可持续发展。

数字贸易促进指数综合考虑以上四个方面的因素，通过构建指标体系并进行量化评估，全面反映各国在促进数字贸易发展方面的综合表现。该指数不仅有助于各国了解自身在数字贸易领域的优势和不足，还能够为政策制定者提供有针对性的政策建议，推动数字贸易的快速发展。

（二）数字贸易促进指数的计算方法

促进指数的计算方法通常包括以下几个步骤：

1. 构建指标体系

根据数字贸易促进指数的定义和核心要素，构建包括市场准入、基础设施、法律政策环境和商业环境等方面的指标体系。指标的选择应具有代表性、可衡量性和可比性，能够全面反映各国在促进数字贸易发展方面的综合表现。

2. 数据收集与处理

通过问卷调查、专家访谈、官方统计数据等多种途径收集各国在指标体系中的相关数据。对收集到的数据进行清洗、整理和标准化处理，确保数据的准确性和可比性。

3. 指标赋权

采用专家打分、层次分析法（AHP）、熵值法等方法对指标体系中的各项指标进行赋权。赋权过程应考虑各项指标的重要性、影响力和相关性等因素，确保权重的合理性和科学性。

4. 计算综合得分

根据赋权结果和各项指标的数据值，计算各国在数字贸易促进指数中的综合得分。综合得分的计算公式通常采用加权平均法，即各项指标的数据值乘以相应的权重后求和。

5. 排名与比较

根据综合得分对各国进行排名，比较各国在数字贸易促进指数中的表现。排名结果能够直观反映各国在促进数字贸易发展方面的优势和不足，为政策制定者提供有针对性的政策建议。

以下是数字贸易促进指数计算方法的详细步骤和公式表述：

（1）构建指标体系：设指标体系为 $\{X_1, X_2, \cdots, X_n\}$，其中 X_i 表示第 i 个指标。

（2）数据收集与处理：通过问卷调查、专家访谈、官方统计数据等途径收集各国在指标体系中的相关数据。对数据进行清洗、整理和标准化处理，确保数据的准确性和可比性。

标准化处理公式为：$Z_i = (X_i - X_{i}\_min) / (X_{i}\_max - X_{i}\_min)$，其中 Z_i 表示标准化后的数据值，X_i 表示原始数据值，X_{i}_min 和 X_{i}_max 分别表示该指标的最小值

和最大值。

（3）指标赋权：采用专家打分、层次分析法（AHP）、熵值法等方法对各项指标进行赋权。

设指标权重为$\{W_1, W_2, \cdots, W_n\}$，其中$W_i$表示第i个指标的权重。

权重应满足条件：$\sum W_i = 1$，且$W_i \geqslant 0$。

（4）计算综合得分：根据赋权结果和标准化后的数据值，计算各国在数字贸易促进指数中的综合得分。

综合得分的计算公式为：$S = \sum (Z_i * W_i)$，其中，S表示综合得分，Z_i表示标准化后的数据值，W_i表示指标权重。

（5）排名与比较：根据综合得分对各国进行排名。

（三）数字贸易促进指数的应用案例

《全球数字贸易促进指数报告2020》根据全球数字贸易促进指数的计算结果，对全球多个经济体进行了排名。排名靠前的经济体通常具有较为开放的市场准入政策、完善的基础设施、有利的法律政策环境和良好的商业环境。

1. 发达国家

许多发达国家在数字贸易促进指数中排名靠前，这得益于它们较为成熟的市场经济体系、先进的科技水平和完善的法律法规。这些国家通常具有高度的市场开放度、先进的数字基础设施和高效的法律政策环境，为数字贸易的发展提供了有力的支撑。

2. 发展中国家

部分发展中国家在数字贸易促进指数中的排名也相对较高，这主要得益于它们近年来在数字经济领域的快速发展和积极政策推动。这些国家通过加强基础设施建设、优化法律政策环境和提升商业环境等措施，不断提升自身的数字贸易竞争力。

3. 新兴经济体

一些新兴经济体在数字贸易促进指数中的表现相对较弱，这主要受到经济发展阶段、科技水平和法律法规等方面的限制。然而，这些国家也在积极探索适合自身特点的数字贸易发展模式，并努力提升在全球数字贸易中的地位。

第四节　数字贸易壁垒的国际治理

一、数字贸易壁垒国际治理的必要性

在数字经济时代，依托互联网、大数据、云计算和人工智能技术的新兴数字产业蓬勃兴起，既给世界各国带来发展的机遇，也给国家间贸易往来和规则制定带来新的挑战。由于数字贸易改写了传统的货物、服务和知识产权贸易的形态，也产生了不同于传统关税壁垒和非关税壁垒的新型数字贸易壁垒。这些壁垒不仅限制了数据的自由流动，阻碍了数字贸易的发展，还可能导致国际贸易的不公平和效率低下。因此，对数字贸易壁垒进行国际治理显得尤为必要。

首先，数字贸易壁垒的存在限制了数据的自由流动。数据自由流动不仅是数字经济产业发展的需要，也是经济全球化和数字产业化的必然结果。数据作为数字经济的核心要素，其自由流动能够促进技术创新、提高生产效率、推动产业升级。然而，一些国家为了保障国家安全、防范数据泄露，对数据流动实行限制，导致数字技术型企业面临极大的运营和合规成本。这种限制不仅阻碍了数字贸易的发展，还可能导致资源的浪费和效率的低下。

其次，数字贸易壁垒加剧了国际贸易的不公平。一些国家通过制定严格的数字贸易规则，限制外国企业的市场准入和数据流动，从而保护本国企业免受竞争压力。这种做法不仅违反了自由贸易的原则，还可能导致国际贸易秩序的混乱。同时，数字贸易壁垒还可能成为贸易保护主义的工具，进一步加剧国际贸易的紧张局势。

最后，数字贸易壁垒的存在影响了国际贸易的效率。由于各国数字贸易规则的不一致和缺乏协调，企业在跨国经营时面临复杂的合规要求和程序，增加了运营成本和不确定性。这不仅降低了企业的国际竞争力，还可能阻碍国际贸易的顺畅进行。

二、数字贸易壁垒国际治理的现状

当前，数字贸易壁垒的国际治理仍处于起步阶段，面临着诸多挑战和困难。

（一）国际组织的角色与努力

1. 世界贸易组织（WTO）的角色与努力

WTO 作为全球经济治理的三大支柱之一，是多边贸易体制的核心。自成立以来，WTO 在制定贸易规则、促进贸易发展、解决贸易争端等方面发挥了重大作用。然而，在数字贸易领域，WTO 的规则体系仍显滞后。尽管 WTO 已经认识到贸易数字化的发展趋向，并制定了一些相关规则，但这些规则多散见于 WTO 框架下的一些主要协定文本及其附件之中，缺乏系统性和针对性。例如，《服务贸易总协定》（GATS）针对“公共电信网络准入”“跨境数据传输”“数字服务市场准入”“数据本地化措施”等做出了原则性规定，但未能完全涵盖新出现的数字服务；《与贸易相关的知识产权协议》（TRIPS）可以参照适用于数字贸易中的知识产权问题，但对数字环境中的知识产权保护和执法规则有待细化。

近年来，WTO 成员不断尝试构建多边数字贸易规则，以应对数字贸易带来的挑战。例如，2017 年 12 月召开的 WTO 第十一次部长级会议将电子商务作为核心议题，71 个 WTO 成员国联合发布了《关于电子商务的联合声明》，旨在共同探索 WTO 框架下的电子商务议题。然而，由于各成员在数字贸易规则上的诉求差异较大，难以达成一致意见，导致 WTO 在数字贸易治理上的进展缓慢。

2. 其他国际组织的角色与努力

除了 WTO 外，其他国际组织也在数字贸易治理方面发挥着重要作用。例如，亚太经济合作组织（APEC）在推动跨境数据流动和隐私保护方面取得了显著进展。APEC 成员通过制定跨境隐私保护框架和合作机制，促进了数据的自由流动和安全保护。此外，联合国贸易和发展会议（UNCTAD）也在数字贸易治理方面开展了大量研究工作，为各国提供了有益的政策建议。

（二）区域贸易协定的推动

在 WTO 框架下数字贸易规则谈判进展缓慢的背景下，一些国家开始通过区域贸易协定来推动数字贸易的发展。这些区域贸易协定在数字贸易规则上取得了显著进展，为数字贸易的国际治理提供了有益的探索。

1.《跨太平洋伙伴关系全面进步协定》（CPTPP）

CPTPP 是一个高水平的自由贸易协定，涵盖了数字贸易、电子商务、知识产权保护等多个领域。在数字贸易方面，CPTPP 规定了跨境数据流动、数据本地化限制、电子商务税收等规则，为数字贸易的发展提供了有力的制度保障。例如，CPTPP 要求各成员不得强制要求企业将数据存储在本地，保障了数据的自由流动；同时，CPTPP 还规定了电子商务税收的中性原则，避免了对电子商务的双重征税。

2.《数字经济伙伴关系协定》（DEPA）

DEPA 是由新加坡、智利、新西兰三国发起的数字经济伙伴关系协定，旨在推动数字贸易的发展和数据的安全保护。DEPA 在数字贸易规则上取得了显著进展，包括跨境数据流动、数据保护、数字身份认证、电子商务税收等多个方面。例如，DEPA 要求各成员建立数据保护框架，保障个人数据的隐私和安全；同时，DEPA 还规定了电子商务税收的规则，避免了对电子商务的歧视性税收。

3.《欧盟—日本经济伙伴关系协定》（EPA）

EPA 是欧盟和日本之间签订的自由贸易协定，涵盖了数字贸易、电子商务、知识产权保护等多个领域。在数字贸易方面，EPA 规定了跨境数据流动、数据本地化限制、电子商务税收等规则。例如，EPA 要求各成员不得对跨境数据流动实施不必要的限制，保障了数据的自由流动；同时，EPA 还规定了电子商务税收的规则，避免了对电子商务的双重征税和歧视性税收。

（三）主要国家的实践与探索

在数字贸易壁垒的国际治理中，一些主要国家也发挥了重要作用。这些国家通过制定国内法规、参与国际谈判等方式，积极推动数字贸易的发展和数据的安全保护。

1. 美国

美国在数字贸易领域具有领先地位，其数字贸易规则也具有较高的水平。美国通过制定《澄清境外数据的合法使用法》（CLOUD Act）等法规，加强了对跨境数据流动的监管和保护。同时，美国还积极参与国际谈判，推动数字贸易规则的制定和完善。例如，美国是 CPTPP 和 DEPA 的重要成员之一，在这些协定中发挥了重要作用。

2. 欧盟

欧盟在数字贸易领域也取得了显著进展。欧盟通过制定《通用数据保护条例》（GDPR）等法规，加强了对个人数据的保护。同时，欧盟还积极参与国际谈判，推动数字贸易规则的制定和完善。例如，欧盟与日本签订了 EPA 协定，在数字贸易规则上取得了重要进展。

3. 中国

中国作为数字贸易大国，也在积极推动数字贸易的发展和数据的安全保护。中国通过制定《网络安全法》《数据安全法》等法规，加强了对数据的监管和保护。同时，中国还积极参与国际谈判和合作，推动数字贸易规则的制定和完善。例如，中国加入了 CPTPP 的谈判进程，并积极参与了 WTO 框架下电子商务议题的讨论。

然而，需要注意的是，尽管一些主要国家在数字贸易壁垒的国际治理中取得了显著进展，但各国在数字贸易规则上的诉求差异仍然较大。例如，一些国家强调数据的自由流动和跨境数据传输的安全性，而另一些国家则更关注数据本地化存储和数据隐私的保护。这种差异导致了数字贸易规则制定的复杂性和困难性。

三、数字贸易壁垒国际治理的未来趋势

随着数字经济的不断发展，数字贸易壁垒的国际治理将呈现出以下趋势：

（一）多边贸易体制将发挥更大作用

尽管当前 WTO 在数字贸易规则制定上面临诸多挑战和困难，但多边贸易体制在推动数字贸易自由化和便利化方面仍具有不可替代的作用。未来，随着各国对数字贸易重要性的认识不断提高，WTO 等多边贸易体制将在数字贸易规则制定上发挥更大作用。各国将加强合作与协调，共同推动数字贸易规则体系的完善和发展。

（二）区域贸易协定将继续深化数字贸易规则

在 WTO 框架下数字贸易规则谈判进展缓慢的背景下，区域贸易协定将继续成为推动数字贸易发展的重要力量。未来，各国将继续通过签订区域贸易协定来深化数字贸易规则，促进数字贸易的自由化和便利化。这些区域贸易协定将在跨境数据流动、数据本地化限制、电子商务税收等方面取得更多进展，为数字贸易的发展提供有力的制度保障。

（三）主要国家将加强合作与竞争

在数字贸易壁垒的国际治理中，主要国家将继续发挥重要作用。未来，各国将加强合作与竞争，共同推动数字贸易规则体系的完善和发展。一方面，各国将加强合作，共同应对数字贸易带来的挑战和问题；另一方面，各国也将加强竞争，争夺数字贸易规则制定的主导权和话语权。这种合作与竞争的关系将推动数字贸易规则体系的不断完善和发展。

（四）数据安全和隐私保护将成为重要议题

随着数字贸易的不断发展，数据安全和隐私保护将成为越来越重要的议题。未来，各国将加强对数据安全和隐私保护的监管和保护力度，推动建立更加完善的数据安全和隐私保护体系。同时，各国也将加强国际合作与交流，共同应对数据安全和隐私保护方面的挑战和问题。

四、中国应对数字贸易壁垒的策略

中国在数字贸易壁垒的国际治理中，采取了多方面的应对策略：

积极参与国际规则制定：中国积极参与 WTO 电子商务谈判，推动 RCEP 落地，推进加入 DEPA 和 CPTPP 进程，并通过提前对标扩大单边主动开放。这有助于减

少规则碎片化，提升监管兼容性，降低贸易成本。

加强国际多方合作：中国通过数字基础设施建设、跨境电商、数字技术和标准等“数字丝绸之路”合作，深化与发展中国家的经贸联系。同时，与新加坡、德国等发达国家建立数字政策对话机制，推进数字身份、电子认证、数据跨境流动等专项合作。

共建全球治理体系：中国提出《全球数据安全倡议》《全球人工智能治理倡议》等，为平衡技术进步、经济发展与保护国家安全和社会公共利益关系贡献“中国方案”。此外，中国还参与签署《布莱奇利宣言》等，共同践行以人为本的AI发展理念。

完善国内法律法规和标准：中国推进数字贸易领域相关立法，统筹推进国内法治和涉外法治。鼓励有条件的地方出台数字贸易地方性法规，加强数字贸易标准化技术组织建设，加快数字贸易领域标准制定修订。

加强数字领域安全治理：中国优化调整禁止、限制进出口技术目录，持续推动全球数字技术、产品和服务供应链开放、安全、稳定、可持续。发挥各类专业法院法庭作用，推动数字领域国际商事争端解决机制多元化发展。

思考题

1. 简述数字贸易壁垒的概念与特征。
2. 简述数字流动限制这一新兴数字贸易壁垒形式的定义与具体形式。
3. 简述数字贸易促进指数的内涵。
4. 请谈一谈对数字贸易壁垒进行国际治理的必要性的理解。
5. 试述针对数字贸易壁垒，国际组织及主要经济体有哪些具体治理举措。

第十二章　数字贸易规则

学习目标

1. 了解世界上几大经济体在数字贸易规则方面主要内容。
2. 清楚全球数字规则存在的主要问题，以思考数字贸易规则未来的调整态势。

◎ 引导案例

中共中央办公厅、国务院办公厅发布《关于数字贸易改革创新发展的意见》，其中提出，积极参与数字贸易国际规则制定。积极参与世界贸易组织、二十国集团、亚太经合组织等多双边和区域数字贸易相关规则制定，营造开放、公平、公正、非歧视的数字发展环境。积极推进加入《数字经济伙伴关系协定》（DEPA）和《全面与进步跨太平洋伙伴关系协定》（CPTPP）进程。参与应对经济数字化国际税收规则制定，探索建立税收利益分配更加合理、税收负担更加公平的数字贸易相关税收制度。参与联合国国际贸易法委员会、国际统一私法协会和海牙国际私法会议数字经济商事规则谈判。

资料来源：https：//www. thepaper. cn/newsDetail_forward_29485453。

全球数字贸易已成为数字经济时代发展新趋势，且展现出强有力的发展活力及韧性。国务院发展研究中心联合中国信息通信研究院共同发布的《数字贸易发展与合作报告 2022》统计数据显示，2021 年全球跨境数字服务贸易规模达到 3. 86 万亿美元，同比增长 14. 3%，其在服务贸易总额占比达到 63. 3%，在服务贸易发展中开始占据主导地位。另据全球著名的美国市场研究机构 eMarketer 报告，全球零售电子商务销售额在 2019 年增长 207%，达到 3. 54 万亿美元。到 2023 年，预计全球零售电子商务销售额将突破 6 万亿美元，达到 6. 54 万亿美元。数字贸易以其参与的低门槛、市场撮合的高效率，极大地降低了从事国际贸易的成本，促进了全球价值链的协调，但同时新的贸易模式采用也已引起了更复杂的国际贸易规则制定与协调问题。在全球数字贸易发展中，美国与欧盟地区占主导地位，因此也在主导数字贸易规则的制定，基于自身利益各自发布了“美式模板”与“欧式模板”数字贸易规则，各规则在内容范围设计、实施方式以及法律约束力等方面偏重点各不相同。

第一节　全球数字贸易规则构建

一、全球数字贸易规则概述

随着数字技术的飞速进步，全球国际贸易的形态正在经历一场前所未有的变革。这一变革不仅促使数字贸易蓬勃发展，同时也引发了国际社会对现有国际秩序的新一轮审视和重构需求。传统的国际贸易体系框架面临新规则的挑战，各国对于数字贸易规则的制定问题愈发重视，成了国际经贸领域的焦点议题。在此背景下，各国为维护自身利益，纷纷提出各自对于数字贸易规则体系的构想，形成了多元化的观点。

其中，美国和欧盟作为两大经济巨头，提出的数字贸易规则模板相对完善。美国积极推动数据的自由流通，致力于降低数字贸易壁垒，推动贸易自由化，并捍卫其作为全球数字贸易领军者的地位。与此同时，美国也在全球数字贸易中谋求最大利益，通过早期提出的相关概念和建议，逐步构建起自身的规则主张框架。相较之下，欧盟在数字贸易领域的优势并不如美国明显，因此在规则制定上采取了不同的策略。欧盟更加强调数据隐私保护的重要性，并以此作为制定数字贸易规则的重要考量因素。然而，当前全球数字贸易规则体系仍存在诸多不足，对于基本概念尚未形成统一共识，且随着数字贸易的迅猛增长，规则制定的滞后性愈发凸显。这不仅给各国在数字贸易领域的合作带来了诸多不便，也增加了潜在的风险。由于缺乏健全合理的规则保障，各国在数字贸易中的利益受到了一定程度的威胁，数字贸易的发展也面临着诸多障碍。在全球数字贸易规则尚未形成统一共识的背景下，各国纷纷提出各自的立场和观点，涉及个人隐私保护、网络安全、电子支付等重要议题，引发了广泛的争议和讨论。为了解决这些问题，未来各国需要进行深入的协商和谈判，共同推动全球数字贸易规则体系的完善和发展。总之，数字技术的迅猛发展深刻改变了传统的国际贸易格局，数字贸易的迅速增长引发了全球对国际秩序的新需求和思考。各国应积极应对这一变革，提出符合自身利益的新规则体系建议，推动全球数字贸易规则体系的完善和发展。

二、美式模板

近年来，美国积极推动数字贸易规则体系建设以满足自身的利益诉求，先通过国家立法展示自己的数字贸易规则主张，后又通过《美国—约旦自由贸易协定》《美墨加协定》和《美日数字贸易协定》，逐步形成了数字贸易规则的“美式模板”，美国数字贸易规则的基本构成和主要内容如下：

（一）数据跨境流动规则

数据跨境流动是指一国非公开的数据，可被境外主体掌控（包括查阅、访问等），但不必然要求数据跨越国境。当前，数据跨境流动尚未有国际统一的法规或标准，且各国针对数据跨境流动秉持不同态度。但对数据安全的重视程度是一致的，因此，世界各国相继出台法律法规对数据跨境流动进行立法管理，同时通过将数据跨境流动规制嵌入到多边贸易协定中或通过制定国际数据安全执行标准规范数据跨境流动。

作为全球数字经济与贸易强国，美国凭借其技术和经济优势，极力倡导数据跨境自由流动，但严格限制国内数据流出。通过这种“双重标准”的实施，美国形成了极为利己的跨境数据流动治理政策，为其在全球实现数据扩张构建了有利的政策环境。为充分发挥数字贸易在促进创新和就业方面的重要作用，美国鼓励跨境数据流自由流动，并依托强大的数字产业基础扩展其数据主权。一方面，美国近年来通过双边、多边区域贸易协定，积极推动数字贸易规则的“美式模板”的制定推广，致力于在全球范围内消除跨境数据自由流动障碍。从 2012 年生效的《美韩自由贸易协定》开始，到至今依旧在谈判中的《跨大西洋贸易与投资伙伴协议》都体现出了美国推动全球数据跨境自由流动这一核心诉求。数字贸易规则“美式模板”的不断升级与发展，彰显了美国企图主导数字贸易相关国际规则，为全球设定具有约束力标准的野心。另一方面，美国以“自我赋权”延展自身全球范围的数据主权辖域。2018 年 3 月，美国议会通过《澄清境外数据的合法使用法案》（CLOUD），该法案表面上是对美国政府调取境外数据设置条件，实际上却是将这一权力合法化。法案采用“数据控制者标准”代替“数据存储地标准”，规定美国政府有权通过法律程序调取任何由美国企业控制的数据，充分体现了美国的长臂管辖原则，目的在于实现美国对全球数据市场的抢夺占领。总之，美国则倚仗其在数字经济和数字技术领域的领先地位优势，既对本国数据进行绝对保护，严格限制技术数据和敏感数据的跨境转移，又通过“长臂管辖”扩张其跨境数据执法，随时调取美国公司掌握的全球数据。

在数据跨境向美流入方面，美国曾长期主张数据跨境自由流动，把跨境数据自由流动认定为数字贸易规则中的核心条款，并反对数据存储本地化。美国数字贸易产业的服务提供和业务运营，建立在对数据的自由获取和跨境流动基础上，在“美国—墨西哥—加拿大协定”中美国明确要求，不得禁止与要求各缔约国以国家安全为由阻碍跨境数据自由流动。美国以数据自由论为核心范式，推崇数据流动的全球性，倡导数据自由和跨境流动的低限制，反对数据的本地化，其目标是促使全球数据自由流动，确保“各国的监管差异不会成为实质的贸易壁垒”。所以在探讨数据跨境流动议题时，美国曾一贯秉持开放原则，坚决反对任何以商业为目的的数据跨境流动限制。为了维护自身在数字贸易领域的优势，美国利用开放数据的机会，获取和使用对方国家的数据以便开展商业活动。为此，为了避免技术封锁、保障国家信息安全，以印度、巴西、印度尼西亚和马来西亚为代表的部分发展中国家开始选择重视国内数据保护，对数据开放、互联网开放等政策持反对态度。

在数据跨境流出方面，美国近期有数据跨境流动贸易进行限制的倾向。自2023 年以来，美国以维护“合法公共政策”为借口，对数据跨境流出进行了限制，美国明确划分了可以跨境自由流出的数据圈，筑起“数据高墙”。2023 年 10 月美国宣布撤回有关跨境数据流动、数据本地化等核心条款的世贸组织电子商务诸边谈判提案，美国在原有的受控非密切信息保护、出口管制、投资审查等相关国内法的基础上，制定和修改了一系列规定，直接或间接限制数据流向中国等特定国家。美国对华为管制正从芯片、算力等领域向基于人工智能的数据流动等领域扩大，出现数据保护主义与贸易保护主义、科技保护主义相结合的新动向。

一方面，美国限制外国人使用美国云服务，间接限制数据跨境访问和算力使用。2023 年 10 月，美国总统拜登签署《人工智能行政令》，指示美国商务部制定规则，要求美国云基础设施提供商提交有关外国人训练可能用于恶意网络活动的 AI 大模型的报告。2024 年 1 月，美国商务部根据该行政令发布拟议规则通知，要求美国云基础设施提供商验证外国客户身份和报告信息。实际上，美国此举是要禁止中国企业通过美国云服务训练 AI 大模型，加大对中国 AI 技术和产业发展打压力度。另一方面，美国引入跨境数据流动审查等机制，直接限制数据跨境流动。2024 年 2 月，美总统拜登签署《关于防止受关注国家获取美国人大量敏感个人数据和美国政府相关数据的行政令》，明确指示美国司法部部长制定规则，旨在对特定国家开展的美国人敏感个人数据和政府数据相关交易进行审查与限制，同时，美国继续支持与其他国家的跨境数据流动。2024 年 10 月，美国司法部公布《应对美国敏感数据面临的国家安全风险拟议规则》，推进有关限制中国获取和访问美国敏感数据的规则制定。由此，美国对原有的数据法律政策作了重大调整，在倡导数据自由流动的同时，也对人工智能关键技术、关键基础设施、金融等重点领域数据流向中国等国家实施限制措施。

美国的数据安全立法呈现出以行业为中心、联邦与州立法并存的格局，美国的数据跨境立法相对分散，尚未出台类似 GDPR 性质国家层面的法律，相关的数据隐私法规通常在州级别制定，从而导致不同地区的数据隐私法规存在差异。除了地方性法规，在美国的不同行业也有数据安全相关的立法，例如《儿童在线隐私保护法》（Children's Online Privacy Protection Act，COPPA）、《视频隐私保护法》（Video Privacy Protection Act，VPPA）、《家庭教育权和隐私权法》（Family Education Rights and Privacy Act，FERPA）等。

从数据跨境立法管辖范围来看，美国基于其互联网巨头地位，主张数据自由流动，使数据流向美国，进而使其成为全球数据中心，同时美国《澄清域外合法使用数据法案》（Clarifying Overseas Use of Data Act）从程序上降低了美国联邦执法机关获取境外数据的难度，该法案扩张了美国数据主权的范围，进而构成“长臂管辖”制度。

（二）数据存储本地化原则

数据存储本地化规则是国家管理数据跨境流动的一个重要方法，是指为了保护本国数据安全或者满足政府采购偏好和补贴，规定所有境内企业必须将数据存储在本地的服务器和数据存储中心等数据储存设施中。数据存储本地化的核心是对数据“流出”行为采取限制，保证国家权力主体能够更好地监管和管理数据。

随着美式数字贸易规则体系的不断完善，美国数字贸易规则典型特征之一便是对数据存储本地化原则的明确反对。美国在《2015 年双年度国会贸易优先事项和责任追究法》中对跨境数据流动的贸易谈判目标做出了明确规定，即“确保政府避免实施阻碍数字贸易、限制数据跨境流动、要求数据本地存储或处理的相关措施”。而美国作为数据存储非本地化规则的“忠实信徒”，在和众多国家达成贸易协定时往往都会规定数据存储非本地化要求。美国在其主导的双边或多边区域贸易协定中，对于数据存储本地化政策一贯持反对态度，认为数据存储本地化政策会增加贸易壁垒，严重阻碍经济的自由发展。美国企业在云计算和储存服务方面具有优势，数据存储非强制本地化可降低美国企业进入其他国家面临的本土存储进入壁垒，美国不仅能够从数据储存的开放中获得竞争性的丰富经济收益，而且往往能获得更加深层次的情报资源，比如说行业机密、国家机密等红字数据。美国在奥巴马政府期间签订的《跨太平洋伙伴关系协定》（TPP），明确规定协议方不得在国内采取各种形式的数据存储本地化措施。《美墨加协定》（USMCA）全盘吸收了 TPP 的数据存储非本地化规定，《美日数字贸易协定》（UJDTA）围绕数字产品的非歧视性待遇、禁止采取数据本地化措施限制数据存储等 11 项内容，再次升级美国促进数据自由流通等核心诉求，实现数字贸易规则的进一步升级。美国利益进入特朗普政府时期，2018 年实施的《美国—墨西哥—加拿大协议》（USMCA）则全盘吸收了奥巴马政府的数据存储非本地化规定。这些数据自由化的相关协议为美国利用其数字技术优势营造有利的国际环境创造了条件。

但是，如同美国在数字跨境流动支持态度悄然发生的变化之外，2023 年 11 月，美国决定不再将数据本地化禁令纳入协议文本，退出了拜登政府的标志性贸易倡议——“印度—太平洋繁荣经济框架”（IPEF）中的相关谈判；同年年底，拜登政府撤销对一些科技行业最基本原则的支持；2024 年 3 月的《2024 年外国贸易壁垒评估报告》删除了数据本地化的内容，即不认为数据本地化要求是贸易壁垒。

（三）源代码披露原则

多数国家倾向于不强制披露源代码，但在特定情境下的例外条款上仍存在分歧。美国坚持源代码非强制披露的原则，并强调在特定情况下，如基于司法或审查需要，源代码的披露应基于合理且必要的前提。美国坚持反对数据协定源代码披露的主要原因可归结为，美国知识和技术密集型企业掌握大量全球领先的专利技术，源代码披露会增加企业在知识产权保护方面的担忧，美国对当地要求企业提供软件源代码的政策较为抵触。不过在实际谈判过程中也存在一定灵活空间，美国在相关条款规定了“安全例外”或“一般例外”，增加了与他国在这方面妥协并协商达成一致的可能性。TPP、USMCA 均体现了美国在源代码保护问题上的立场，如 USMCA 第 19. 12 条款，约定“缔约方不得强制限制别国企业或个人使用本方领土内计算设施”，还主张不设置例外条款，确保其他国家无法出于监管要求来阻碍该条款。这些条款明确禁止了成员国将源代码披露作为软件在境内使用的先决条件，并规定了源代码在特定情况下的合理披露要求。

（四）数字税原则

美国是永久免关税规则的重要拥护者和推动者，早在 1997 年的《全球电子商务政策框架》文件中，就重点强调了要实施和推广数字产品的永久免关税政策，美国这一提议意在通过免关税政策减少贸易壁垒，显著降低贸易成本，从而凭借自身在数字技术领域的优势在国外数字产品市场中形成垄断优势。在国际市场上，

20 世纪 90 年代的 WTO 框架下美国就多次强调自己在电子商务领域的自由宽松政策，并号称坚决不会对其他国家采用关税措施来限制电子商务的发展。同时美国还在 WTO 框架下大力推动《全球电子商务宣言》的共识，具体内容为国家在电子传输领域采用免关税规则。另外，美国在加入跨太平洋伙伴关系协定后，获得了重要的话语权，其中也多次强调和推广"零关税"规则，缔约方必须严格采取对电子内容的免关税政策。美国与部分国家签订了双边贸易协定，其中涉及电子商务或数字贸易的条款基本都会要求采用免关税规则。例如，2019 年美国和韩国签订的美韩协定中延伸了美国和韩国一直以来的免关税协定，将其范围拓展至包括数字贸易，要求两国禁止对数字产品的贸易收取包括关税在内的任何费用。传统贸易规则不能完全适用于数字贸易，已经落后于时代。美国是数字贸易领域的主导力量，已经成为全球数字产品出口第一大国，因此，美国大力促进免关税政策的原因不言自明。在与日本的数字贸易协定中，美国明确指出非歧视性原则将覆盖税收措施。在美国参与下的 TPP 协议的第 14.3 条为数字贸易提供了明确的关税豁免规定，还赋予了成员国在不违背协定宗旨的前提下，根据各自国内政策对数字贸易服务设定其他税收义务的自由。

2018 年，USMCA 的签署进一步强化了 TPP 在数据跨境流动、数据本地化等方面的要求，以此更好地保护美国数字企业的竞争力。USMCA 要求确保数据跨境自由流动、最大限度减少数据存储本地化、禁止公开源代码和算法能力、禁止设置市场进入壁垒、禁止征收电子关税等。

三、欧式模板

随着"美式模板"的形成与落地，欧盟致力于打造体现自身利益诉求的"欧式模板"。目前，数字贸易规则的"欧式模板"对数字产品关税保持中立态度，仅限于在有条件的情况下对数字产品免除关税，但也并不是永久性免除关税。而在其他数字贸易规则方面，"欧式模版"与"美式模版"有着截然的区别，区别之处主要聚焦于以下四大议题：跨境数据自由流动、数据存储规则本地化、知识产权保护和视听例外。

（一）跨境数据自由流动规则

"欧式模板"的跨境数据自由流动以保护个人隐私为前提。欧盟是数据保护最为严格的地区之一，其对数据的跨境流动设置了一定的条件和标准，只有在满足相应的条件和标准基础上才允许数据跨境流动。欧盟于 1995 年颁布的《关于个人数据处理保护与自由流动指令》中规定，在欧盟范围内，数据可以在欧盟内部自由流通，但数据流向境外与第三方国家需要满足一定的条件，具体条件参考欧盟的“充分性保护”的标准，整体上欧盟跨境数据流动规则较为严格，更加注重数据跨境流动的安全性和隐私性。

欧盟于 2016 年 4 月通过《一般数据保护条例》（GDPR），对美国公司进行了更加严密的个人隐私保护和管理，并规定了与当地公司一样的管理制度。2018 年 5 月，GDPR 诞生，这一条例在欧盟所有的数字贸易法规中，对数据保护的规定最为严格，标志着欧盟对跨国数据流的管理进入了一个全新的时期。这一条例为企业提供了更多的信息，它规定超 250 人的企业必须设立数据保护官，公司要对储存在欧洲境内的个人信息进行严密监控，确保其完整的安全性，这一规定为 GDPR 提供了更多的选择。

GDPR 是欧盟范式的核心体现，其以“隐私保护优先”为主导原则，对数据向欧盟境外传输施加了严格的限制，依据 GDPR 第 3 条规定，确立以“影响主义原则”为基础的“长臂管辖”，即只要该数据在欧盟范围内产生或使用于欧盟市场，就必须接受欧盟 GDPR 的管辖，同时在成员国内部进行数据友好流动，对成员国以外范围实施非客观性评价的白名单管理机制。并强化了 GDPR 在国际范围内的适用性，强调了对境外数据的监管。如发生向第三方数据流动时，要求第三方主体在事实上确保其数据保护水平与欧盟“实质相当”，即充分性决定制度。同时，欧盟在 2022 年通过了《数据治理法案》（Data Governance Act，DGA），引入了“数据利他主义”概念，明确在区域内共享数据的原则，形成欧盟在跨境数据流动上“外部严格、内部宽松”的模式。

总之，欧盟十分重视个人隐私以及相关的数据安全问题，将个人数据权确立为基本人权。欧盟强调个人隐私的保护，但数据自由流动能为欧盟创造更多的工作机会，也能推动经济发展，在这种诱惑下，如何兼顾个人隐私与跨境数据的自由流动，是欧盟构建“欧式模板”的核心问题。

（二）数据存储本地化规则

欧盟国家与美国恰恰相反，对数据储存的限制性条件较多，是数据存储本地化的忠实拥护者和推动者。欧盟法律中明确限制数据存储，所有数据一律存储在本国境内的服务器和浏览器中，若有数据存储于境外的情况必须按照欧盟法律进行严格处理。

（三）知识产权保护规则

“知识产权保护”是数字贸易规则“欧式模板”谈判中的重点议题。鉴于欧洲知识密集型企业的庞大比例，随着数字贸易的蓬勃发展，知识产权纠纷亦呈现上升趋势。由于现有的《与贸易有关的知识产权协定》（TRIPS）无法解决数字化产品或服务带来的知识产权纠纷，在应对数字化产品和服务引发的知识产权争议时显得力不从心。欧盟目前正积极推动“TRIPS +”条款在全球范围内的实施，以进一步强化对欧盟企业知识产权的保护。

在平衡“隐私保护”和“知识产权保护”的问题上，针对不同程度的经济体，欧盟采取了不同的态度。在与发达经济体的谈判中，欧盟的立场是“知识产权保护”要以“隐私保护”为前提。2011 年，欧盟与多个发达经济体初步签订了《反假冒贸易协议》（ACTA），旨在打击假冒盗版保护知识产权，但欧盟内部并未通过该协议，认为网络服务提供商可以采取措施阻止侵权行为的条款破坏了个人信息权和隐私权。2018 年 5 月生效的《欧盟数据保护通用条例》取代了《数据保护指令》，被誉为最严格的个人数据保护法案坚决要求对数据隐私实行全面严格保护。在与中等经济体的谈判中，欧盟放宽对个人隐私的保护，与其签订的《综合性经济贸易协议》（CETA）中有与《反假冒贸易协议》相一致优先考虑保护知识产权的条款，而欧盟内部通过了《综合性经济贸易协议》。欧盟谈判对象集中于发达经济体，因此，平衡好“隐私保护”和“知识产权保护”的关系，能够完善数字贸易规则的“欧式模板”，实现“隐私保护”和“知识产权保护”的双安全。由于欧盟知识密集型企业占比大，数字贸易的快速发展使知识产权纠纷不断增多，建立健全合理的知识产权保护规则也有利于顺利解决众多的知识产权纠纷。

（四）文化例外原则

文化例外是数字贸易规则“欧式模板”的核心规则。为防止文化入侵，欧共体限制强国文化产业的进入，曾在 1989 年颁布《无国界电视指令》。“文化例外”的理念一直贯穿 WTO 谈判始终，在《关税及贸易总协定》（GATT）中规定了欧盟文化部门特权，在《服务贸易总协定》（GATS）中欧盟对文化部门采取不作具体承诺的方式，限制了文化产业的自由贸易。欧盟区域贸易协定在引入“文化例外”条款的基础上增加了“视听例外”条款，其中部分协议（欧盟—智利 FTA、欧盟—加勒比海 FTA、欧盟—加拿大 CETA）还纳入了“文化合作”条款，但欧盟坚守“文化例外”的立场仍未改变。视听部门归属于文化部门，欧盟为了阻止他国文化影响本国公民的意识形态，防止文化入侵，在数字贸易规则的制定中经常引入文化例外的条款并持有非常坚定的立场。“文化例外”原则在欧盟的贸易政策中独树一帜，它强调传统贸易规则不适用于如电影、音乐等文化产品，倡导在自由贸易框架下对文化产品采取例外措施。这一原则在欧洲对外贸易中具有显著特色，并多次在 WTO 及双多边谈判中被欧盟提及。除了以上提到的四种数字贸易规则外，欧盟总体对数字产品关税保持中立的态度，其仅限于在有条件的情况下对数字产品免除关税，但也并不是永久性免除关税。

四、中式模板

在“美式模板”“欧式模板”等概念逐渐成形的背景下，中国正在建立自己的数字贸易“中式模板”。目前，我国数字贸易规则制定主要涉及以下数据跨境流动、数据存储本地化、数据隐私保护及跨境贸易便利化四个方面。

（一）跨境数据流动规则

中国的数据跨境立法范式秉持以促进数据跨境安全、自由流动为目标，主要强调对个人信息和国家安全的保护，反对网络自由主义者去管制化的主张，注重确保数据在传输和处理中的安全性和合法性。中国对数据跨境管理管辖范围包括：境内运营中收集和产生的重要数据和个人信息，以及在境外涉及分析、评估境内自然人行为的操作。政府会在综合评估数据流入国数据保护水平基础上，允许数据跨境流动，并通过政府监督下的企业自我管理实现对个人数据的保护。

中国开展数据跨境相关立法时间较晚，最早于 2013 年《征信业管理条例》中规定，未经信息主体同意，不得向第三方提供个人信息；2017 年《中华人民共和国网络安全法》中提及个人信息和重要数据出境的管理规定：本国的数据如果需要跨境流动，必须严格采取安全性鉴定，具体流程一律参照国家网信部门以及国务院提出的相关规定；2021 年《中华人民共和国数据安全法》进一步强调了数据出境的监管和合规性，其中第 50 条明确指出：“对于跨境流动数据必须要严格监督管理，一旦发现同现行法律和行政法规相冲突，应立即进行限制，必要时可停止传输”；2021 年《中华人民共和国个人信息保护法》，为个人信息处理活动提供明确法律依据，对个人信息安全出境提供指导；对一些特殊行业中的数据或国家机密数据的跨境流动有严格规定，如在 2024 年《中华人民共和国保守国家秘密法》中明确规定：“涉及国家机密的数据一律不允许流出国境”。

目前，中国跨境数据流动制度正在从重安全、强监管的阶段迈向发展与安全“双轮驱动”的新阶段。中国适度放松数据出境监管要求，增强对全球数据资源的吸引力。中国自正式申请加入《全面与进步跨太平洋伙伴关系协定》（CPTPP）和《数字经济伙伴关系协定》（DEPA）以来，加快探索对标国际高标准经贸规则的数据跨境流动机制，以促进数据高效便利安全流动，激发数据要素价值。2024 年 3

月，国家网信办发布《促进和规范数据跨境流动规定》（以下简称《新规》）调整了数据出境安全评估、个人信息出境标准合同、个人信息保护认证等机制的适用范围，适度放宽了数据跨境流动条件。比如，从事国际贸易、跨国生产制造和市场营销等常见业务活动的数据处理者，符合条件的可以免于申报数据出境监管。此外，《新规》给予自贸试验区更大授权，设立自贸试验区负面清单制度，为地方层面探索制度创新提供空间。

整体上，我国对“跨境数据自由流动”持谨慎态度，对数据跨境传输规定相对严格。

（二）数据存储本地化规则

我国要求数据本地化存储的规则较为严格，《中华人民共和国网络安全法》《征信业管理条例》《地图管理条例》等均规定了数据本地化存储要求，规定企业必须把服务器和数据中心设在中国境内，中国境内因关键信息基础设施的运营者在中华人民共和国境内运营中收集和产生的个人信息和重要数据必须在境内存储。

（三）数字隐私保护规则

我国十分重视个人信息保护问题，先后出台了《中华人民共和国网络安全法》《中华人民共和国个人信息保护法》等法律保障数据隐私。《中华人民共和国数据安全法》于 2021 年 9 月正式施行，明确提出“建立健全国家数据分类分级保护制度，编制重要数据目录，建立统一的、高效的、权威的数据安全风险评估、报告、信息共享和监测预警机制。《中华人民共和国个人信息保护法》于 2021 年 11 月颁布实施，对个人信息处理者因业务等需要跨境提供的数据，必须经过国家相关部门的安全评估或验证。整体上，中国虽然强调数据隐私安全，但是对数据分类分级保护缺乏相关经验，行业重视不足，尤其是缺乏健全的行业自律机制，数据知识产权保护面临的压力相对大。

（四）电子商务规则

中国是电子商务大国，中国国内法以及签署的自由贸易协定都有涉及电子商务专章，体现了中国的数字贸易主张。2015 年以前，中国有关“跨境电子商务”的政策法规尚不完备，仅出台了一些简单的相关法规，如 2003 年通过的《中华人民共和国进出口关税条例》、2004 年通过的《电子签名法》、2010 年实施的《网络商品交易及有关服务行为管理暂行办法》等。自 2015 年起，中国针对“跨境电子商务”领域的政策法规得到了显著完善并开始逐步实施，这一里程碑式的进展在同年中韩签署的自由贸易协定中得到了体现，其中首次设立了“电子商务”独立章节，标志着中国数字贸易规则框架的初步构建。

2019 年《中华人民共和国电子商务法》的正式实施为“中式模板”的构建提供了统一的法规依据，是中国制定数字贸易规则的一项重要举措，对中国的电子商务产业的发展起到了积极的推动作用。《中华人民共和国电子商务法》全面涵盖了经营者管理、合同订立与执行、消费者权益保护、行业促进及法律责任等关键领域。首先，对于电子商务经营者，法律详细规定了其登记注册流程、经营行为的合规性要求，并强调了对经营者知识产权的保障与信用评价体系的建立。其次，在合同层面，法律明确了合同订立的规范流程，并对合同执行的每一个环节都制定了详细规定，以确保交易的公正与透明。此外，为应对电子商务中可能出现的纠纷，法律着重强调了消费者权益的保护，提出了建立与完善纠纷解决机制的必要性。最后，为了推动电子商务行业的健康发展，法律还规定了相应的监管措施与惩罚机制。

中国参与的电子商务议题在区域贸易协定中也有所体现，2002 年在与东盟签署的《中国—东盟全面经济合作框架协议》的第二部分第七条的其他经济合作领域中，明确了双方应该相互促进电子商务发展。在 2003 年《内地与澳门关于建立更紧密经贸关系的安排》中的第十七条，也明确了两地加快电子商务合作条款，另外补充协议八中的第五条也提出贸易投资便利化中“双方同意进一步加强电子商务领域的合作”。2015 年签署的《中澳自由贸易协定》在贸易协定文本中首先添加了国内电子交易架构建立和完善的相关规定。中国从《中韩自由贸易协定》开始，就已经对电子商务条款在贸易协定文本结构中的位置形成了特定要求，虽然更多地提出了对监管行为以及监管强度的限定，不过总体约束性条款比较少，涉及跨境信息和跨境数据传输的条款都没有。总体上，中国国内以及国际上签署的相关协议，在规则的实施细则上并不丰富和完善，和欧美在电子商务监管措施和例外等方面尚存在着差距。

同时，中国亦在 WTO 的框架内，积极投身于电子商务及信息技术产品等相关议题的谈判中，以展现其对数字贸易发展的深度参与和贡献。在电子商务议题谈判中，围绕跨境电商发展、增进贸易便利、物流、支付等议题提出 4 份提案，推动中国方案建议纳入谈判成果。然而，相较于 CPTPP、DEPA 等自贸协定的核心条款，中国在多边和双边数字贸易规则协商与博弈中，中国的话语权仍相对较弱，需进一步加强在此类新兴议题上的研究与参与。2021 年，中国申请加入 CPTPP 和 DEPA，对标国际高标准经贸规则，推动扩大对外开放。2022 年 8 月，DEPA 联委会成立中国加入工作组，全面推进相关谈判。

五、美欧中数字贸易规则的比较

（一）数据隐私保护规则对比

在数据隐私保护方面，美国秉持较为宽松和开明的立场，旨在通过自由的市场以及产业的自我约束促进数据的自由公开。与此形成鲜明对比的是，欧洲国家在保护数据隐私方面的立场十分坚决，尤其是《欧盟数据保护通用条例》，更是全面而严密地保护了个人隐私。中国虽然注重数据的安全与隐私，但是对于数据的分级和保护却没有很好的实践经验，业界对这一问题也没有给予充分的关注，特别是在产业发展过程中，更没有形成一个完整的产业组织体系，使得我国的个人信息安全与隐私保护工作正受到很大的挑战。根据我国数字化经济的发展态势，对其进行过分的保护会触发各种贸易障碍，增加支付、信息、运输等费用，进而导致总体交易费用上升。

（二）跨境数据自由流动对比

在跨境数据自由流动方面，美国一直大力倡导，无论是在双边和多边地区规则的制订，或是在世贸组织的电子商务磋商中，都大力推动本国的数字产品走向世界。但是，目前世界上大部分的国家都对跨境数据自由流动采取审慎的立场，担心这种做法会对个人的信息造成危害。而中国却提倡在保障数字生态的基础上，对资料的流通加以控制，并规定，跨国数据的流通需要经过国内的安全审查，或者签订有关机构制定的统一合约。欧洲联盟也不赞同美国关于“数据自由流通最大限度”的主张，强调了对个人信息的保护，规定了在不泄露用户隐私的前提下，必须通过制定 GDPR 来规范数据流通，从而减少个人信息泄露的危险。

（三）数据存储本地化规则对比

从数据本地化的角度来看，美国对于资料储存的态度较为松散，并且一贯遵守去地方化的准则。在磋商和签订诸多协议期间，美国始终坚决拒绝把数据储存当地化，并反复指出，数据存储本地化所产生的负面影响，远比预期要大得多。美国不仅能从公开的资料储存中得到巨大的利润，而且还能接触到更多的机密信息，例如商业秘密，国家机密等。不像美国，欧洲国家对数据储存的约束较多，并且强烈支持资料储存的地方化。欧洲对数据的储存有着极为严苛的规定，任何资料都只能存放在自己国家的网络上，一旦发现任何资料存放在国外，都会受到欧洲联盟的严惩。虽然中国尚未制定一系列完备的数据储存与转移标准，但仍需将其伺服器及资料中心设立于中国。《网络安全法》规定："中华人民共和国领土上的关键信息系统运营商在其经营活动过程中所采集、生成的个人及重要数据，都必须保存在该领土上。"

表 12－1　　双边协定视域下中国、美国和欧盟数字贸易规则对比

	中国	美国	欧盟
基本特点	国家安全和电子商务	数据自由流动	隐私保护和视听例外
位置分布	电子商务章节	电子商务、数字贸易章节	服务、投资与电子商务章节
电子传输关税	免关税和有效延期	免关税永久化	免关税永久化
数据跨境流动	限制自由流动，有放松监管趋势	单边主义自由流动	地域性自由流动
本地化要求	强调数据本地化	反对数据本地化	强调数据本地化
源代码和算法	暂未涉及	禁止要求披露源代码和算法	禁止要求披露源代码但有例外

第二节　全球数字贸易规则发展及对中国的影响

一、全球数字贸易规则发展趋势

（一）世界数字贸易规则快速迭代升级

在 WTO 框架下的电子商务议题，从 1996 年到 2022 年历经 27 年逐步实现无纸化贸易等商务活动的顺利展开，WTO 多边谈判进程也推动了各种类型的双边或诸边数字贸易规则的兴起。《国际服务贸易协定》（TISA）作为从 WTO 框架下独立出来的衍生协议，以发达国家为主要成员，在 2015 年第二代核心规则中，首次涉及数据跨境流动、源代码开放与互联网平台责任等议题。2009—2017 年的《跨太平洋伙伴关系协定》（TPP）、《跨大西洋贸易与投资伙伴关系协定》（TTIP）均包括数字贸易核心议题，但均以失败告终。此后，《全面与进步跨太平洋伙伴关系协定》（CPTPP）、《美国—墨西哥—加拿大协定》（USMCA）、《数字经济伙伴关系协定》（DEPA）、《区域全面经济伙伴关系协定》（RCEP）等区域协定，均设计了各自的国际数字贸易规则。当前，我国仅被纳入 WTO 与 RCEP 协定中，申请加入的

DEPA 建立了中国工作组。

（二）亚太地区成为大国标准与规则博弈的焦点

深入到国别之间的区域协定联系，亚太地区数字贸易规则活跃且发展快速，中美汇聚于该区域。该区域人口规模占全球的三分之一，经济总量占六成，贸易总量近 50%。其中，新加坡成为影响亚太地区数字贸易规则与标准的核心国家，在 10 项数字贸易协定中，新加坡促成了 7 项数字贸易协定的达成，参与率最高。在东盟与 RCEP 框架下，新加坡既与缔约成员柬埔寨、老挝、缅甸等数字经济水平较低的发展中国家建立了区域贸易协定，又通过双边数字经济协定与英国、欧盟、加拿大等发达程度较高的其他非亚太成员互动与搭桥。区域经济的不平衡性使得亚太各国（地区）数字贸易规则的立场、诉求有较大分歧，需要多重平衡。

（三）数字贸易规则模式竞争日趋激烈

综合典型国家国际数字贸易规则诉求与一般规律，世界数字贸易规则的发展趋势在自由、监管与安全三大主题上寻找平衡点与共识，大国主导的国际数字规则模式竞争日趋激烈。短期内难以统一的规则，产生了对响应性和一致性较高的相关标准的更多市场化需求。因此，在一些由市场行为起主导作用的商业活动上，由企业、协会等国际组织推动的相关标准将成为国际数字贸易规则的重要组成部分。站在数字价值链视角，微观经济个体参与全球数字贸易将产生跨主权溢出效应，核心标准的形成将取决于国家主权势力与市场力量的平衡，引领性和规范性标准的出现将推动跨境数据组织、收集、综合、分配等环节的分工与协作，实现价值增值。

二、全球数字贸易规则发展对中国的影响

当今世界“美式模板”和“欧式模板”占据全球数字贸易规则较大的话语权，由于多边框架下数字贸易规则谈判进展缓慢以及数字贸易的核心原则分歧过于严重，暂未形成较为一致的全球数字贸易规则，对中国数字贸易规则的制定产生一定的压力。

（一）中国在全球数字贸易规则博弈中处于弱势地位

当前，中国在数字贸易实践规模上属于世界强国，但从总体层面来看，在国际数字贸易规则制定中地位有待提高，话语权和竞争力有限，无论在国内立法还是国际规则制定领域都存在巨大的发展空间。我国在全球数字贸易规则博弈中处

于弱势地位其原因主要为三点：第一，我国在数字贸易规则的制定中话语权缺失，美国和欧盟是全球数字贸易规则的主要制定者，更是重要参与者，相比之下，中国等国家并不是数字贸易规则的制定者，而是参与者。第二，数字贸易壁垒较高，数字贸易壁垒是指在电子商务环境下，由于数据存储、传输和处理等问题，对国际数字贸易活动的限制和阻碍程度较高。目前，美国主张支持跨境数据流动，对数据隐私保护呈开放态度，这与中国所主张的限制数据跨境流动、注重个人信息保护等观点背道而驰，以至于美国认为我国存在较高的贸易壁垒。例如，在数据隐私保护方面，美国要求各国在进行电子商务时必须遵守《美国综合网络安全法案》和《美国通用数据保护条例》等法律法规，而中国等国家则没有明确的法律规定。第三，数字贸易领域人才缺乏，全球范围内拥有数字技术人才的国家只有少数几个，而中国则存在严重的人才缺口。此外，由于对数字贸易重视不够，中国国内对数字技术研发和应用方面的投资不足，这也制约了中国在全球数字贸易规则博弈中的影响力。

（二）全球数字贸易联盟化发展对中国的排他性较强

在我国面临百年未有之大变局的背景下，在美国对我国实施单边主义和贸易保护主义的政策下，美国在全球范围内积极推行其数字贸易规则，并依靠自己的霸权地位拉拢其他国家共同抵制我国的数字贸易发展，如 USMCA 的 32.10 条款规定，如果协议中任何成员国与“非市场经济国家”达成自贸协议，那么其他成员国可以在六个月后退出并建立自己的双边贸易协定。并且美国还通过建立数字贸易联盟进一步排斥我国，以巩固提升自己的霸主地位，如 2022 年，美国强调与印度加强沟通与合作，优先与印度签订数字贸易协定，提倡“民主、透明、自由与开放”的数字贸易价值体系并启动“印太经济框架”（IPEF）。

（三）严格的跨境数据流动监管导致我国数字贸易规则滞后发展

跨国公司在构建国内外共通的规则体系方面发挥着关键的桥梁作用，但我国目前的监管体系并不利于在本土培育和聚集优质的互联网跨国企业。其原因主要有三点：第一，严格的跨境数据流动监管会增加企业数据安全成本，从而影响企业在全球范围内优化资源配置，提高生产效率；第二，严格的跨境数据流动监管会限制企业的业务经营和市场拓展空间，降低企业在国际市场上的竞争力，并影响我国产业结构升级和经济增长；第三，严格的跨境数据流动监管会抑制我国参与国际数字治理规则制定的积极性。

第三节 中国参与数字贸易规则的应对之策

一、完善国内数字治理，升级数字贸易规则

中国是一个以数字经济为主体的世界贸易强国，为了在数字贸易的国际竞争中占据一席之地，亟须建立起一个数字贸易“中式模板”。首先，中国应借鉴美欧模式的精华，在电子商务领域增设一章，保证其规定清晰、统一，加快建设“中式模板”的步伐。其次，借鉴欧美国家的成熟经验，加速我国电子商务法律制度建设。此外，中国应当建立自己特有的“源码和商业秘密”“暂免关税”等制度，并在世界范围内主动发出声音，逐渐形成中国特色的“数字贸易”新规则。与此同时，为了缩小“数字鸿沟”，促进“一带一路”的发展，要与各国签署地区经贸协议。特别是在电子商务领域，中国应发挥其优势地位，通过电子商务的繁荣发展带动整个数字贸易行业的全面进步。

二、推动数字贸易规则制度型开放

严守数字主权，推进贸易自由。中国规范数字经济发展以数字主权和国家安全为主要目的，随着数字经济不断发展，中国有必要对未来数字贸易规则中数据安全和贸易自由的关系进行调整。USMCA 纳入了数字产品非歧视待遇、自由接入互联网、计算设施位置、源代码和开放政府数据等议题，此类议题对于美国科技巨头进行海外市场扩张产生了巨大作用。但此类议题对缔约国造成了无法估量的危害。一方面是数据安全问题，计算设施位置允许美国科技巨头将海外数据传输到美国国内进行处理，这造成了缔约方数据泄露的潜在可能性。另一方面是意识形态问题，消费者自由接入互联网会受到美国数字产品潜在的意识形态影响，进而为文化入侵创造可能。该条款也因此受到各方反对，例如日本担心外资控制舆论机构进而在《美日数字贸易协定》（UJDTA）中加入了广播例外，欧盟也在大部分的数字贸易协定中纳入了文化例外条款，以规避文化入侵行为。

目前以 RCEP 为代表的中式规则出于数字主权等因素的考虑尚未纳入上述规则，但随着中国数字巨头的不断发展，丰富数字产品、开拓全球市场是必然趋势。推动数据安全流动，增强中国数字产品在海外市场的竞争力需要在保障数字主权和数据安全的同时纳入上述议题。在维护数字主权和数据安全方面，一是要建立

白名单机制，在经过充分认定的具有数据保护能力的国家可直接互相传送数据；二是采取对数据分类、根据机密程度分级的管理办法，明确各类数据概念，进行差异化管理。在以上基础上结合数字身份互认机制，建立安全、可靠、可溯源和具有反馈措施的数字安全保护机制。

完善国内立法，对标高标准规则，提升中国数字市场开放水平。我国国内数字市场开放水平相对较低，且相关法规亟待完善。经济合作与发展组织（OECD）数据显示，中国数字服务贸易限制指数得分约是美国的5倍。加快完善国内相关法规建设，发挥法律体系对数字贸易的引领和保护作用，同时建设行业自律制度体系，分散监管权力，发挥行业协会等机构的约束作用。跨境数字自由流动是高标准贸易规则的核心议题，纳入该规则需要在国内法规和国际规则间建立可协调的规则体系。国内法规方面，《网络安全法》确立了跨境数据流动的管理方向，但只涉及原则性规定，缺乏操作细则，且管理制度较为严苛，要求数据只能在本国存储、处理，不得向境外提供，部分数据如果提供必须经过评估，这可能会限制数字企业的创新发展。因此，完善跨境数据流动管理，健全国内相关法规是纳入跨境数据流动规则的前提。国际规则方面，可借鉴国际成熟经验对数据进行分级别管理，涉及国家安全、行业机密和个人敏感的数据禁止流动；政府公开数据、个人和行业非敏感数据在安全评估后决定是否流动；企业一般数据和经过评估的个人数据允许自由流动。另外，建立白名单机制以避免国外企业恶意窃取国内信息，构建安全有序的全球数字市场。

随着中国的数字经济规模不断发展和科技巨头实力不断增强，国内企业对开辟海外市场的需求增加，降低数据流动成本和增加中国数字产品竞争力是目前面对的主要问题。中国可以在未来的数字贸易规则中纳入数字产品非歧视待遇、交互式计算机服务和源代码等议题，明确数字产品非歧视待遇范围后，通过规定缔约方平等对待其他缔约方的数字产品来降低中国数字企业进入海外市场的成本，通过限制缔约方将责任归结给交互式计算机服务提供商来增强中国数字企业的竞争力，通过保护源代码不被强制披露保护中国数字企业的知识产权，帮助中国数字企业扩大市场的同时也为国外企业进入中国市场提供知识产权方面的保障。同时，增加文化例外条款，以防止其他缔约方在文化领域和意识形态领域的入侵。

三、扩大“朋友圈”，推广我国数字贸易规则理念

在“一带一路”的背景下，深入推进与周边各国、区域开展数字化经贸合作，构建互惠双赢的数字化经贸新格局。数字贸易健康发展为数字贸易规则的制定提供了更多话语权，而“一带一路”建设也为数字化贸易的协调发展、构建数字化贸易准则带来了千载难逢的契机。习近平总书记2017年首次提出“21世纪数字丝绸之路”构想以来，我国已与16个国家就数字贸易下“丝绸之路”开展了全面深入的合作，并与19个国家就“丝绸之路”开展了全面深入的交流。近年来，中国与周边国家之间的数字贸易取得了显著进展并拥有良好的发展前景。但是，数字建设和数字化贸易的发展仍存在诸多问题，如：“数字丝绸之路”的基础设施落后，网络信息安全隐患突出，国际上的数字贸易法律制度不够完善。所以，我们必须针对这些问题采取切实有效的措施，以深化与共建国家及地区的数字贸易合作，进而推动多边共赢的数字贸易规则体系的建立。

四、深度参与全球数字贸易体系的塑造

随着数字贸易的蓬勃兴起，全球价值链的重组与再分配已成为大势所趋。众多国家将数字贸易提升至国家战略层面，并通过一系列政策与法律手段确保其稳健发展，力求在全球经济格局转变中占据有利地位。在当前全球数字贸易蓬勃发展的背景下，中国应秉持积极态度，深度参与并主导全球数字贸易规则的构建过程，从而为数字贸易的长远稳健发展奠定坚实的基石。在参与双边及多边贸易规则制定的环节中，我们应深入探究不同国家数字贸易体系的内在机制，精确把握其利益诉求和规则制定的核心关切。在坚守多边贸易规则基本原则的同时，我们应积极构建数字规则合作联盟，以有效保障我国数字贸易的核心利益。此外，在确立数字贸易规则之际，我们必须清晰界定我国的底线，并精准识别出推动我国数字贸易持续发展的关键因素，力争在关键议题上取得优势。在必要的情况下，我们可以在多边贸易规则制定中做出适当让步，但务必确保在关键环节上保持竞争力，以确保我国在构建全球数字贸易规则体系中占据一席之地。

目前，美国单边主义理念下的数字贸易规则是以本国科技巨头利益为出发点，以扩大海外市场尤其是数字经济不发达的发展中国家市场为手段，以自由贸易的名义，依靠实际的不平等数字经济地位攫取大量经济利益的数字贸易规则。数字贸易规则的差异导致了数字经济领域的商业环境出现了“数字面条碗”，即美、

欧、英、日等国家发展差异化的规则造成了全球数字贸易规则混乱无序的现状，使各方利益很难达成一致，WTO 框架下的数字贸易多边谈判停滞不前。RCEP 的合作框架同样存在各缔约国政策协调性不足，进而产生潜在监管压力的风险，这是因为 RCEP 成员国经济发展水平、政治制度差异导致各国之间经济利益和发展诉求的分化，带来了贸易碎片化、跨境支付难、物流链路阻滞和通关困难等诸多难题。这也加大了 RCEP 实施后政府监管的压力和落实难度，给中国跨境电子商务的高质量发展带来了挑战。

针对以上问题，一方面要持续对接高标准贸易规则中的非约束性规则。硬性的、约束性的规则会导致数字基础薄弱、监管态度有差异的国家采取保守的贸易政策，进而产生贸易壁垒，而高标准贸易规则的非约束性规则有助于中国和大多数国家进行贸易交流，进而提升数字贸易数量和质量。另一方面，在未来的自由贸易协定中使用模块化主题。模块化主题允许数字经济发展水平不同的国家有选择地加入自由贸易协定，减少数字贸易交流中的壁垒。

五、完善新兴技术规范，实现数字贸易普惠包容发展

发挥数字贸易普惠作用，实现数字经济包容发展。在数字经济发展初期，很少有国家和组织提及数字经济对落后地区和中小企业的帮助扶持作用。中国有着大量的中小企业和低收入人口，利用数字经济和贸易赋能社会包容性发展是构建中式规则的重点。通过推动中小企业就数字经济开展密切合作，如利用数字工具和技术帮助中小企业获得资金和信贷、参与政府采购、建立国际交易平台等措施来增强其贸易和投资机会；同时建立信息公开网站为中小企业提供包括海关法规程序、数据流动和数据隐私法规、创新和数据监管沙盒、知识产权法规程序、数字贸易相关技术法规、政府采购机会和中小企业融资计划等在内的相关信息。另外，中国在构建数字贸易规则时也应关注数字经济赋能减贫事业，改善包括妇女、农村人口、低收入社会经济群体和原住民在内的弱势群体生活状况，增加群体参与数字经济的机会以及和缔约国以分享数据收集、使用和分析方法等方式开展合作。同时，发挥数字经济的渗透作用，催生就业新业态进而创造新的就业机会；通过数字产品促进消费需求多元化发展；通过数字信息激活非正规金融行为，降低融资门槛，进而实现社会包容性发展。

规范和治理新兴技术，实现数字经济创新发展。RCEP 谈判开始较早，并未涉及金融科技、人工智能等新兴技术内容，中国可从以下几个方面进一步完善数字

贸易规则：一是增加金融科技产业合作相关议题，如促进金融科技企业合作、金融科技解决方案的制定以及创业人才合作等内容；二是就人工智能领域建立可信、安全和负责任的人工智能治理框架；三是增强数据创新，达到数据创新赋能实体创新，便利信息、知识、文化和艺术的传播以及培育具有竞争力的市场等目的。完善数字贸易规则需要将数据视为数字经济时代的关键生产要素，推动数据开放共享，实现数据驱动型创新，通过数字贸易交流来促进国内数字技术和产业的升级。

思考题

1. 简要概述以美国、欧盟及中国为代表的经济体在数字贸易规则方面的主要异同点。

2. 数字贸易规则的未来发展趋势是什么？

3. 在参与全球数字贸易规制制定中中国应该怎么做？

参考文献

［1］艾瑞咨询．基础云服务行业数据报告［R］．2022.07. https：//www.iresearch.com.cn/Detail/report？id＝4021&isfree＝0

［2］艾瑞咨询．中国跨境出口电商白皮书［R］．

［3］白重恩，蔡昉，樊纲，等．中国经济的定力［M］．北京：中信出版集团，2019.

［4］毕马威．2023 全球跨境电商趋势报告［R］．

［5］钞小静，薛志欣，孙艺鸣．新型数字基础设施如何影响对外贸易升级——来自中国地级及以上城市的经验证据［J］．经济科学，2020（03）：46－59.

［6］陈寰琦，周念利．从 USMCA 看美国数字贸易规则核心诉求及与中国的分歧［J］．国际经贸探索，2019，35（06）：104－114. DOI：10.13687/j.cnki.gjjmts.2019.06.007.

［7］陈寰琦．从“例外”和“负面清单”看美国跨境数据自由流动限制性措施［J］．国际经贸探索，2023（09）：99－116.

［8］陈宪，殷凤．国际服务贸易（第 2 版修订本）［M］．北京：机械工业出版社，2020.

［9］陈友骏．日本参与全球数字经济治理的构想与实践［J］．日本学刊，2020（04）：33.

［10］崔景华．中日数字贸易监管规制的差异分析［J］．现代日本经济，2021（05）：68－78.

［11］戴烽，蔡立媛．数字营销心理学［M］．南昌：江西高校出版社，2022.

［12］鼎韬产业研究院．数字贸易的定义、分类及统计研究报告（2021）［R］．2021.

［13］董小君，郭晓婧．美日欧数字贸易发展的演变趋势及中国应对策略［J］．国际贸易，2021（03）：27－35.

［14］冯宗宪，段丁允．中国数字贸易发展水平、区域差异及分布动态演进［J］．现代经济探讨，2022（12）：49－63.

［15］郭爱美，李淑贞．跨境数字贸易［M］．北京：北京理工大学出版社，2023.

［16］哈佛商学院案例：Amazon's Global Strategy.

［17］韩国颖，张科.AIGC 营销：人机共生式营销模式推动数字营销向数智化跨越［J］. 企业经济，2024（02）：111－124.

［18］黄宁，李杨.“三难选择”下跨境数据流动规制的演进与成因［J］. 清华大学学报（哲学社会科学版），2017：32（05）：172－182＋199.

［19］黄瀚乐，康学芹.RCEP 数字贸易规则的研究分析及未来发展建议［J］. 现代商业，2024（06）：97－101.

［20］黄先海，周禄松.全球数字贸易规则比较、挑战与中国应对策略——基于 CPTPP、DEPA 与 RCEP 比较视角［J］. 社会科学战线，2024（01）：44－53.

［21］贾怀勤，高晓雨，许晓娟，等.数字贸易测度的概念架构、指标体系和测度方法初探［J］. 统计研究，2021，38（12）：30－41.

［22］江小涓，罗立彬.网络时代的服务全球化——新引擎、加速度和大国竞争力［J］. 中国社会科学，2019（02）：68－91＋205－206.

［23］江小涓.服务全球化的发展趋势和理论分析［J］. 经济研究，2008（02）：4－18.

［24］康学真，张玉来.中日数字贸易监管规制规则及其影响差异研究［J］. 现代日本经济，2023（02）：82－94.

［25］蓝庆新，窦凯.美欧日数字贸易的内涵演变、发展趋势及中国策略［J］. 国际贸易，2019（06）：48－54.

［26］蓝庆新，窦凯.基于“钻石模型”的中国数字贸易国际竞争力实证研究［J］. 社会科学，2019（03）：44－54.

［27］蓝庆新.拓展数字贸易广度深度［N］. 经济日报，2024－02－02.

［28］李俊，范羽晴.加快建设贸易强国背景下我国发展数字贸易的战略思考［J］. 国际贸易，2023（10）：16－30.

［29］李晓红.科技创新是发展新质生产力的核心要素［J］. 求是，2024（11）.

［30］李紫瑶，史文强.物流产业数字化转型驱动因素及路径选择［J］. 统计与决策，2024，40（22）：183－188.

［31］梁国勇.全球数字贸易规则制定的新趋势与中国的战略选择［J］. 国际经济评论，2023（04）：139－155.

［32］林吉双，孙波等.我国数字贸易发展现状及对策研究［M］. 人民出版社，2021.

［33］刘斌，崔楠晨．数字贸易规则与中国制度型开放：未来向度和现实进路［J］．中国特色社会主义研究，2022（02）：31－41.

［34］刘斌，屈一军．国际数字贸易规则：演进趋势与对接逻辑［J］．天津社会科学，2024（03）：127－136＋176.

［35］刘彩霞，王雪．“互联网＋”时代下的数字化营销研究［M］．长春：吉林人民出版社，2023.

［36］刘典．全球数字贸易的格局演进、发展趋势与中国应对——基于跨境数据流动规制的视角［J］．学术论坛，2021，44（01）：95－104.

［37］刘东升．国际服务贸易概论（第三版）［M］．北京：北京大学出版社，2020.

［38］刘洪愧，杨晨旭．数字贸易壁垒的分类、测算框架与国际比较［J］．齐鲁学刊，2024（01）：122－138.

［39］刘洪愧．数字贸易发展的经济效应与推进方略［J］．改革，2020（03）：40－52.

［40］刘建平，路红艳．基于知识图谱的国内外数字贸易研究比较分析与框架构建（2007—2022）［J/OL］．国际经贸探索：1－18［2022－10－22］．DOI：10.13687/j.cnki.gjjmts.20221013.001.

［41］刘杰．发达经济体数字贸易发展趋势及我国发展路径研究［J］．国际贸易，2022（03）：28－36.

［42］刘龙政，王峰琪．数字物流的内涵与构建路径［J］．现代商业，2024（12）：151－154.

［43］吕延方，方若楠，王冬．全球数字服务贸易网络的拓扑结构特征及影响机制［J］．数量经济技术经济研究，2021，38（10）：128－147.

［44］吕越，于喆宁，李天宇．以数字贸易高质量发展引领自贸试验区提升［J］．开放导报，2023（04）：66－72.

［45］马述忠，房超，梁银锋．数字贸易及其时代价值与研究展望［J］．国际贸易问题，2018（10）：16－30.

［46］马述忠，濮方清，潘钢健，熊立春．数字贸易学［M］．高等教育出版社，2022.

［47］马涛，刘秉源．跨境数据流动、数据要素价值化与全球数字贸易治理［J］．国际经济评论，2024（02）：151－176＋8.

［48］梅雪峰．数字贸易师能力等级认证培训教程［M］．清华大学出版

社，2021.

［49］聂昀秋，马晓君，肖潇．中国数字物流指数评价体系构建与实证——基于德尔菲法与层次分析法［J］．物流研究，2024（04）：1－12.

［50］前瞻产业研究院．数字贸易发展研究报告（2022）［R］．2023.

［51］乔朋华，薛睿，韩先锋．数字营销何以激发中小企业创新——基于信息动态能力的中介作用［J］．南开管理评论，2024（05）：40－50＋77.

［52］萨伊．政治经济学概论［M］．北京：商务印书馆，1997.

［53］商务部研究院．全球数字贸易与中国发展报告（2021）［R］．2021.

［54］沈洁．数字贸易壁垒的界定与评估：标准、结果和驱动因素［J］．学术研究，2022（04）：96－104.

［55］沈玉良．数字贸易发展转折点：技术与规则之争——全球数字贸易促进指数分析报告（2021）［J］．世界经济研究，2022（05）：3－13.

［56］沈玉良等．全球数字贸易促进指数报告（2020）［M］．复旦大学出版社，2021.

［57］盛斌，陈丽雪．多边贸易框架下的数字规则：进展、共识与分歧［J］．国外社会科学，2022（04）：93－110.

［58］盛斌，陈丽雪．区域与双边视角下数字贸易规则的协定模板与核心议题［J］．国际贸易问题，2023（01）：19－35.

［59］盛斌，高疆．超越传统贸易：数字贸易的内涵、特征与影响［J］．国外社会科学，2020（04）：18－32.

［60］盛斌，高疆．数字贸易：一个分析框架［J］．国际贸易问题，2021（08）：1－18.

［61］施锦芳，隋霄．日本数字贸易规则构建的动因及路径研究［J］．现代日本经济，2022（04）：73.

［62］施锦芳，隋霄．日本数字贸易规则制定方式、模板应用及启示［J］．长安大学学报（社会科学版），2023（06）：18－30.

［63］史丹，聂新伟，齐飞．数字经济全球化：技术竞争、规则博弈与中国选择［J］．管理世界，2023，39（09）：1－15.

［64］司文杰．数字营销对企业品牌价值提升的机理分析与实证检验［J］．商业经济研究，2025（02）：162－165.

［65］孙益武．数字贸易与壁垒：文本解读与规则评析——以 USMCA 为对象［J］．上海对外经贸大学学报，2019（06）：85－96.

[66] 汤兵勇，索昕煜，萨拉·隆．中国跨境电子商务发展报告［M］．化学工业出版社：2023.

[67] 汪素芹．国际服务贸易（第3版）［M］．北京：机械工业出版社，2021.

[68] 汪晓文，宫文昌．国外数字贸易发展经验及其启示［J］．贵州社会科学，2020（03）：132－138.

[69] 王惠敏．中美数字贸易竞争格局及中国应对策略［J］．国际贸易，2023（06）：96－108.

[70] 王岚．数字贸易壁垒的内涵、测度与国际治理［J］．国际经贸探索，2021，37（11）：85－100.

[71] 王林彬，邓小婷．JSI谈判模式下中国国际数字贸易规则的建构［J］．国际贸易，2024（12）：41－51.

[72] 王拓，李俊，张威．美欧数字贸易发展经验及其对我国的政策启示［J］．国际贸易2023（02）：57－63.

[73] 王晓红，朱福林，夏友仁．“十三五”时期中国数字服务贸易发展及“十四五”展望［J］．首都经济贸易大学学报，2020，22（06）：28－42.

[74] 王晓明，陈华．数字直播营销［M］．北京：北京理工大学出版社，2021.

[75] 王孝松，杨航．新型数字贸易体系建设面临的挑战与推进思路［J］．开放导报，2024（04）：19－26.

[76] 王欣．通过DEPA分析我国数字贸易规则国际竞争应对思路——基于与UJDTA、RCEP的对比［J］．商业经济，2024（12）：70－73.

[77] 王岩，高鹤，谷口洋志．日本数字贸易发展探析及其对中国的启示［J］．价格月刊，2022（04）：45－53.

[78] 夏杰长，张雅俊．数字贸易中跨境数据流动的规制困境与优化路径［J］．经济纵横，2024（04）：39－46.

[79] 肖宛晴，刘传平．欧美数字主权与数字贸易政策比较分析［J］．世界经济与政治论坛，2021（03）：105－126.

[80] 谢谦，姚博，刘洪愧．数字贸易政策国际比较、发展趋势及启示［J］．技术经济，2020（07）：10－17.

[81] 熊鸿儒，马源，陈红娜，等．数字贸易规则：关键议题、现实挑战与构建策略［J］．改革，2021（01）：65－73.

[82] 熊励，刘慧，刘华玲．数字与商务［M］．上海社会科学院出版

社，2011.

［83］徐泉，刘小琳．我国对接高标准数字贸易国际规则的问题研究［J］．西南政法大学学报，2024，26（04）：125－141＋159.

［84］许宪春，张美慧．中国数字经济规模测算研究——基于国际比较的视角［J］．中国工业经济，2020（05）：23－41.

［85］许香丽．数字物流与区域经济韧性耦合协调度——基于长江经济带11个省份数据［J］．科技和产业，2025，25（01）：181－189.

［86］亚当·斯密．国民财富的性质和原因的研究［M］．北京：商务印书馆，1974.

［87］杨东，乐乐．数据跨境流动国际贸易规制的悖论与超越［J］．现代经济探讨，2025（03）：1－10.

［88］杨家诚．数字化营销［M］．北京：中华工商联合出版社，2021.

［89］叶敏主．网络营销实务［M］．重庆：重庆大学出版社，2019.

［90］余淼杰，郭兰滨．数字贸易推动中国贸易高质量发展［J］．华南师范大学学报（社会科学版），2022（01）：93－103＋206.

［91］余振．全球数字贸易政策：国别特征、立场分野与发展趋势［J］．国外社会科学，2020（04）：33－44.

［92］岳云嵩，李柔．数字服务贸易国际竞争力比较及对我国启示［J］．中国流通经济，2020，34（04）：12－20.

［93］张大卫，苗晋琦，喻新安．中国跨境电商发展报告2023［M］．北京：社会科学文献出版社，2023.

［94］张明．软法视域下中国推进数字贸易全球治理的国际标准路径［J］．上海对外经贸大学学报，2024，31（01）：97－109.

［95］张茉楠．全球数字贸易竞争格局与中国数字贸易国际合作的战略选择［J］．区域经济评论，2022（05）：122－131.

［96］张茉楠．全球数字贸易战略：新规则与新挑战［J］．区域经济评论，2018（05）：23－27.

［97］张锐．数字贸易的中国优势［J/OL］．国际金融报网（http://www.ifnews.com/news.html?aid=234152），2021.

［98］张先锋．数字贸易［M］．合肥工业大学出版社，2021.

［99］张雪春，曾园园．日本数字贸易现状及中日数字贸易关系展望［J］．金融理论与实践，2023（02）：1－8.

[100] 张亚斌，马莉莉．中国数字服务贸易：价值构成、分工演进及决定因素——基于增加值视角的实证研究［J］．福建论坛（人文社会科学版），2022（01）：33－46.

[101] 张永涛．数字贸易规则“日本模式”：构建路径与发展趋向［J］．现代日本经济，2023（03）：23－34.

[102] 张宇，蒋殿春．数字经济下的国际贸易：理论反思与展望［J］．天津社会科学，2021（03）：84－92.

[103] 张则强，程文明，李涛，等．数字物流的概念与关键技术研究［J］．起重运输机械，2003（01）：31－34.

[104] 张则强，程文明，钟斌，等．数字物流与可持续发展［J］．科技管理研究，2007（04）：47－49.

[105] 赵春明，蔡宏波．新编国际服务贸易教程［M］．北京：清华大学出版社，2019.

[106] 赵红．网络营销［M］．成都：电子科技大学出版社，2019.

[107] 赵新泉，张相伟，林志刚．“双循环”新发展格局下我国数字贸易发展机遇、挑战及应对措施［J］．经济体制改革，2021（04）：22－28.

[108] 浙江大学．世界与中国数字贸易发展蓝皮书（2018）［R］．2018.

[109] 中国信通院．全球数字治理白皮书（2020）［R/OL］．（2021－12－13）［2021－12－13］．http：//www.caict.ac.cn/kxyj/qwfb/bps/202112/t20211223_394423.htm.

[110] 中国信息通信研究院（CAICT）．数字贸易发展白皮书（2020年）——驱动变革的数字服务贸易［EB/OL］．（2020－12－16）［2022－08－07］．http：//www.caict.ac.cn/kxyj/qwfb/bps/202012/P020201216506475945126.pdf.

[111] 中国信息通信研究院．全球数字经贸规则年度观察报告（2022年）［R］．2022.

[112] 中国信息通信研究院．数字贸易发展与影响白皮书（2019年）［R］．2019.

[113] 中国信息通信研究院．数字贸易发展与影响白皮书（2020年）——驱动变革的数字服务贸易［R］．2020.

[114] 中华人民共和国商务部．中国数字服务贸易发展报告（2018）［R］．2019.

[115] 中华人民共和国商务部．中国数字贸易发展报告（2021年）［R］．2021.

[116] 中华人民共和国商务部．中国数字贸易发展报告（2022 年）[R]．2022.

[117] 中华人民共和国商务部．中国数字贸易发展报告（2023 年）[R]．2023.

[118] 中华人民共和国商务部．中国数字贸易发展报告（2024 年）[R]．2024.

[119] 中欧国际工商学院案例：SHEIN 的极速供应链之谜.

[120] 周念利，陈寰琦，黄建伟．全球数字贸易规制体系构建的中美博弈分析 [J]．亚太经济，2017（04）：37－45＋173－174.

[121] 周念利，陈寰琦．数字贸易规则“欧式模板”的典型特征及发展趋向 [J]．国际经贸探索，2018（03）：96－106.

[122] 周念利，李玉昊，刘东．多边数字贸易规制的发展趋向探究——基于 WTO 主要成员的最新提案 [J]．亚太经济，2018（02）：46－54.

[123] 周念利，李玉昊．全球数字贸易治理体系构建过程中的美欧分歧 [J]．理论视野，2017（09）：76－81. DOI：10.19632/j.cnki.11－3953/a.2017.09.017.

[124] 周念利，王千．美式数字贸易规则对亚洲经济体参与 RTAs 的渗透水平研究 [J]．亚太经济，2019（04）：30－37.

[125] 周念利，吴希贤．美式数字贸易规则的发展演进研究——基于《美日数字贸易协定》的视角 [J]．亚太经济，2020（02）：44－51.

[126] 周念利，吴希贤．日本参与国际数字贸易治理的核心诉求与趋向分析 [J]．日本研究，2020（03）：33－43.

[127] 周念利，于美月．美国主导 IPEF 数字贸易规则构建：前瞻及应对 [J]．东北亚论坛，2023（04）：82－97.

[128] 周念利，吴希贤．拜登政府推出亚太数字贸易协定的基本策略、内容、对华挑战及前景研判 [J]．国际贸易，2022（03）.

[129] 周念利，吴希贤．中美数字技术权力竞争：理论逻辑与典型事实 [J]．当代亚太，2021（06）：78－101＋167－168.

[130] 周念利．全球数字贸易治理的主要模式与典型特征 [J]．当代世界，2024（07）：45－50.

[131] 周念利，廖宁，黄宁．“贸易面向型”数字技术规则的发展演进研究——基于“美式模板”及“新式模板”对比的视角 [J]．亚太经济，2024（02）：28－39.

[132] 朱福林. 中国数字服务贸易高质量发展的制约因素和推进路径 [J]. 学术论坛, 2021, 44 (03): 113 -123. DOI: 10.16524/j.45 -1002.2021.03.009.

[133] 朱京安, 桑佳淇. 多边数字贸易规则的构建困境、出路与中国因应 [J]. 学习与探索, 2025 (01): 99 -108.

[134] Abeliansky A L, Hilbert M. Digital technology and international trade: Is it the quantity of subscriptions or the quality of data speed that matters? [J]. Telecommunications Policy, 2016, 41 (01): 35 -48.

[135] BEA. Trends in Digitally - Enabled Trade in Services [R]. US Bureau of Economic Analysis. 2012.

[136] Deloitte. Going - Global Seizing the Next Great Opportunity in Digital Trade [R]. 2024.

[137] MISHRA N, VALENCIA A M P. Digital services and digital trade in the Asia pacific: an alternative model for digital integration? [J]. Asia pacific law review, 2023 (02): 489 -513.

[138] OECD, WTO, IMF. Handbook on Measuring Digital Trade [M]. 2019.

[139] USITC. Digital Trade in the U. S. and Global Economies. Part 1 [R]. 2013.

[140] USITC. Digital Trade in the U. S. and Global Economies. Part 2 [R]. 2014.

[141] USITC. Global Digital Trade 1: Market Opportunities and Key Foreign Trade Restrictions [R]. 2017.

[142] USTR. Key barriers to digital trade [R]. 2017.

[143] Winkelhaus S, Grosse E H. Logistics 4.0: a systematic review towards a new logistics system [J]. International Journal of Production Research, 2020, 58 (01): 18 -43.

[144] World Trade Organization. 《全球数字贸易》(2021) [R].

